DESIGNING FOR SERVICE

デザイニング・フォー・サービス

"デザイン行為"を再定義する16の課題と未来への提言

ダニエラ・サンジョルジ、アリソン・プレンディヴィル［編］

赤羽 太郎［監訳］ 五十嵐 佳奈、山崎 真湖人、玉田 桃子［訳］

/000 THOUSANDS OF BOOKS

目次

日本語版刊行によせて ………………………………………………… 10

推薦のことば ……………………………………………………………… 12

日本語版まえがき ………………………………………………………… 14

寄稿者一覧 ………………………………………………………………… 16

図版一覧 …………………………………………………………………… 29

CHAPTER 1

イントロダクション ……………………………………………… 30
Introduction
Daniela Sangiorgi and Alison Prendiville

1.1 サービスデザインのショート・イントロダクション ……………………… 31

1.2 「デザイン」と「サービス」の概念的進化 ……………………………… 34

1.3 サービス開発と実行におけるサービスデザインの影響と貢献 …………… 37

1.4 デザインの技術とアプローチのノンデザイナーによる活用への関心 ……… 38

1.5 境界領域の開発 …………………………………………………………… 40

1.6 本書の構成 ………………………………………………………………… 41

PART 1

「サービスのための ……………………………………………… 49
デザイン行為」の今日の情勢
The lay of the land in designing for service

CHAPTER 2

デザイン領域の拡張 …………………………………………… 52
Expanding (service) design spaces
Daniela Sangiorgi, Alison Prendiville and Jeyon Jung

2.1 デザインによるサービスイノベーションの促進 ……………………………… 55

2.2 サービスデザイン領域の拡張 ……………………………………………… 62

2.3 まとめ ……………………………………………………………………… 67

CHAPTER 3

デザインかデザイナーか： 72
デザイン組織の流れによって、
いかにしてデザイナーへの注目が
デザインそのものへと移行しているのか

Designing vs designers: How organizational design narratives shift
the focus from designers to designing
Sabine Junginger and Stuart Bailey

3.1　はじめに 73
3.2　デザインのナラティブと組織のナラティブ 75
3.3　組織的学習が可能にする組織のナラティブ 76
3.4　組織のナラティブが果たす役割と機能 79
3.5　結論 84

CHAPTER 4

複雑なサービスシステムを関係性・ 88
ユーザー参加型・創発へとデザインすること

Designing for interdependence, participation and emergence
in complex service systems
Daniela Sangiorgi, Lia Patricio and Raymond Fisk

4.1　複雑性が増すサービスコンテクスト 91
4.2　サービスデザインの進化〜増えるアクター、
　　　より多くの関係性、制御は最小限で 92
4.3　新しいサービスデザインの戦略と原則 94
4.4　まとめ 100

CHAPTER 5

スペシャリストによるサービスデザイン 108
コンサルティング：
始まりの終わり、または終わりの始まり？

Specialist service design consulting :
The end of the beginning, or the beginning of the end?
Eva-Maria Kirchberger and Bruce S. Tether

5.1　はじめに 109
5.2　始まりの終わり：Engine が掴んだチャンス（ドバイ空港プロジェクト） 111
5.3　終わりの始まり：経営コンサルタントという「怪物」がやって来た 114
5.4　サービスデザインコンサルタントの今後の展望とは？ 119

PART 2	サービスのためのデザイン行為に 関する現代的言説とその影響 ······· 125

Contemporary discourses and influence in designing for service

CHAPTER 6

サービスデザインの対象 ················ 128

The object of service design
Lucy Kimbell and Jeanette Blomberg

6.1　はじめに ··· 129
6.2　複雑さを表面化させるプラットフォーム ·············· 131
6.3　サービスデザインの対象に対する三つの視点 ········· 132
6.4　デザインへのヒント ··· 137
6.5　結論 ·· 140

CHAPTER 7

新規サービス開発からの解放： NSDの先にあるデザインとサービス ······· 146

Breaking free from NSD : Design and service beyond new service development
Stefan Holmlid、Katarina Wetter-Edman and Bo Edvardsson

7.1　はじめに ··· 147
7.2　新規サービス開発の限界 ···································· 147
7.3　サービスロジックへの道 ···································· 150
7.4　制約を超えて ··· 155

CHAPTER 8

不公正の棘の上でのデザイン： 代表性と協働デザイン ······························· 160

Designing on the spikes of injustice: Representation and co-design
Katie Collins, Mary Rose Cook and Joanna Choukeir

8.1　表現とは何か ··· 162
8.2　サービスデザインにおける参加 ··························· 164
8.3　「より合わされる糸」 ·· 166
8.4　誰を参加させるべきか? ···································· 167
8.5　結論 ·· 170

CHAPTER 9

医療分野での協働デザイン、 178
組織の創造性、品質向上：
デザイナー的？ それともデザイン的？

Co-design, organizational creativity and quality improvement
in the healthcare sector: 'Designerly' or 'design-like'?
Glenn Robert and Alastair S. Macdonald

9.1 はじめに 179
9.2 医療という分野 180
9.3 サービスデザインの視点 182
9.4 医療の品質向上とデザインに基づくアプローチ 183
9.5 分断された人々をつなぐ：組織の創造性解放と
 サービス品質向上のためのインフラストラクチャリング 188
9.6 組織の創造性 189
9.7 デザイナー的かデザイン的か 190
9.8 結論 191

PART 3

公共・社会領域におけるサービスの 197
デザイン行為

Designing for service in public and social spaces

CHAPTER 10

サービスデザインと周縁効果 200

Service design and the edge effect
Robert Young and Laura Warwick

10.1 イントロダクション 201
10.2 VCS の状況 202
10.3 デザインの断片的な影響 204
10.4 パラダイムを支えるためにデザインに触れる 206
10.5 パラダイムを支えるためのデザインとの継続的な関わり 207
10.6 パラダイムを支える基盤のデザイン 209
10.7 結論 211

4 — 5

CHAPTER 11

センスメイキング活動としての ⸻ 220
サービスデザイン：
南米の低所得者コミュニティからの洞察

Service design as a sensemaking activity:
Insights from low-income communities in Latin America
Carla Cipolla and Javier Reynoso

11.1 低所得者コミュニティのソーシャルイノベーションと
　　 地域固有のサービス ⸻ 221

11.2 解釈的フレームワーク：地域固有のサービス、
　　 文化的価値、センスメイキング ⸻ 223

11.3 解釈的フレームワークの有効性：ブラジルとメキシコの事例 ⸻ 226

11.4 ブラジル ⸻ 226

11.5 メキシコ ⸻ 230

11.6 結論 ⸻ 233

CHAPTER 12

ソーシャルイノベーションジャーニー： ⸻ 240
ソーシャルイノベーション創出に伴う
サービスデザインの課題

The social innovation journey :
Emerging challenges in service design for the incubation of social innovation
Anna Meroni, Marta Corubolo and Matteo Bartolomeo

12.1 サービスとソーシャルイノベーションのためのデザイン ⸻ 241

12.2 ソーシャルイノベーションの創出と
　　 スケーリングに関するサービスデザイン ⸻ 242

12.3 ミラノでのソーシャルイノベーション ⸻ 247

12.4 考察 ⸻ 255

CHAPTER 13

政策立案におけるサービスデザイン ⸻ 264

Service design in policy making
Camilla Buchanan, Sabine Junginger and Nina Terrey

13.1 政策立案者のサービスデザインに対する関心の高まり ⸻ 265

13.2 政策立案におけるサービスデザインのメソッド ⸻ 266

13.3 政策立案に対するサービスデザインの重要な貢献 ⸻ 268

13.4 オーストラリア、イギリス、ドイツの事例 ⸻ 270

13.5 政策立案においてサービスデザインの使用を推進する主要グループ ⸻ 273

13.6 サービスデザイナーが政策立案プロセスを理解する必要性 ⸻ 275

13.7 政策立案におけるサービスデザイナーの課題 ⸻ 276

13.8 サービスデザインの新たな倫理的疑問 ⸻ 277

13.9 結論 ⸻ 279

PART 4

移行経済・新興市場における ⋯⋯⋯⋯⋯⋯⋯ 285
サービスのデザイン行為

Designing for service, shifting economies, emerging markets

CHAPTER 14

プロダクトサービスシステムへ至る ⋯⋯⋯⋯⋯ 288
道筋としてのサービスデザイン

The potential of service design as a route to product service systems
Tracy Bhamra, Andrew T. Walters and James Moultrie

14.1　イントロダクション ⋯⋯⋯⋯⋯⋯⋯⋯⋯⋯⋯⋯⋯⋯ 289
14.2　サービス可能性：サービスと長期的利用のためのデザイン行為 ⋯⋯⋯⋯ 293
14.3　プロダクトを超えたサービス ⋯⋯⋯⋯⋯⋯⋯⋯⋯⋯⋯ 295
14.4　ビジネスモデルとしてのサービス ⋯⋯⋯⋯⋯⋯⋯⋯⋯⋯ 296
14.5　課題へのチャレンジ ⋯⋯⋯⋯⋯⋯⋯⋯⋯⋯⋯⋯⋯⋯ 298

CHAPTER 15

サービスデザインの誕生と ⋯⋯⋯⋯⋯⋯⋯⋯⋯⋯ 304
セカンドエコノミー

Service design and the emergence of a second economy
Jeanette Blomberg and Susan Stucky

15.1　イントロダクション ⋯⋯⋯⋯⋯⋯⋯⋯⋯⋯⋯⋯⋯⋯ 305
15.2　デジタルワークフォース（デジタルの労働力）⋯⋯⋯⋯⋯⋯⋯⋯ 306
15.3　自動運転車 ⋯⋯⋯⋯⋯⋯⋯⋯⋯⋯⋯⋯⋯⋯⋯⋯⋯ 307
15.4　セカンドエコノミーにおける可知性、視覚性、物質性 ⋯⋯⋯⋯⋯⋯ 308
15.5　デジタルによって可能になるサービスをデザインする ⋯⋯⋯⋯⋯⋯ 315

CHAPTER 16

サービスデザインによって ⋯⋯⋯⋯⋯⋯⋯⋯⋯ 320
データに意味を与える

Making sense of data through service design - opportunities and reflections
Alison Prendiville, Ian Gwilt and Val Mitchell

16.1　イントロダクション ⋯⋯⋯⋯⋯⋯⋯⋯⋯⋯⋯⋯⋯⋯ 321
16.2　データの概念 ⋯⋯⋯⋯⋯⋯⋯⋯⋯⋯⋯⋯⋯⋯⋯⋯ 322
16.3　センスメイキング：翻訳、可視化とパーソナライゼーション ⋯⋯⋯⋯⋯ 325
16.4　結論 ⋯⋯⋯⋯⋯⋯⋯⋯⋯⋯⋯⋯⋯⋯⋯⋯⋯⋯⋯ 333

6 − 7

CHAPTER 17

コラボレーティブサービスを越えて： 340
コモンズとインフラストラクチャリングの
問題としてのシェアリングと
コラボレーションのためのサービスデザイン

Beyond collaborative services: Service design for sharing and
collaboration as a matter of commons and infrastructuring
Anna Seravalli and Mette Agger Eriksen

17.1 イントロダクション 341

17.2 シェアリングとコラボレーションにサービスデザインは
いかに関与するか 342

17.3 シェアリングとコラボレーションを精緻化する
フレームワークとしてのコモンズ 346

17.4 シェアとコラボレーションにおける／ための協働デザインを
理解する手段としてのインフラストラクチャリング 351

17.5 結論 355

CHAPTER 18

結びに 362

Conclusions
Daniela Sangiorgi and Alison Prendiville

索引 370
スタッフプロフィール 372

原著へのレビュー

商業・公共セクターのサービスデザインへの関心が飛躍的に高まっている現在、この本は他にないとてもタイムリーな内容を含んでいる。サービスデザインアプローチのインパクトへの理解が進み、世界各地においてさまざまな形態のサービスデザイン実践が行われているが、ダニエラとアリソンの2名はこのサービスデザインの発展の中心にいる研究実践者だ。この本では彼らの観点が惜しげなく共有され、また、多くの協力者によるインサイトを基にした明確なフレームワークが提示されている。

– Tom Inns, Director of Glasgow School of Art, UK

サービスデザインの分野の成長と流行に伴い、いかに介入が行われているか、それらはどう我々の生活を変えていくのかといったことについて、より多くの研究者への難しい問いかけが必要となってきています。Designing for Service では、芳醇な洞察に満ちた魅力的かつ批評的な論文を結集し、サービスデザインにおける顕著な問題、および、他のハウツー的な本ではほとんど扱っていないような捉え所のない難しいテーマについて議論しています。

– Yoko Akama,
  Associate Professor of Design at RMIT University, Australia

日本語版刊行によせて
編者：ダニエラ・サンジョルジ、アリソン・プレンディヴィル

"Designing for Service Key Issues and New Directions" は、芸術・人文科学研究委員会（AHRC：Arts and Humanities Research Council）が資金を提供したプロジェクトに端を発します。プロジェクトは、英国におけるサービスデザインの現在の研究、およびサービスデザインと他の学問領域との交差点を比較し、定義し、位置づけることを目的としていました。これはさまざまな領域やテーマを通してサービスデザインの実践と研究についての視覚的な風景とケーススタディとを生み出すとともに、論文の出版を進展させる過程で、現在の言説とこの領域を取り巻くナレッジギャップを反映させ、議論を拡張しサービスデザインの可視性を高めるためにちょうどよい機会となるものでした。

　　本書は 16 の論文からなる四部構成になっています。
　1.「サービスのためのデザイン行為」の今日の情勢
　2. サービスのためのデザイン行為に関する現代的言説とその影響
　3. 公共・社会領域におけるサービスのデザイン行為
　4. 移行経済・新興市場におけるサービスのデザイン行為

これらは着々と進化し続けるサービスデザイン領域の実践と研究について、より良く理解するための枠組みを提供します。各部では、領域横断型アプローチとしてのサービスデザインの発展に寄与してきた主要な学問、例えばサービス&インダストリアルデザイン、サービスマーケティング、サービス・イノベーション、デザイン・アンソロポロジー（文化人類学）、サービス研究、ヘルスケア品質とイノベーション、政策立案、などについても、その試みとともに記述しています。本書の第1部では手短かにサービスのためのデザイン行為の多様な実践と進化について触れ、第2部では多様な学問領域からの影響と主要な概念に触れ、それらの言説がサービスデザインの領域の発展にどう影響してきたかの論を展開し、第3部では、サービスデザインの核となる領域により深く触れ、公共・社会領域に関連するイノベーションの取り組みを紹介。続く第4かつ最終部では、サービスデザインにとって新奇かつ論争的となっている領域、新たなテクノロジーを用いた新興産業のコンテクストや共創的な社会活動について取り上げています。

　　著者として、この本の持つ限界についても触れておきましょう。本書では、主にヨーロッパの視点からこのサービスデザインという領域について語っています。

しかしまたこれは、特定の文化的差異、特に東南アジアなどに向けて言説を拡張し開いていくための思考の枠組の起点ともなっています。AHRCのネットワークはDeSIAP（Design for Social Innovation in Asia Pacific）を通してすでに多様なソーシャルイノベーションのケーススタディを収集しており、私たちは韓国やシンガポール、中国における多くの公共領域や企業の事例にはよく親しんでいます。しかしながら、日本やその近隣国における包括的なサービスデザイン研究の全体像については、その知見は幅も深さも限定された断片的なものです。そのため、企業や公共機関がサービスデザインをどのように取り入れているか、その異なったモデルについての理解は限定的です。加えて、本書で私たちはサービスデザインにおけるテクノロジーの役割についての一端しか触れていませんが、新しく出現してきたテクノロジー、例えばロボティクスや人工知能（AI）などと日本文化の特異な関係性を紐解くことは、これらのますます重要となるサービス領域でデザインすることについての我々の研究を知ってもらう機会となると考えています。

　　日本におけるサービスデザインの文化の進展に伴い、私たちは本書の翻訳が日本の読者の皆さんにとって同質性の共有とともに、文化的差異についての理解と認知を深める場となることを望みます。オーストラリアのRMIT大学によって主催される2020年のServDes Conferenceは、アジアで起こっている動きから、本書について議論し、また我々の描いたランドスケープを拡張する重要な機会と場となるでしょう。我々はこの出会いが、サービスデザインとは何か、そして近い将来のサービスデザインはどうあり得るかについて、より多様で、より豊かな表現の成長と発展を促すことを祈っています。

推薦のことば

赤間陽子 オーストラリアRMIT大学 デザイン科 准教授

日本版刊行おめでとうございます。本書の翻訳出版のファンディング・プロジェクトでもレビューを寄せましたが、本書の日本語版刊行に関われたのは、私にとっても大きな喜びです。

『デザイニング・フォー・サービス』には、理論と、それがどのように実現されたかがわかる実践的なケーススタディが統合された説得力のある論文が、数多く収録されています。本書は、サービスデザインを学ぶ学生や研究者、そして変化する世の中にアプローチし、関与する新しい方法を探している実践者のためのものです。これらの人々は共に「よりよい」未来を作り出す期待を受け、暗黙のプレッシャーを感じながら日々の仕事に取り組んでいます。これは時に性急に結果と成果を求められることに繋がりがちです。このような社会から要求されるその場しのぎの解決方法と安直な理解は、私たちの柔軟な能力を蝕みます。

本書の著者は、いずれも幅広いサービスデザインの実践経験のバックグラウンドを持っており、どの章も示唆に富んでいます。デザイン思考を売り込むのではなく、慎重に捉えています。私がこの本で気に入っている点は、洞察に満ちた報告が常にそうであるように、デザインが変化する際に見られる混乱や複雑さのニュアンスに注目しているところです。たとえば、盲目的に「よりよい」経験をデザインすることへの期待しがちな傾向や、原因と結果を求め融通が利かない手法への注意深さ。もしくは、進行中に新しく現れ、変化する複数の物事とプロセスに立ち向かい取り組む姿勢。これらを学ぶことにより、私たちは、すでにダイナミックで激しく変化し続けている世界に、より慎重さをもって参加することができるのです。何か「新しいもの」を学ぶとき、わかりやすいHow Toの提供により「新しいもの」を育てることは大切です。しかしこの本のフォーカスは、我々の立ち位置や世界観に疑問を投げかけたり（Kimbell & Blombergの6章）、政治的や力関係を意識し分析したり（Seravalli & Eriksenの17章）HowToとは異なった位相にあります。この2つの章はとても勉強になった、私の気に入っている章です。

日本の読者にとっても本書は役立つものとなると思いますが、それは「欧米の先進的な事例を学ぶ」からではありません。日本の読者は、欧米的なデザインに対して暗黙的なヒエラルキーを感じたり、それらを盲目的に優位なフレームワークだと捉えるべきではありません。それよりも日本はすでにこのグローバル市民社会の一部であると認識したうえで、世界中にいる変革者たちと、より実りある交流をするために、突出したコンセプトや適切な論点を学ぶという意味で役立つもの

だと考えています。

　実際に、日本の方が本書をどう読まれ、どう活用されていくのか、私は大変興味を持っています。というのも、日本でどういうものが「サービスデザイン」として表に出て実践されているか、また、その背景にある大きなテーマ（例えば知識の構造や世界観、文化の違いなど）が、どう日本の「サービスデザイン」を形づくっているのか、私を含め、海外のサービスデザイン研究者は把握していないからです。

　日本のサービスデザインの状況が初めてかすかに見えてきたと感じたのは、本書の翻訳プロジェクトの旗振り役である赤羽さんが2018年に主催してくださった（サービスデザインの実践者の）談話会がきっかけで、それは、とても新鮮な体験でした。日本の実践者がやっていることは、世界のサービスデザイン研究者、実践者たちも非常に興味を持つことだと思うし、「サービス」が文化の中に溶け込まれている意識が高いものだとも感じたからです。

　本書の日本語版の出版をきっかけに各国の研究者との共通点を見いだし、交流の活発化するきっかけになればと願っています。また同時に、2020年にオーストラリアで開催されるサービスデザインの研究者・実践者のカンファレンスServDes2020の日本参加者が増えることにも期待しています。先に述べたような、そもそものデザインの在り方やスタンス、語られ方の問題なども、日本で意識されていないはずはなく、立ち位置や力関係に敏感な日本特有の文化がすでに成り立っているからこそ可能な成熟された議論を発生させ、またさらにそれを発展させられる環境にあると思います。このようなテーマを、本書を橋渡しとして世界（ほとんど欧米ですが）の実践者や研究者と議論していく「接点」となれば嬉しく思います。

日本語版まえがき

赤羽 太郎 株式会社コンセント シニアサービスデザイナー

本書を手にとってくださった方は、おそらく「サービスデザイン」や「デザイン思考」といったことに関心のある方かと思います。もしくは、サービスや事業の開発に関わるような方でしょうか。もしくは、コミュニティ運営や地域課題の解決に取り組んでいる方ということもあるかもしれません。本書は 2018 年の 12 月にクラウドファンディングによる支援の成立によって翻訳・出版が実現したもので、実際、支援してくださった中にはさまざまなバックグラウンドの方がいらっしゃいました。

　本書は上記のような方々含めて、社会課題の解決、組織のイノベーション、新たなサービスの開発などに関わる、様々な立場の方にとって有用な示唆を含んでいます。

　しかし本書で示しているのはサービスデザインやデザイン思考はこんなに役に立ち、やり方はこうです、という話ではなく、むしろサービスデザインや、プロのデザイナーという存在の今後の社会における意義についての自己批判的な内容も含まれています。また、基本的には研究小論であるためにスパッと明確なわかりやすい結論を示さないものもあります。そういった意味でも本書に対してすぐに役立てるナレッジを求めていた方には、期待に応える内容ではないかもしれません。

　そもそも本書の中心的メッセージのひとつが『サービス』および『デザイン』という概念自体の議論と再定義です。社会や市場の変化、テクノロジーの進化、それに伴うエコシステムの変容により、すでにサービスデザインを取り巻く状況は新たな局面へと進んでいるということを前提におき、その状況下での実践と研究の内容が本書のコンテンツとなっています。実際、本書の中では「いわゆる」サービスデザインについての言及や説明はイントロダクションくらいでしか触れられていません。

　そういった意味で、本書は初めてサービスデザインというアプローチに触れる方には面食らうところがあると想像され、さらにサービスデザインの実践者やあるいは研究者であっても、サービスデザインに関連する学問、たとえば社会学や情報科学の研究の、比較的新しい概念や専門用語なども論文に含まれていることなどから、すんなりと読み解けない部分も多くあると思います。

　しかしこれは決して本書の価値を損なうものではありません。すぐに理解できるわかりやすいものでなく、明日からすぐに役に立つようなものでもない、だからこそ「本書を今の段階で日本語にすること」には大きな意味があろうと考えています。ふつうに出版する場合には、多くの人に「役に立ちそう」と認識してもらえる、トレ

ンドにある程度沿ったようなものでなくては出版はされません。ウケやすいのは、わかりやすくなった状態の、いわば理解しやすくパッケージジングされたプロセスやツール、概念の輸入です。しかしそうではなく、サービスデザインの実践と研究の現場において試行錯誤されている、知的格闘の現在進行形の状況を生々しく感じることができることが、本書の価値であり日本語版の出版の意義です。

　もちろん、広い意味では本書を通して視界が広がり、あらたな解釈の視座を得ることができたり、と「役に立つ」ところもあります（少なくとも私はそうでした）。ぜひ、本書に含まれる記述についてより深く、皆さんと議論をしていきたいと思います。また、できる限り訳注などでフォローはしているつもりですが、専門用語の訳語については翻訳者間でも議論があり、たびたび悩んで決めていきました。「もっと良い表現がある」というご指摘などあろうと思いますので、それも含めて議論を発展させていきたいと考えています。そして、そのような今後の展開も含めて、何がしか日本におけるデザインシーンの認識や議論の発展に本書が貢献し、もっといえば日本独自の文化的・社会的コンテクストにおけるサービスデザインの効果的な実践につながっていけば嬉しい限りです。

寄稿者一覧
Notes on Contributors

Stuart Bailey は事業会社とコンサルタント会社、およびグラスゴー美術学校での実践教育を含む20年以上のデザイン経験を持つ。2008年以降、学部、大学院の両方でサービスイノベーションプログラムを遂行・発展させると共に、スコットランド全体の公共部門とヘルスケアセクターにおいてサービスデザインプロジェクトを開発してきた。その実績は ServDes、Service Design Network、European Academy of Design and Engineering & Product Design Education conferences 等において発表されてきた。また Stuart は2013年から2014年まで The Service Design Research UK Network の諮問委員会メンバーを務めていた。組織の中でのイノベーションプロジェクトに関与するデザイン／デザイナー／ノンデザイナーの間の関係の役割を研究しており、例えばオープン・コミュニケーションとナラティブの重要性や、そしてデザイン実践と開かれた組織の活動実践の類似点などを探求している。

Matteo Bartolomeo は環境エコノミストとして、社会・環境のイノベーションについておよそ20年の実務経験を持つ。Fondazione Eni Enrico Mattei でキャリアをスタートし、現在は Avanzi の創設パートナー 兼 代表を務め、Avanzi と Make a Cube3 において多様なソーシャルビジネスにおけるインキュベーション活動のコーディネートを行っている。持続可能なイノベーション、およびグリーンエコノミーとステークホルダー・エンゲージメントが専門領域。大企業と行政に向けても応用研究とコンサルティングのプロジェクトを率いている。また、ミラノ工科大学とサッサリ大学において環境経済学を教えている。

Tracy Bhamra はラフバラ大学の副学長代理であり、持続可能デザイン学の教授。製造システム工学の学士・修士ののち、1995年に Manchester Metropolitan University で Design for Disassembly（分解）and Recycling（再生）の Ph.D を修めた。2003年に持続可能な行動のためのデザインや、持続可能デザインのツールやメソッド、持続可能なプロダクトサービスシステムのデザイン、持続可能なデザインの教育などの分野で世界をリードする調査研究を行う「Sustainable Design Research Group（持続可能なデザインの調査グループ）」をラフバラ大学に設立。また Institution of Engineering & Technology（IET）、Design Research Society（DRS）、Royal Society of the encouragement of Arts,

Manufactures & Commerce（RSA）のフェローを務める。

Jeanette Blomberg は IBM Research の主任研究スタッフであり、IBM Academy of Technology のメンバーでもある。とくにデザインのプロセスにおけるエスノグラフィーについての研究で知られている。特に、近年出版した「参加型デザインでのエスノグラフィーの位置付け（Positioning Ethnography within Participatory Design）」と「考察：CSCW における 25 年間のエスノグラフィー」の二つの記事においての認知度が高い。著作である「サービスの人類学」では、人類学的な視点をサービスやそれらのデザインにどのような利点があるのかを探求している。また、前職では Xerox Palo Alto での Work Practice and Technology のメンバーを務め、Sapient にて Experience Modeling research のディレクター、スウェーデンの Blekinge Institute of Technology で産業客員教授として教鞭を執る。彼女はカリフォルニア大学デイビス校で人類学の博士号を取得し、母校にて人類学と社会言語学の客員教授および講師を務めた。

Camilla Buchanan はイギリス政府の公共サービス事業、社会的投資、ビジネスモデルの探索を行う Inclusive Economy Unit（包括経済部門）というチームで「ソーシャルインベストメント（社会的投資）の市場インフラ」の分野の担当をしている。「社会的投資の市場インフラ」とはつまり、ソーシャルインパクトを起こすと予測されている組織やプロジェクトに適切な投資がなされるための組織や社会的なつながりを指している。現在、他にも Inclusive The Winston Churchill Trust や The Public Policy Lab、ニューヨークにある政策・デザインの NPO でデザイン・フェローとして活躍している。さらに、現在はデザインの博士号を取得するためにランカスター大学に在籍している。　現職の前は英国デザイン・カウンシルの政策チームに所属していた経験があり、初めて政策にデザインを導入し担当者たちにもデザインを教えた実績がある。さらにロンドンにある Crafts Council では初めての政策戦略を構築し、他にもブリティッシュ・カウンシルやブリュッセルにある European commission の Cultural Policy Unit で活躍。デザインと政策立案との両方の世界に関わる中で、ソーシャルインベストメント市場の動態やユーザーの需要などの理解において貢献している。

Joanna Choukeir は Uscreates のチーフ・デザイン・オフィサーである。Uscreates はロンドンに拠点があるコンサル会社で、デザインにより健康を向上することを掲げている。キャリアとしてはデザインの実践、研究、大学での講義やパブリックスピーキングを行っており、イギリスとレバノンにて経験を積んでいる。ロンドン芸術大学にて社会的統合のデザイン学の博士号を取得。ロンドン芸術大学、キングストン大学、レイベンズボーン大学の客員講師および RSA のフェローも務めている。

Carla Cipolla は 2004 からソーシャルイノベーションとヨーロッパ、アフリカ、ブラジルでのサスティナビリティにおけるプロジェクトで活躍している。現在はブラジルの FJRJ (Universidade Federal do Rio de Janeiro/Coppe) で教授を務め、世界中の 40 もの高等教育機関の研究所をつなげた DESIS Network の設立メンバーの一人でもあり、UFRJ Coppe DESIS のコーディネーターを担っている。さらには、TRANSIT (Transformative Social Innovation Theory)、欧州委員会と共同設立された FP7 プロジェクト、Erasmus+ Program の下にある LASIN (Latin American Social Innovation Network) プログラムや DESIS Labs が関わっているアフリカとラテンアメリカで貧しいコミュニティや非公式に存在する集落に存在する豊かな社会的、人的資源を生かすことを目的とする活動 IFC (Informal, Formal, Collaborate) などに関わっている。学術的には、ミラノ工科大学にてデザインの博士号を取得し、以後主要な研究とデザイン活動実践としてコラボレーションを通したサービスを調査や開発、ユーザー同士のインタラクションや共有に着目している。

Katie Collins はオックスフォード・ウォルフソン・カレッジにあるオックスフォード・ライフ・ライティング・センターの客員研究員を務めている。社会系の研究者たちが他人の人生を代理的に表現する時に作り出す洞察、彼らが行っている多様な創造的で倫理的なプロセス、そして彼らの執筆にどのような政治的および個人的な影響があるかについて研究している。彼女は、都心の近所に住んで働いている貧困層、恩恵を受けるべき人、英国で亡命を求める人、ホームレスを経験した人などに焦点を当てたテーマに取り組んでいる。

Mary Rose Cook は人々の健康とウェルビーイングを向上し、よりよい日々の生活経験をデザインの視点から作り出す Uscreates 社の共同創業者兼 CEO である。彼女は、公共、民間、および第三セクターの顧客のためのプログラムを設計、監督、提供する幅広い経験を持っている。イギリスにおいて最も困難な社会問題に取り組む際にどのような過程を通して協働デザインが重要になっていたかを博士

課程を通して批評した。

Marta Corubolo はプロダクトサービスデザイナーであり、現在はミラノ工科大学のデザイン学部内にある DESIS Lab（Design for Social Innovation and Sustainability）の博士課程候補者である。ここ数年間、国内外での研究プロジェクトに参画している。とくにソーシャルイノベーション、共同居住や食料システムなどの分野における持続性を育むデザインに注力。また、彼女はミラノ工科大学にてプロダクトサービスシステムデザインの理学修士課程と社会共同的居住における修士課程の講師を務めている。

Bo Edvardsson はスウェーデンにある Karlstad 大学の CTF サービス研究センターの創設者であり、副学長である。2013 年からはメキシコの EGADE ビジネススクールのサービス管理名誉教授に任命された。彼の研究分野としては、新規サービス開発とイノベーション、苦情マネジメント、サービスの回復、サービス中心の論理とエコシステムの変革である。また、Service Management Journal の元編集長であり、彼の書いた Transformative Service Research の記事は Journal of Service Research において 2016 年に最優秀論文賞を受賞した。Google Scholar によると彼の記事は 2016 年 10 月時点において 11,100 回引用されている。他に、2004 年に AMA のサービス分野への功労賞（The AMA Career Contributions to the Services Discipline Award）を受賞。2008 年に、欧州サービスリサーチ協会による学問においての特別功労賞（RESER 賞）を受賞。2009 年に、Swedish School of Economics and Business Administration, Hanken にて名誉博士号を取得している。（Bo.Edvardsson@kau.se）

Mette Agger Eriken は 2003 年からマルメ大学の芸術文化コミュニケーション学部（K3）で研究及び教えている。サービスデザインをインタラクションデザインの教育プログラムの中で中心的な存在にさせた人の一人である。2016 年 12 月からデンマーク王立美術アカデミーにて客員教授を務めている。彼女はインダストリアルデザインとコミュニケーションに特化した建築のバックグランドを持っていて、インタラクションデザインにおける Material Matters in CoDesigning（訳注：協働デザイン内の物理的な事柄）を専門に博士号を取得している。また、他にはデザイン研究での実験やプログラムの重要さの一般的な理解に貢献しており、さらに共同で学際的な参加型および行動型の研究プロジェクトの共同計画に関わっている。特に公務員の長期的協力を主に活動している。博士課程後の研究は都市型ラボや持続的な都市開発でのデザイン中心の学際的コラボレーションやプロジェクト

参加の新しい方法論に着目している。

Raymond P. Fisk はテキサス州立大学のマーケティング学部の教授と学部長を務めており、Distinguished Faculty for the Arizona University Center for Service Leadership の名誉教授でもある。研究の対象はサービスデザインとサービスのマーケティングである。彼の学術論文は Journal of Marketing, Journal of Retailing, Journal of Academy of Marketing Science, Journal of Service Research, European Journal of Marketing, Journal of Service Management などに記載されている。本においては6冊出版していて、Serving Customers: Global Services Marketing Perspectives and Services Marketing: An Interactive Approach 等を含む。2005年にAMAのサービス分野への功労賞（The AMA Career Contributions to the Services Discipline Award）を受賞。2012年にHanken Shool of Economics のCERS（Centre for Relationship Marketing and Service Management）Grönroos サービスリサーチ賞を受賞。2016年にAMA SIG リーダーシップ賞を受賞。 B.S., M.B.A と Ph.D. をアリゾナ州立大学にて取得している。

Ian Gwilt は Sheffield Hallam 大学のデザインと視覚伝達学部の教授だ。現在の研究分野としては視覚伝達の理論と実践、ヘルスケア、情報視の視覚化、AR（拡張現実）作品とハイブリッドな環境のデザインやミュージアム内のインタラクティブな体験がある。また、視覚伝達デザインの実践をどのように学際的な研究チームに導入することができるのかに関心をもつ。出身はイギリスではあるが、スペイン、ニュージーランドとオーストラリアに滞在し働いた経験があり、滞在先でAR やグラフィックUI をクリエイティブで文化的な作品として捉える研究と実践を発達しはじめた。この20年でさまざまなインタラクティブなインスタレーションやデジタルな作品を国際的なメディアのイベントやギャラロー、展示で紹介していて、デザインの研究、実践とクリエイティブなデジタルメディアについての学術論文も公開している。シドニーのニューサウスウェールズ大学で博士課程を修了。

Stefan Holmlid は Linköping 大学でデザインの教授を務めている。彼は20年以上デザインやイノベーション、ビジネスの方法論と公的な現場や企業の間の関係性やそれぞれがどのように結びつくのかを研究。ここ数年はサービスとデザインがどのような相互作用しているのかを調べている。彼の貢献としては、位置付けられかつ分散された認知、複雑な適応システムにおける仲介された行動、現代のデザイン理論の発達である。彼の貢献はデザインの基礎知識から組織の中に導

入されたデザインまでに及ぶ。彼は Linköping 大学デザイン学部での博士課程の科目、学際的なデザインの修士課程を率いておりインタラクションとサービスのデザイン研究グループに所属している。国立デザイン研究学校の議長を務め、イノベーションのためのサービスデザインに焦点を当てた欧州ネットワークでの博士課程の研修プログラムの担当をしている。また、共同創設されたケア、ヘルス、ソーシャルサービス国家評議会のメンバーでもある。2003 年には SDN の共同設立、2008 年には ServDes 会議の共同設立に関わっている。

Jeyon Jung はランカスター大学の ImaginationLancaster のプロジェクトにて上級研究教授を務めている。彼女の研究対象は多様な文脈においての戦略的なデザインの使用方法である。現時点では、場所、文化、習慣とデザイン製品の関係性や、どのようにデザインがこの総合好感的な関係性を維持することができるのかに関心を持っている。これに関連して、人々や組織、社会の習慣にデザインがどのように主なアイデアや行動の貢献者として影響をしているのかに強く好奇心を抱いている。前職では、ブランドのデザインマネジャーとして企業のアイデンティティやデザインにおけるルール作成、ブランディング戦略を韓国にて行っていた。デザインの研究と実践を行う分野としてのデザイン学を探求して、2015 年にデザインの博士号を習得。

Sabine Junginger はスイスの Lucerne 応用科学大学でデザインとマネジメントの研究のためのコンピテンスセンターを率いている。彼女の論文は Design Issues, The Design Journal and the Journal for Business Strategy に掲載されていて、Designing Business and Management（Bloomsbury 2016）；Highways and Byways to Innovation（University of Southern Denmark/Design School Kolding 2014）と The Handbook of Design Management（Bloomsbury 2011）の共同編集者でもある。Transforming Public Services by Design: Re-Orienting Policies, Organizations and Services around People は 2016 年 12 月に Routledge（人文科学の学術書）にて出版された。Hertie School of Governance（ドイツ）の研究員でもあり、European Forum Alpbach（Austria）と UK Design Council（DfE）のアドバイザリーも務める。彼女は EU ブラジル間のセクター・ダイアログのシニア・デザイン・エキスパートであり、いくつかの政府レベルの公共革新研究所の助言的協力も行っている。彼女はランカスター大学（英国）の ImaginationLancaster の創設メンバーであり、Carnegie Mellon University（米国）と両方でデザイン博士号を取得している。

Lucy Kimbell はロンドン芸術大学のイノベーション・インサイト・ハブのディレクターを務めながら Oxford 大学の Said Business School で研究員を務めている。デザイン思考、サービスデザイン、ソーシャルデザインに関する本を出版している。彼女が出版した Service Design Handbook（2014）は MBA の学生に向けてマネジメント、デザインや社会学を交えて戦略的デザインを教えている内容を載せている。（Twitter @lixindex）

Eva-Maria Kirchberger はサービスデザインの専門家で、同時に Imperial College Business School in London にて起業家精神と組織行動の博士課程 4 年目の学生である。彼女の論文の中では、長期存在し続けたり、成長したりしているマーケットのカテゴリに対する反応としての起業家気質の戦略を研究している。具体的に言うと、サービスデザインやファッションなどのクリエイティブな産業を中心に研究を進めている。European Marie Curie Fellowship in Design Managament の一環で Engine Service Design（サービスデザインのパイオニア企業の一つ）にて勤務し FIAT やドバイ空港など大きな組織のクライアントを相手に仕事をし、ヨーロッパの四つの主要大学にて研究と研修に参加した。Wunderlab という彼女が最近立ち上げたコンサル会社を通してクリエイティブ関係の会社にビジネス戦略に対して助言をしたり学んだことを教えたりしている。また最近では、KPMG　Observatory（KPMG 社と Imperial Business Analytics の合弁会社）にて Experience Design Lead を担っている。そこでは、ハイプロファイルの C-Suite クライアントに向けて新しいサービスの経験を設計している。

Alastair S. Macdonald はグラスゴー美術学校（GSA）で主任研究員を務めている。2006 年までは GSA とグラスゴー大学との共同プログラムであるプロダクトデザインの工学の教科主任をしていた。2000 年にグラスゴー大学に教授として任命、2004 年に日本での加齢に関係するプロダクトデザインの研究を実施した結果、国際交流基金（ジャパンファウンデーション）のリサーチフェローとして任命された。また、主任および共同研究員として UK reserach council と National Insititute of Health research で他分野に渡るヘルスケアのチームたちと働いていて、患者・スタッフを中心とした課題（例えば、脳卒中患者のリハビリ、脊髄損傷、老後の認知症、感染管理、栄養失調など）への取り組みを行っている。さらに、この取り組みを行う上で彼とチームは数多くの試験的なヘルスケアの介入を協働デザイン、混合的な方法論やナラティブ、または反復的なプロトタイプを多様なステークホルダーからのインプットにより開発し続けている。

Anna Meroni は建築家兼ミラノ工科大学デザイン科准教授である。デザインの博士号も取得している。彼女の研究はソーシャルイノベーション、地域参加や地域開発を持続さえるためのサービスデザインと戦略デザインである。彼女は国内外の学生を受け入れているプロダクトサービスシステムデザインの修士号プログラムの主任であり、社会的および共同住宅を専門とする修士課程のディレクターを務める。このかたわらで彼女はPOLIMI-DESIS Lab、ミラノを拠点にしたDESIS（Design for Social Innovation and Sustainability Network: ソーシャルイノベーションとサステナビリティ・ネットワーク）のデザイン研究所のコーディネーターを2014年から2016年まで従事した。現在はデザインの博士課程プログラムの重役、国内外のプロジェクトにおける主任研究者、関連カンファレンスの議長、いくつかの出版物の著者、そして国内外の大学の客員講師として活躍している。

Val Mitchell はラフバラ大学のDesign SchoolにてUXデザインの修士課程プログラムの上級講師及びプログラムディレクターを務めている。彼女の研究はユーザー中心デザイン及びUXデザインに関する方法論とツール、とくにそれらと学際的な研究と実践との関連性に焦点を当てている。彼女は特に、多分野のデザインチーム内のユーザーのニーズと必要条件に関するコミュニケーション、およびユーザーからのニーズを引き出すための創造的な参加型デザインと協働デザインに関心を持っている。最近の研究では、家庭におけるエネルギー需要削減のための革新的なサービスのデザインに焦点を当てている。

James Moultrie はケンブリッジ大学工学部デザインマネジメント専攻の上級講師である。アカデミアに入る前は、プロジェクトマネジャー、シニアエンジニア、プロダクトマネジャーとして業界で働いていた。また彼は過去に映像業界でレンズの開発の責任者を務め、アカデミー科学技術賞とエミー賞を2000年に受賞している。さらに、独自に開発した国ごとのデザイン能力の比較する「デザインスコアボード」プロジェクトを含んだ「デザインの価値」の研究により広く知られるようになる。また、彼はデザインの経済的価値を測定するためのプロトコルを確立したヨーロッパのプロジェクトのメンバーでもある。彼の興味対象は製造におけるデザインであり、定期的に企業と組立のためのデザインを改善するために働いている。現在の研究にも「添加物製造のためのデザイン」を探求する活動が含まれる。

Lia Patrício（B.S.、M.B.A.、ポルト大学にてPhDを取得）はポルト大学の准教授で、サービスエンジニアリングとマネジメントの修士課程のディレクターを務めている。彼女の研究は、特に技術対応サービス、バリューネットワーク、サービス

エコシステムの文脈の中での、サービスデザインと顧客体験に重点を置いている。彼女はポルトガルの保健省と共にポルトガルの電子保健医療記録のデザインのプロジェクトのコーディネートをした経験もあり、Marie Curie-Innovative Training Network のイノベーションのためのサービスデザイン部門の主任研究者を務めている。さらに、彼女は Journal of Service Research、Journal of Service Management、Journal of Service Theory and Practice と Service Science Journal の編集委員会のメンバーでもある。その他にはアリゾナ州立大学のサービスリーダーシップ・センターの教職員でもあり、Cornell Institute for Healthy Future での学者である。彼女の論文は Journal of Service Research や Journal of Service Management 等に掲載されている。

Alison Prendiville は London College of Communication（ロンドン芸術大学）の上級講師を務めている。彼女の興味対象の一つとしてはとくにヘルスケアやソーシャルケアを中心に非営利団体や財団を含む第三セクターの組織や公的機関における人類学とサービスデザインがある。また、AHRD が投資している Central Saint Martins（ロンドン芸術大学）とカムデン議会の共同研究「Public Collaboration Lab」にて共同研究者としても活動している。最近はデザインが実用衛星と輸送システム・カタパルトにどのような貢献したのかの基礎調査（スコーピングスタディ）を KTN（Knowledge Transfer Network）にて実施した。彼女は英国陸地測量部（OS）による Geovation Challenge の定期的な貢献者であり、どのように社会貢献をモチベーションに創造される特定の土地に関連するサービスが OS の公開データを活用するのかを評価する審査員も務める。Royal Collage of Art にてデザインマネジメントの修士号と University College of London にてデジタル人類学の修士号を取得している。

Javier Reynoso はメキシコのモンテレイ工科大学（ITESM）の EGADE ビジネススクールにてサービスマネジメントの教授を務める。過去 20 年間、国際的なサービス研究コミュニティの中で途上国の研究を行うことの重要性を促進してきた。20 カ国で読まれている初めてスペイン語で書かれたサービスマネジメントに関する教科書の共同執筆者でもある。また、2012 年に Revista America Economia によってラテンアメリカのトップ 15 の MBA 教授として挙げられ、1999 年、2005 年と 2013 年にサービス研究における貢献によりモンテレイテックの教育研究功労者賞を受賞した。2013 年 5 月、彼はアリゾナ州立大学で行われたグローバルファカルティ・ネットワーク主催のサービスリーダーシップ・センター（CSL）にラテンアメリカの研究者として初めて招待された。さらには彼の成果を評価して、有名な

Christian Grönroos Service Research Award 2013を受賞。そして2014年には、低所得層の社会全体でサービス研究を促進し普及するために、ベイス・オブ・ザ・ピラミッド（BoP）サービス研究ネットワークのイニシアチブを開始した。

Glenn Robert はKing's College Londonにて医療品質とイノベーションの教授を務めている。彼の研究では組織研究と組織社会学の分野を取り上げ、医療の現地の質とサービス改善の仕事、そして大規模な変化の新しい視点に焦点を当てている。ヘルスケアの研究、政策、実践の三つの領域すべてに及ぶ組織開発と変更管理に大きな関心を持っています。彼の最近の研究から得られた知見の普及は、国際公共政策ジャーナルと、特に医療の質に重点を置いたものであった。最近の研究の焦点は、品質向上のための「経験に基づく共同設計」アプローチを開発し、テストすることであった。デザイン思考に基づいて、このアプローチはNHSの多数の医療サービスで適用され、評価され、その後、国際的に実施されている。

Daniela Sangiorgi はデザインの博士号を取得し、現在はミラノ工科大学のデザイン学部にて准教授を務めており、サービスデザインの研究における先駆者でもある。2015年度までランカスター大学のImagination研究グループにて8年間勤務。研究テーマとしてはサービス開発の中でのデザインの役割であり、とくに公共部門のイノベーションに焦点をあてている。現在はデザインのサービス科学の議論とサービスロジック・フレームワークへのつながりや関連性を探求している。その他、International Society of Service Innovation Professionals（ISSIP）やService Design and Innovation conference（ServDes）の委員を務める。

Anna Seravalli はマルメ大学の芸術文化コミュニケーション学部（K3）の上級講師兼デザイン研究者である。プロダクトとサービスのデザイナーというバックグランドを持ち、デザインとソーシャルイノベーションにおける博士号を取得している。Malmö Living Lab Fabrikenの創設者の一人でもあり、マルメ大学のDESIS研究室のコーディネーターも兼任している。また、マルメ市の市民、NGO、公務員や小規模企業の起業家と密に連携し、都市的な文脈の中で環境やソーシャルサステナビリティを改善することを目的にしたイニシアチブにおいての参加、コラボレーション、意思決定や責任感に関する研究を行っている。彼女の興味分野として生産、再生や代替生産の実践及び、大衆から盛り上がった草の根的な取り組みと地方自治体の構造との連携に関するイニシアチブが挙げられる。

Susan Stucky は IBM Research を退職後に独立したコンサルタント兼アドバイザーである。自身が博士号を取得した言語学と博士号習得後に研究を行った人工知能や認知科学について等、さまざまな分野において文献を出版している。最近ではサービスリサーチに貢献している（例えば論文として2010年に出版した「複雑なITサービスにおける契約のビジネス価値：インタラクションのパターンによって決定される価値の実現」）。長期的に関与している労働習慣の研究を基にIBMにて労働者市場とその概念の開発を主導した。これについては Crowdwork and Organizational Work に反映されている。また、リサーチマネジメントと経営コンサルティングの先駆的な研究者としても知られている。さらには、Instistute for Research on Learning の副署長を務めて、そこで学習の社会基盤を確立するための助長をした。さらには Strategic Practices Inc. の創業者兼パートナーとしてアメリカ、日本、ヨーロッパの企業組織のための組織学習と知識管理のイニシアチブを主導した。

Nina Terrey は ThinkPlace のパートナー兼グローバル戦略部部長を務めている。ThinkPlace はグローバルなデザインとイノベーションの会社で、解決するに公共的な価値がある複雑な問題にデザイン思考を応用している。協働デザインによるイノベーションの専門家であり実践家でもある。彼女の仕事は協働デザインアプローチを促し人々が自分たちでより良い公的問題の解決を導くことに焦点を当てている。また政府や他の組織にインパクトを及ぼすためのデザインについての相談・コンサルティングを行っている。また、豪州のキャンベラ大学にある Institute of Governance and Policy Analysis にて准教授を務めている。公共分野におけるデザイン思考について本や論文を多々出版し、デザイン思考の価値、公共政策とデザイン思考の導入について世界中のリーダーやデザイナーに伝えている。デザインによるマネジメントの博士号を取得。博士論文ではオーストラリア財務局でのデザインの応用についてのケーススタディを発表した。

Bruce Tether は2011年10月からマンチェスター大学傘下の Alliance Manchester Business School（AMBS）にて教授を務め、イノベーションマネジメントと戦略を教えている。前職では、デザインとイノベーションの教授として Imperial College London の Imperial College Business School で4年間勤務。Imperial College と Royal College of Art の共同プロジェクトである Design London にもリサーチ・ディレクターとして当時携わっていた。その前は、マンチェスター大学で10年間在籍し博士研究員から教授へと上り詰めた。また、Advanced Institute of Management Research（AIM）の研究員でもある。研究

はサービスにおけるイノベーションが中心でデザイン（特に、イノベーションへのアプローチとしてのデザイン）に強い関心がある。Imperial College で教えている際に、サービスデザインのコンサル会社であるEngine; Live|Work と Ideo の活動に関して特に興味を示すようになった。

Robert（Bob）Young はノーサンブリア大学にてデザイン学部のデザイン実践の教授とリサーチとイノベーションのディレクターとして務める。デザイン学部の博士課程を始めた先駆者でもあり、28人もの候補生の博士号取得をサポートした。この28人のうち最後の6人はサーボスデザインとソーシャルイノベーションにおける知識の構築について関心をおいていた。また、彼は 2007 年にイギリス北部と 2010 年にコーンウォール地方との2回において英国デザイン委員会主催のDesign of the Times プログラムのソーシャルイノベーションと実践コミュニティでのサービスデザインプロジェクトに関するアドバイザーを務めた。最近では、製品サービスシステムに関する専門性を必要とされ、オランダのクリエイティブ・インダストリー・サイエンスプログラム（CRIPS）で科学諮問委員会を務めていた。さらには、Design Social Innovation and Sustainability（DESIS）UK と Northumbria DESIS Lab の二つの AHRC（Art and Humanities Research Council）のネットワークと提携している。Northumbria DESIS Lab においてはコーディネーターを務めており、行政と第三セクターの組織との共同ソーシャルイノベーション学習プロジェクトを実施している。

Andrew T. Walters はウェールズの Cardiff Metropolitan University にてユーザー中心デザインの教授及び大学内に置かれているデザインコンサル兼リサーチセンターであるPDR にてリサーチ・ディレクターを務めている。彼の現在の興味対象としては、方法論と複雑な社会や産業課題の解決の手段としてのユーザー主導のデザインだ。これらは、人々の価値観を取り入れてサービスやモノを作っていくことによりニーズにより対応し、さらに新しいイノベーションを創造する可能性があることから彼にとっては重要な概念である。高齢化社会におけるインクルーシブデザイン、家で使えるテクノロジーと商品開発や企業の CSR の持つ役割を改善するプロジェクト等を含め、さまざまなプロジェクトにこのユーザー中心デザインのアプローチをすでに応用している。また、民間企業、UK Research Councils、Innovate UK やウェールズ政府等から研究費の援助を得て彼はプロダクトデザインの博士号を取得している。そして実際、小規模の企業から多国籍企業、ラフバラ大学、ランカスター大学、ブルネル大学などを含めたデザインに感度の高い教育機関と共にこのようなプロジェクトを共同で進めている。

Laura Warwick は Northumbria University にてソーシャルイノベーションとデザインの講師兼研究者である。彼女は最近博士号を取得し、博士課程のテーマとして公共サービスを提供しているボランティア団体においてのデザインの価値に関する研究を行った。この研究はアソシエイトとして、デザインのアプローチをボランティア組織に取り組んだ Knowledge Transfer Partnership の経験と実績をもとに実施されていて、このプロジェクトにおいては国からも評価され表彰されている。以降、この分野で働き続け、現在はイギリスで最も大規模なメンタルヘルスネットワークにサービスデザインを導入するプロジェクトに携わっている。今も続けているソーシャルデザインの実践は自身の研究や大学での講義に活かされている。

Katarina Wetter-Edman はスウェーデンのストックホルムにある Konstfack University College of Arts, Crafts and Design にて上級講師を務め、サービスデザインを教えている。また、スウェーデンのヴェルムランド州議会主催の ExperioLab の研究員でもある。10年間の工業デザインとデザインマネジメントの経験を持ち、研究においてはサービスデザイン実践を含めた新興分野であるサービスのためのデザインを明確化していくことをテーマとしている。より具体的にはデザインを通したサービスデザインの実践とユーザー関与の貢献の可能性、そしてどのように特定のデザインのスキルセットが合理的な調査と審美的な知識を組み合わせることにより形成されるのかの過程に関心を抱いている。また、公共部門におけるサービスデザインの役割についても日々関心を高め研究している。Gothenburg University HDK-School of Design and Crafts にてデザイン学博士を習得。

図版一覧
List of Illustrations

図3.1 Excerpt from 'The Journey of MindLab', permission granted by Jesper Christiansen（Source: MindLab）　※著作権者の希望で本書には掲載されません。

図3.2 The Design Guide by the Australian Tax Office, Version April 2002（Source: ATO）　※著作権者の希望で本書には掲載されません。

図3.3 E.ON の組織デザインナラティブ（出典：著者）

図4.1 サービスのコンテクスト変更（Ostrom et al. 2015）, p. 146

図6.1 サービスデザインの対象に対する見方

図7.1 新規サービス開発に関するモデルの例（出典：2015 年 Naples Forum で示された Meiren, Edvardsson らによる論文）

図7.2 リソース統合の構成要素（アクター、リソース、価値、成果とシステム的な結びつき）が作る構成としてのサービス

図9.1 「デザイナー的」アプローチと「デザイン的」アプローチそれぞれの強みと弱み

図10.1 Young のデザインコンテントモデル：デザインによる影響の三段階（Young 2009）

図12.1 ソーシャルイノベーションジャーニー（TRANSITION プロジェクト提供）

図12.2 「TRANSITION」の「Milano Scaling Centre」に参加したいくつかのソーシャルイノベーションの「ポジショニング図表」（TRANSITION プロジェクト提供）

図12.3 ソーシャルイノベーションスキャナー（TRANSITION プロジェクト提供）

図12.4 インタラクションストーリーボード（TRANSITION プロジェクト提供）

図12.5 協働デザインプラン（TRANSITION プロジェクト提供）

図12.6 サステナビリティスキャナー（TRANSITION プロジェクト提供）

図12.7 プロトタイピングフレームワーク（TRANSITION プロジェクト提供）

図14.1 製造業のためのサービスデザインモデル

図17.1 Fabriken の発展における主なイベントを示すタイムラインとインフラストラクチャリング

図17.2 Fabriken の組織図

CHAPTER
1

イントロダクション

Introduction

Daniela Sangiorgi and Alison Prendiville

本書は調査ネットワークService Design Research in the UK[Note1]に寄せられた研究論文から抜粋し独自に編纂したものである。研究論文は新たに選出したものを含め、サービスデザインの他の学問領域への拡張に伴い、実践と研究におけるその役割と存在意義に関する問い掛けが増している今日の状況の適時性を踏まえ選定している。本書の前提として、現象の発展と言説の交錯により示される、新しく、かつ繰り返されてきたいくつかの問いを提示する。それは、それぞれ「サービス」と「デザイン」とは何かという概念と理解の進化についてであったり、サービス開発と実行におけるデザインのインパクトと貢献を測定し評価することへの要求や、ノンデザイナーによるデザインスキルの適用への関心の高まり、境界的領域の発展がサービスのためのデザイン行為の実践に与える影響、などといったことだ。本書の結論において述べることだが、私たちの考えるところでは、これらの言説と、その近年の発展はサービスデザイン領域の再定義を大いに求めるものであり、本書に収められている研究論文はそのための思考を進展させる材料を提供し、その実践において立ち現れる緊張関係を描き出している。これら四つの言説をひもとき、本書のコンテンツの構造を紹介する前に、まずサービスデザインの領域について大まかに紹介することで、共通認識を醸成すると共に我々の提案の起点を提示していきたいと思う。

1.1 サービスデザインの ショート・イントロダクション

本書においてサービスデザインとは、1990年代に理論的な討論の対象として始まり2000年代初頭に最初のサービスデザインスタジオの設立して以降、実践を伴い発展してきたデザイン領域である、という認識に基づく。もちろん「サービスデザイン」という用語はずっともっと前にサービスマーケティング（Shostack1982, 1984）において用いられ、また、新規サービス開発プロセス（Edvardsson et al. 2000; Johnson 2000）のある一つの段階として示されてもいる。あるいは近年では、サービスイノベーションに貢献する多くの学問領域の一つとしてデザインが存在する領域横断型の実践として提示されている（Ostrom et al. 2010, 2015; Wetter Edman et al. 2014: Patricio et al. 2011）。これら異なった解釈はそれぞれ本書のさまざまな章において言及され、議論されている。また時に、領域の不可欠な発展について提案するために用いられている。

　この序章においては、サービスデザインをサービスイノベーションのための人間中心かつ、創造的で反復的なアプローチであり（Meroni and Sangirogi 2011)、また「サービスイノベーションのためのデザイン・ベースド・アプローチ」

（Wetter Edman et al. 2014）として記述されるもの、として捉える。その独自の発展過程において、サービスデザインはデザイン（プロダクトデザイン、コミュニケーションデザイン、インタラクションデザインその他）やサービス・マーケティング、マネジメント（e.g.カスタマージャーニー、サービスエンカウンター）など、さまざまな領域の理論やツールを「変化と革新のためのデザイナー的手法」（Sangirogi and Junginger 2015）によって統合・適用してきた。この20年あまりで、サービスデザインはサービス・マーケティング、もしくはサービスイノベーション研究とさえ同様の段階を経てきたと言える。はじめにデザインコミュニティにおいてデザイナーがサービスをデザイン対象として捉えることを正当化しその妥当性を構築する初期段階。続いてその発展拡大の段階を経て、デザイナーがどのようにサービスをデザインし、実際の貢献する領域はどこか、という区分段階。そしてそれらをどのように他のデザイン実践と統合していくかという統合段階に至っている。

　すでに論じられてきたように（Sangiorgi 2009; Holmild 2007）サービスデザインの実践と研究における初期の焦点はサービスインターフェースとサービスインタラクション、つまりサービス提供者とユーザーの間のインタラクションの機会と領域を描写することだった。この領域への初期の貢献は、これまで統合してきたインタラクションデザインの実践および理論とサービスという概念との基本的な接続のために、サービスを複雑な組織の仕組みとして認識することから、サービスを複雑なインターフェースの群として（Pacenti 1998）解釈することへの移行を提案してきた。インタラクションパラダイム（Sangirogi 2009）と呼ばれるこのアイデアはデザイナーに自身の主要コンピタンスである人の体験の理解へと焦点を合わせることを可能にし、この理解を、よりよい顧客体験ジャーニーの設計へと翻訳する。これは現在でも依然としてサービスデザイン領域の正統性と、他領域との差異を構築する主要な特性である。

　サービスの提供は本質的に共創的なものでもある。そのためサービスデザイン実践の異なる主要な側面として、参加型デザインを独自の領域として構築してきた協働デザインアプローチの発展が挙げられる（Shuler and Namioka 1993; Grren baum and Kyng 1991）。これらの、より良いサービスエクスペリエンスのための人々の理解と参加という二つの次元において、デザイナーの仕事の人間中心性とサービスイノベーションへの貢献は正当化されてきた。

　　「サービスの人間中心デザインのアプローチは、サービスを構想しリデザインするための直観の主な源泉である人々の体験、インタラクション、営みを調べ理解するためのメソッドと能力を自ずから示すものであり［…］また別の次元でサービスの人間中心デザインのアプローチは、変革とデザインのプロセ

スへの人々の関与を促す能力を表明する」(Meroni and Sangirogi 2011: 203)。

初期のこのサービス体験へのフォーカスは、その後、これらサービスの複数の次元（体験の理解とデザインへの参加・関与）と、何がよりよい体験の実行の背景にあるのか、ということへのより精緻な理解を基に、その範囲を急速に拡大していった。これは、サービスデザイン領域の一部として、ユーザーと、望ましい体験を実現するためのインターフェースの背後にある組織的なシステムとプロセスを（デザイン対象として）考慮することへ接続する。したがってデザイナーは組織の表層、外部的な表れである（サービス）タッチポイントのデザイン行為、チャネルのインタラクション、体験ジャーニー、といったものから、遂行プロセスを支えるメカニズムの検討（サービスブループリントやフローチャート、その他ツールに依拠して行われる）へと領域を移行してきた。さらにデザイナーは、よりクライアントの組織の基底にある深い構造と価値を考える時、もしくは、変化への明らかな抵抗に直面した時に、組織変革（という活動の中）に包含されるものを認識する必要があった。ここで組織は単なるプロセスとしてではなく、独自の規範、価値観、信念と行動様式を持った人々や、決まった手続きやヒエラルキー、タスクを持つ構造や、資源がどのように使われ、どのように使われるべきではないか、という目的と方針とを与える組織的ビジョン、といったものを備えた、より複雑な社会システムとして捉えられる（Juninger and Sangiorgi 2009）。この初期からの焦点の拡大は、組織的かつ根本的な変化のための議論と理論への関心の励起を要求する（Sangiorgi 2011）。この論点は組織の中での継続的変革を生み出すためのデザインケイパビリティの開発と実装の戦略にフォーカスされる場合もあった（Juninger 2015; Bailey 2012）。

　またサービスデザインの焦点の拡大と共に、異なったサービスセクターでの活動における影響についての反響も生まれてきた。その主な相違は、変革の要求と特異なチャレンジを必要とする、故に関心が高かった公共セクターのための、もしくは公共セクターと共にする活動の際（特に健康・福祉領域）に顕著であった。全く新しい、しばしば、より協働的なサービス提供形態を伴うサービスモデルを構想する時と同様に（Manzini and Jegou 2008; Manzini and Staszowski 2013）、組織変革と体験改善においてもそれは強調される（Bate and Robert 2007; Bason 2010）。一般にサービスデザインエージェンシーは、行政が市民に働きかけ方のパラダイムチェンジに向けてさまざまなレベルの活動に寄与してきた（Sangiorgi 2015）。同様に、Christian Bason（2012）は「高度にユーザー中心かつ実践的態度により、デザインによるイノベーションアプローチは、公営サービス

担当者に新しい行政活動、一般に共創(協働開発)と呼ばれる形式を見出すことを支援する(13-14)」と指摘している。

　また公共福祉もしくはサスティナビリティの概念と関連して、社会と行動変容の特定領域においても並行して発展が見られた。これは、その活動の領域の常なる拡張を記述する、ソーシャルデザインと現代的に呼ばれるデザイン概念とも重なる(Armstrong et al. 2014)。

　その膨大な適用実績にもかかわらず、サービスイノベーションについてはデザイナーの特定の貢献を限定的に強調するような、サービスデザインのわずかな主要特性のみが語られてきた。サービスデザインの思考は共創的で、包括的で、反復的かつ視覚的なものとして記述され(Stckdorn and Schneider 2010)、いくつかの研究ではサービスデザインは構成主義的なアプローチをサービスイノベーションに適用するもの(Kimbell 2011)、もしくは顧客体験の理解、図示、コミュニケーションを中心とする実践として記述されている(Stigiliani and Fayard 2010)。これらの特質は他領域、特に組織開発の計画的変更の影響についてのエビデンスを創り出す能力について問い続けてきたチェンジマネジメント領域(Bate and Robert 2007)、あるいは顧客中心の事業開発ための戦略を探索するサービス・マーケティングの研究領域(Edvardsson 2011)から注目されてきた。このより高い可視性と、特により複雑なプロジェクトとサービスシステムにおける取り組みが、イノベーション開発とポジティブな影響へのエビデンスの提示となる共に、領域横断的な活動への要求を導いてきたと言える。これらの現象は「サービス」と「デザイン」の捉えられ方が変化すると共に、デザイナーの活動領域の拡張を示している。我々の意見では、サービスデザインの領域の再定義に向けて後押しを促してきた。続いてこれらの主要な発展と、それらのサービスデザインの情勢への影響について詳述を展開していく。

1.2　「デザイン」と「サービス」の概念的進化

サービスデザイン領域の進化と並行して、同時に、「デザイン」とは、「サービス」とは何か、という概念への理解も進化してきた。これらの言葉の再考と検討は分離したプロセスの中で起こり、のちにそれぞれの影響下で集約されてきた。

　伝統的な、具体的な製品のデザインと異なるサービスの定義であるIHIP(Intangibliity：非有形性、Heterogeneity：不均質性、Inseparability：不可分性、Perishability：消滅性) モデル(Zeighamal et al. 1985)は、これによってすべてのサービスの品質を記述できるわけではない(Lovelock and Gummesson 2004)ことや、今日的な組織においてはますます製品とサービスを区別すること

は難しくなっていることなどから疑義が呈されてきた。さらに、一連の非有形の市場への提供物としてのサービスの観念は、価値創造を考案するための手法としてのサービス観念への関心の増加と共に再考されてきた（Edvardsson et al. 2005）。この再考において価値は製品（Goods）に埋め込まれたものとして、あるいはサービス提供の特定の点において交換もしくは消費されるものから、ユーザー自身の利用文脈とより広いサービスや資源とのインタラクションにより共創される組織のビジネス論理へ変化を提案するものへ、とシフトした。このシフトは、グッズドミナントロジックからサービスドミナントロジックへのシフト（Vargo and Lusch 2004, 2008）、もしくは「サービスロジック」（Grönroos 2008）と呼ばれる。Grönroos（2008）はサービスロジックを「サービスアプローチの適用によって、いかに企業が自身のビジネスとマーケティングの戦略を顧客のサービス消費ベースの価値創造に向け調整できるかの視点」であると述べている（p.302）。この意味で、要点は企業が何を成果として生み出すか、ではなく、どのようにそれがより望ましく顧客に提供されるのか、そして彼ら自身の価値生成プロセスを支援するのか、ということにある（Lusch 2007）。全体としてこの再概念化はこのパラダイムの移行に向けて企業を支援する、もしくは企業組織をすでにその論理の下に動いているもの、として捉え直すアプローチや実践への関心を集める結果となった。このことはまた、サービス研究において発展途上の領域とされてきた、サービス開発において顧客を関与させる様式と価値への関心を高めることにもなる（Alam and Perry 2002）。極めて興味深いことに、サービスロジックはデザイン思考とサービスデザインがサービスイノベーションの俎上にもたらしたものに、より人間中心でダイナミックな新規サービス開発のアプローチという意味で類似性を見出している。また、サービスドミナントロジックのフレームワークに含まれるメタ認識的記述と並行するように、より文化人類学的で実践ベースの記述手法が出現した。これらはサービスと日々の社会生活とを再結合し、特定の社会 - 物質と文化的コンテクスト下のサービス分析を理解し易いものとした（Blomberg and Darrah 2015a）。サービスとはなんなのか、ということの再定義は、多くの研究論文の主要なテーマである。本書においてはLucy KimbelとJeanette Blombergの第6章「サービスデザインの対象」において最初に登場し、サービスエンカウンター（訳注：サービス提供者と顧客の間のインタラクションの発生する場）、価値創造システム、社会 - 物質の構成配置…などサービスの異なった理解がサービスの記述のされ方に与えた影響について考察している。これらサービスの多義的解釈は、異なる体系の学問領域の能力や技術へも影響し、また同様に、そのコスモロジー（宇宙論）、一時性、責任などにおいても影響を与えている。

　並行して「デザイン」の理解（の変化）もまた、専門職としてのデザイナーと（デ

ザイン)の排他的な連携、およびその主題の定義に疑問を呈してきた。ソーシャルチェンジや政策立案といった、より複雑で戦略的な領域にデザイン対象が拡大するに伴い、よりデザイン中心ではないイノベーションへの理解が求められるようになった(Sangiorgi et al. 2015; Kimbell 2012)。これはデザイナーの活動文脈の特殊性と同等に、デザイン行為に関わるデザイナー以外の他者の存在を認めることを意味する。また、さまざまな歴史経緯を持ち、永続的にパフォーマンスを提供するというサービスの世界観の性質から、サービスデザインは実際のデザイン行為を行うものとしてより、「現在利用可能な、およびこれから作られる社会 - 物質の構成配置」を考えるものとして記述されるようになった(Blomberg an Darrah 2015b：132-3)。第3章「デザインかデザイナーか：デザイン組織の流れによって、いかにしてデザイナーへの注目がデザインそのものへと移行しているのか」において、Sabine JungingerとStuart Baiely は「デザイナー」から「デザイン行為」への必然的なシフトについて特に考察している。第3章中でPre-text(訳注：組織デザインの以前に取り組まれていたデザイン活動の実績や経緯)として定義される「デザイン遺産(レガシー)」が、デザインケイパビリティを(組織に)「実装」することを目指す場合に考慮するべきものだという。これは、デザイナーの仕事における「機械的な彼ら - 我ら、原因 - 結果というアプローチ」の観点を減らすべきだ、という要求だという。この進行中のデザイン行為の実践は、社会の、そしてデジタルのイノベーションと参加型アプローチとをより一層接続するものとしてのサービスデザインの理解としても表現される。「デザイン後のデザイン」あるいは「利用中のデザイン」との関連は「インフラストラクチャリング」の実践へのフォーカスという結果をもたらした(Börgvinsson et al. 2012)。この「インフラ化」とは、協働的なプロジェクトやソリューションに取り組む時に人間と人間以外を連携させる「複雑で関連的、実践的、そして適切に配置された」(第17章より)創造を可能にするものを意味する。第17章「コラボレーティブサービスを越えて：コモンズとインフラストラクチャリングの問題としてのシェアリングとコラボレーションのためのサービスデザイン」において、Anna Serravalli と Mette agger Eriksenはさまざまな協議事項を交渉し、支援する役割としてのデザイナーについて、例えばコモンズのような組織開発に関わりにおいて議論している。本章の内容は、さまざまなアクターの議題を理解し検討する際にどのような協働的ソリューションが実際に確立されうるのか、それはどのようなレベルでか、それぞれの広がりを考える助けになるだろう。

1.3　サービス開発と実行における　サービスデザインの影響と貢献

「サービスデザイン」という言葉はデザイナーがサービスイノベーションの領域に参画する以前から存在していた。そしてそれは、新規サービス開発の特定の段階にのみ関わるものだった。一般にコンセプトとサービス仕様書で終了する、この特定の段階との関わりはデザイナーの仕事と貢献を制限してきた(Yu and Sangorigi 2014)。デザイナーのユーザーとコミュニティをデザインプロセスに参加させる能力や、あり得る未来を構想し形作るためにフィールドデータを創造的に用いる能力は、管理文化の支配的な組織に欠けているリソースとして評価された。

　　この領域での興味が高まり注目されるようになると、この貢献についての疑義とエビデンスの提示が求められるようになった。それは実際的なインパクトを確立するものなのか、新規サービスの開発がうまくいくためのデザイナーの貢献は実際のところなんなのか、ということだ。これを証明することは、公共部門などデザインがより複雑で社会的なチャレンジに対処する領域の、予算が限られている時に特に重要と考えられた。実践的な見地からも、デザイナーとデザイン業界がデザインのアジェンダをより高い戦略的レベルに押し上げ、サービスセクターにおけるデザイナーのアプローチの変革的ポテンシャルを示そうとしたことの自然な結果であった。デザイナーの仕事は組織やサービス開発に実際のインパクトを与えるのか、それともあくまで画板の上のものなのか、という問いは、デザイナーとデザインリサーチがサービス評価の問題を探究し、サービス開発のより上位の段階における潜在的な役割を探索することに向かわせた。加えて、サービスデザインエージェンシーは巨大でグローバルなビジネスとデザインのコンサルティング企業による、独自のサービスデザインスキルを開発しマーケットに参入しようとする競合的圧力により（クライアント）組織への戦略的なサービスにおける自身のアイデンティティと立ち位置の再考を強いられた。これは第5章「スペシャリストによるサービスデザインコンサルティング：始まりの終わり、または終わりの始まり？」においてEvaMaria KirchbergerとBruce S. Tetherにより例が示されている。この章では、より巨大で複雑な種類の依頼の例としてドバイ空港のEngineによるプロジェクトのケーススタディを取り上げ、（サービスデザイン）プロジェクトにおける提供物の不可避的な変化、そして小規模なサービスデザインエージェンシーが巨大な競合者である大規模コンサルティング会社と対面した際の潜在的な戦略とチェンジマネジメントアプローチについて論じている。

　　サービスデザインのインパクトとサービス遂行の定義の再考については第7章「新

規サービス開発からの解放：新サービス開発の先にあるデザインとサービス」においても Stefan Holmild、Katarina Wetter-Edman、そして Bo Edverson によって議論されている。また Daniela Sangiorgi、Alison Prendivill、Jeyon Jung による第2章「デザインによるサービスイノベーションの促進」においても同様の観点を見られる。これら二つの章では、サービス開発におけるデザインの貢献は本質的に直線的なプロセスである、という伝統的な考え方を捨てて、それに代わり、より複雑で絡み合った一連の成果として再定義して捉え直すことを提案している。第7章においては、いかに新規サービス開発が、近年のサービスの理解と不一致かを提示している。サービスを「システマティックに価値を生み出すリソースを統合する動き」の結果として考えることは、サービス開発を複数のアクターとリソースの再構成として捉え、進行形のプロセスとして考えることへ導いた。第2章においても同じく、文化人類学に裏打ちされた実践により基づくイノベーションの理解、および、デザイナーの仕事の事前、最中、事後に何が起きているのかを考察する分析領域の拡張の提案、これらによってデザインの貢献についての解釈を再考している。十分に幅広いさまざまなイノベーションの決定因子（それがどのようにイノベーションの開発に影響するのか）を考慮することで、デザイナーの仕事のポテンシャルと与えるインパクトのより精緻な評価につながるだろう。

　最後に、デザイナーの仕事はまた、そのポジティブな影響を測定するだけでなく、直接的・間接的にサービス世界に対してどのような影響を与えているのか、その世界に関わるアクターに対する責任についても、その意義を（綿密に調べることによって）問われている。第6章で Lucy Kimbel と Jeanette Blomber は例えば「社会文化的配置というレンズ（解釈）は、ローカルな、サービスを形づくり支えることに巻き込まれる人々への責任を、その場のサービスを越えたところにある利益への責任と同様に認める」といった調子で、さまざまなレベルのデザイン活動ごとにどのような責任が生じるかを提示している。また別の位相で、しかし同様に、第8章「不公正の棘の上でのデザイン：代表制と協働デザイン」において、Katie Collins、Many Rose Cook と Joannna Choukeir はサービスデザインへの参加型アプローチの適用に潜むリスクについて、デザイナーが活動している力学構造を彼ら自身のアジェンダと同様に考慮していないと指摘し、そこから実証主義的な代表性の概念と、より構築主義的な参加型のアプローチとを比較している。

1.4　デザインの技術とアプローチの ノンデザイナーによる活用への関心

専門的なデザイナーの実践に属する問いと並行して、オルタナティブな、かつ有

望なイノベーションへのアプローチとして（多くは）デザイン思考や（一部）サービスデザインについての関心が高まっている。いかにしてデザイナーの技術やアプローチを組織に実装するかという問いは、（デザインの）トレーニングやサービスデザインのツールの提供をクライアントから求められる実践者を悩ませる基本的な問題であり続けている。第2章でDaniela Snagiorgi、Alison PrendivilleとJeyon Jungによって議論されているように、組織のマインドセットの継続的変化は短期のデザイン・コラボレーションの結果によって生まれるものではなく、また、デザイナーとクライアントの間の異なった様式の関係性も必要となる。また第3章でSabine JungingerとStuart Baileyが指摘するように、より長期間デザイナーが貢献する上で障害となりうる、（組織における）過去のデザイン実践と遺産（レガシー）を理解し活かす、新たなデザイン能力をも要求される。

　　組織において内部的なデザインケーパビリティを開発することへの関心は、より統合的かつ領域横断的であるアプローチを開発する必要と需要を伴う。これは組織にデザインスキルを効果的に統合し実装するための全体的な目標であるが、それと同時に、サービスデザインを容器的な研究対象としてきた越境的なサービス研究の領域からの呼び声でもあった（Ostrom et al. 2015）。サービスイノベーション、新規サービス開発、もしくはサービスオペレーションの研究（領域）は、新たなサービスをデザインする行為について考察し、デザイナーが取り入れ学んできたことから洞察し、ツールを開発してきた。

　　面白いことに、新規サービス開発のためのデザイン行為の領域横断的な実践におけるデザイナーのスキルとマインドセットの統合への要求は、イノベーションに人間中心で、柔軟で、創造的なアプローチを与える、新規サービス開発における枠組みを作り統合する役割となり得るものとしてデザインアプローチを認めることでもある。それは、組織が今日求めているものとより一致する。この場合、デザイナーの仕事は一連のツールとしてではなく、むしろイノベーションのためのマインドセットとアプローチとして理解される（Wetter Edman et al. 2014）。

　　組織内の既存のサービスデザインのスキルを補完・統合することの必要性の強調は、異なった文化や言語の統合と収束という課題を提起し、一方、その（サービスデザインのスキルの）貢献をよりうまく統合し協調するために、他との違いを特定する必要が生じる、つまり識別の課題を提示する。この点についてGlenn RobertおとSlastair MacDonaldは第9章「医療分野での協働デザイン、組織の創造性、品質向上：デザイナー的？それともデザイン的？」において提起している。ここではヘルスケア領域を例にしてデザイナーとノンデザイナーそれぞれが用いるアプローチの主要な差異について、品質改善のための半ば実験的で計測可能なデザイン「のような」（Design-like）取り組みと、不確かで逸話的なデザイン主導の

反復的なプロトタイピングの実践の違いは何か、といった観点を示している。

1.5　境界領域の開発

デザイナーは最終的に、不可避的に「境界領域」と我々が呼ぶ場所での仕事に引き込まれる。そこではサービスのパフォーマンスは主題であるが、しかしサービスデザインの元々の領域との関連は簡単に説明しがたい。例えば公共セクターにおけるサービスデザインスタジオの実験的な活動、特定の国が掲げるデザインポリシーやプログラム、第三セクター、もしくは行政と行われ引き起こされてきたコラボレーションによって支援されてきた。このケースでは（デザイナーは）政策立案の複雑な領域に踏み込んでいる。もう一つの大きく異なる、サービス提供の導入と普及のポテンシャルが認められるのが製造業セクター、とくに中小企業である。この領域へのサービスデザイナーの関わりは始まったばかりだ。これらのサービスデザインの新たな活動領域は、新たな特定の必要条件や状態をもたらし、また、慣れを促す取り組みを必要とする、文化とコミュニケーションの障壁を再び登場させる。

　　第10章「サービスデザインと周縁効果」において Bob Young と Laura Warwick は、例として第三セクターが今日直面している（特に経済的な）課題を概観し、サービスデザインの実践を持続可能な方法で提供していくことの難しさを述べている。 第13章「政策立案におけるサービスデザイン」で Camilla Buchanan、Sabine Junginger と Nina Terrey は、国家行政におけるデザイン思考の実験初期、しばしば行政のラボという形態で行われたものを振り返っている。デザイナーはここにおいて再び彼らの役割を再発明し、政策形成のプロセス、言語、文化に適合すると共に自身の価値を証明しなければならない。第14章「プロダクトサービスシステムへ至る道筋としてのサービスデザイン」において Tracy Bhamra、Andreew T. Walters は、製造業組織でサービス提供（というビジネス形態の）開発に向けて変わろうとする際の支援を目的とした場合にサービスデザインの果たす役割を探索する。ここでは、この移行への段階的な支援を可能とする三つの主領域が提案されている。まず、長期的な製品利用と維持管理を強化するための製品の「サービサビリティ」の検討、次に製品を超えて（競合に対し）差別化可能な、（価値の）提供と顧客との関係性を作るサービスの設計、そして最後に統合的ソリューションへと（ビジネスの）焦点をシフトし、ビジネスモデルを再考する。

　　さらに、近年ソーシャルイノベーションの領域における関心と取り組みは重なり合って（発展）してきた。これは参加型デザインアプローチにおける調査・実践とも関連している。ここでのサービスデザインとの接続は、サービスの協働的様式

での成長、大きな社会課題に対するソリューションのデザイン、協働的ソリューションの開発と遂行のためのソーシャルエンタープライズとの協働や設立など、といった点での関連である。Anna Meroni、Marta Colubolo、Matteo Bortolomeoによる第12章「ソーシャルイノベーションジャーニー：ソーシャルイノベーション創出に伴うサービスデザインの課題」では、特にアーリーステージ（創成期）のソーシャルエンタープライズ支援について、文脈とイノベーターの準備のレベルごとに支援可能なアクティビティとツールを考察している。代わって第11章「センスメイキング活動としてのサービスデザイン：南米の低所得者コミュニティからの洞察」でCaria CipollaとJavier Reynosoは、いかにソーシャルイノベーションのプロジェクトが低所得者コミュニティで発展してきたか、それがその裏にある文化的価値を理解することによってのみ正当に評価することができる地域固有のプロジェクトとしてみなされるべきであるかを議論している。

　最後に、サービスデザインの仕事は、サービスのデジタル化に強く影響されている。デジタル化はサービスシステムとプラットフォームのインタラクティブ性・接続性を増加させ、一方でサービスアイデアと発展のポテンシャルを拡大させる。Daniela Sangiorgi、Lia Patricio、Raymond Fiskは第4章「複雑なサービスシステムを関係性・ユーザー参加型・創発へとデザインすること」において、組織的システム、バリューネットワークからサービスエコシステムのデザインへの移行する際のサービスシステムの増大する複雑性を考慮し、この（デジタル化の）進展の影響を議論している。第15章「サービスデザインの誕生とセカンドエコノミー」では、Jeanette BlomberとSusan Stuckyはデジタル化の影響に代わって、「隠れた」デジタルアルゴリズムという労働力によって促進される人と機械の間の労働者の新たな分断の発生を取り上げ、彼らが「セカンドエコノミー」と呼ぶものにおける可知性、可視性、物質性といった論点について考察、提案している。第16章「サービスデザインによってデータに意味を与える」においてAlison Prendiville、Ian Gwilt、Val Mitchellは、大規模なデジタル・データセットにおけるデザイン領域について、「翻訳、可視化、探求というプロセスを通した意味付与活動」として理論立てて提示している。それは「本質的に抽象的で非具象的なものであるビッグデータを、社会的、経済的に価値ある人間中心のサービスに変換する」ために組織を支援することとも言える。

1.6　本書の構成

本書の構造として、さまざまな発展の流れにおけるサービスデザインの今日的視点を提供するための以下四つの議論の主要領域を定義する。

1.「サービスのためのデザイン行為」の今日の情勢

2.サービスのためのデザイン行為に関する現代的言説とその影響

3.公共・社会領域におけるサービスのデザイン行為

4.移行経済・新興市場におけるサービスのデザイン行為

本書では、これら四つの言説と発展について、四つの部に分け、個別の章において、さまざまなアプローチと異なった視点で紐解いている。これらのテーマは、いかにサービスデザインの領域が発展し得るか、そこでは何がどのように貢献するか、といったことをよりよく理解するための基本的な前提となるため、本書を読み進めるにあたり、これらのテーマを心に留めていただくことを推奨する。これらのテーマは各章をつなぐ隠れた糸だ。終章に至って、私たちの提示する「サービスのためのデザイン行為」の姿を明瞭に織り上げるだろう。

Note

1 Service Design Research UK was an Arts and Humanities Research Council funded project, grant reference AH/K003607/1. More information can be found here: http://imagination.lancs.ac.uk/activities/SDR_UK_Network (accessed 9 October 2016).

References

Alam, I. and Perry, C. (2002), 'A Customer-oriented New Service Development Process,' *The Journal of Services Marketing* 16 (6): 515–34.

Armstrong, L., Bailey, J., Julier, G. and Kimbell, L. (2014), *Social Design Futures*. Brighton: University of Brighton.

Bailey, S. (2012), 'Embedding Service Design: The Long and the Short Of It,' *Proceedings from ServDes 2012, the Third Nordic Conference on Service Design and Service Innovation*. Espoo Finland.

Bason, C. (2010), *Leading Public Sector Innovation. Co-creating for a Better Society*. Bristol: The Policy Press.

Bate, P. and Robert, G. (2007), *Bringing User Experience to Healthcare Improvement: The Concepts, Methods and Practices of Experience-based Design*. Abingdon: Radcliffe.

Bate, P. and Robert, G. (2007), 'Toward More User-Centric OD: Lessons From the Field of Experience-based Design and a Case Study,' *Journal of Applied Behavioral Science* 43 (41): 41–66.

Björgvinsson, E., Ehn, P. and Hillgren, P.-A. (2012), 'Design Things and Design Thinking: Contemporary Participatory Design Challenges,' *Design Issues* 28 (3): 101–16.

Björgvinsson, E., Ehn, P. and Hillgren, P.-A. (2010), 'Participatory Design and "Democratizing Innovation",' *Proceedings of the 11th Biennial Participatory Design Conference*, 41–50. New York: ACM.

Blomberg, J. and Darrah, C. (2015a),' *An Anthropology of Services. Toward a Practice Approach to Designing Services*. San Rafael: Morgan & Claypool Publishers.

Blomberg, J. and Darrah, C. (2015b), 'Towards an Anthropology of Services,' *The Design Journal: An International Journal for All Aspects of Design* 18 (2): 171–92.

Edvardsson, B. T. (2011), 'Expanding Understanding of Service Exchange and Value Co-creation.' *Journal of the Academy of Marketing Sciences* 39: 327–39.

Edvardsson, B., Gustafsson, A. and Roos, I. (2005), 'Service Portraits in Service Research: A Critical Review,' *International Journal of Service Industry Management* 16: 107–21.

Edvardsson, B., Gustafsson, A., Johnson, M. D. and Sandén, B. (2000), *New Service Development and Innovation in the New Economy.* Lund: Studentlitteratur.

Ehn, P. (2008), 'Participation in Design Things,' *Proceedings of the 10th Anniversary Conference on Participatory Design,* 92–101. Indiana University, Indianapolis, IN, USA.

Goldstein, J. (1999), 'Emergence as a Construct: History and Issues,' *Emergence* 1 (1): 49–72.

Grönroos, C. (2008), 'Service Logic Revisited: Who Creates Value? And Who Co-creates?' *European Business Review* 20 (4): 298–314.

Greenbaum, J. and Kyng, M. (1991), *Design at Work: Cooperative Design of Computer Systems.* Hillsdale, NJ: LEA Publishers.

Holmlid, S. (2007), 'Interaction Design and Service Design: Expanding a Comparison of Design Disciplines,' *Proceedings Nordes Conference 'Design Inquiries'.* Stockholm.

Ingold, T. and Donovan, J. (2012), 'Introduction: The Perception of the User-Producer,' in W. Gunn, *Design and Anthropology,* 19–34. London: Ashgate.

Jackson, M. (2003), *Systems Thinking. Creative Holism for Managers.* Chichester: John Wiley & Sons Ltd.

Johnson, S. P. (2000), 'A Critical Evaluation of the New Service Development Process'. in J. A. Fitzsimmons and M. J. Fitzsimmons, *New Service Development: Creating Memorable Experiences,* 1–32. California: Sage Publications.

Jones, P. (2014), 'Systemic Design Principles for Complex Social Systems', In G. Metcalf, *Social Systems and Design,* 91–128. Japan: Springer Japan.

Junginger, S. (2015), 'Organizational Design Legacies and Service Design, *The Design Journal: An International Journal for All Aspects of Design*

18 (2): 209–26.

Junginger, S. and Sangiorgi, D. (2009), 'Service Design and Organizational Change: Bridging the Gap between Rigour and Relevance,' *Proceedings of the IASDR Conference on Design Research*. Seoul.

Kimbell, L. (2011), 'Designing for Service as One Way of Designing Services,' *International Journal of Design* 5 (2): 41–52.

Kimbell, L. (2011), Rethinking Design Thinking: Part I, *Design and Culture* 3 (3): 285–306.

Kimbell, L. (2012), Rethinking Design Thinking: Part II, *Design and Culture: The Journal of the Design Studies Forum* 4 (2): 129–48.

Lin, M. C., Hughes, B. L., Katica, M. K., Dining-Zuber, C. and Plsek, P. E. (2011), 'Service Design and Change of Systems: Human-centered Approaches to Implementing and Spreading Service Design,' *International Journal of Design* 5 (2): 73–86.

Lovelock, C. and Gummesson, E. (2004), 'Whither Services Marketing? In Search of a New Paradigm and Fresh Perspectives,' *Journal of Service Research* 7 (1): 20–41.

Lusch, R. F. (2007), 'Competing through Service: Insights from Service-dominant Logic,' *Journal of Retailing* 83 (1): 5–18.

Maglio, P., Vargo, S., Caswell, N. and Spohrer, J. (2009), 'The Service System is the Basic Abstraction of Service Science,' *Information Systems and e-Business Management* 7: 395–406.

Manzini, E. (2011), 'Introduction', in A. Meroni, and D. Sangiorgi, *Design for Services*, 1–6. Aldershot: Gower.

Manzini, E. and Jegou, F. (2008), *Collaborative Services. Social Innovation and Design for Sustainability*. Milano: Edizioni Polidesign.

Manzini, E. and Staszowski, E. (2013), *Public and Collaborative. Exploring the Intersaction of Design, Social Innovation and Public Policy*, DESIS Network.

Meroni, A. and Sangiorgi, D. (2011), *Design for Services*. Aldershot: Gower.

Ostrom, A. L., Bitner, M. J., Brown, S. W., Burkhard, K. A., Goul, M., Smith-Daniels, V., Demirkan, H. and Rabinovich, E. (2010), 'Moving Forward and Making a Difference: Research Priorities for the Science of Service,' *Journal of Service Research* 13 (1): 4–36.

Ostrom, A. L., Parasuraman, A., Bowen, D. E., Patrício, L., Voss, C. A. and

Lemon, K. (2015), 'Service Research Priorities in a Rapidly Changing Context,' *Journal of Service Research* 18 (2): 127–59.

Ozanne, J. L. and Saatcioglu, B. (2008), 'Participatory Action Research,' Journal of Consumer Research 35 (3): 423–39.

Pacenti, E. (1998), 'Il progetto dell'interazione nei servizi. Un contributo al tema della progettazione dei servizi,' *PhD thesis in Industrial Design*. Milano: Politecnico di Milano.

Patrício, L., Fisk, R. P., Cunha, J. F. and Constantine, L. (2011), 'Multilevel Service Design: From Customer Value Constellation to Service Experience Blueprint, *Journal of Service Research* 14 (2): 180–200.

Sangiorgi, D. (2009), 'Building up a Framework for Service Design Research,' *Proceedings of the 8th European Academy of Design Conference*, 415–20.

Sangiorgi, D. (2011), 'Transformative Services and Transformation Design,' *International Journal of Design* 5 (2): 29–40.

Sangiorgi, D. (2015), 'Designing for Public Sector Innovation in the UK: Design Strategies for Paradigm Shifts,' *Foresight* 17 (4): 332–48.

Sangiorgi, D. and Junginger, S. (2015), 'Emerging Issues in Service Design,' *The Design Journal* 18 (2): 165–70.

Sangiorgi, D., Prendiville, A., Jung, J. and Yu, E. (2015), *Design for Service Innovation and Development. Final Report*. Lancaster: Lancaster University.

Shostack, G. L. (1982), 'How to Design a Service', *European Journal of Marketing* 16 (1): 49–63.

Shostack, G. L. (1984), 'Designing Services that Deliver', *Harvard Business Review* 62 (1): 133–9.

Shuler, D. and Namioka, A. (1993), *Participatory Design. Principles and Practices*. Hillsdale: LEA Publishers.

Stacey, R. (2007), 'The Challenge of Human Interdependence: Consequences for Thinking about the Day to Day Practice of Management in Organizations', *European Business Review* 19 (4): 292–302.

Stickdorn, M. and Schneider, J. (2010), *This is Service Design Thinking*. Amsterdam: BIS.

Stigliani, I. and Fayard, A. (2010), *Designing New Customer Experiences: A Study of Socio-material Practices in Service Design*. London: Imperial

College Business School.

Ulrich, W. (1988), 'Systems Thinking, Systems Practice and Practical Philosophy: A Program of Research,' *Systems Practice* 1: 137–53.

Van Aken, J. E. (2007), 'Design Science and Organization Development Interventions: Aligning Business and Humanistic Values', *The Journal of Applied Behavioral Science* 43 (1): 67–88.

Vargo, S. L. and Lusch, R. F. (2008), 'Service-dominant Logic: Continuing the Evolution,' *Journal of the Academy of Marketing Science* 36 (1): 1–10.

Vargo, S. and Lusch, R. F. (2004), 'Evolving to a New Dominant Logic,' *Journal of Marketing* 68: 1–17.

Wetter Edman, K., Sangiorgi, D., Edvardsson, B., Holmlid, S., Grönroos, C. and Mattelmäki, T. (2014), 'Design for Value Co-Creation: Exploring Synergies Between Design for Service and Service Logic,' *Service Science* 6 (2): 106–21.

Yu, E. and Sangiorgi, D. (2014), 'Service Design as an Approach to New Service Development: Reflections and Future Studies,' *Proceedings, 4th ServDes. Conference on Service Design and Service Innovation*, 194–204. Lancaster: Lancaster University.

Zeithamal, V. A., Parasuraman, A. and Berry, L. L. (1985), 'Problems and Strategies in Services Marketing, *Journal of Marketing* 49: 33–46.

「サービスのためのデザイン行為」の今日の情勢

PART

1

「サービスのための
デザイン行為」の
今日の情勢

The lay of the land in designing for service

この第1部では、政府から医療機関さらには空港に至るまで、さまざまなサービス・組織において「サービスのためのデザイン行為」がどのように用いられているかを取り上げる。いまやサービスデザインの方法論や手法は、デザイナーではない人々にも積極的に取り入れられるようになり、組織の内部プロセスや高度に発達したシステムにまで、速やかにデザインが適用される体制が構築され始めている。この第1部は4つの章からなる。事例を通じて、クライアント組織へのサービスデザインを含む、鳥瞰的な視点を導き出し、さらにより具体的な視点からサービスのためのデザインを論じ検証していく。例えば複雑な関係性の中で相互依存しているサービスシステムをどのように調整し、発展させていくのか。はたまた異なる領域やいくつもの時差を横断するサービスが抱える問題にどのように取り組むべきか。先鋭のサービスデザインコンサルティングでは、複雑で戦略を必要とするプロジェクトで何をなし得るのか。すでに確立されている経営型コンサルティングの分野に、どのような可能性と革新をもたらすのか、といったことについてだ。

　　Sangiorgi、Prendiville、Jungによる第2章では、公共・民間・デジタルの領域から各2事例ずつ、合計6つのサービスデザイン事例を紹介する。いずれも、UK Arts and Humanities Research Council（AHRC）grant – DeSID（Design for Service Innovation and Development）が資金を提供し、組織的なサービス革新を、プロセス指向、成果主義、コンテクスト探査の3つの側面を重ね合わせて実現しようとする取り組みである。これらの事例を、導入前、導入最中、導入後に分解して洗い出し、サービスデザインの効果を再定義していく。

　　第3章ではJungingerとBaileyが、サービスデザインの実践事例と研究を通じて、組織の問題がいかに将来の発展を左右するのか調査している。サービスデザイナーが組織編成にたずさわる際に、彼らが取り入れた共創デザインやコラボレーションから生じる副次的な効果に着目するとともに、組織内でまだ明文化されていないデザインプロセスに組織独自の文化が内在している点にも注目している。内部を深く理解した上で、さまざまな過程を捉え直す。すると組織独自のデザイン文化をこれまでの経緯の中に見出すことができ、その後の組織を発展させること

「サービスのためのデザイン行為」の今日の情勢

ができると述べている。そのために自然発生的に起こった実践事例の数々を収集し、有効な知識を発展的に共有するプロセスを設計し、結果、サービスデザイナーたちは、組織に大きく貢献できるようになる。単なるデザイナーから、新しいデザイン手法を実現するデザイナーへと、自らを変貌させられるだろう。

　Sangiorgi、Patricio、Fiskは、第4章においてサービス環境の複雑化を連携増大の観点から検証している。昨今の状況では、デジタルプラットフォームの統合、さまざまな地理・時制に在する多種多様なパートナーたちと共に、すべてを包括して動かすシステムを構築しなければならない。課題はサービスシステムの設計から、点在する価値を結ぶ設計へと移行している。サービスはやがて、接続・共生しているソリューションと共に、常に変化し続けるエコシステムへと変化していくだろう。デザイナーと多様なメンバーで構成されるチームは、さまざまなレベルで増大し続ける複雑性の中、「より制御できない状況下で、つぎつぎと起こる変化に対応する業務」に従事することになる。そのような複雑なサービスの設計に取り組む著者にとっては、サービスデザインの手法のみを用いたアプローチでは力が及ばなくなり、より戦略的なレイヤーから組織開発に取り組まなくてはならず、ゆえに、すぐにでも「エコシステムの進化を支える、開発基盤の接続許認可を代行する仕組み」が必要であると述べる。

　第5章では、KirchbergerとTetherが、まさしくサービスデザインコンサルティングを開拓した企業の一つであるEngineを取り上げ、最新のサービスデザイン事情を紹介する。ドバイ国際空港における彼らのプロジェクトは、サービスデザインカンパニーの輝ける成功事例である。著者たちはどのようにしてEngineがこのような国際的かつ複雑なプロジェクトを成し遂げたのか分析すると共に、今後の課題を浮き彫りにしている。ドバイのような大規模成功事例と、デジタルサービスの市場拡大は、多くの経営コンサルタントから好奇のまなざしを寄せられている。彼らがUXデザインやサービスデザインの領域に押し寄せて来る前に、専門家の独自性をいかにして強めていくのか、本章の著者はさまざまな観点から論じ提案を行っていく。

CHAPTER
2

デザイン領域の拡張

Expanding (service) design spaces

Daniela Sangiorgi, Alison Prendiville and Jeyon Jung

1990年代の創成期より、サービスデザインは創造的な人間中心のアプローチを取り入れる形で、サービス革新を担ってきた。以降、サービスデザインの導入領域も成功事例も着々と拡大を続けており、その調査研究も増加の一途である。この章では特に、開発と実践の現場におけるサービスデザインへの関心の高まりと実際の導入事例について議論したい。

　　関心が高まる中で何が課題とされているのだろうか。それは昨今の職業的デザイナーに対する批判に現れている。「費用対効果を考えず、クライアントの組織文化や課題に目を向けることもなく、自身のポートフォリオを立派に見せることばかり気にしている」（Mulgun 2014 年）。あるデザイン団体の報告書では、デザイナーたちが「官公庁のクライアントに、デザインがイノベーションを引き起こすことを明らかにして価値を高めていく」必要があると述べられている（Design Commission 2013 年：19）。Arts and Humanities Research Council（AHRC）はまた、英国におけるサービスデザイン研究のネットワークプロジェクト[Note1]に資金提供を行い、サービスデザインを導入し、実践、評価から発展させる方法まで研究する重要性を指し示している。世間に溢れる数多くのサービスの中で生き残り、今後も発展し続けるためには、サービスデザインを評価する姿勢と共に（Maffei et al. 2013）、「サービスデザインこそが選ばれるべき手段」であり、「その手法を受け入れ、知識を広めていくしかないのである」（Stigliani and Tether 2011）。

　　昨今のサービス開発でのデザイナーのあり方を巡る議論においても、その論点はサービス開発が本質的に何を意味しているのか、そしてサービスイノベーションをどうやって実現するのかである。英国 Arts and Humanities Research Council（AHRC）が出資した、サービス革新と開発のためのデザイン Design for Service Innovation and Development（DeSID）[Note2]の研究成果に基づいて議論することとする。これはサービスデザインエージェンシーが関わった六つの開発案件の研究である。取り上げられた案件は英国内の公共と民間領域、そしてデジタルサービスに関するものだ（表2.1を参照）。この章では、デザインやイノベーションが成し得ることとは何か理解と認識を広げ、デザイナーとクライアントの関係性によってイノベーションの成果が大きく変容することを明らかにしたい。

　　DeSID の研究は、新規サービス開発、特にサービスイノベーションや人間中心設計を対象とし、デザイナーの業務を主に３つの側面から分析している。サービスイノベーションのプロセス、成果、コンテクストである。この研究に基づく考察で彼らは次のように提案している。デザイナーを評価するには、クライアント組織へのデザイナー関与の時期を、事前・最中・事後に拡大して検証する必要があるだろう。

このあと６つの事例を取り上げ、まずはサービスイノベーションの３つの側面（プ

表 2.1　DeSID 調査結果の要約

プロジェクト	デザイン会社	概要
スコットランドの介護情報 – CIS（NHS24）	Snook	Snook は、スコットランドの公的看護サービス NHS24 とスコットランド政府社会保険局 Health and Social Care Integration Directorate と共同で、CIS サービスを構築した。CIS はユーザーが必要な最新の介護情報を提供する。プロジェクトはスコットランド各地の介護コミュニティと連携して、新たな情報設計とインターフェースを開発した。
商品支援サービスProduct Support Services（Nuaire）	PDR	PDR は Nuaire に対して、彼らが家庭用・商用に展開する省エネ型換気システムにおいて顧客体験を向上するためには、どのようなサービスが提供できるか考案した。それは例えば、トレーニング施設や専用コース、オプション購入できるデザインソフトなどであった。
健康保険	非公開	世界的な健康保険会社と契約しているあるデザイン会社は、既存の顧客サービスを再設計するために、サービスパートナー連携の体制革新を考案した。これは事業形態や環境がますます複雑化する状況の中で、今後の運用モデルに根本的な変化をもたらすこととなった。
オンラインキャスティングサービス（Spotlight）	Wilson Fletcher	Wilson Fletcher は、英国有数の俳優団体において、オンラインの配役（キャスティング）サービスを開発した。監督や、劇場、映画会社、広告におけるニーズを満たすものである。キャスティングディレクターのカスタマージャーニーを視覚的に図式化することで、彼らは新しいサービスを共創的に作り上げ、プロトタイプを繰り返して行った。
クラシック音楽のデジタルプレイヤー（Universal Music）	Made by Many	Made by Many は、世界有数の音楽会社である Universal Music Group に属する Universal Music UK を支援して、クラシック音楽ブランド Decca のデジタルサービスにおける可能性を調査した。人々がクラシック音楽を聴いている利用状況に基づいてデザインを起こし、プレイヤーのプロトタイピングと実装を担当した。
Connect & Do（Certitude）	Innovation Unit	Innovation Unit は、精神障害者の支援を行う第三セクターCertitude と協力して、コミュニティサービスを開発した。このサービスは、軽度なメンタルヘルスケアを必要とする人々を、オンラインツールを通じて支援者たちのコミュニティとつなぐものである。このプロジェクトをきっかけに、Certitude は共創によるコラボレーティブな仕組みをデザインする団体へと変貌することとなった。

ロセス・成果・コンテクスト）について解説する。次にその内容と意味するところを明らかにして、サービスデザインへの理解を発展させることとしたい。

2.1 デザインによる
サービスイノベーションの促進

2.1.1 サービスデザインのプロセス

サービスデザインは元々、新規サービス開発（NSD）における運用設計のためのデザイン手法として認識されていた。よってサービスデザインは、「新しい『オンライン』サービスを提供するための第一歩」であり、「サービス構造を詳細に規定し、バックエンドの運用基盤と利用者に提供されるコンテンツを結びつけることによって、サービス運用の戦略を練る」（Johnson et al. 2000: 5）ためのものであると考えられていた。

「新規サービス開発周辺の議論が活発化するにつれて、サービスイノベーションのためのデザイン思考が及ぼす影響に関心が向けられるようになった。これはサービス開発においていまだ未開拓な領域である顧客志向の高まりに端を発している」（Alan and Perry 2002）。「サービス中心モデルは、旧来の市場調査の域を超えてはるかに顧客中心かつ市場中心である。顧客の潜在ニーズに学び、組織の学習能力と革新性を高めるものとして提示された」（Matthing, Sanden and Edvardsson 2004）。「昨今の組織におけるグッズドミナントロジックからサービスドミナントロジックへの移行はまた、顧客のロジックを理解し、コンテキストに則った価値を提供する必要性を示している」（Heinonen et al. 2010）。「調査手法にはよく用いられる定量的な市場調査よりも、エスノグラフィーのような定性的調査が適当である」（Matthinget al. 2004）。「より高度な市場に適応した、顧客志向を持つ組織とは、順応性と発展性を兼ね備えた強力な学習能力を持つ組織である」（Morgan et al. 1998）。これらを総合して、何人もの著者がサービスデザインはアプローチであると提唱した。組織へサービスやカスタマー中心のロジックを導入する際に役立てることができる（Wetter-Edman et al. 2014）。

観察力に優れるデザイナーは、新規サービス開発において役割を大きく発展させる能力を持っている。これはユーザー中心な各種デザイン手法を知っているというよりも、むしろ、顧客志向を身につけているためだ。このことは最近のサービス調査文献においても触れられている。「サービスデザインとは、人間中心で創造的で、反復的なアプローチによって説明できる」（Blomkvist, Holmlid, and Segelstrom 2010）もので、「サービスのマーケティングから運用、さらには情報技術に至るまで、デザインが統合することで完成に至るのだ」（Patricio and Fisk 2013）（Ostrom et al. 2015:136）。このように随所でデザインへの注目が高まって

いるにも関わらず、新規サービスにおけるデザイナーの功績は依然不透明で、どのようにして多くの分野で人間中心なサービスイノベーションが実現されているのか、明らかになっていない。

　DeSIDの調査研究では、二つの側面——段階としてのサービスデザイン、またはサービスイノベーションにおける顧客中心アプローチ——の両方が、すべての対象事例の内に見て取れた。いくつかの事例では、デザイナーがユーザー中心デザインの特定の手法を求められ、それゆえ役割が求められた手法の範囲にとどまり限定的になっていた。同時進行している他のイノベーションプロセスからは切り離され、初期のサービスコンセプトの段階でその役割を終えている。ほかの事例では、デザイナーが全体へイノベーションプロセスをもたらす価値ある存在とみなされ、新規サービス開発の後期にあたる開発段階に至るまで、デザイン会社がプロジェクトに関わり続けていた。

　例えば組織全体にデザインが活かされた事例を挙げると、スコットランドの介護情報サービスの再設計におけるSnookや、メーカーNuaireの新規サービス開発におけるPDRが果たした功績がある（表2.1参照）。デザイナーはユーザー調査を先導し、デザインゲーム、参与観察、インタビューから現場査察まで行い、そこから得られたインサイトをアイデアに落とし込むカスタマージャーニーマップや、ステークホルダーマップ、ペルソナ、サービスアイデア、さらにサービスブループリントにまで至る道筋を設計した。プロジェクト初期段階のデザイン成果物は、クライアントがその後の開発及び実装段階での仕様を検討する際にも参照され、実現可能性を検証するための資料としても有効活用された。

　　「レポートをいつでも参照できて便利だった。Snookが街に出て調査した結
　　果から、そこで得られたインサイトまで全部まとめられていた。そのすべてを
　　鵜呑みにするわけではないけれど、それは実在する人々の反応であり、現実
　　で、他人に示しやすいものだった」
　　〜スコットランド政府へのインタビューにて〜

一方、Made by ManyやWilson Fletcherが関与したデジタルサービスのイノベーションでは、システム要件とアジャイルアプローチ導入を前提として、そのスキルを有する彼らが採用されていた。プロトタイプを繰り返して実装を決定し、実際にデジタルプロダクトを開発する能力を持っている点が重視されたのである。次に挙げたUniversal Musicによる感想は、イテレーションを素早く繰り返してサービス開発が行われたことを示している。この新規サービスはクラシック音楽のデジタルツール開発である。

「サービスのためのデザイン行為」の今日の情勢　/　デザイン領域の拡張

「初日にデザイナーからストラテジストまで、まさにプロジェクトのメンバー全員が一つの部屋に集まったんです。最初のミーティングから15人のメンバーで、考え得るありとあらゆる実現可能なアイデアについて検討しました。何らかの傾向やテーマ、視点が見つからないか徹底的に議論したんです。それから優れたアイデアを一つに絞り込み、良さそうだったら提案価値を作って、さらにテストしてプロトタイプを作成して、それを社内で検討する[...]その繰り返しでした」

〜Universal Music にて〜

Certitude と Connect & Do の事例においては、Innovation Unit にサービスイノベーションのための共創的アプローチが全権委任された。実はクライアントは、実践経験とサービスモデルの習得を目論んでいた。このケースでは、デザイナーはクライアント組織に対するデザインプロセスの学習支援を請け負い、クライアント自身がその手法や思考法を習得した時点で契約は終了となった。

2.1.2　サービスデザインの成果

前述の通り新規サービスでも事例によってデザイナーの役割が異なっていることが分かる。さらに、デザイナーに期待されるイノベーションの内容やレベル、目的で分類ができるだろう。

サービスイノベーションはさまざまなレベルで起こり得る。組織の末端から変化することもあれば、その根幹や文化において変化することもある。Djellal と Gallouj（2010）によると、その変化はイノベーションの規模にも関連して、サービスインターフェースや関連ネットワークレベル（外部連携の革新）から、提供レベル（プロダクト/サービスの革新）、運用レベル（プロセスの革新）、組織レベル（内部組織の革新）に分けられる。

Vadim Grinevich（2015: 47）は、サービスデザインプロジェクトがいかに「見てくれのサービスアクティビティやユーザーとのタッチポイントに効果がある施策に着目するばかりで、バックエンドのプロセスや基盤をおざなりにしている」かを指摘した。デザイナーが組織に対し自らの役割の変容を主張している一方で[Note3]、Grinevich からしてみれば彼らの唱える「変容」への要求は、「イノベーションを生み出すために、内部組織体制の改革を推進する」需要があって初めて成立するものだ。

DeSID の研究では、いくつかの事例でこの点が検証されている。デザイナーの功績がサービスの末端にしかなく、インターフェースデザイン（デジタル領域）や、ユーザー調査のための新提案にとどまっていた。サービス実現に必要な組織構造

やプロセスの革新にまでは及んでいないのだ。NHS24のためのスコットランド介護情報（CIS）のプロジェクトや、Nuaireのサービス開発プロジェクトでは、デザイナーたちが調査に基づいて改革の重要性を掲げてはいた。けれども提案されたデザインのどの部分を採用し実行するのか、さらには何を継続していくのかは、クライアント組織が判断していた。その判断は例えば、スコットランド政府サイトとの技術的適合性であったり、Nuaireがサービスカンパニーを目指しているわけではないといった既存の組織方針や文化によって判断がなされていた。

　他方、CertitudeやUniversal Musicの事例では、当初からイノベーションの影響が組織全体に波及することを期待されていた。だからプロジェクト要件においても、デザインを通じた組織文化の革新が受け入れられた。CertitudeもUniversal Musicも、自らの組織体質の根本的な改革を目指しており、ビジネスの在り方すら変える覚悟だったのである。Certitudeはメンタルヘルスケアを、前例のない共創的アプローチで解決しようとしており、Universal Musicはアーティストベースのアルバム購買スタイルから、人々の欲望や楽しみ方に合わせて音楽をレコメンドする形に音楽業界の流れを変えようとしていた。どちらのケースもデザイナーたちは的確にプロジェクトを推進し、期待された通りの変革を成し遂げた。デザインプロセスを通じてトレーニングすることでスタッフの態度を変容させ、必要なツールや技術の創出をサポートした。そしてUniversal Musicの新しいデジタル部門立ち上げが成立したのである。

　そこで改めてデザイナーが果たした役割と成果を整理してみよう。サービスイノベーションには二つの重要な側面が存在すると言える。一つはデザイナーとクライアントにおける関係性、いわば契約合意である。もう一つはクライアント内に、デザインプロセスを学び、導入し、定着させなければならない喫緊の事情があったという点である。

　ここまで、DeSIDの研究を題材にして、デザイナーが新規サービス開発の過程においてどのような役割を担い、効果功績が見込めるのか、そしてクライアント組織のコンテクスチュアルな事情とデザイナーがイノベーションの担い手として世間から寄せられている関心を紐解いた。サービスとその変容は、広く社会的背景の中で分析することが重要だ（Gallouj 2002）。サービスの社会的局面、サービスイノベーションが文化人類学的な影響下にあるという視点は、イノベーションの捉え方を変えさせる。安易に技術面に着目し、プロセスと成果だけを分析するような事態は不適切である。イノベーションは社会的な文脈を伴った、人間的な概念なのである。

2.1.3　サービスデザインの実践

他のDeSID研究を見てみよう。Grinevich（2015: 47）は「ユーザー中心」なデザ

イン理論に疑問を投げかけている。いったいそれは「将来を見通す能力」を与え、先進的なイノベーションを開拓するのだろうか。ユーザー中心のサービスが実際にユーザーや顧客の支持を得られる確証はないに等しい（Verganti 2011）。デザイン人類学や、BlombergとDarrahが唱えるAn Anthropology of Services（2015）は、サービスデザインが、すでに確立されている他分野の学説を無視しているのではないかと指摘し、サービスイノベーションや新規サービス開発の評価に別の軸を検討するよう提案している。「サービスとは、人間の状態に依存しており、その人固有のコンテクストの中で起こっているものだ」（p. 173）。彼らは今後サービスデザインは人類学へと焦点が移行すると主張しており、人間とイノベーションが置かれた状況に着眼して、社会的かつ文化的な視点からイノベーションを解釈しようとしている。Ingold（2011: 154）はこれを指して「科学的」知見というよりむしろ「住民的」視点だと評した。対比されたこの二つの視点を解釈すると、片方は我々がどのように世界の中で生きているのかという視点であり、他方は我々がどのように「世間を解釈して関係性を育み、ものごとを処理するのか、さらにそこで得た知識を別の場所でも展開できるようにするのか」（p. 155）という視点である。住民視点という言葉は対象が広く非科学的で分かりにくくはあるものの、Certitudeの事例や他の事例を見れば、その効果や意味は明らかだ。

> 「全く新しい経験でした。その前から私は介護業務に携わっており居住型の介護施設に勤めていました。それまでは彼ら（患者たち）が何をできるかなんて考えたこともなかったし、どのような介護を望んでいるのかも感知しませんでした。[...] けれどもCommunity Connectingでは、完全に違っていたのです。彼らは1人の尊厳ある人間でした。したいことをして、会いたい人と会うことができる。それは、まさに天地がひっくり返るほど斬新な事態で、私は考え方を改めなければなりませんでした。変わらなければならなかったのです。私たちはみな変わる必要があるんです」
> 〜Certitude Connect & Doにて〜

イノベーションの定義は、次のように述べられる。1) 新しいことをする、そして 2) その新しいことが組織・市場・社会に受け入れられるよう開発する（National Audit Office 2006）。我々は、それがイノベーションであるのか、住民の理解を得られるのか問わなければならない。そして異なるコンテクストでも通用するようにしなければならない。ユーザーがサービスのプロデューサーとして、彼ら自身の日常にサービスを合わせていくのだから。Ingold（2012: 30）は、新たな道を切り拓き、継続的に変化し続けられるようにすることこそがサービスデザインの目

的であり、完成が目的ではないと述べている。Gunn と Clausen（2013: 173）は、Ingold によるユーザー兼プロデューサー[Note4]のコンセプト（2012）を挙げて、ユーザーをデザイナーのアイデアの糧としようとする考え方から、エンドユーザー自らがデザイナーになる説への移行を主張した。Ingold もユーザー兼プロデューサーというコンセプトの延長線上に、終わることのない未来の姿があるのではないかと問いかけている（p. 174）。

　スコットランドの介護情報（CIS）もまた、自律して継続し続ける未来のサービスを垣間見せるプロジェクトである。サービスイノベーションにおけるデザインの効果が、オープンで終わることのない形に結実している。このプロジェクトの具体的な成果物は、膨大な報告書とサービスブループリントであった。そこには人々が CIS に何を望み、何を必要といるのか、根拠を伴って明示されている。このレポートによって、NHS24 の方向性が変わった。Snook はさらにプロジェクトの第二フェーズにて、ペルソナと関連ユースケースを追加開発した。それらは実現性の議論においてたびたび参照され、やがて規模の大きい別の開発プロジェクトにも適用されることとなった。それがスコットランド政府の先鋭的なデジタルサービス「mygov.scot」である。この事例は、イノベーションの実践が組織的に受け入れられ、他のプロジェクトにまで発展した確固たる事例である。次の CIS のインタビュー談話が、Snook が成した仕事が「mygov.scot」プロジェクトへとつながっていった様を物語っている。

　　「サイトの概要が固まった段階で、もっと大きな mygov.scot と呼ばれるプロジェクトが動き始めていたんです。偶然私たちは Snook のスタッフと彼らとどのような仕事をしているのか、mygov.scot のメンバーに伝えることができました。彼ら（mygov.scot）は私たちがしていることにとても興味を持ち、プロジェクトに加わらないかという話になりました。それで Care Information Scotland を mygov.scot の元で続けることになったのです」
　　〜スコットランド政府へのインタビューにて〜

サービスイノベーションにおけるデザインの無限の影響は、しばしば元のサービスデザインプロジェクトとは関係のない企画に発揮される。このようなプロセスの延長を考えると、デザインの効果計測や評価対象を何とすればいいのか予測しきれなくなってくる。サービスが実装されたかどうかだけを見ていると、プロジェクトの過程で組織が取り入れた広義の影響を見過ごすことになる。Certitude の事例が示すように、デザインが与える知識や手法は、その組織やコミュニティの他の領域にも浸透していくのである。

「サービスのためのデザイン行為」の今日の情勢　/　デザイン領域の拡張

「それは尽きることのない源泉のようなものだから [...] 私たちが構築した体験や知識は、人々が単に与えられるようなものではなく、欲しいことを手に入れられる仕組みなんです。いまではCommunity Connectingが新しい原則になって自律的に動いています。どの組織も皆Community Connectingの回答を参照しています。私たちの組織で起こったことは他でも再現するのです。とても小さくて、わずかな投資が、いまや大きな影響を持つまでになりました。Community Connectingは今や組織上層部の委員たちから私たち以外の外部プロバイダー、さらに大手代理店までもが用いるようになりました」
〜Community Connect – Certitude〜

Suchman（2011: 15）は問いかけている。「散発される不確実な変化を重視する姿勢は一般にネガティブに捉えられるが、視点を変えれば、手間や時間をかけることなく段階的に望ましい変化がもたらされることが期待できる」（Barry　2001）を引き合いにしながら、取得した特許の数によってイノベーションを測るような従来のあり方に疑問を呈している。対して、彼女が取り入れようとしているのは、独創性である。「段階の目安は、その対象物や実践が、可能性の開拓にどれだけ寄与したのかで測れる。[…]独創性とは、それ自体が持つ意義の斬新さではない。その意義が影響を及ぼす、他の活動や存在においての斬新さが重要なのだ」（Barry 2001: 211-12 in Suchman 2015: 15）。Suchman によると、新規性は「どのような場合でも、部分的かつ暫定的で不安定、つまり面倒だと思われていたことが転じて、あたりまえになり、行動様式へ昇華されること」（p. 15）によって立ち現れるのである。

　　Certitude のサービスがどのように変わっていったのか追ってみよう。Innovation Unitとのコラボレーションを始める前、Community Connectingチームはイノベーションの実践を手探りしていた。特に支援対象者との関係構築の方法を模索していたのである。デザインエージェンシーとの共同作業により、内部で進められていた内容が整えられ、新しいサービスが構築されていった。さらに直感で試行錯誤を繰り返していた対処法が検証され、他のコミュニティプロジェクトでも活用することが可能になった。そうして組織的に変容が浸透して行ったのである。またスタッフの移動に備え、デザイナーたちが導入したツールや手法も組織のイノベーションを推し進めた。

　　これらの出来事において着目すべきは、組織への影響の大きさでなく、デザイナーとクライアントの関係性が劇的に変化した点である。これは同時に、デザイナーが関わる期間だけでなく、事前や事後の環境や展開に視野を広げる必要があると示している。サービスデザイン領域の拡張が必要なのである。

2.2 サービスデザイン領域の拡張

サービスデザインの拡張を唱えるにあたって、デザイナーの仕事は、広義のイノベーション文脈において、より長い時間軸で評価されるべきだ。デザイナーの貢献と影響がどれほどのものか、さらに可能性とデザイン効果を最大化するためにはどうするとよいのか、それらをより深く理解するには、広い視点が必要なのである。例えば、医療機関におけるイノベーション普及の要因を取り上げてみよう。Greenhalgh たち（2004）は、関連文献の体系分析によってイノベーション要因の複雑性を明らかにしている。「これはイノベーションの本質が、対象者とその文脈によるという事実に関係している」（p. 598）。 DeSID の本来の目的から外れてしまうためそれら個々の要因を振り返ることはしないが、デザイナーが関与する、事前・最中・事後に分けて、強く影響した要因のいくつかを取り上げてみる。

2.2.1 デザインの前

第3章でSabine Junginger と Stuart Bailey が指摘しているように、組織内には「デザイン上の通例」が大量に存在する。デザイナーはそれらに引きずられる形で新しい能力や道具を開発しなければならない。私たちは事例を紐解く中で、組織がデザインとイノベーションをどのように認識しているのかに注目した。一つは今までどのようにデザイナーの仕事を扱って来たのか、そしてもう一つは彼らの直近の改革実践を含む内部体制事情である。これらがデザイナーの採択から、彼らとの協力体制に至るまで、大きく影響していた。こうした事前条件は、デザイナーとクライアントが出会い、交渉が始まる時点で明白だ。NHS24 によるスコットランドの介護情報においては、スコットランド政府は Snook が行った過去の事例を熟知しているだけでなく、最初から彼らのコミュニティとつながる能力を重要視していた。政府は自分たちの組織に欠けているスキルを認識していたのである。だからこそ情報サービス刷新の必要性を上層部に納得させられる、外部の協力者を求めていた。つまりクライアントは、Snook が期待する通りのアウトプットを作成する能力があるとあらかじめ分かっていたのである。Snook の採用は、NHS24 が自分たちの組織に無い能力を、わざわざ習得して実行する必要がないことを意味している。次に引用する発言にも明らかだ。

> 「でも彼らはビジュアルも制作して来たんです。プロトタイプがありました。彼らはまさに、私たちが持っていないありとあらゆるスキルを持っていたのです」
> 〜スコットランド政府へのインタビューにて

Snookと組むことは、外部との接点が最小限に抑えられ、望ましいものだった。NHS24のプロジェクトマネジャーにとって、一括して任せられるのなら、さまざまな情報を、ステークホルダー間で調整する手間が不要になるのである。

　プロジェクトの実行プロセスと考え方において、初期段階からデザイナーとクライアントの姿勢が一致している点では、Certitudeの事例でも同様だ。Certitudeは新しい手法を学ぶ意欲に満ちており、過去のプロジェクトや手法の開示を臆することもなかった。それが実り豊かなコラボレーションを生む基盤となった。

> 「とても奇妙でした。聞きなれない言葉と大量に貼られた付箋。周りには不思議な異文化交流とでもいうものが発生していました。何よりも、そこにいる人たちと一緒に、実際のサービスが本当に人々と共に動いていたのです」
> 〜Certitude〜

別の文献でもイノベーションの決定要素として、システムの準備状態が重要だと指摘されている（Greenhalgh et al. 2004）。 それは例えて言うなら「変革の予兆」と定義されている。組織内部の職員が現状をもう我慢ならないと考えていた場合、または組織がイノベーションを待ちわびている状態で、内部の全面的な支援体制と変化を受け入れる覚悟がすでにできあがっている場合などだ。Spotlightのケースでも、デザインエージェンシーが加わる前からイノベーションは開始されていた。彼らはサービスのクライアント（利用者）であるキャスティングディレクターと親密に関わっていたものの、処理しなくてはならない膨大なデータにおののいていた。だからこそ変革を受け入れる素地ができていたのである。

> 「[...] 彼らはいつも私たちの周りにいて、いつでも話せる状況でした。だからこそ彼らの思いが募っていく様子がはっきりと分かっていたのです。私たちはキャスティングディレクターたちにもっと声を聞かせて欲しいと言って、量的データの収集を始めました。主にオンラインアンケートを用いて、時々インタビューやパネルディスカッションも取り入れています」
> 〜Spotlight〜

イノベーションの成否は、組織の資質とイノベーションの方向性の一致具合によって予測できる。すでに形成されている企業文化、ルール、価値観との相性が重要なのである。メンタルヘルスケアをコミュニティの力で解決したCertitudeの例を見てみよう。組織外部との連携をきっかけに、既存サービスの革新が一気に進展

した。その前段階に Innovation Unit へ問い合わせした時点で、彼らの働き方は変化し始めていたと言える。

「[...]たしかにこの仕事によって、私たちが組織のイノベーターとして有名になったのは事実です。間違ってもいません。新しい働き方へ向けて、次から次へアイデアを繰り出して業務内容を変革していきました。サービスデザインもアップデートし続けていました。ストレスの多い現場でした。けれども何人か、そんな状態を好意的に受け入れる人が存在したのです」
〜Certitude Connect & Do〜

2.2.2　デザインの間

デザインからイノベーションが生まれるためには、デザイナーとクライアントの関係において三つのタイプが存在する。役割分担、コラボレーション、そして統合である(表2.2参照)。
　　役割分担タイプでは、プロジェクトへのスキル提供が要求される。デザイナーとクライアントの連携は最小限に抑えられ、完成品の納品とプロジェクトレビュー(振り返り)が行われる。このような段階では、相互に学び合う機会が少なく、納品後に継続して開発が進む可能性は無きに等しい。Nuaire の事例がこれにあたる。

「その後、我々はビジネス的に有望な領域にプロジェクトを絞り込み、彼ら(デザイナーたち)はそれに対してさらなる調査を行いました。それらは PDF 資料とパワーポイントのプレゼンテーションにまとめられ、最終的な納品物である提案資料になりました。」
〜Nuaire Air〜

Universal Music のデジタルクラシック音楽プレイヤープロジェクトでは、状況が全く異なっていた。デザイナーとクライアントの関係は協力的だった。デザイナーはそのスキルだけでなく、組織との相性も考慮して選ばれていた。Universal Music は当初から Made by Many のイノベーションプロセスを学ぶことに熱心で、デジタルスキルの習得を目指していた。デザイナーは設計プロセスをリードする立場に就き、アジャイルな反復的開発手法を取り入れた。このコラボレーティブな手法が協力関係のベースとして開発と実装段階にまで継続することとなった。このように新しいスキルの導入と実践が、クライアントに長期的な変革をもたらしている。最終形である Certitude のデザインプロセスではさらに密接で、デザイナーとクラ

「サービスのためのデザイン行為」の今日の情勢　/　デザイン領域の拡張

表 2.2 デザイナーとクライアントの関係における 3 つのタイプとその特徴
（引用：Sangiorgi et al. 2015: 62）

	スキルとしての貢献	人間中心の創造プロセス	人間中心でコラボレーティブなマインドセット
デザイナーとクライアントの関係	業務を請け負う役割分離型	デザイナー主導でのコラボレーション型	プロセスを共創する統合型
デザイナーの採択理由	スキル（例：ユーザー研究や調査、共創デザイン、視覚化または制作の能力）	手法や組織との適合性	変革やイノベーション志向
概要	成果重視：開発と改善の実践を目的とする	オープンかつ探索的：開発・改善の実践を目的とする	オープンかつ探索的：新規性の学習と組織導入を目的とする
新規事業での影響範囲	初期段階（調査研究やデザインの実行など）	実行に向けたすべての段階	自律性に向けたすべての段階
デザイン成果物	整理されたデザイン報告書	実行中の文書とプロトタイプ	明確な成果物を必要としない
イノベーションへの影響	デザインから変革のアイデアを得ることができる	デザインによって変革が導き出される	学びから変革が実践される

イアントの関係が統合された新しい側面を見せている。デザインエージェンシーであるInnovation UnitはクライアントCertitudeのスタッフを教育することで、イノベーションのプロセスを一気に推し進めた。サービスデザインにおいてCertitudeのスタッフが、リサーチャーとして、はたまたデザイナーとして加わったのである。コラボレーションが終了したのは、単に新たなオンラインツールが完成したからではなく、Certitudeがサービスデザインスキルを習得し、自らプロジェクトを推進できるようになったからなのである。

　これらのタイプの違いは、成果物の違いにも表れている。プロセスが協力的で統合的になればなるほど、デザイン納品物は確定形にならない進行中の状態になる。Snookの場合、NHS24への納品物（例えばサービスブループリントなど）に、

実装前から実装後に至るすべての情報を記さなくてはならなかった。Spotlightの場合は違っている。デザインの成果は、進行中のプロジェクト資料やプロトタイプである。それはデザイナーとクライアントの間の会話やプロジェクトにおけるコラボレーションの過程を記したものだ。次に挙げるSpotlightによる発言からは、例えばキャスティングディレクターたちがホワイトボードへ日々書き加えていった視覚的な記録が、どれだけ価値のあるものであったのかが伝わってくる。複雑で絶えず変化する状態が、彼らが自らの足で日々を乗り越える原動力になったのだ。

> 「私たちはそれを毎回写真に撮って、別のキャスティングディレクターからのフィードバックを受けた。そしてまた撮影するということを繰り返した。これがとてつもなく素晴らしい結果になったのです。信じられませんでした。忘れられないほど輝かしい記憶です。[...]そこからあらゆるレベルのキャスティングディレクターたちが、技術的知識を得ることができました。本当に素晴らしい体験でした」
> ~Spotlight〜

対照的に、Certitudeのプロジェクトでは、明確な納品物はなく、主に共同作業の資料であった。これはプロジェクトの焦点をよりコラボレーティブな方法を習得し実践することに置いていたためである。

2.2.3　デザインの後

デザイン後、デザイナーが提案したイノベーションは、クライアント組織が自ら採択し実装することとなる。事例研究によると、この過程では提案それ自体の種類によって違いがある (Greenhalgh et al. 2004)。イノベーションがシステム的に実行可能であるかとあわせて、提案内容がその組織の現在の状況や段階に適しているのかどうか。これはSnookの提案に対してNHS24が実現可能性や優先度を測りつつ、巨大組織である事実を考慮して、文化的そして技術的な制約を検討していた発言にも見てとれる。

> 「我々はこんなことを言ったんだ。そうだね、ちょっと待って。次のフェーズでどうなるのか考えてみよう。例えばログインを人々が何度も行うとしたら、サーバースペックに余裕がない現状でも実現可能なんだろうか。とにかくデータの保護を重要視して判断しなくてはならない」
> 〜NHS24〜

デザイナーが今まで以上に組織に関与しプロジェクトを推進する役割を果たすためには、意識しなくてはならないことがある。業績を維持するにはアイデアに力強い物語性がなくてはならない。そしていかに組織のステークホルダーたちに受け入れられ実行されるか。物語の創造性と共有能力が、革新的な組織の尺度であるという提言もある（Gabriel 2000）。非公開のデザイン事例では、予期しなかった突然の組織変更によりプロジェクトが終了している。クライアントのプロジェクトマネジャーによると「物語がまだ弱く、新しく就任したシニアマネジャーの承認を得ることができなかった」と語っている。

> 「プロジェクトは複数の選択肢と共に広がる形で発展してきたので、情報が膨らんでいました。ストーリーがはっきりしておらず、複雑で伝えづらいものになっていたんです。（沈黙）だから新しいステークホルダーたちの理解を得ることが難しくて。彼らはそんな状況を見てこう言ったんです。そうだね、なんとなく分かったよ。全部は複雑で理解しきれないけれど」
> 〜非公開のデザインエージェンシー〜

それゆえ、デザイナーのイノベーションに与える影響を評価する前に「イノベーションは検討段階から実行に至るまで、いくつもの障壁、交代、予期せぬ事象による挫折が訪れ、一筋縄ではいかない非線形を描くプロセスが一般的である」（Van de Ven et al. 1999）（Greenhalgh et al. 2004: 610）ことを考慮する必要がある。柔軟な組織と強力なリーダーシップ、そしてマネジメントを兼ね備え、人材の育成と開発を支援する体制。これがイノベーション遂行に欠かせられない重要な要素と考えられている。組織開発はいくつかの事例（Made by Many や Innovation Unit）でも見て取れる。しかしまだデザイナーの業績においては一部分にとどまっており、これからよりいっそうの発展が望まれる分野と言えよう。

2.3　まとめ

この章はサービスデザインの実践事例を読み解きつつ、イノベーションへの影響を分析をしてきた。大きく分けてプロセス・結果重視・コンテクストの三つの視点からである。私たちはこれらの三つの視点をどのように組み合わせたら最も効果を残せるか。いつ、なんのために、そしてどうやってデザイナーがクライアントとのコラボレーションを劇的に変化させることができるのか。初期の研究の中で、私たちはデザイナーの仕事が与えるインパクトを観察し、デザイナーの仕事がサービスイノベーションを促進するだけでなく、研究領域の拡張を必要とすることを明

らかにした。同時にイノベーションの実践とはコンテクスチュアルで、非線形に行ったり来たりを繰り返しながら進行するものであり、そこでデザイナーが果たす役割を再認識することとなった。その上で、イノベーションの決定的要因を研究する中で、デザイナーがプロジェクトに加わる前・最中・事後に一体何が起きたのか検証した結果、これまでの認識を改めて、サービスデザイナーが与える影響をより広い視野から捉えるべきだと分かった。

　この拡張は昨今の世の関心が、デザイナーという職能から、デザインするということへと移行している点に重なっている（これについては本書の中で何人もの著者が述べている）。デザイナーが果たす役割の現在進行形の変化である。これはまたイノベーションにおいて、ますます行程が複雑化し、技術への理解が難しくなりゆく傾向と一致する。鬱陶しいまでに複雑で有機的な組み込みと実装を、組織内外を横断しつつ遂行していかなければならない。

　サービスデザインの実践は、クライアントとの共同作業にあたって彼らの組織が持つコンテクストをどれだけ感知できるかにかかっている。それらが新しいスキルや手法を導入する際、潜在的によりよい印象を生み出し、開発したものが受け入れられる土壌を形成することとなる。それはまた手戻りを防ぐ伏線にもなる。最後に、生態学的かつ複合的で文化的な面からのデザイナーの評価を強く提案する。デザイナーがこれまで以上に有効に機能するために。そしてデザイナーが変革のプロセスにおいて果たし得る本当の役割を認識するために。

Notes

1 SDR UK – Grant reference: AH/L013657/1

2 より詳細なプロジェクトの内容は以下のDeSIDのウェブサイトを参照のこと–http://imagination.lancs.ac.uk/activities/Design_Service_Innovation_and_Development – accessed 9th October 2016 – and access the final report at http://imagination.lancs.ac.uk/ outcomes/Design_Service_Innovation_and_Development – accessed 9th October 2016.

3 この主張はDeSIDのインターナショナルサーベイの結果の一部であり、調査ではワールドワイドにサービスデザイン領域で活動しているデザインエージェンシーから49の完全な回答を得ることができた。詳細はDeSIDの最終報告書を参照のこと。

4 インゴルド（Timothy Ingold）はプロセスと行動を伴う実践を通して、人々を単なる消費者でなくスキルを備えた実践者にすることができる、と主張している（Gunne and Dunovan 2012:2）。

References

Alam, I. and Perry, C. (2002), 'A Customer-oriented New Service Development Process', *The Journal of Services Marketing* 16 (6:) 515.

Barry, A. (2001), *Political Machines*: Governing a Technological Society. London: Athlone.

Blomberg, J. and Darrah, C. (2015), 'Towards an Anthropology of Services', *The Design Journal* 18 (2): 171–92.

Blomkvist, J., Holmlid, S. and Segelström, F. (2010), 'Service Design Research: Yesterday, Today and Tomorrow', in M. Stickdorn and J. Schneider (eds), *This is Service Design Thinking*, 308–15. Amsterdam: BIS Publishers.

Design Commission (2013), *Restarting Britain* 2: Design and Public Services. London: Design Commission.

Djellal, F. and Gallouj, F. (2010), 'Services, Innovation and Performance: General Presentation', *Journal of Innovation Economics* 5 (1): 5–15.

Gabriel, Y (2000), *Storytelling in Organizations: Facts, Fictions and Fantasies*. Oxford: Oxford University Press.

Gallouj, F. (2002), 'Productivity, Innovation and Knowledge in Services: New Economic and Socio-economic Approaches,' in J. Gadrey and F.

Gallouj (eds), *Productivity, Innovation and Knowledge in Services: New Economic and Socio-economic Approaches*, 256–84. Cheltenham: Edward Elgar Publishing.

Greenhalgh, T., Robert, G., Bate, P. and Kyriakidou, O. (2004), 'Diffusion of Innovations in Service Organizations: Systematic Review and Recommendations', *The Milbank Quarterly* 82 (4): 581–629.

Grinevich, V. (2015), 'Design and Service Innovation: A Strategic Management Perspective', in D. Sangiorgi, A. Prendiville, J. Jung and E. Yu, *Design for Service Innovation and Development. Final Report*, 47–8. Lancaster: Lancaster University.

Gunn, W. and Clausen, C. (2013), 'Conceptions of Innovation and Practice: Designing Indoor Climate', in W. Gunn, T. Otto and Smith, R. C. (eds), *Design Anthropology, Theory and Practice*, 159–79. London: Bloomsbury.

Heinonen, K., Strandvik, T., Mickelsson, K. J., Edvardsson, B., Sundstrom, E. and Andersson, P. (2010), 'A Customer-dominant Logic of Service', *Journal of Service Management* 21 (4): 531–48.

Ingold, T. (2011), *Being Alive. Essays on Movement, Knowledge and Description*. London: Routledge.

Ingold, T. (2012), 'Introduction: The Perception of the User-Producer', in W. Gunn and J. Donovan, *Design and Anthropology*. London: Ashgate.

Johnson, S. P., Menor, L. J., Roth, A. V. and Chase, R. B. (2000), 'A Critical Evaluation of the New Service Development Process', in J. Fitzsimmons and M. Fitzsimmons (eds), *New Service Development: Creating Memorable Experiences*, 1–32. California: Sage Publications.

Maffei, S., Villari, B. and Foglieni, F. (2013), 'Embedding Design Capacity in Public Organizations: Evaluation by Design for Public Services', *Swedish Design Research Journal* 2 (12): 28–34.

Matthing, J., Sanden, B. and Edvardsson, B. (2004), 'New Service Development: Learning from and with Customers', *International Journal of Service Industry Management* 15 (5): 479–98

Morgan, R. E., Katsikeas, C. S. and Appiah-Adu, K. (1998), 'Market Orientation and Organizational Learning Capabilities', *Journal of Marketing Management* 14 (4/5): 353–81

Mulgan, G. (2014), *Design in Public and Social Innovation*. London: NES-TA.

National Audit Office (2006), *Achieving Innovation in Central Government Organizations*. London: The Stationery Office.

Ostrom, A. L., Parasuraman, A. Bowen, D. E. Patrício, L. and Voss, C. A. (2015), 'Service Research Priorities in a Rapidly Changing Context', *Journal of Service Research* 18 (2): 127–59.

Patrício, L. and Fisk, R. P. (2013), 'Creating New Services', R. Russell-Bennett, R. P. Fisk and L. Harris. Brisbane, *Serving Customers Globally*, 185–207. Tilde University Press.

Sangiorgi, D, Prendiville, A., Jung, J. and Yu, E. (2015), *Design for Service Innovation and Development. Final Report*. Lancaster: Lancaster University.

Stigliani, I. and Tether, B. S. (2011), 'Building a New Field: How an Emerging Category becomes Meaningful and Legitimate – The Case of Service Design'. Paper presented at the EGOS, Gothenburg.

Suchman, L. (2011), 'Anthropological Relocations and the Limits of Design', *Annual Review of Anthropology* 40: 1–18. Available online: http://www.annualreviews.org/doi/pdf/10.1146/annurev.anthro.041608.105640 (accessed 21 July 2014).

Verganti, R. (2011), 'Radical Design and Technology Epiphanies: A New Focus for Research on Design Management', *Journal of Product Innovation Management* 25: 436–56.

Wetter-Edman, K., Sangiorgi, D., Edvardsson, B., Holmlid, S., Grönroos, C. and Mattelmäki, T. (2014), 'Design for Value Co-Creation: Exploring Synergies Between Design for Service and Service Logic', *Service Science* 6 (2): 106–21.

CHAPTER 3

デザインかデザイナーか：
デザイン組織の流れによって、
いかにしてデザイナーへの注目が
デザインそのものへと
移行しているのか

Designing vs designers: How organizational design narratives shift
the focus from designers to designing

Sabine Junginger and Stuart Bailey

3.1　はじめに

この章ではサービスを提供する組織の観点からデザインを考察する。組織は関係者たちとの連携によって成り立っている。そしてステークホルダー、例えば従業員、顧客など、さまざまな人々との関係性を維持継続しようとする。組織が既存の関係性から逃れられないという事実は、サービスデザインの調査や実践においても重視すべきである。サービスの設計に関わる人々は、組織のコンテクストの中で働いており、そのコンテクストの中で試行錯誤を繰り返しながら、最終的に独自のサービスを築き上げていく。組織独自のプレテクスト[Note1]を重ねた先に、新しいサービスデザインが成り立っているのだ。そのような過去に築かれてきた組織コンテクストの重要性を、多くのサービスデザイナーは見落としがちである。いま目の前にある組織だけを見て、過去を振り返ることをしない。現時点のオペレーションやステークホルダーを元にサービスを開発しようとする。けれども私たちは組織の中に培われているいまだ言語化されていないプレテクストを、過去のデザインにおいて行われた意思決定や開発当初のデザインアプローチの中から読み取ることができる。それらの中に組織の根底に流れる、独自のデザイン実践方針や思想が養われている。組織がそれまでに辿ってきたデザインのコンテクストは、表層的には関係ないように思えたとしても、現在のデザイン状況につながっている。現在の目的・指向・ビジョンだけでなく、関係者のネットワークを含めた総合的なデザインのプロセスや意思決定にも影響を与えているのである。

　「近年の傾向では、独自のコンテクストを踏まえてどのようにデザイン組織を機能させるのか。どのようにプロジェクトを通して組織を導いていけるかが問われている。組織問題は今後のサービスデザイン研究における重要なテーマである（Sangiorgi and Junginger 2015）」多くのサービスデザイナーたちは、組織といかにしてうまく付き合えるかを意識しながら、自らのスキルと知識を磨いてきた。調査研究においてもサービスデザイナーの活躍がデザインの組織的実装にも有効であると、解き明かされている。多様なステークホルダーと共に働く方法の考案（cf: Meroni and Sangiorgi 2011）や、組織構造から組織の内部プロセスを読み解く（cf: Bitner et al. 2007; Bettencourt 2010; Patrício et al. 2011; Ing 2013; Jones 2014 参照）など、数多くの研究が行われている。組織への導入ではコラボレーティブデザインや共創、共同制作を含む手法が積極的に用いられ、サービスデザインは組織のデザインコンテクストそのものを明らかにしてきた。

　サービス開発の過程をめぐる研究が多く行われている一方、その背景となる組織のプレテクストはいまだ注目を浴びていない。けれども私たちは、組織デザ

72 − 73

イン上のプレテクストを理解することが、サービスデザイナーにとってプラスであると主張する。これは新しいサービスデザインを既存組織に取り入れる際に役立つだけでなく、組織が自らの思考やプラクティスをより一層発展させたいと願っている場合には特に効果が見込めるからである。なぜかというと、組織をプロダクトの一種とみなせば明白だろう。組織とは何を意味するのか、改めて考え直してみるといい。共通の目的や発想のもとに集まった人々が、それを何らかの形で実現しようとしている。そして可能な資源を用いて成し遂げられる。それが組織である。つまり組織もまた、デザインされたプロダクトと言えるのである。組織デザインにおけるプレテクストは、組織の歴史から切り離すことができない。それは時間をかけて組織に浸透してきたデザインメソッドへの鍵であり、デザインの基本を成す原則である。見方を変えると、組織における現在のデザイン思考と価値観からはインサイトを得ることができる。組織の発展を導いてきたのがデザインのプレテクストである。

　しかしながら、これまで組織のプレテクストについて論じた事例がなく、この論文を書くまで、私たちは各種研究の中から、組織デザインのコンテクストやプレテクストにまつわる情報を探していた。やがて私たちはデザインに苦慮している組織のために、「新しい」デザイン思考と「新しい」デザイン実行の間に橋をかける必要があることに気づいた。そしてこの問題を焦点に置くこととした。Gorb and Dumas（1987）にて述べられたデザインマネジメント研究の延長線上にある視点である。デザインとは現在進行形の終わらない行為であり、組織のあまねく活動の中に偏在している。組織のデザイン活動にはルーツがあるのだ。そして新しい試みを導入しようとする際には大抵このルーツを探る必要に迫られる。現在のデザインがルーツから完全にずれてしまっていることを説明しなくてはならない場合が多いからだ。組織デザインに従事しているメンバーに、彼ら自身の過去の業績と、現在取り組んでいる業務を結びつけられるようにしなければならないのだ。なぜかというと、私たちが直面する課題の一つとして、デザインをする立場にあるにもかかわらず、デザイナーとして果たしている役割に無自覚であったり、デザインの手法すら意識していないスタッフに頻繁に遭遇することがあるからである。ほとんどの場合、組織のプレテクストは不透明で、デザインの体系化や根拠が不透明な場合が多い。このため、私たちはどうやって組織のプレテクストを説明できるのか問い、考える。そしてまた「デザイナーという職業」から「デザインすること」へと移行するこのコンセプトが、私たちが目にしてきた組織の変化にいかに適合するのか自問する。この章ではまだ確定していない、私たちの現在の考えを述べている。デザインを組織の問題により深く結びつけようとしているサービスデザイナーたちに参考としてほしいからである。つまりこの論文は、サービスや特定の製品だけ

でなく、広義の組織的な課題に意欲や関心を持つデザイナーに向けられている。

　組織とは人間が作り上げた概念であり、人間のプロダクトであると同時に、それを形作る人々と共に次第に変化し、進化を遂げるものである。人々が持っている技術や資源、そして彼らの関心、意欲、目指す目的に合わせて変化するものだ。これは明らかで単純な真実だ。しかし組織に属するほとんどの人が、このことを全く感知していないのもまた事実である。実際のところ、人々は仕事の業務手順にただひたすら従順にこなしている。だからこそ、彼らを単純労働者から、組織の歴史上に残る人物へと取り上げるためにも、説明と語彙が必要なのである。現在の組織デザインのプラクティスと手法がどのように作られてきたのか、いわばデザインコンセプトと原則の理解が、組織内で働く彼ら自身のコンテクストにおいてなされなければならないのである。あらためて捉え直すと、組織のデザインに存在するプレテクストをさまざまな形で「デザイン文化」として定義することができる。組織の慣習をいきなり変えるのは難しい。代わりにすでにそこにある組織デザインのプレテクストを受け継ぎ、それまで歩んできた道筋の延長線上にある方法を提案すべきだ。そうであれば提案は違和感なく受け入れられ、よりいっそうの発展を期待することができる。私たちは過去の研究を読み解く中から、組織デザインでは、プレテクストこそが新たな模索の道を切り拓き、サービスイノベーションと組織変革が導き出されている事実を見出している。

　デザイン組織のストーリーには、組織デザイン上のプレテクストと組織的なコンテクスト両方が必要だ。そして組織特有の要素こそが、デザインにおけるナラティブ（語り部）となり得る。この章は以降、組織デザインのナラティブ、そしてどのようにデザインしたものからデザインすることへと組織の関心が移行しているかについて議論する。

3.2　デザインのナラティブと組織のナラティブ

ナラティブなストーリーテリングは、ユーザーエクスペリエンスを強く印象付ける手法だ。（Brown and Duguid 2000: 106-8）カスタマージャーニーによって物語を表現することができるが、ジャーニーの中でユーザーがたどる経路はまさに彼自身のナラティブである。ナラティブは、ユーザーテストやユーザー調査において重要だ。例えば行動観察で製品やサービスを使用している人々からナラティブを得ることができる。組織の従業員やスタッフなどのストーリーもまた、ナラティブに結びつく。コラボレーティブデザインや共創のためのサービスデザインプロジェクト（Meroni and Sangiorgi 2011）では、それを可視化してプロジェクト内で常に共有している。そしてナラティブからスタッフや従業員が実際に体験するプロセス、

仕組みを読み解くこともできるのである（Bitner et al. 2007; Patrício et al. 2011）。
こうしたナラティブの働きを総称して「サービス（デザイン）のナラティブ」と呼ぶこと
としたい。サービスのナラティブはカスタマージャーニーの形で視覚化し説明され
ることが多い。なおサービスブループリントはサービス提供の解説というべきもので、
ナラティブの表現ではないので注意が必要だ。

　　上記のようなサービスのナラティブとは別に、組織のナラティブがある。サー
ビスのナラティブが具体的な課題（特定のタッチポイントやカスタマージャーニー）
の視覚化であるのに対し、組織のナラティブは、組織デザイン上の課題を明らか
にし、どのように対処するか、そしてデザインの方針を定める際に活かされる。こ
れを形にするためには、まず組織の中で行われているデザイン作業を洗い出して
分析する。組織のメンバーが慣れ親しんでいるデザインのタスク、手法、考え方
を明らかにするのだ。うまく活用するには、顧客側の視点にステークホルダーの
問題意識を取り込むのがコツである。さらに組織そのものへの深い理解が必要だ。
組織への理解を深めるにはデザイナーではなくデザイン自体に着目しなくてはなら
ない。果たしてデザインが成功する鍵はどこにあるのか。組織的な仕組みの中で
デザインを適切に機能させられるか否かで、組織の将来的な成否が分かれる。デ
ザインを通じて彼らの顧客が一体誰なのか、そして顧客のカスタマージャーニーが
どのようなものなのか、組織に向けて語りかける能力が不可欠なのである。そこ
で得られるインサイトを組織に行き渡らせ、彼ら自体のデザインに結びつけなくては、
組織内の仕組みを転換することはできない。結果、製品やサービスを発展させる
ことができず、変革とイノベーションは行き詰まってしまうだろう。だからこそ、組
織全体でデザインへの学びを推進する必要があるのである。

3.3　組織的学習が可能にする組織のナラティブ

Von Krogh, Ichijo and Nonaka（2000）は、組織でナレッジを形成するための
五つの基本要素を挙げている。1）ビジョン共有、2）対話促進、3）人材活用、4）
適切なコンテクスト、5）個人的知見の共有 だ。これらはここまで述べてきた組織
のナラティブでも、その質や特性に影響を与える要素である。 Brown and
Duguid（2000）による別の研究では、情報化社会における対話とナレッジ育成の
重要性が唱えられている。デザインが体験の向上とサービスでの実現に向けられ
た時、情報社会における生活の質が変化する。2009 年、ベルリン自由大学にて
Stephen L. Vargo（2009）が行ったサービスドミナントロジックの基本と方向性に
まつわる講演によると、ナラティブがナレッジとスキルに転換されるのは、製品と
いうよりサービスにおいてなのだと述べられている。Vergo 曰く、製品に組み込

まれた場合、共有されるナレッジやスキルの中身は固定されてしまい、他者による変更や知見の追加が難しくなる。よって大きな価値に発展する可能性は低くなってしまう。しかしナレッジやスキルがサービスに活かされた場合、情報として、形を変えながら伝播し続けていくこととなる。サービスの中にあるナラティブな情報は変更しやすく、繰り返し利用され、別の形にも有用することができるのだ。つまり組織のナラティブがサービスの中に形成された時、ナレッジ交換と情報共有が次々と生成される状態になり得るのである。

　サービスデザインによるナレッジ創出効果という意味で、Teixeira（2001）は「デザインの手法」によって「組織的なナレッジ創出」が実現し、革新的なビジネスチャンスを生むことができるだろうと述べている（Bertola and Teixeira 2003）。組織のナラティブをデザインするとは、ナラティブを見出し視覚化することでもある。それはまたデザインスキルそのものを指したり、組織内のスタッフやマネジャーたちによるデザイン習得の過程を指すこともある（Bailey 2013）。これらの研究者たちによる研究をもとに、ナラティブのデザインが、組織のナレッジを伝える手段となり、広く伝え、周囲を取り込み変化を促すこととなると結論づけた。

　しかしながら、組織のナラティブとは明確なストーリーを持った単純な事実ではないという点を忘れてはならない。一方通行にコミュニケーションを押し付けるものでもないのである。それはどちらかというと分散構造に近く（Prigogine and Stengers 1984）、だからこそ反復的かつ永続的にナレッジが創出され、双方向のコミュニケーションを生む。ナレッジ自体が変化し続け、いつまでも新しくあり続けられる。歴史の歩みは止まらない。組織の人生も続く。組織のナラティブも同じである。ナラティブはどのように変化するのだろうか。まずは過去の出来事を受け入れ、さらに過去を受け継いで新たな答えを出していく。それはまたデザインの歴史や経緯、目的を踏まえた積極性へ通じていく。

　けれども組織のナラティブが存在しない場合や組織内でその価値が認められていない場合には、デザインが滞り、プロジェクトや開発物に支障をきたすことがある。強くしなやかな組織であり続けるためには、しっかりとしたデザインと組織文化へのナラティブの裏付けが欠かせないのだ。逆に、丁寧に形作られ、継続的に生かされているデザインナラティブが存在する場合には、組織のナラティブが、デザイナーかノンデザイナーかに関わらずスタッフ全員に深く浸透する。すると会社が進む方向性への理解が組織内に創出され、プロジェクトの結果にも結びつく。こうなるとプロジェクトは、たとえリソースの変更や中心人物の人事異動があったとしても、強くしなやかに継続し続ける。ナラティブが明らかに浸透しているのならば、関係者すべてがプロジェクトの方向性に同意と責任感を持ち、組織が築いてきたデザイン文化を自らのものとして受け止めるようになるのだ（Bailey

2012）。人々は「実践者」や「守り手」として責任感を持って、組織のナラティブを主体的に発展させていくのである。

3.3.1 デザイナー対デザインすること

「Engaging for Success（成功への道筋）」と題された英国政府の報告書において、MacLeod and Clarke（2009）は、主体性を伴う力強い戦略的ナラティブから、あらゆる役職の従業員とマネジャーたちの結束が生み出されるのかを説明している。組織の目的を明確にあらわすナラティブがあった時、どのように広いビジョンをもたらし、いかにして一人一人がその目的に貢献するようになるのか。それは従業員が仕事を組織のナラティブの延長線上に明確に位置付け、自分の役割がそのどこに当てはまっているのかを認識している時である。「彼らの目標や価値観は、透明性を伴う明白な組織文化と働き方に強く影響を受ける」（MacLeod and Clarke 2009: 75）。小さなグループ内でナラティブが形成され、彼ら特有の枠組みの中で、知識がうまく行き渡るようになった時、同時にそれは縦割り「サイロ」型の境界を生み、外部とのコミュニケーション不全を引き起こしかねない（Brown and Duguid 2000: 106-8）。けれども強力なデザインナラティブがあったのなら、そのような境界は乗り越えて組織の意志を結束することができる。サービスデザインは、組織の規律や管理上の境界を越えて、多様な面から分散する部門を橋渡しし、個別に切り離されているワークフローをつなげる方法を見つけなくてはならないのだ。サービスデザイナーはその中で、組織のナラティブを育む重要な役割を果たすこととなる。彼らは他者との共創やコラボレーティブデザインのスキルを持っているのである。彼らは組織全体の人々を彼ら自身の組織のナラティブへと結びつけ、そこから導き出されるナレッジを行き渡らせることができる。つまりサービスデザイナーはすべてのグループ、規律や管理部門を超えて「話しかける」術を持っているのだ。さらに彼らは組織の随所に存在する個別のナラティブを一つにまとめ上げる手法と技術を持ち合わせている。しかしながらそれを実行するためには、「デザイナー」であることよりも「デザインすること」に注力し、組織のコモンデザインを担っていかなくてはならないのである。

　過去に行われた、組織におけるデザイナーの役割と、ノンデザイナーとの関係性についての調査は、伝統的なプロダクトデザインに対するものであったり、旧来の科学的なアプローチで行われている（Simon 1981; Wilding and Feast 2014）。デザイナーと他を切り離し、因果関係を分析した「機械的な」方法である。「ナラティブ」という切り口から組織におけるデザインの役割と継承を捉えるとしたら、そのような機械的に分けて考える姿勢は意味がなく、関係者のすべてが程度の差はあれデザインに関わっており、誰もが等しくプロジェクトを推進する一役を担っ

ているという認識にたどり着く。全員がデザインナラティブの担い手になれたのなら、プロジェクトが軌道を外れ頓挫するリスクは低下する。それゆえ会社全体で誰もが自分の果たす役割をナラティブと共に理解できる形で、デザインナラティブを開発し普及することが重要になる。そこでデザインは複雑な問題を整理するだけでなく、さまざまな役割や職能の人々を超えて問題を分かりやすくすることができる。しかしながら、このナラティブのコンテクストにおいては、プロジェクトのデザインをコミュニケーションのデザインから切り離すことはできない。デザイナーとノンデザイナーの役割を作るとしても、結局のところ共に同じことをしているのである。従来の労働分業とは違う形で、ナレッジやスキルや価値観を、デザインナラティブの系譜において伝え、分かち合うのである。つまりデザインナラティブとは組織の階層や役割を平らにする民主化現象とも言えるのだ。経営者、ディレクター、マネジャー、専門家、サポートスタッフなどすべてが等しくデザインナラティブの主体となり、等しい責任をもって運営にあたるのである。

3.4　組織のナラティブが果たす役割と機能

すでに、組織のナラティブについて鍵となる二つの重要な視点、プレテクストとコンテクストについて述べた。またナラティブがいかに組織の学びに結びつき、組織のナラティブがデザイナーではなくデザインすることへ焦点が合わされていることも指摘した。ここで、組織のナラティブが果たす役割と機能を、その目的と共にとりまとめたい。

組織のナラティブに関するまとめ
- 組織デザインにおけるプレテクストとコンテクストを、誰の目にも明らかにして伝える。
- 組織デザインにおけるプレテクストとコンテクストを、組織外のナラティブ、例えば顧客中心の文脈に合わせて整える（カスタマージャーニーなど）。
- 組織の道理、デザインの実践や原理原則、手法を、時間の経過と共に再構築する。
- 組織デザインへの理解を深め、内部意識を啓蒙する。
- 人材に異動があった際、新人への引き継ぎがスムーズになるため、組織の柔軟性が高まる。
- 組織の価値観に沿って各自が行動できるようになる。
- 専門家とサポートスタッフの間に共通認識や価値観を創出し、デザイナーとノンデザイナーの間の垣根を取り除き、全員が共通のゴールと意図に基

づいてコラボレーティブに働く。分裂を防ぎ、デザインナラティブが共通の価値観と協力を促す。縦割りにサイロ化したり専門領域に自らを囲い込むこともない。常に概況を示しアクセスできるようにする。

- 情報をオープンに公開し容易にアクセスできるようにする。それはまた意見・協力・改善を誘発する。確定や固定は何があっても回避する。代わりに継続的に改定されるべきである。ナレッジや実践は時と共に、社会や政治や環境の変容に合わせて変化するものである。あなたはナラティブの一部であり、ストーリーの登場人物として物語を生み出す存在なのだ。
- チームメンバーやプロジェクト、（政策の）方針変更を超えて、生き続ける。
- デザイン能力の如何にかかわらず、共にデザインを押し進める。
- 組織のナレッジや実践を共有できるように伝える。
- 共有知識だけでなく暗黙の了解も外化して共有する。
- 組織の価値観やビジョンの実践者または担い手として、プロジェクトに不可欠な一因となる。

私たちの見解では、組織のナラティブは、作る必要があるものであり、組織内に共通の理解を示すことができる。これは組織設計上の意志と向かう目的を明らかにするものだ。したがってデザイナーであるか否かにかかわらず、誰もが同じ方向を向いて働いている。「理解している」とは、誰もが深く関与できる状態を指し、誰もがすでに存在しているナラティブに対して変更の声を上げ、開発を進めつつ更新していく権利があることを意味する。だからこそデザインナラティブは研究者と実践者、デザイナーとノンデザイナーの垣根を超えた大きな可能性を秘めている。そして組織のナラティブに対して私たちが想定し、提案するのはナレッジ創造の原理と組織の学びに形を与えることだ。このようなナラティブは価値観を共有し、組織全体へ広まることでよりいっそう明確になっていくのである。

3.4.1 組織のナラティブは実際にはどのような形か：三つの事例

組織のナラティブにはさまざまな形があり得る。おそらく最も一般的な形は、視覚的な分布を示すいくつかの方法である。

　視覚的にナラティブを示した最初の例は、2015 年に Jesper Christiansen が作成した「Journey of MindLab」である。彼はデンマークの MindLab で Anette Væring と Amalie Utzon と共に研究主任を務めていた。MindLab はデンマーク政府の Business and Growth（ビジネス成長省）、Ministry of Employment（雇用省）そして Ministry of Education（教育省）が運営する大臣直轄のイノベーションユニットである。2014 年にはオーデンセ市も加わっている。国家だけでなく市

の立場からも実験を行う必要性が高まってきたからである。MindLabはその後さらにMinistry for Economic Affairs（経済省）とthe Interior（内務省）とも協力関係を結んだ。

　MindLabは創始時から、行政革新の取り組みや戦略目標に関わっていたのにもかかわらず、関係する政府機関に対してどのような効果を創出できているのか不透明だった。公共のイノベーション部門と独自のアプローチを実施する中で、MindLabのメンバーは同じ組織であるにも関わらず、いつも異なる手法、理論、原則で立ち向かっていた。10年が過ぎChristiansenは現在のMindLabのあり方と行動に至る、過去の出来事と意思決定への振り返りを行った。彼は組織内だけでなく、それまで関わってきた各種機関の人々にもフィードバックをもらい、それをまさに視覚化で表したのである。マップ（図3.1参照）に明らかなように、たとえ新人を迎えたとしても、彼やMindLabのチームは彼らの重視する指針、理論や方法論の生む影響を指し示すことができる。なぜ、どこで、何をしてきたのか、現在に至るまでの軌跡を一目瞭然にしたのである！　このマップはMindLabが政府の新しい指導者と組織の再編を行う際にも、重要な役割を果たした。

図 3.1　「The Journey of MindLab」抜粋　　出典：MindLab, Jesper Christiansen

次の例は、オーストラリア税務署が作成した小冊子「The Design Guide」である。最初のバージョンは、2002年に税務署のメンバーが作成した（図3.2参照）。公務員の彼らは、外部のデザインメンターからデザインを学んでいた。さらにその学びを自らのデザイン業務に生かし、独自のプラクティスへと反映させて行った。「The Design Guide」はプレテクストについてのナラティブを提供している。この例では政府の税制が果たす役割も含まれている。税務署の政府の中での位置付けから、

現行制度への批判的な評価、そして新しい試みと原理の導入についての解説である。以来、このガイドは何度か改訂を経ている。最初から現在形を示す生きた文書として発案され、組織がデザイン能力やスキル、ナレッジを蓄えると共に更新され、変化を重ねているのだ。しかしやがてこの努力は勢いを失い、残念なことにこの冊子は無視されることとなり、およそ2009年から2011年の時期にスタッフは以前の組織習慣へと戻ってしまった。

　英国有数の電力会社であるE.ON[Note2]が三つ目の事例を提供している。同社は現在、カスタマージャーニーに関係する「組織のデザイン」を開発している。

　2010年にTony Cockerが新しい経営者に就任したことをきっかけに、組織は「リセット」され、サービスシステムから、顧客体験へとそのフォーカスを移行した。実際に、E.ONのプレテクストを省みつつ、コンテクストをリデザインしている。E.ONはアジャイルやリーンのようなマネジメント手法ではなく、Operational Excellenceという彼ら独自のマネジメントアプローチを打ち立てようとしている。これは各種手法をひとまとめにしたものである。Operational Excellenceはシックス・シグマの管理手法をベースにしたリーンなプロセスだ。E.ON UKは顧客中心のカスタマージャーニーと並走せずにリーンやアジャイルを成立させることはできないと考えている。というのも、マネジメントにおいて、顧客体験と運営のスマートさは不可分であり、だからこそ顧客体験とOperational Excellenceがサービスを代表しているのである。E.ON UKにおいてはまさに役員直々に顧客体験による設計が指揮されているのだ。

　E.ON UKは「顧客の生活をよりよくする」ことを目指し、戦略の方針でも顧客中心が謳われている。英国のロンドンに本拠地を置くデザインコンサルタント

図 3.2　オーストラリア税務署による「The Design Guide」2002 年 4 月版　出典：ATO

Engine[Note3]と共にカスタマージャーニーを作成した。EngineのサービスデザイナーたちはノッティンガムのE.ON UKに赴き、ノンデザイナーの従業員にサービスデザインのワークショップを実施した。サービスデザインの組織的導入のためにである。カスタマージャーニーとそこに登場する顧客への理解に基づく明確なデザインナラティブが生み出された。そしてサービスデザインチームだけでなく、経営幹部からヘルプセンターのカスタマーサポート、さらにメーター計測員に至る、組織全体に共有されている。そして組織の戦略は、一連の戦略方針によって裏付けられている。それはE.ONのサービス提供方針を表す五つのカスタマージャーニー(参加、移動、支払い、更新、解約)である。

　さらにこれら五つのジャーニーは、組織の部門を超越したジャーニーオーナーと呼ばれる担当者によって管理されている。ジャーニーオーナーにはマーケティングやコミュニケーションや営業部門のトップを務める役員相当の人物がアサインされている。ジャーニーオーナーは担当ジャーニーの代弁者兼スポンサーになる。さらにジャーニーマネジャーが、デザインの意図が顧客に提供され、検証されるまでの責任を負う。デザインナラティブの実践者として、それが効果的に機能するようにするのである。E.ON UKの顧客体験デザイナーは、プロジェクト全体で協力し合い、互いに背中合わせでしなやかさと柔軟性を保つようになっている。そしてま

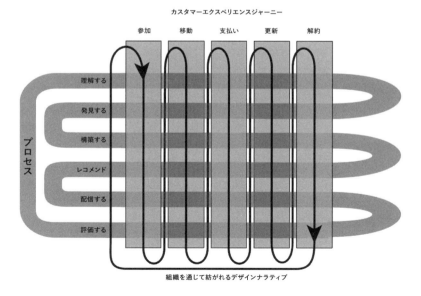

図3.3　E.ONの組織デザインナラティブ（出典：著者）

た、開発責任者までもが、デザインプロセスの初期段階から関与して、デザインの意図やプロジェクトが持つデザインナラティブを理解するのである。顧客のフィードバックセッションも、すべてのレベルの従業員に匿名で共有されている。顧客要求への理解を深めるためで、これらのセッションの内容は役員の耳にも届く。こうしてカスタマージャーニーのナラティブが、組織全体に行き渡り、共有される文化をE.ON UK は作り上げた。

　組織全体でナラティブを共有しているE.ON UK では、すべてのスタッフ、CEO から接客メンバーに至るまでがジャーニーの目的と自分が担っている部分を理解している。組織のナラティブは、異なるレベルや部門間でも明確な共通認識を成立させるために役立つ。一人一人がサービスデザインで目指すデザインの意図、そしてナラティブに沿って主体的に動けるようになったのである。

3.5　結論

E.ON UKでは、フレームワークにカスタマージャーニーが用いられた。組織のナラティブを開発するには、単にフレームワークがあればいいのではない。戦略方針とガバナンスも必要とされた。デザイナー、ジャーニーオーナー、ジャーニーマネジャーらによる各種情報や知識も重要であった。大規模かつ複雑な組織であるE.ON においてカスタマージャーニーは、部門間の垣根を超え、ありとあらゆる情報を統合して共有するための手段だったのである。この例のみならず、オーストラリア税務署、MindLab の例を見ても、組織のナラティブがオープン組織の形成につながっていることが分かる（Foster 2014）。個々のスタッフ、プロジェクト、部門が目指す目標を明確にするためである。人々が自分の行動を、戦略全体の中で位置づけることができ、組織内で共有されるナレッジの形成に一役を担わせることができるのだ。

　組織のナレッジを集約し伝え広めていくには、組織のナラティブが各部門を結びつける鍵となる。それはプロジェクトを超えてデザイナーとノンデザイナーを結びつけ、組織の機能と編成を結びつける。「理解のための共有フレームワーク」として機能して、アイデンティティを創出し（Brown and Duguid 2000: 107）、コンセプト共有を通じて個々のグループを結びつけるのである。丁寧に作られ実際に運用されている組織のナラティブは、こうしたグループ連携の枠組みや価値観、原則を視覚化すると共に、組織全体のビジョンや共通認識を共有可能にする。今後、組織論の観点から組織のナラティブを研究する必要性がますます高まっていくことだろう。

　最後にサービスデザイナーが組織のナラティブを共創し視覚化する際に、非

常に重要な役割を果たしているのだと結論する。彼らは組織のプレテクストとコンテクストを視覚化すると共に言語化し、一つの物語へと結実させる。分かりにくいが組織にとって重要なそれを、誰もがタッチでき、理解可能な形へと昇華させる技術を持ち合わせているのである。さらに述べると、サービスデザイナーはこれらをあらゆる組織設計プロジェクトにおいて実現することができる。サービスをやめることはできても、組織をサービスから切り離すことはできないのである。だからこそどのようなプロジェクトでも、その組織本来のナラティブを明らかにすることが、プロジェクトの成否を分けるのだ。

　ナラティブを保有する組織では、サービスデザイナーはそこに存在する価値観や組織文化を浮き彫りにすることができる。さらに、力強く筋の通ったナラティブが成立している場合、イノベーティブな文化が生まれ、組織は時を超えて続くしなやかな強さを獲得する。私たちは組織のナラティブが、デザインを続けるにあたって何よりも堅牢な枠組みであると断言する。もしデザインのナラティブがそこにあるのなら、誰がデザインに携わるのかは関係ない。ナラティブが導き出す方向性が、方法も戦略をも推し進めていくからである。反対に、そのような独自のナラティブを確立できていない組織では、プロジェクトが終息したり失敗に終わる様を、私たちは幾度も目にしている。

　組織のナラティブの先には、サービスデザインへの新たな視界が開けている。サービスデザイナーによって組織のナラティブを明らかにすることができたとして、次の課題はその定着である。誰が責任を持つのだろうか？　オーストラリア税務署の事例にも見て取れるように、主体性を得られなかったナラティブは、置き去りにされ忘れ去られていく。とはいっても、一度明らかにされたナラティブは、たとえ時間が経っていたとしても、比較的容易に取り戻すことができる。しかしそこで人々は何を知るべきで、どのようなスキルを身に付けるべきなのか？　サービスデザイナーは組織の新たな試みに、どのように対処すればいいのだろうか？　彼らはサービスのデザインにおいて個人的な主観を取り除き、組織の問題やあり方について、これまで以上に深く足を踏み入れる覚悟はできているのだろうか？　どうしたら「デザイナー」から、組織を「デザインすること」へと適切に移行できるのだろうか？　このように、まだ多くの問いが残されている。

Notes

1 組織のプレテクストとは、Junginger （2015）が述べた組織デザインの慣習に関する概念を補うものである。デザインの慣習は、組織のプレテクストから生み出される。

2 E.ON UK – https://www.eonenergy.com/About-eon/our-company/at-a-glance (accessed 3 October 2016).

3 Engine – http://enginegroup.co.uk (accessed 3 October 2016).

References

Bailey, S. G. (2012), 'Embedding Service Design: The Long and the Short of it', in ServDes.2012 Conference Proceedings Co-creating Services. Espoo, Finland: Linköping University Electronic Press.

Bailey, S. G. (2013) 'Exploring where Designers and Non-Designers meet within the Service Organization: Considering the Value Designers bring to the Service Design Process', Crafting the Future, Proceedings of the 10th European Academy of Design Conference, Gothenburg, Sweden. Available online: http://ebkonferens.se/papers/five/exploring_where_designers_and_nondesigners_meet.pdf (accessed 9 May 2016).

Bertola, P. and Teixeira. J. C. (2003) 'Design as a Knowledge Agent: How Design as a Knowledge Process is Embedded into Organizations to Foster Innovation', *Design Studies Journal* 24 (2): 181–94.

Bettencourt, L. A. (2010), *Service Innovation: How to go from Customer Needs to Breakthrough Services*. New York: McGraw-Hill.

Bitner, M. J., Ostrom, A. L. and Morgan, F. N. (2007), 'Service Blueprinting: A Practical Technique for Service Innovation', *California Management Review* 50 (3): 66–94.

Brown, J. S. and Duguid, P. (2000) *The Social Life of Information*. Boston: Harvard Business School Press.

Gorb, P. and Dumas, A. (1987). 'Silent Design.' *Design Studies* 8 (3): 150–6.

Ing, D. (2013) 'Design Flaws and Service System Breakdowns: Learning from Systems Thinking,' Relating Systems Thinking and Design 2013 Working Paper. Available online: http://systemic-design.net/wp-content/uploads/2013/12/Ing.pdf (accessed 9 May 2016).

Junginger, S. (2015), 'Organizational Design Legacies and Service Design', *The Design Journal* 18 (2): 209–26.

Jones, P. H. (2014), 'Strategic Principles for Complex *Social Systems,' Social Systems and Design, Translational Systems Sciences* 1, G. S. Metcalfe, ed. Japan: Springer.

MacLeod, D. and Clarke, N. (2009), 'Engaging for Success: Enhancing Performance through Employee Engagement'. Available online: http://engageforsuccess.org/wp-content/uploads/2015/08/file52215.pdf (accessed 9 May 2016).

Meroni, A. and Sangiorgi, D. (2011), *Design for Services*. Aldershot: Gower.

Patrício, L., Fisk, R., Cunha, J. F. and Constantine, L. (2011), 'Multilevel Service Design: From Customer Value Constellation to Service Experience Blueprinting,' *Journal of Service Research* 14 (2): 180–200.

Prigogine, I., and Stengers, I. (1984), *Order out of Chaos*. New York: Bantam.

Sangiorgi, D. and Junginger, S. (2015), 'Editorial introduction', Special Issue: Emerging Issues in Service Design, *The Design Journal* 18 (2): 165–70.

Simon, H. A. (1996 [1981]) *The Sciences of the Artificial*, 3rd edn. Boston: MIT Press.

Teixeira, J.C. (2001), 'Applying Design Knowledge to Create Innovative Business Opportunities.' 2 July, 1–22. Available online: http://citeseerx.ist.psu.edu/viewdoc/download?doi=10.1.1.195.2933&rep=rep1&type=pdf (accessed 9 May 2016).

Vargo, S.L. (2009), Lecture available online: https://lms.fu-berlin.de/bbcswebdav/orgs/WiWiss_OM_Ecommerce/E-Lectures%20-%20Vortraege/Vargo-2009-06-05/index.htm (accessed 9 May 2016).

Von Krogh, G., Ichijo, K. and Nonaka, I. (2000), *Enabling Knowledge Creation*. New York: Oxford University Press.

Wilding, W. and Feast, L. (2014), 'The Productive Nature of Design', ACUADS Conference 2014. The future of the discipline.

Weblinks

www.mind-lab.dk

www.eonenergy.com/About-eon/our-company/at-a-glance

http://enginegroup.co.uk

CHAPTER
4

複雑なサービスシステムを関係性・ユーザー参加型・創発へとデザインすること

Designing for interdependence,
participation and emergence in complex service systems

Daniela Sangiorgi, Lia Patricio and Raymond Fisk

昨今サービスシステムをどのようにデザインするかが問題視されており、官民双方で重要な課題とみられている。サービス研究の分野においても複雑なサービスシステムをデザインし解釈することとバリューネットワークは、優先課題と認識されている（Ostrom et al. 2015）。実際のサービスデザインの場においてもこれはさまざまなレベルで問題視されている。例えばいくつものチャネルや多様な関係者のスムーズな連携によって成り立つ、統合されたソリューションを考案する際（Patrício et al. 2011; Tax et al. 2013）、またはイノベーションを生む過程で、異質な関係者を結びこれまでにない共働関係を成立させる際などにである（Wetter-Edman et al. 2014）。この章は、サービスシステムの重要性と、それがますます複雑化する中で起こっている新たな課題と対策を検証する。将来的な発展の方向性を指し示すために、デザイン原則とシステム理論の概念を用いている。

　　サービス研究だけでなくサービスデザインとマネジメントどちらにおいてもサービスシステムは中核を占めている。サービスをフロントとバックのステージに分けて考えた「サーバクション」システムのコンセプト（Langeard et al. 1981）に始まって、サービスシステムはバックステージとフロントステージの共演という形で明らかにされてきた。それは有形物とプロセス、従業員、顧客、そしてその他の顧客のすべてが一体になって、顧客とサービスプロバイダーの価値を形作るものである。近年では、サービスシステムを基本概念としたサービス科学とサービスドミナントロジックの発展が著しい。サービスをよりよく理解し改善を進めるためにサービスシステムが基盤となっているだけでなく、多分野のコラボレーションを推進するための視点としても分析されている（Maglio et al. 2009）。このコンテクストにおいてサービスシステムは、抽象的で高度な概念として、ユーザーやサービス提供者を含む多様な演者の価値共創を検証する際に用いられている。「人々や組織や、共有情報（言語・法則・指標・方法）らのリソースからダイナミックに共創価値を生む体制は、それらが内外で外部のサービスと結びつき、提案価値を形成している。」（Maglio et al. 2009: 399）このようなサービスシステムの考え方は、個人に始まり、家族、組織、各種機関、国家に至る幅広い領域に適用できる。

　　サービス環境の複雑性が増大するにつれて、サービスシステムは、多様な関係者から構成されるネットワークに視点を広げるようになった。その影響を受け、サービスシステムの複雑性は、多様性を含んだ関係構築と価値共創に焦点を移している（Kieliszewski et al. 2012）。組織の壁を超えて、価値を点と点で結ぶ価値星座モデル（Normann 2001）といった、サービスネットワーク（Tax et al. 2013）ともいうべき大きな枠組みへと移行している。さらに最近のサービス研究では、サービスエコシステムをも見据えた幅広い視点が取り入れられている。サービスエコシステムとは自律して機能し続ける自己完結したシステムであり、設備や価値観

を共有する構成員たちが共同でサービスの転換を図り、共創を遂げるものだ（Akaka et al. 2012: 15）。このようなサービス研究からサービスシステムが果たしている役割の意味を改めて考察すると、領域や関係性の分析と、システム理論への関心が高まっていることが見て取れる。

表 4.1 社会学的な四つのパラダイムから見たシステムの分類　Jackson, 2003 より

	目的	成功の尺度	システムのあり方	参加者の権限
機能主義的	目標達成と実現性の向上	効率・適応・生存	仕組みとパーツの整合性	オペレーションの制御
理解中心	探索	関係者の関与と有効性	外部システムと連携している	理想を目指した改善の計画
解放型	公平性の確保	個人の解放とエンパワーメント	強権かつ独自の存在である	オープンで民主的な議論
ポストモダン	多様性の促進	感情励起と例外の発見	複雑で理解を超えている	挑戦と再構築

この章では、サービス研究に基づいてサービスシステムのコンセプトを構築する。それによりサービスデザインへのシステムの影響を議論することとしたい。今日に至るサービス発展の過程を述べるにあたって、サービス研究の用語を用いている。さらにシステム理論の概念を用いて、サービスシステムのデザインにシステムが与える影響を、その差異や対比を明らかにすることで読み解きたい。Michael Jacksonの研究（2003）が指し示す通り、複雑性とは単に幅広いシステムの中の部品や接点の多さに起因するものではなく、対処している問題の関係性や多様性に由来するものだ。関係者が同じ一つの目的を持ちながら、それぞれに予測不可能な目的・価値観・信念を持ちうる点にも由来する。Jacksonは「目標達成と実現性の向上／探索／公平性の確保／多様性の促進」（Jackson 2003: 24）のうち、どれを主目的にしているかによってシステムのアプローチを分類できると述べている。表4.1にまとめたように、これらの主目的は社会学的なパラダイムに関連づいている。機能主義的／理解中心／解放型／ポストモダンの四つである。パラダイムからデザインプラクティスの型を導き出すことも可能だ。この表4.1に基づくフレームワークと、参照するシステムコンセプトを用いて、サービスデザインのプラクティスとストラテジーを議論していこう。そこから複雑性が増し続けているサービスコンテクストの現状が見えてくるに違いない。

4.1 複雑性が増すサービスコンテクスト

図4.1を見ると分かるように、サービスは複雑なネットワークと多様なアクターによって共創されている。そしてそのコンテクストは複雑化する一方だ。19世紀、自転車の登場により、人々はそれまで以上に長い距離を、自力で移動できるようになった。この事実は、キリスト教圏における婚姻の範囲を拡大する要因となった（Perry 1969）。同様に今日でも、サービス研究のコミュニティによると（Ostrom et al. 2015）技術がサービスコンテクストの変更要因であることに間違いない。それは人間・機会・サービスプロバイダーが遭遇し得る範囲を拡大するからだ。サービスシステムの複雑化と共に、複雑なバリューネットワークが増えているのである。

SamsungのGearやApple Watchに代表される、モバイルで位置情報を利用したウェアラブルデバイスを考えてみよう。スマートテクノロジーの進化は革命的で、ユビキタスなインタラクションのコンテクストに特徴付けられる。スマートテクノロジーが成したこととは、多対多のインタラクションの実現である。顧客と彼らのデバイス間、デバイスとサービスプロバイダー間、さらに顧客と別の顧客の間でもインタラクションが実現する。スマートテクノロジーの他にもう一つ新しい技

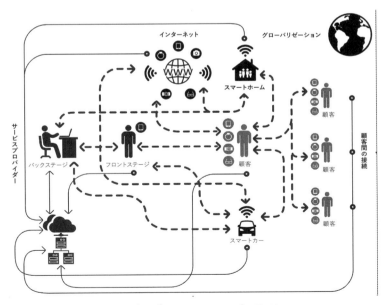

図 4.1　サービスのコンテクスト変更（Ostrom et al. 2015），P.146

術を挙げるとしたら、ビッグデータだ。モノのインターネット（IoT）に代表されるような膨大かつ持続的なデータストリームの活用は、予測を超えた域から我々の消費者、ビジネス、社会に変化をもたらすだろう。

　　インターネットに常時接続された世界では、顧客から従業員やサービスプロバイダーまでがバリューネットワークを形成し、サービスエコシステムを成立させている。当初はサービスプロバイダーと顧客の二者間にあった関係が、いまや複雑化して、多対多のインタラクションを生んでいるのである。したがってサービスが1対1で顧客への価値提供をするにとどまることなどまずありえない（Lusch and Vargo 2014）。むしろサービスはファシリテーターまたは価値を実現する者として機能し、複数のアクター間で共創を引き起こす存在だ。実例を挙げると、例えば個人の健康データを収集したとする。それ単独では価値を生まないが、蓄積によって総合的な健康情報に転換されるならば、患者や医師やその他のヘルスケア事業者にとって価値のあるものとなる。さまざまなニーズやコンテクストにおいて多様な共創価値を生み出すようになるのである（Pinho et al. 2014）。

　　ネットワークというコンテクストの中では、サービス組織は、顧客へ向けた直接的なマネジメントを行う立場から、多対多の関係性の中での貢献的立場へと移行している。その結果、サービスプロバイダーと顧客の境界が曖昧になり、動的な変化を伴う関係となる。そしてまたサービス提供の形も、さまざまな状態で行われることとなる。顧客はいくつものサービスプロバイダやソーシャルネットワークを組み合わせ、サービスにおいてこれまで以上に主体的な役割を果たすことができるだろう。実例を挙げるとしたら、旅行体験に顕著だ。旅行者はいまや自らウェブやモバイル技術、SNS、例えばBooking.comやTripAdvisor.com等いくつものサービスを組み合わせ、自分だけの独自の旅を生み出している。このような新しい環境において、サービスプロバイダーは顧客との変化を伴った関係をデザインするだけでなく、バリューネットワークやサービスエコシステムの中での彼らの役割や管理方法をデザインしなくてはならないだろう。

　　このように、サービスシステムの主眼は、バリューネットワークとサービスエコシステムが多大な影響力を持つ以上、あらゆる複雑な要因をデザインの手法で統合することにある。サービスマーケティングやオペレーションや情報技術を駆使しながら、人々とプロセスや技術をまとめあげる必要があるのだ。

4.2　サービスデザインの進化〜増えるアクター、より多くの関係性、制御は最小限で

サービスデザインの複雑性はサービスシステム環境の進化により増大している。サー

ビスデザインは徐々にシステムの複雑性に呼応して行っているのである。もしサービスデザインが組織内だけに目を向けてタッチポイントやカスタマージャーニー、そしてサービスシステムへ人間中心アプローチを導入した場合、後からそのスコープを広げる必要が生じてしまう。組織だけでは、価値星座モデルやサービスエコシステムに対応しきれない。

　サービスデザインは、まず最初にサービス体験の向上を試み、サービスエンカウンター（接触機会）やタッチポイントにおける課題を解決することに重点を置いていた。サービスブループリントは、既存のサービスプロセスをシステム的に明らかにすることを試みるものである。このアプローチは対面で行われるような店舗でのサービス改善に有効だ。サービスが滞りなく提供されることが、サービスに対する顧客の期待を満足させるからである（Shostack 1982, 1984）。つまり初期のサービスデザインはサービスエンカウンターとタッチポイントを重視して、サービスの品質を担保し、実店舗の効率的な管理を実現していた。

　やがてデザイン思考を取り入れることで、サービスデザインは人間中心で、創造的な反復アプローチを導入し、新しいサービスを創出するようになる（Evenson and Dubberly 2010; Mager 2009; Meroni and Sangiorgi 2011）。これは運用中心のサービスデザインから一線を画し、未来の新しいサービスに向けた可能性を模索するものだ。

　時を同じくして、サービスデザインはサービスシステムを取り入れた。これによりフロントとバックステージを統合し、サービスとモノが一体となる形へと進化する（Bitner et al. 2008; Lovelock and Wirtz 2011）。サービスシステムの実現にはサービスマーケティング、運用、情報技術といった多方面からの支援が必要とされた（Patrício and Fisk 2013）。運用管理ではフロントとバックステージの統合に重点を置いている（Johnson et al. 2000; Menor et al. 2002; Tax and Stuart 1997）。 他方、マーケティングにおいては、顧客体験の向上に重点が置かれている（Berry et al. 2006; Haeckel et al. 2003）。技術導入とサービスチャネルの多岐化に伴い、サービスデザインはさらに視点を広げ、多角的なサービスシステムへと発展した。そしてインタラクションデザインやソフトウェアエンジニアリングといった技術面の拡充を経て、複数のチャネルをまたいだ顧客体験を実現するに至る（Patrício et al. 2008）。これらの施策は、サービスアーキテクチャやナビゲーションの概念を通じて、顧客体験のためのサービスシステムへと結びついている。同時に、組織レベルにおいては、サービスシステムは引き続き、人々を動かし、プロセスと技術、フロントとバックステージを調整し続けている。

　しかしすでに指摘したように、現在では、サービスは多対多の価値星座モデルによって成立する形に変化しつつある（Normann 2001）。もしくはサービス提

供のネットワークによって成り立つのである（Tax et al. 2013）。こうした新たな課題に対処するには、サービスデザインは多方向のアプローチからサービスコンセプトを設計する形に発展してきた（サービスコンセプトは顧客へ提供する利益を含む提案価値で示すことができる）。顧客価値の相互作用を実現するには、パートナーや他のサービスプロバイダーによって提供されるサービスも考慮が必要だ（Patrício et al. 2011）。さらに、組織内のサービスシステムやサービスエンカウンター／タッチポイントにまで結びつけていかなくてはならない。サービスの進化は、複雑なサービスデザインと外部連携した制御しづらいサービス環境の中で、価値星座モデルを実現するのである。

　また、昨今では従来の組織の枠を超えて、公共サービスの再設計や社会課題解決への関心が高まっている。この路線は、変容するサービス研究（Anderson et al. 2013）や変革的・社会的デザイン（Sangiorgi 2011）の潮流に通じている。そのようなデザインにおいては、システムの境界をどのように定義するべきかが難しく、サービスシステムの制御における倫理的な懸念、さらに行動変化をデザインする困難にも直面している。

　最近では、サービス競争がエコシステムの域に近づいており、サービスデザインはサービス自体のデザインから、顧客体験のデザインへ、そしてサービスプラットフォームのエコシステムに向けたデザインへと領域を広げなくてはならない（Sangiorgi 2011）。エコシステムにおいては、サービスプラットフォームの鍵を握る重要なプレイヤーが出現する。この場合、サービスプラットフォームとは顧客に直接接するものを指し、コントリビューターがそのプラットフォーム上にコミュニティを構築して、エコシステムをさらに拡張する新たなサービスが生まれることも可能にする。このようなコンテクストは、サービスデザインの新しい課題を引き起こす。オープンネスであるがゆえに、ますます制御が難しく、未知の環境でのデザインが必要になるのである。だからこそ、重要なプラットフォームのデザインを助ける新たなフレームワークの開発が必要であり、エンドユーザーやコントリビューター、さらにエコシステム全体をデザインしていかなくてはならないのだ（Patrício et al. 2015）。

4.3　新しいサービスデザインの戦略と原則

サービスシステムにおける価値星座モデルやサービスエコシステムへの進化は、サービスデザインの新たな課題を提示している。新しいデザイン戦略と原則が必要なのである。この章では、新たに出現した戦略と原則をどのように展開し、主要なシステム概念との関係性や、表4.1で取り上げる社会学的側面からそれぞれどの

ような意味を持ち得るのか検討する。特に、今日のサービスをデザインするためのプラクティスから、サービスのコンテクストが置かれている状況とその進化に影響を及ぼす三つの観点、相互作用・ユーザー参加・創発に着目した。

4.3.1　デザインと相互作用

システムの複雑度を上げる要因の一つが、パーツ間の相互作用である。「システムは複雑な全体だ。その機能とパーツとそれらの間にあるインタラクションによって成り立っている。」(Jackson 2010: 3) そしてサービスデザインの基本は、アクター間、システムコンポーネント間や異なるレベルでの相互作用を、理解して、取りまとめ、デザインすることに他ならない。これが視覚化のツールや概念への関心が高まる原動力になっている。システムの複雑性を文書化で表わすことができ、モデリングされた概念を通じて、実際の状況を象徴的に伝えられる。サービスデザインはいくつもの手法やツールを用いる。例えばステークホルダーマップであったり、カスタマージャーニーや、コラボレーティブ、システムアーキテクチャとナビゲーション、顧客の価値星座モデル、そしてサービスエコロジーマップなどがある。システムがサービスデザインで表されると、その根幹を成す思考、デザインアクティビティの目的、プロセスの達成度から、サービスがどこまでデザインされているかまでが明らかになる。これはサービスシステムが価値星座モデルやサービスエコシステムへと移行する際に有用である。

　サービスデザインの手法としてよく知られているブループリントは、組織レベルのデザインをする際にとても有効だ。一般にデザインプロセスの後半に、オペレーションの相互作用を整理するために用いられる。またフロントとバックステージのプロセスやインタラクションを統合し、顧客体験にフォーカスを当てることもできる。つまりサービスのコンセプトや全体像がはっきりしたならば、サービスエンカウンターやタッチポイントの改善にブループリントを活かすことができる。同時にまた運用管理と情報システムの間を結ぶ共通言語にもなる。つまりブループリントは縦割り組織の境界を明確にし、システムへの理解を飛躍的に向上する。（表4.1の機能主義のパラダイムを参照）そしてプロセスの効率化やオペレーション、システム内部の相関関係の改善に役立てることができる。

　しかしながら、サービスをバリューネットワークの域に移行させるとしたら、システムを明確に定義して「提案価値」が何か、協議する必要がある。このような場合、システムの定義をする行為そのものが解釈的でコラボレーティブな過程を踏むことになるだろう。多様なパートナーたちとの協力関係の中で、どのようにして価値共創していけるのか合意することになるからである。パートナーシップを結ぶことは、このような価値共創のプロセスに参画することを意味する。そしてそれは顧客中

心なものである。そのため、このようなツールはパートナー間の交換とフローを重視している（[Morelli and Tollestrup 2007]のサービスマップを参照）。あるいは「一連のサービス提供と個々の相互作用の結果、顧客自身に価値星座を共創する体験を提供することとなる」（[Patríco et al. 2001]の顧客価値星座ツールを参照）。

　　他方、われわれがサービスエコシステムの域に移行する場合、システムの境界はそもそも存在しない。そこにはただ合意がある。サービスプラットフォームに誰がアクセスし利用するのかによって発展の可能性が変わるということである。この段階のデザインでは、サービスエコロジーツールが適している。それはリソース、アクター、そしてアクティビティが特定のコンテクストに置いて相互に関係する様を示すマップであり、デザインの初期段階から用いることができる。サービスブループリントとは対照的に、サービスエコロジーはエコシステムの解釈である。生態系のエコロジーに似て、サービスエコロジーは強力な相互関係と依存性が描き出されている。それは異なるパーツ間の関係性であり、変化は全体的である。ある一部分の変化が全体に普及して、大きな変化を呼びかねないことを示している。もしデザイナーが既存のサービスエコロジーをマッピングするとしたら、まずは現在のリソースを読み解くことから始めるといい。どのように使われていて、どのソリューションがすでにポジティブな方向に伸びているのか、そしてまたエコシステム全体のウェルビーイングを助長する新たな施策とは何なのか、デザインするのだ。サービスエコロジーはまた、組織的なサービスシステムの記述を越え、別の視点からバリューネットワークの配置を可能にする。システムを生態系として解釈するということは、それらの相互作用の完全な掌握をあきらめることでもある。生物はオートポイエーシスな自律した存在であり、自己生成し、外部からの押しつけを厭う存在だ。アイデンティティを持った、あるがままの存在なのである。サービスエコロジーツールはデザインの開発に用いると、サービスプラットフォームの創造も実現可能になる。このような進歩的な視点を認められるかどうかが、現在のサービスデザインにおけるクリティカルなテーマだと言えるだろう。

4.3.2　デザインとユーザー参加

システムデザインにおけるもう一つの課題は、システムそれ自体の定義と、その領域の合意である。システムとして何を定義し得るのか、その境界とは何であるのか、あらためて検証したい。サービスシステムの境界線は、次のような質問によって導き出される。誰が決めるのか、どこを領域とするのか、そしてどのような視点を持つのか。そしてサービスデザインのシステムを浮き彫りにするには、ユーザー参加こそが根本的な課題なのである。システム理論では、社会システムの多様性が境界の枠組みを示すために用いられている。そこではこのように述べられている。

「ステークホルダーに多様性が必要とされるのは、問題が生じている状況が、多様な社会の中で引き起こされていることは自明なためである」。それゆえ「成果の中にあらゆる差異（価値観、地位や立場、属性、視点、権力、脆弱性など）が含められるように考慮し、世界の在り方に呼応しなくてはならない」(Christakis and Bausch 2006 in Jones 2014)。

> 「システム境界の認識は、見る人の世界観によって違うものである。例えば、事業組織の境界線を考えてみよう。自然環境まで広げるべきか、ローカルコミュニティまでか、被雇用者を含むのか、など議論の余地が多々ある。その判断には価値観と倫理が影響するだろう。さらに目的・意志決定・境界の策定に誰を参加させるべきかという問題がある。またリソースと権益がかかっているため、哲学的なの相違だけでなく、権力や政治的意図が大きく影響する。(Jackson 2003: 10-11)」

このようにシステムデザインから、バリューネットワーク、そしてエコシステムにまで視点を広げると、考慮すべき相手の数も種類もが、組織を超えて拡張するのである。

　そしてまたテクノロジーの進化により、顧客体験はより自律的になって来ている。顧客は今やソーシャルネットワークを通じて、サービスプロバイダーや他の顧客との複数のチャネルを持つようになった。そこで大きな課題とされているのが、マルチプルな顧客のインタラクションにおいて独自な体験を構築できるような、サービスシステムの柔軟性である。サービスマーケティングは長らく顧客を従業員の一部として扱ってきた。それはデザインとトレーニング（サービスの共同制作）を通じて、サービスデザインの可能性を最大化することができる(Bitner et al. 2007)。したがってサービスは顧客自らが、フレキシブルでスムーズにその体験をユニークにできるようにデザインされるべきである。

　サービスデザインはユーザーとの可能性を模索し続けてきた。ユーザーエクスペリエンスの向上を目指しサービスを改善している。ユーザーが直面する複雑な状況やコンテクストを理解することは、そこにある集合知を有効活用する手段であり、そのためにサービスデザインのさまざまなモデルと手法が用いられている。そしてユーザーと共にデザインするにあたって、ソリューションをより一層効果的にできるよう、インクルーシブなプロセスを編み出し、ステークホルダーのエンゲージメントを高めることを目標としている。この意味での協働デザインは、解釈的パラダイム（表4.1参照）において理解することができる。システムが向かう方向は、人々が個々に持っている目的と世界観、そして実際に彼らがどのようにシステムを解釈

するのかによって定まるのだ。こうした価値観・信念・意味合いを具体化し、対話の場を設けることが、たとえ一時的なものであってもソリューションを人々と共有し同意を得られるものにするだろう。それがバリューネットワークには必要なのである。このプロセスにおいて、サービスデザインは多元的かつインクルーシブなアプローチをとる。システムは完全な理解を得ることができず、デザインも完全なものにはなり得ない。けれどもコラボレーティブなプロセスを通じて、人々に受け止めてもらうことができるのだ。

　　ユーザー参加には別の視点もある。サービスデザインは権限委譲と解放を模索する。そこでのユーザー参加は終わりを意味する。参加は自己反映の目覚めへの第一歩だ。参加プロセスの中で既存権力や社会構造に疑問を投げかけ、時にはボトムアップで変革を起こそうとすることがある (Ozanne and Saatcioglu 2008)。協働デザインがコミュニティや組織の変容を促すとしたら、デザイナーはファシリテーターである。そのようなコンテクストでは、サービスデザインは人々を助ける役割となる。彼らの情況や期待、そしてプラクティスがうまくいくように計らう。そしてまた初めの一歩を踏み出せるようにサポートして、変化し続けられるようにするのである (Sangiorgi 2001)。従来の参加型デザインにおいても、イノベーションの民主化はデザインの目指す主たる目的の一つである (Björgvinsson, Ehn and Hillgren 2010)。エコシステムとして自律して動くようにデザインするとしたら、このようなユーザー参加の解釈は、人々だけでなく組織や機関にもチャンスを与え、力付ける。サービスプラットフォームを通してシステムが提供し得るものや可能性を明確にする。デザイン行為自体に大きな意義を与えるのである。そのためにはプラットフォームのリソースや規程、様式に至るまで、多様なアクターがアクセスでき、誰もがその発展に寄与できるようにすることがデザインの命題となる。さらに場合によっては、そのようなプラットフォームはオープンに解放される可能性があり、既存システムのコントロールを分散させることになるかもしれない。それはもはやサービスが解体のパラダイムにまで進んでおり、システムが支配的・差別的と受け止められることのないよう、公平性を期することが重要になる (Jackson 2003)。

　　システム理論では、クリティカルシステムヒューリスティック (Ulrich 1998) のコンセプトと方法論がシステムデザインの「領域判断」の透明性を保ち、促進する際に役立つ。それはデザインの成果に関わる企画者と市民による対話である。エコシステムのレベルに至ると、システムの透明性は欠かせないだろう。未来を構築する上で、一連のルール、モード、ツールを用意し人々がシステムに関与できるようにする必要があるのだ。

4.3.3　デザインと創発

サービスシステムから価値星座モデルやサービスエコシステムへの移行する際、

増大する複雑性に大きく関係しているのは創発の概念である。創発とは「複雑なシステムにおける自己組織化の過程で生じる、斬新でまとまりのある構造、パターン、そして特性である」（Goldstein 1999: 49）。複雑系理論は創発の中に見られる構造と性質が、複雑なシステムにおけるランダムな事象の中に偶然が繰り返されるように引き起こされる原因を探求している。「機会であったり『わずらわしい』事象が、組織において探求可能であり、異なるシステム構成を試すと、社会の仕組みが進歩したような反応を得られる可能性がある」（Goldstein 1999: 68）。

　昨今の複雑系理論の発展は、「魔法使いの神話」によって制御可能と錯覚して、組織のシステムや全体を認識しがちな傾向に疑問を呈している。そうではなく、組織とは「人間の関係性のプロセスであり、合意的で協調的であると共に葛藤的で競争的な人々の間にある。人々はずっと一緒に未来を生み出し続けている」と理解されるべきなのだ（Stacey 2007: 209）。このような組織における日常的な体験に対する認識の変化は、壮大なデザインや計画的なシステム改革に対する過大な期待に疑問を投げかけている。

　サービス環境の複雑化と、サービスデザインが直面している複雑な状況において、デザイナーと多技能なメンバーから成るデザインチームは、ますます創発的になってきている。サービスシステムをデザインする際は、創発の概念を念頭に、デザイナーはデザインの対象を制御可能なオブジェクトやシステムとして捉えることをやめ、成立させるべき大いなる変化に向けたプロセスの構築へとデザインの目的を変える必要がある。権利関係の構築されている環境で「人間関係のプロセス」を編成するには、ヒーロー的な存在から、共同制作の勝者へと、デザイナーの理想像を移行しなくてはならない。同様にサービスデザインも完璧に計画され統制されたサービスは構築不可能だと受け入れて、不確定で自然なサービスを認識する必要がある（Meroni and Sangiorgi 2011: 10）。

　さらにバリューネットワークのレベルに移行する際には、創発が生物学的なオープンシステムの思想に関係してくる。これは外部環境の変化に伴って引き起こされ、システム上、不可避な適応である。デザイナーがバリューネットワークのレベルで仕事をするとしたら、個々の組織の領域を広げる必要性が生じる可能性があり、より良いソリューションを実現するために、重要な調整や交渉をしなければならないだろう。

　エコシステムのレベルでは、社会システムにおける創発の認知拡大がデザイナーの役割となり、多様な相互作用を可能にする「アクションプラットフォーム」のデザインが必要とされる（Manzini 2011: Intro, 3）。デジタルテクノロジーとの連携が高まったことと、現代社会の生産やクリエイティビティがより分散した形へと変化したことで、デザイナーがデザインできるものが以前よりも不確実になった。

最近のデザイン事例では、このことがデザインの拡大へとつながり、デザインチームが果たす役割を大きく超えて行っている。

> 「デザインプロセスにユーザーを巻き込むことよりも、あらゆる利用状況を潜在的なデザインのシチュエーションとして見做すことに焦点が移っている。[...] なのでデザインはプロジェクトに付随するが、ユーザーの利用状況の中にもデザインが存在するのだ。つまり（利用状況における）デザインが、（デザインプロジェクトの想定した）デザインの後に発生するのである」（Björgvinsson et al. 2012: 106）

「アクションプラットフォーム」のデザインに発想が似て、デザイナーが注力すべきなのは、インフラストラクチャリングの一つとして、クリエイティブな対話を可能にする場や期待を仕組みとして創出することだ。将来的にそこへ非常に多様でばらばらなコントリビューターが現れることを見越しておかなくてはならない。

> 「本当に挑戦的で難しいのは、ソーシャルなコミュニティが存在すらせず、一見して合意も無いように見える場をデザインすることだ。そのような高度なコミュニティは、なんの共通認識も無いまま、異種混合であらゆる差異に満ち溢れている。そこで人々は「好戦的」な公共空間ともいうべきプラットフォームやインフラストラクチャを必要としており、争いを解決することすら求めず、不一致な状態を保つ必要があるのだ」（Björgvinsson et al. 2012: 116）

さらにポストモダンの域におけるシステムはというと、目的は多様性の担保になる。合意は求められず、システムはあまりにも複雑で理解やデザインを超えている。Sangiorgi と Prendiville（第1章にて）がすでに示しているように、プロセスの不確実性と創発を受け入れるとは、デザインの目的を収束に置かず、オープンネスを実現することなのである。新しくて閉じることのない道の可能性を拓くのである（Ingold and Donovan 2012: 30）。

4.4　まとめ

この章では、非常に複雑な状況でデザインする意義について述べてきた。デザインが向かう方向、そしてデザインの対象、そのどちらにおいても大きなポテンシャルがある一方、成果や開発に制約が生じることを覚えておかなくてはならない。サービスがおかれているコンテクストの変化についても述べた。昨今の技術の進化だ

けでなく、多様なビジネスパートナーや連携ソリューションの増加が起因している。デザインとコンテクスト両方の変化が影響して、サービスは組織が提供するレベルから、バリューネットワーク内での役割へと移行することとなった。さらにサービスエコシステムへと展開しつつある。私たちはこうした進化がどのようにシステムの理解と関係しているのかも示した。システムがネットワークとエコシステムの形に変化する中で、システムとは区切られた制御可能なものではなくなり、オープンに共同開発されるソリューションなのだと認識を改める時がきている。

　システムについて表4.2でまとめた。相互作用・ユーザー参加・創発の三つに分けて考えると、デザイナーや研究者でも複雑性を理解することができるだろう。ひとくちにシステムと言っても、鍵となるコンセプトが三つのうちのどれであるかによって、考慮すべきポイントはそれぞれ異なってくる。組織レベルのサービスシステムから、バリューネットワーク、さらにはサービスエコシステムの論点によっても異なる。

　相互作用が現れる形はさまざまである。システムが組織レベルの場合にはプロセスやアクター間の相互作用として、バリューネットワークの場合は多様なステークホルダー間の合意形成と調整において顕著に現れる。さらにサービスエコシステムの域に達すると、相互作用の現れ方はよりダイナミックに進化する。そこではシステムの参加者たちが自主的に活動するにしたがって、未来のサービスエコシステムが編み出されていくことだろう。

　ユーザー参加は、組織レベルでは参加者がデザインに加わり集約と理想を目指す形に表れる。多様なパートナーとのネットワークが築かれている段階では、提案価値の合意を導く役割を果たす。エコシステムの段階になると、ユーザー参加は必須であり、それがプラットフォームの進化を実質的に形作るものとなる。

　そして三つ目の創発は、デザインすること自体がどこを目指すのかによって異なる現れ方をする。組織レベルでは、デザインは組織変革のプロセスに関与する。バリューネットワークでは、デザインが開かれた戦略とコラボレーションを成り立たせ、多様なパートナーを結びつけることを目指す。エコシステムのレベルだと、システムの基盤である各種エージェントとの共同開発を、デザインが支援し実現する形で現れる。

　つまり、複雑なサービスシステムをデザインするには、それぞれに異なるアプローチやツールを開発する必要があるのである。これまで一般に広められてきたサービスデザインの各手法は組織内で行われるものであったが、今後は多様なアクターを収斂させて、解決策へと導く、より戦略的なデザインプラクティスへと移行する。そしてまた、ユーザー参加と相互作用を持ち合わせ、創発を可能にする共創的なインフラストラクチャーとなるだろう。この進化は、第6章でLucy

Kimbell と Jeanette Blomberg が述べているように、サービスデザインオブジェクトの表出と言える。今後サービスをデザインする中で、重要な意味を持つものである。

表 4.2 サービスデザインのレベルとシステムコンセプト

デザインのレベル	組織レベルの サービスシステム	価値星座モデル	サービスエコシステム
	組織レベルでの サービスシステムの デザイン	製品の価値星座モデ ルにおけるサービスコ ンセプトのデザイン	サービスエコシステム における共創のための サービスプラットフォー ムのデザイン
システムコンセプト			
相互作用	組織内のプロセス・ チャネル・人材・技 術における相互作用	ネットワーク上のアク ターにおける相互作用 （アクターにはカスタ マーとプロバイダーの 両方を含む）	複数のエコシステムを またいだアクターと機 関における相互作用
ユーザー参加	部門を超えた共同デ ザイン	顧客ネットワークとプ ロバイダーネットワー クを超えた共同デザイ ン、提案価値を構築 するユーザー参加	多様なアクターのリ ソースを統合し価値共 創とエコシステムの共 同設計を可能にする 開発プラットフォーム へのユーザー参加
創発	組織変革と行動変容 のためのデザイン	ネットワークを解放し、 多対多の価値共創を 可能にするデザイン	エコシステムにおける エージェントや共同開 発のデザイン

References

Akaka, M. A., SVargo, S. L. and Lusch, R. F. (2012), 'An Exploration of Networks in Value Cocreation: A Service-Ecosystems View', in S. L. Vargo and R. F. Lusch (eds), Volume 9 – Special Issue – Toward a Better Understanding of the Role of Value in Markets and Marketing, 13–50. Bingley: Emerald Books.

Anderson, L., Ostrom, A. L., Canan Corus, R., Fisk, P. Gallan, A. S., Giraldo, A., Mende, M., Mulder, M., Rayburn, S. W., Rosenbaum, M. S., Shirahada, K. and Williams, J. D. (2013), 'Transformative Service Research: An Agenda for the Future,' Journal of Business Research 66 (8): 1203–10.

Berry, L. L., Wall, E. A. and Carbone, L. P. (2006), 'Service Clues and Customer Assessment of the Service Experience: Lessons from Marketing.' Academy of Management Perspectives 20 (2): 43–57.

Bitner, M. J., Ostrom, A. L. and Morgan, F. N. (2008). 'Service Blueprinting: A Practical Technique for Service Innovation.' California Management Review 50 (3): 66–94.

Björgvinsson, E., Ehn, P. and Hillgren, P.-A. (2012). 'Design Things and Design Thinking: Contemporary Participatory Design Challenges', Design Issues 28 (3), 101–16.

Björgvinsson, E., Ehn, P. and Hillgren, P.-A. (2010). 'Participatory Design and "Democratizing Innovation"', in K. Bødker, T. Bratteteig, D. Loi and T. Robertson (eds), Proceedings of the 11th biennial Participatory Design Conference, PDC 2010. Sydney, Australia, 29 November–3 December 2010: Participation: The Challenge. New York: ACM.

Blomkvist, J., Holmlid, S. and Segelström, F. (2010), 'Service Design Research: Yesterday, Today and Tomorrow', in M. Stickdorn and J. Schneider, This is Service Design Thinking, 308–15. Amsterdam: BIS Publishers.

Evenson, S. and Dubberly, H. (2010), 'Designing for Service: Creating an Experience Advantage', in G. Salvendy and W. Karwowski (eds), Introduction to Service Engineering, 403–13. New Jersey: John Wiley & Sons.

Goldstein, J. (1999), 'Emergence as a Construct: History and Issues',

Emergence 1 (1): 49–72.

Haeckel, S. H., LCarbone, L. P. and Berry, L. L. (2003), 'How to Lead the Customer Experience', Marketing Management (January/February): 18–23.

Ingold, T. and Donovan, J. (2012), 'Introduction: The Perception of the User-Producer', in W. Gunn, Design and Anthropology (eds), 19–34. London: Ashgate.

Jackson, M. (2003), Systems Thinking. Creative Holism for Managers. Chichester: John Wiley & Sons Ltd.

Jones, P. (2014), 'Systemic Design Principles for Complex Social Systems', in G. Metcalf (eds), Social Systems and Design, 91–128. Japan: Springer Japan.

Johnson, S. P., Menor, L. J., Roth, A. V. and Chase, R. B. (2000), 'A Critical Evaluation of the New Service Development Process: Integrating Service Innovation and Service Design', in J. A. Fitzsimmons and M. J. Fitzsimmons (eds), New Service Development: Creating Memorable Experiences, 1–32. Thousand Oaks: Sage Publications.

Kieliszewski, C. A., Maglio, P. P. and Cefkin, M. (2012), 'On Modeling Value Constellations to Understand Complex Service System Interactions.' European Management Journal 30 (5): 438–50.

Langeard, Eric, Bateson, J. E. G., Lovelock, C. and Eiglier, P. (1981), Services Marketing: New Insights from Consumers and Managers. Cambridge: MA: Marketing Science Institute.

Lovelock, C. and Wirtz, J. (2011), Services Marketing: People, Technology, Strategy. Upper Saddle River, NJ: Pearson: Prentice Hall.

Lusch, R. F. and Vargo, S. L. (2014), Service-Dominant Logic: Premises, Perspectives, Possibilities. New York: Cambridge University Press.

Mager, B. (2009), 'Service Design as an Emerging Field', in S. Miettinen and M. Koivisto (eds), Designing Services with Innovative Methods, 28–43. Keururu: Otava Book Printing.

Maglio, P., Vargo, S., Caswell, N. and Spohrer, J. (2009), 'The Service System is the Basic Abstraction of Service Science', Information Systems and e-Business Management 7: 395–406.

Manzini, E. (2011), 'Introduction', in A. Meroni and D. Sangiorgi, Design for Services, 1–6. Aldershot: Gower.

Meroni, A. and Sangiorgi, D. (2011). Design for Services. Aldershot: Gower.

Menor, L. J., Tatikonda, M. V. and Sampson, S. E. (2002), 'New Service Development: Areas for Exploitation and Exploration', Journal of Operations Management 20 (2): 135–57.

Morelli, N. and Tollestrup, C (2007), 'New Representation Techniques for Designing in a Systemic Perspective'. Paper presented at Nordic Design Research Conference. Stockholm, Sweden.

Normann, R. (2001), Reframing Business: When the Map Changes the Landscape. Chichester: John Wiley & Sons Ltd.

Ostrom, A. L., Parasuraman, L. A., Bowen, D. E., L. Patrício and Voss, C. A. (2015), 'Service Research Priorities in a Rapidly Changing Context', Journal of Service Research 18 (2): 127–59.

Ozanne, J. L. and Saatcioglu, B. (2008), 'Participatory Action Research', Journal of Consumer Research 35 (3): 423–39.

Patrício, L. and Fisk, R. P. (2013), 'Creating New Services', in R. Russell-Bennett, R. P. Fisk and L. Harris (eds), Serving Customers Globally, 185–207. Brisbane: Tilde University Press.

Patrício, L., Fisk, R. P. and Cunha J. F. e. (2008), 'Designing Multi-interface Service Experiences: The Service Experience Blueprint,' Journal of Service Research 10 (4): 318–34.

Patrício, L., Fisk, R. P., Cunha J. F. and Constantine, L. (2011), 'Multilevel Service Design: From Customer Value Constellation to Service Experience Blueprint', Journal of Service Research 14 (2): 180–200.

Patrício, L., Fisk, R. P., Spohrer, J. and Beirão, G. (2015), 'Designing Service Platforms for Service Ecosystems: An application to health care', in Proceedings of Naples Forum of Service, Naples, Italy, June 9–12.

Perry, P. J. (1969), 'Working Class Isolation and Mobility in Rural Dorset, 1837–1936: A Study of Marriage Distances', Transactions of the Institute of British Geographers 46: 121–41.

Pinho, N., Beirão, G., Patrício, L. and Fisk, R. P. (2014), 'Understanding Value Co-creation in Complex Services with Many Actors', Journal of Service Management 25 (4): 470–93.

Sangiorgi, D. (2011), 'Transformative Services and Transformation Design', International Journal of Design 5 (2): 29–40.

Shostack, G. L. (1982), 'How to Design a Service,' European Journal of Marketing 16 (1): 49-63.

Shostack, G. L. (1984), 'Designing Services that Deliver,' Harvard Business Review 62 (1): 133-9.

Stacey, R. (2007), 'The Challenge of Human Interdependence: Consequences for Thinking about the day to day Practice of Management in Organizations,' European Business Review 19 (4): 292-302.

Tax, S. S., McCutcheon, D. and Wilkinson, I. F. (2013), 'The Service Delivery Network (SDN): A Customer-Centric Perspective of the Customer Journey', Journal of Service Research 16 (4): 454-70.

Tax, S. S. and Stuart, I. (1997), 'Designing and Implementing New Services: The Challenges of Integrating Service Systems', Journal of Retailing 73 (1): 105-34.

Ulrich, W. (1988), 'Systems Thinking, Systems Practice and Practical Philosophy: A Program of Research', Systems Practice 1: 137-53.

Wetter-Edman, K., Sangiorgi, D., Edvardsson, B., Holmlid, S., Grönroos, C. and Mattelmäki, T. (2014), 'Design for Value Co-Creation: Exploring Synergies Between Design for Service and Service Logic', Service Science 6 (2): 106-21.

106 — 107

CHAPTER
5

スペシャリストによる
サービスデザイン
コンサルティング：
始まりの終わり、
または終わりの始まり？

Specialist service design consulting :
The end of the beginning, or the beginning of the end?

Eva-Maria Kirchberger and Bruce S. Tether

5.1 はじめに

英国のサービスデザインは、2000年代初頭、Engine Service Design（以下 Engine）、Live | Work、IDEO（Tether and Stigliani 2012）の3社によって創始された。当時はコンサルティングの一環であった。そのうち2社はスタートアップであり、創業者たちに起業経験はなかった。残る1社は世界的なデザイン会社であるIDEOで、当時はプロダクトデザインの領域で著名であり、後にインタラクションデザインでも知られていく。IDEOはその後さらに「デザイン思考」（Brown 2008, 2009）の提唱で名を馳せるようになる。彼らは、「サービスデザイン」の先駆者としてデザインの新たな分野を確立する困難に立ち向かった（Aldrich and Fiol 1995; Navis and Glynn 2010）。クライアントにこの新しいサービスの真価を認めさせ、コンサルティングを発注してもらう必要があった。新分野とは新たな側面と同時に、確実性が求められるものだ。この二つは相反しているのに。さらに、先駆者たちがよく知られた強力な存在（「サービス科学」を提唱したIBMのように）ではない場合、新分野の意味や効力に関して、相応の整合性が求められる。「サービスデザイン」とはなんなのか？　なぜそれが必要なのか？　どうしてコンサルタントにサービスのデザインを委託しなければならないのか？　といった質問に答えなくてはならないのだ。このような状況下で、「Service Design Network」[Note1]を含む初期のコミュニティや彼ら自身について、そして技術面や各種情報が集約され、「サービスデザイン（コンサルティング）」が徐々に形作られて行った。それが基盤となって、サービスデザインの名のもとにさまざまな取り引きが成立する「マーケット」が立ち上がったのである。

　重要なのは「サービスデザイン（コンサルティング）」がクライアントに対して明確に定義されたことだ。コンサルタントが何を為すかだけでなく、何を可能にするのかが明瞭になり、同等のサービスが横展開されたことで対外的な信頼感も生まれた。やがて「サービスデザイン（コンサルティング）」の発展に伴って、サービスプロバイダーたちは自らのサービスの差別化を図るようになっていく。ある程度の差別化ができていなくては、競合と自分たちの違いをアピールできないからだ。買い手はサービスの同質性を望み、売り手は差別化と指向性の一致を訴える。簡単に言うと、何かを買おうとする時、同じものならば安いものを選ぶのだ。差別化によって、売り手は単なる価格競争に抗おうとする。要するに、サプライヤー間の無関心（または無関心な振る舞い）が買い手には有利に働き、他方（関心の高い）買い手が一部のサービスプロバイダーを好む場合は、売り手の有利に働くのである。

　特にサービスデザインは、いくつもの技術を組み合わせて進められる。そこ

に含まれるほとんどの技術は公表されていることもあって（e.g. Kimbell 2014; Meroni and Sangiorgi 2011; Polaine et al. 2013; Stickdorn and Schneider 2010）個々のコンサルタントがサービスを差別化して知財を申請することができない。資格が必要な建築家とは違って、誰もが自らサービスコンサルタントを名乗ることができる。彼が本当にサービスのデザインを分かっているかどうかなど取り沙汰されることはない。さらにこの名称がより一般的になるにつれて、多くのビジネスがサービスデザインをさまざまな段階で掲げるようになった。この混沌の中で、サービスデザインに従事する者たちが生き残り、発展を続けるために、今までとは画期的に異なる方法を試みる（主張する）べきであろう。それは新たに特定の応用領域で遂げられるべきである。独自の体験を拡張していくことになるはずだ。このような産業上の新領域における展開パターンを、Deephouse（1999）は「戦略的バランス」の問題だと述べた。

　　この章ではサービスデザイン界のパイオニアであるEngineを題材に、サービスデザインコンサルタントの実際の状況を読み解こう。Engineは30名を超える従業員を抱え、独自資本でビジネス成長を続けている企業だ。5名の経営幹部の中に創業者2名が現在も残っている。創業から大規模な国際的プロジェクトを受注するに至るまで、彼らはどのように発展してきたのだろうか。プロジェクトの拡大と共に企業の能力も高まってきたのか、さらにプロジェクトマネジメントとクライアントリレーションのマネジメントがどのように進められているのか明らかにしたい。私たちはEngineの実績の中から、重要なファクターをいくつか取り上げる。特に本件においては、誰から見てもこれがまさしくサービスデザイン（コンサルティング）だと言えるような事例で説明しよう。彼らが従事したプロジェクトは成功に終わり、それが高い評価を得たことで、次のプロジェクトではより一層高い立場へ就くといった形でつながって行った。これは何よりも彼ら自身の成果である一方、Engineの成功がサービスデザインそのものの評価を高めている事実は否めない。そうして著名なプロジェクトに参加し効果を発揮している事実が、サービスデザインコンサルタントの確立において、創世記の終焉であると言えるのではないか。

　　いずれにせよ大手経営コンサルティング企業が、デザインに強い関心を寄せているのは明白な事実だ。ユーザーエクスペリエンス（UX）やデジタルデザインといった、サービスデザインの周辺領域への関心が顕著である。この関心が能力開発への投資や、評価の高いデザイン企業が買収される背景になっている。私たちはそのような大手コンサルタント企業のデザイン参入障壁は実質低いと見ている。皮肉にも現在、有名なサービスデザインコンサルタントの多くがより高いステージでの活躍を切望している中、この事態はさらなるリスク的状況を呈している。サービスデザインコンサルタントは、あくまで彼ら自身の専門分野でしか活躍できない

からである。

　本章の結びでは、Engineや他の独立系のサービスデザインコンサルタントが直面している戦略上の選択について論じる。

　本章はインサイド - アウト／アウトサイド - インという2つの対照的な観点から説明される。（最初の著者による）1つめの（インサイド - アウトの）観点はEngineの社員として「サービスをデザインすること」に関する直接の実地の経験から[Note 2]、もう一方（2番目の著者による）別の（アウトサイド - インの）観点は、アウトサイダーの視点から語られる。著者は（英国で）数年間コンサルティングの依頼によりサービスデザインの発展を追跡しており、プロフェッショナル・サービスファーム（von Nordenflycht, 2010）の発展と競争力や、デザインコンサルタント、広告代理店や建築事務所のようなクリエイティブ・ベースの企業体に対して広範な興味を持っている。本章で示される視点は我々（サービスデザイナー）自身によるものであり、そしてまた、サービスデザイン・コンサルティングの「市場」や「業界」全体の詳細な財務分析、もしくは、各サービスデザインエージェンシーの経済的状況の分析などは、これまでデータが公表されていないこともあり語られてこなかったことであることを強調しておく。

5.2　始まりの終わり:Engineが掴んだチャンス （ドバイ空港プロジェクト）

2013年、Engineはドバイ空港から打診を受けた。2020年までにカスタマーエクスペリエンスにおいて世界をリードする空港サービスを実現したいというものである。この計画は挑戦的なものだった。空港デザインとは、カスタマーエクスペリエンスは二の次にして、機能と収益の最大化に主眼が置かれたものだからである。ドバイ空港はこれをカスタマーエクスペリエンスを中心に据えて変えようとしていた。さらにこの計画は、年間乗降客数を1億3,300万人へと倍増させる予定に合わせて開発が企画されており、この乗降客数は2014年時点のロンドンヒースロー空港の約2倍という未曾有の数字だった。そしてドバイを空港としてだけでなく、世界の旅行客にとって最高の場所とすることを目指していた。

　ドバイ空港は、Engineをサービスデザインコンサルタントの先進的なスペシャリストとして探し出した。ロンドンヒースロー空港におけるVirgin Atlanticやポルトガルの諸空港における旅客サービスブランディングと戦略策定の実績を買い、空港関連の新たなカスタマーエクスペリエンスを開発するには最適と判断したのである。ドバイ空港はサービスデザインエージェンシーを探すにあたって、経営コンサルタントとは異なる知見を意図的に求めていた。むしろ経営コンサルタントを変え

110 － 111

たいと願ってすらいた。そのようなクライアントの意図が伏線となり、サービスデザインの感情に直感的に訴える側面（Stacey and Tether 2015）も介して、Engineが少なくとも従来の経営コンサルタントとは別であると印象付けた。

　　Engineとクライアントは、現在3年間のコラボレーションを契約し、サービスデザインで空港サービスを革新しようと取り組んでいる。プロジェクトでは空港の空間編成変更も、新たな動線設計も、接客スタッフの行動変容も辞さない姿勢だ。さらにサポートする技術を、単に「最先端」にするだけでなく顧客体験の向上に主眼を置いて開発が進められている。このプロジェクトは空港の縦割り組織までをも変え、何よりもまずカスタマーエクスペリエンスを中心にしたオープンでコラボレーティブな体制に再編しようとしている。

　　プロジェクトの実施にあたって、Engineは体験とサービスデザインの可能性を自然に引き出そうとしている。まず最初に、空港のシニアマネジメントチームと共に「未来の空港」をテーマに発想型ワークショップのイベントを開催した。サービスコンセプトを特定し、将来のビジョンを導き出すためだ。CEOはプロジェクトの意義を確認するためにそのプロセスにすべて参加した。そしてトレンド予測情報と、AppleやF1からのスピーカーたちによる刺激を受けて、魅力的で先見に満ちた未来の空港像が複数描き出された。そこでは一般的な発想にとらわれない、ドバイ空港らしい独自のビジョンが重視された。Engineはクリエイティブなデザイン手法を発揮してエモーショナルな側面を引き出し、これらのビジョンを一つの命題に統合した。この命題を大々的なイベントの中で、CEO自ら熱意を込めて賞賛したことから、新たなブランディングによる、ドバイ空港の新しい時代の幕開けとなったのである。つまるところ、このキックオフイベントは新しいアイデンティティをもたらした。イベント参加者による空港コミュニティがすぐさま立ち上がった。コミュニティの目的は、新しいビジョンに関与するリーダーたちを、合意形成によって未来の実現へと動かすことであった。

　　Engineはさらに、サービスデザインの顧客中心な価値観に基づいて、アクションプランの優先順位など実施に向けたロードマップを描き、プロジェクトの実現を決定づけることとなる初期インパクトを構築しようとした。このインパクトは「ヒーロープロジェクト」と名付けられたパイロットプロジェクトによって実現されることとなる。経験値的に、Engineは素早く目に見える効果がサービスデザインの初期において有効であると知っていた。それが社内で疑いの根を絶やし、クライアント組織内に正式導入する効果的な方法なのである。「ヒーロープロジェクト」の例として、ホスピタリティに注目した空港設備スタッフの行動規範再編を取り上げよう。担当者の現場での振る舞いが顧客へ直接的に機能する仕組みである。旅行客の詳細なリサーチに基づいてEngineは実現可能なプロトタイプを設計した。

「サービスのためのデザイン行為」の今日の情勢　／　スペシャリストによるサービスデザインコンサルティング

それはサービスデザインの基本に従って、クリエイティブな視覚化を中心に、できる限り実用的なものになるよう配慮されていた。俳優を使った旅行客のロールプレイや、イラストを用いたアイデアスケッチが開発された。そしてまたイラスト付きのセリフをストーリーボードで表現することもあった。このようなインスピレーションを与える手法は組織を横断したリーダーチームにおいても非常に分かりやすく、導入を容易にしたのである。他の手法では、「サービスブループリント」の活用から、ステークホルダーへのデプスインタビュー、多様な旅行客やスタッフへの「シャドウイング」などが用いられ、徐々にインサイトが構築されて行った。

　これらは少なくともサービスデザインを現場で取り入れ、実践した者にとっては当たり前の技術だ。何と言ってもEngineは過去15年間に渡って、幅広いサービスデザインプロジェクトに取り組み、これらの実践経験が豊富にあった。例えば、彼らは旧来のデザイン（グラフィックやプロダクトデザイン）よりもサービスデザインがよりコラボレーティブで行動変容を促すものだと理解していた。そして、クライアント内の個々の担当者たちと密接に連携する必要性を認識していた。だからこそこのケースにおいても、ドバイ空港のカスタマーエクスペリエンス責任者を、Engineのディレクターが務めている。あらゆる状況に言えることだが、ゴルフクラブを買ってもプロゴルファーのようにプレイできるわけではないように、知識の獲得とその使い方を体得することの間には乖離があるものである。

　とはいえ、わずか30名からなる小規模なロンドンのコンサルタントに対してドバイ空港は、容易とは言い難い課題を提示した。技術的、または組織的な面から見ても国際空港は巨大で複雑な構造を持っており、Engineは空港におけるカスタマーエクスペリエンスの知見を有してはいたものの、このプロジェクトはあまりにも巨大で複雑だった。さらにドバイという土地は、ロンドンと文化的に全く異なる文化だった。いくつもの課題に直面しつつも、Engineはそれまでの彼らに経験のないコンピタンスを導入し、旧来のプロジェクトマネジメントの技法を取り入れて優先順位をつけ、ロードマップを引き、プロジェクト計画を立てなくてはならなかった。しかし結果としてプロジェクトを段階的に細分化するのに役立ち、優れた効果を発揮した。そしてまたあらゆる段階で期待値をコントロールする必要性、さらには補助的に文化に見合った管理体制を構築する必要性も生じていた。新しいデザインを実装するにあたって、いくつものワークストリームが並行して実行される中、それらが非常に役に立った。ここで新たに編み出された「エクスペリエンスボード」もまた、既存のビジネスボードを補間するために活用されていた。「エクスペリエンスボード」は空港内の多領域を俯瞰する「ラボ」として責務を果たすもので、さまざまな専門分野の長を集めて、縦割り組織の弊害を打開する役割を担った。Engineはこの代表者組織に支えられるだけでなく、彼らの働き方や「ラボ」の意義

を確立する形で支援を行った。結果としてこの「ラボ」が空港内のさまざまな部署と
Engineを結びつける重要な機関となった。

　サービスデザインの観点からは、コラボレーティブなワークショップの形が採
用された。カスタマーエクスペリエンスを最優先しながら、企画をさらに発展させ
ていく形をとった。先述の「ヒーロープロジェクト」と同様に、ここでも「素早い効果」
の実現が重要視され、Engineが目指す価値を明らかに伝えている。さらには彼ら
自身とドバイ空港のスタッフがプロジェクト通算3年間を通して、モチベーションを
維持するために役立つだろう。

　難易度の高い象徴的なプロジェクトを成功させることは、クリエイティブなプ
ロジェクトを基盤としたビジネスを大きく変容させる可能性がある。それが比較的
小規模なものであったとしてもだ。例えば構造工学の分野においてシドニーオペ
ラハウスを手がけたArupの名が知れ渡ったように。パリのポンピドゥーセンター
を設計したRichard RogersとRenzo Pianoが世界的な評価を得たようにである。
Engineにとってドバイ空港のプロジェクトは、そうした過去の事例に類似している。
それは目覚ましいだけでなく、サービスデザインにおいて象徴的で革新的なもの
である。そしてまた物質的にも文化的にも隔たりがある意味でも、挑戦的なもの
であった。プロジェクトの実現のためにはEngineが新たな発展を遂げる必要があっ
た。それは特に複雑なプロジェクトマネジメントのスキルであり、将来の仕事にも
活かすことができるだろう。このように、Engineにとって、ドバイ空港プロジェク
トはさまざまな意味で新たな挑戦であり、今後、より規模が大きく複雑なプロジェ
クトに関与する可能性を広げ、より高度のサービスデザインプロジェクトへの足が
かりとなったのである。そしてこれはサービスデザイン専業コンサルタントという新
しい職能における創世記の終わりを示した、記念碑的プロジェクトと言って差し支
えないであろう。

5.3　終わりの始まり:経営コンサルタントという 「怪物」がやって来た

成功は関心を呼ぶ。商業社会において機会を保護することは難しい。特にデジタ
ルサービスの成長は、大手経営コンサルティング企業の好奇の目から逃れられな
いものだ。例えばDeloitteは最近、「すべてをデジタルに」と標榜してDeloitte
Digitalを設立した。そこではこのように述べられている。

　我々は、あらゆるすべてをデジタル化する総合サービスコンサルタントです。
　クリエイティブとテクノロジーへの幅広い知識を活かし、能力・戦略・分析・

業界知識を持って、クライアントから求められるすべての変革をお手伝いします。私たちのエンドツーエンドな包括的機能においては、小さすぎるプロジェクトなどなく、信頼と共に大いなる挑戦を乗り越えます。私たちは新たなビジネスビジョン実現に必要なものを提供し実現します。[Note 3]

Accenture は「インタラクティブな実践」を掲げ、McKinsey は「デジタル・サービスデザインラボ」を立ち上げた。こうしたビジネス組織は「デジタルサービス」に特化しているものの、四つの特徴的が見られる。

- 一つ目に、経営コンサルタントは、今後「デザイン」が大きく求められると認識している。同時に彼らが保持するビジネス戦略と(情報)技術コンサルティングにデザインを統合することができると考えている。例えば McKinsey は次のように述べている。「デザインが競合優位性とビジネスバリューの源泉であることは誰の目にも明らかである」[Note 4]
- 二つ目に、経営コンサルタントは、即座に規模を拡大する。例えばデロイトデジタル Deloitte Digital は、1年足らずのうちに 400 名を超えるチームを編成し、独自のクリエイティビティを文化として形成するために独立オフィスを設けている。
- 三つ目に、大手企業は買収を通じてデザイン能力を増強する。例えば McKinsey はプロダクトデザイン企業の Lunar を買収し「デジタル・サービスデザインラボ」を創設した。Deloitte は UX 専門家の Flow Interactive などの買収を積み重ねている。さらに、2013 年に業界を大きく揺るがしたのが、Accenture による Fjord 買収である。Fjord はデジタルサービスデザインのパイオニアであり、昨今はサービスデザインとイノベーションの分野でも名を馳せている企業だ。
- 四つ目に、大手企業は契約の形を変える。コンサルタント業界では通例の人日計算から、あらかじめ定めた目標の達成による成果報酬型の契約へと移行している。これは三つの点で重要である。最初にコンサルタントは成果達成の可能性を高く見積もっている。次にクライアントは業務を委託するので直接プロジェクトを進行しない。最後にこうした「達成するまでは支払い不要」なビジネスモデルは、中小企業には真似できないことだ。

サービスデザインの専門家は、デジタルデザインと現実世界と密接に関わる UX デザインや「サービスデザイン」は全く異なると主張することが多い。デジタルは「事業領域が違う」と言うのだ。これはある意味正しくはある。しかしこのような考え方

は、競合分析における近視眼的な誤認（Porac et al. 1995; Porac and Rosa 1996）とでも言うべきもので、非競合がいとも簡単に競合へと転換し得ることに気付けていない。大手企業がデジタル、そしてUXデザイン領域へと進出した以上、サービスデザインへと彼らがさらに足を進める前にどのような対策が取れるのか慎重に検討する必要がある。

　新たなプロバイダーの参入には、どのような障壁があるものか。新規参入者の資本不足やキーサプライヤーとの関係性がないこと、同じ製品を生産する際に必要なプロセスや技術が知的財産権によって保護されていること、そしてまたバイヤーとの信頼関係の不足などが挙げられる。しかし残念ながらそのどれもがサービスデザインコンサルティングには当てはまらない。

　何よりも彼ら大手企業は資金に余裕があるのが明らかだ。そしてサプライヤーとの関係性においても、サービスデザインの「サプライヤー」とは能力のある人である。デザイナーは経営コンサルタントよりもデザインコンサルタントであることを望むが、それ以上の能力は無い。むしろそれ以外は経営コンサルタント以下なのである。この意味において、Engineのウェブサイトに掲載されているサービスデザイナーの求人募集から気付きが得られるだろう[Note 5]。デザイナーは彼らのビジネスの重要なサプライヤーである。

> 「私たちはチャレンジを探求し、解決を見出し、磨き上げて完成することを楽しんでいます。実績を見ていただければ、私たちのクリエイティビティが分かるでしょう。プロセスを重視すると共に、人々にひらめきをもたらすことが楽しくて仕方ありません。思索を重ね、何かしらの角度から物事をできる限りシンプルにするために、あらゆる手段を投入する。それが私たちです」

ここで注目すべきは、デザインやクリエイティブスキルが重要視されていない点だ。述べられているのは、Engineのサービスデザイナーは「Engineのデザインチームは、プロジェクトにさまざまな視点をもたらす自律促進型デザイナーの集団だ。多彩なスキルによってあらゆる側面から業務をサポートすることに誇りを持っている」。デザイナーの「自律促進型」という概念が特徴的である。特定のサービスデザインスキルを示さず、むしろ全般的なスキルに重きを置いている。これでは幅広い人々がデザイナーに名乗りを挙げるだろう。事実、ビジュアライゼーションやビジュアルコミュニケーションのスキルはさておき、Engineはデザインスキル（下記参照）を全くと言っていいほど重視していない。その代わりに、全体的な「コンサルティングスキル」と見なせるような、幅広いタスクの処理能力であったり、円滑なコラボレーション能力といった点を求めている。そして何よりも、熱狂的かつ影響を与

えるチームプレイヤーであることを強調している。ここから、「サービスデザインコンサルタント」とは、特定のスキルに依らない柔軟なスキルセットを持ち、実践しながらいかに学びを得られるかに主眼が置かれていることが分かる。

Engineが求めるサービスデザイナー像（属性・必要な能力・主な業務）

求められる属性

- クリエイティビティと分析的思考を右脳と左脳の両方を活かして進められる
- 積極的かつ熱心にプロジェクトに取り組む
- 何事にも物怖じせず理解が早いと共に、さまざまな仕事に夢中になれる
- 自信があり、視点を明確に説明できる
- プロセスに前向きで、不確実性を受けとめられる
- あらゆることに興味を持ち、それがもたらす課題にも関心を持つ
- コラボレーションが好きな人物

必要な能力

- プロジェクトを遂げるために、必要な優先順位・リソースを調達できる
- 自ら必要なレベルまでプロジェクトを実行することができる
- どのようなプロジェクトにも、素晴らしい適性をもって創造性をもたらす
- InDesign、Illustrator、Photoshop、PowerPointを用いて、明確かつ素早いビジュアルコミュニケーションが可能である
- 調査から重要な発見を導き出す優れた分析スキル
- 細部を見逃すことなく、理想的な品質を生み出す
- クライアントの監督者が期待するレベルまで、自律的にタスクを実行できる
- コンテンツだけでなく、プロセスと納品にも積極的に貢献する
- 明確な思考をもって、構造的にデザインプロジェクトを推し進められる

主な業務とその責任

- 視覚的に優れた明確なドキュメント、プレゼンテーション、ワークショッ

プ資料の作成
- シニアチームがワークショップを計画しスマートに実行する手助けをする
- 調査に基づき力強いコンセプトを立てる
- コンセプトを力強くビジュアライズしコミュニケーションを図る（スケッチ、デジタルビジュアライゼーション、口頭と文書での解説）
- 調査後の定性分析を、計画面と実行面から的確にサポートできる
- 主要コンセプトのフレームワークやインフォメーショングラフィックを開発してビジュアライズする

そしてまた、サービスデザイナーが開発した技術や手法は、知的財産として権利が認められることはなく新規参入者をブロックすることは難しい。またサービスデザインのコミュニティはスキルシェアを基本としたオープンなもので、誰もがアクセス可能な形で情報を公開している（e.g. Kimbell 2014; Polaine et. al. 2013）。もちろん、技術の詳細を知っているからといって、使い方を心得ているとは言い難いものであるし、上手く利用できるわけでもないが、そこまで複雑で理解しがたいわけでもない。実際のところ、支援協力的なアプローチが取られているため、スキルが伝播していく傾向にある。

さらに留意すべきなのが、こうした新規参入者たちが学習の機会を得ている事実だ。FjordはAccenture内部に「サービスデザインアカデミー」を設立している。このアカデミーでは専門家たちが、サービスデザインの思考や手法をFjord社員だけでなく我々のクライアントにも教えている。導入のレクチャーから、ワークショップ、デジタル領域の知見やツールの使い方などのプログラムが組まれている[Note 6]。

ある程度は関係者間に築かれている信頼関係が第三者の介入を防いでいるとはいえ、その効果は限られたものだ。何より「メジャー（大手）」は、ビジネスコンサルティング能力には定評がある。次に、UXデザインなどの近接分野でクライアントとの取り引き実績がある場合には、そこからサービスデザインへと展開させることが容易だろう。さらに彼らの「成果報酬型」のサービスはクライアントにとって導入リスクが低く、たとえ経験が浅くとも委託しやすいのである。

もちろん、このような脅威など存在せず、単に取り越し苦労であるとも言えるかもしれない。経営コンサルタントの本領でも大手が寡占しているわけではなく、ニッチな市場を専門とする「ブティック型コンサルタント」が数多く存在している。広告業界でも同様にWPP、Interpublic、Publicis、Omnicomなど大手代理店が牛

耳っている一方、確固たる地位を築いている独立系広告企業も存在しているのである。もしかすると、メジャーがサービスデザインコンサルティングに介入するとは、業界全体にとって良いことなのかもしれない。少なくとも当面の間は、サービスデザインの信頼性を高め、正当化する効果が見込めるだろう。これにより市場が広がるはずだ。サービス規模を鑑みると市場は国内外を含めてまだ小規模であり、市場拡大はかなり期待できる状態だ。控えめに言っても「サービスデザインコンサルティング」を活かせる場は膨大にある。このような楽観的な視点とは対照的に、「メジャー」がサービスデザインを的確に実践できていないため、長期的には市場の信頼性を損なう懸念が挙げられている。実際に、専門家が丁寧に整えた市場へ経営コンサルタントが参入した後に行われた「統合的品質管理」(TQM)においてマイナスの側面が指摘されている (Brown and Strang 2006)。メジャーとは収益性が高く関心を呼んでいる領域を攻めるもので、他社の機会を奪うこととなるのは必須だ。興味深いプロジェクトに携わり、その分野において自社の頭角を示すことは、コンサルタントにとって非常に魅力的なのである。

5.4 サービスデザインコンサルタントの 今後の展望とは？

まさにEngineとそのシニアマネジャーたちにとって試練の時である。ドバイ空港のような理想的なクライアントを得たことで、彼らはそれまでよりも規模の大きい重要プロジェクトに取り組み、その事業を大きく進展させることができた。他方、大手経営コンサルタントがUXやデジタルデザイン領域から易々と侵入して来ていることは憂慮すべき事態だ。それでは Engine や Live|Work（5カ国にスタジオ展開しており約40名の従業員を持つ）のような、サービスデザインコンサルティングのリーディングカンパニーは、どのような動きを取り得るのだろうか？　分かり切った道は、今すぐにでもメジャーに事業を売却することだ。しかし他にはどのような道が残されているのだろうか？

　もちろん、ビジネスやそのオーナーの方向性によっていくつもの選択肢が考えられる。そこで私たちはそのビジネスが、サービスデザインコンサルティングにおいて中心的存在であり続けるために何が必要か検証したい。この観点において、考慮すべき五つの点を取り上げよう。スケール、スコープ、構造、特性、オープンネスである。

規模感：規模感やサイズは、クリエイティブサービスにおいて滅多に取り沙汰されることはない。既存の「経済規模」だけが意識される。そのような市場にいる大半

の企業は小規模で、事業規模は必要ない。他方、大規模なビジネス、特有な分野のものでは、実績、そして拡張性や複雑なプロジェクトへの柔軟性が指標になる。サービスデザインエージェンシーが市場を牽引し第一線に留まるためには、事業を拡大し、早々に100名以上の従業員を確保しなくてはならないだろう。

スコープ：これまでサービスデザインコンサルティングは対象領域を幅広く取って来た。これは利点がある一方、費用がかかる。利点は、柔軟に幅広いクライアントとそのニーズに対応できるだけでなく、コンテクストを横断してアイデアを繰り広げることが可能なことだ（Hagadon 2002）。他方、スコープを限定することで信憑性が向上することも見逃せない。例えば Engine の場合、ドバイ空港で得た知見を他の空港など類似した案件に活かすことができるだろう。専門化による特性を高められるのだ。このようなアーキテクチャ戦略を樹木のように、より広義には競技場や劇場にまで広げていけば専門評価を確立できるだろう。自社の優位性と欠点のバランスを取りつつ「対応領域」を限定的に狭めていくのが最適解ではないだろうか。

構造：構造は規模感やスコープにも関連している。事業が成長するにつれて、コントロールを分散させる必要が生じる。これは専門領域もしくは地理的な区分によって、半自律的な「スタジオ（支社）」を複数設けることで実現できるだろう。半自律的スタジオの設立は副次的に、新しい領域への進出が期待できる経営手法である（Anand et al. 2007）。

特性：どのような業界においても、クライアント視点での特性こそが優位性の鍵である。購買行動において相手が誰であるかに興味がないのなら、価格競争で安さを理由に売り手を選ぶ。けれどももし売り手が願った通りの存在だとしたら、高い利益を見込んで高い金額を出すことになるはずだ。プロフェッショナルなビジネスやサービスにおいて、特性が指名を受ける理由であることは確かな事実だ。しかしそのためには他の企業とできることが明確に異なり、同時にそれが認識されていなければならない。言うなれば、空港における顧客体験のデザインにおいて明らかな経験値を持っているとして、その経験はどの程度必要とされているのだろうか？ クライアントの意向を一般的に企業は、自らの強みを過大評価し弱点を軽視する傾向がある。例えば、物理的なサービスをデザインするにあたって、サービスデザインのエージェンシーなら実際のサービスとUXデザインの乖離を問題視するだろう。もしそれがUXデザインのエージェンシーだった場合、この乖離は見過ごされかねない。特性はまた、競合とも関係がある。企業は近い存在の競合を意識しがちである。これは落とし穴で、競合の変化を意識しすぎるがために、自らの強みや弱点を見誤る可能性がある。この意味において、大手経営コンサルタント登場の「脅威」は、サービスデザインコンサルティングの盲点となり得る。彼ら

はサービスデザインコンサルタントの弱点を補って余りある存在だ。彼らの強み（プロジェクト管理の能力など）に張り合う必要はないものの、弱みとして指摘を受けないよう必要十分に改善するべきである。つまりサービスデザインエージェンシーは、自らの特性をはっきりと印象付けるために、弱点を補っておくべきなのである。

オープンネス：現在に至るまで、サービスデザインコミュニティは意識的にオープンネスを保ってきた。主要な企業や諸機関を含めて、そのアプローチから技術に至るまでを開示している。多くの点でこれは賞賛に値する。私たちや他の学術機関はこのオープンネスによってサービスデザインのインサイトを得てきた。しかし現在、この姿勢は再考の余地があるのではないだろうか。技術や利用方法について所有意識を持ち、安易に開示すべきでない時期が訪れているのかもしれない。オープンネスがサービスデザインの適切な発展を助ける一方、競合が真似をしやすくしているのだから。

　今後数年間のうちにサービスデザインコンサルティングのフィールド／市場において何が起こるのか、非常興味深い時期が訪れている。

Notes

1 www.service-design-network.org (accessed 10 October 2016)
2 Eva-Maria KirchbergerはDESMAのメンバーでもある。DESMAは欧州委員会が資金提供しているデザインマネジメントのネットワークとPhDプログラムである。彼女はImperial College（インペリアル・カレッジ・ロンドン）にてデザインマネジメントを研究し、PhDを取得している。
3 https://uk.deloittedigital.com/aboutus/london-the-buckley (accessed 9 October 2016).
4 http://www.mckinsey.com/about_us/new_at_mckinsey/landing_lunar#sthash. bnQgZvrQ.dpuf
5 See https://engine.uberdigital.com/contact/#job6 (accessed 1 November 2015).
6 https://www.fjordnet.com/about-us/what-we-do/the-service-design-academy/ (accessed 9 October 2016).

References

Aldrich, H. E. and Fiol, C. M. (1995), 'Fools Rush In – The Institutional Context of Industry Creation', *Academy of Management Review* 19 (4): 645–70.

Anand, N., Gardner, H. K. and Morris, T. (2007), 'Knowledge-based Innovation: Emergence and Embedding of New Practice Areas in Management Consulting Firms'. *Academy of Management Journal* 50 (2): 406–28.

Brown, T. (2008), 'Design Thinking', *Harvard Business Review* 86 (6): 84.

Brown, T. (2009), *Change by Design: How Design Thinking Transforms Organizations and Inspires Innovation*. New York: Harper Collins.

Brown, R.J. and Strang, D. (2006), 'When Fashion is Fleeting: Transitory Collective Beliefs and the Dynamics of TQM Consulting', *Academic of Management Journal* 49 (2): 215–33.

Deephouse, D. (1999), 'To be Different, or to be the Same? It's a Question (and Theory) of Strategic Balance', *Strategic Management Journal* 20 (2): 147–66.

Hagadon, A. B. (2002), 'Brokering Knowledge: Linking Learning and Innovation', *Research in Organizational Behavior* 24: 41–85.

Kimbell, L. (2014), *The Service Innovation Handbook: Action Oriented Creative Thinking Toolkit for Service Organizations*. Amsterdam: BIS Publishers.

Meroni, A. and Sangiorgi, D. (2011), *Design for Services*. Aldershot: Gower.

Navis, C. and Glynn, M. A. (2010), 'How New Market Categories Emerge: Temporal Dynamics of Legitimacy, Identity, and Entrepreneurship in Satellite Radio, 1990–2000,' *Administrative Science Quarterly* 55: 439–71.

Polaine, A., Løvlie, L. and Reason, B. (2013), *Service Design: From Insight to Implementation*. Brooklyn, NY: Rosenfeld Media.

Porac, J. F., Thomas, H., Wilson, F., Paton, D. and Kanfer, A. (1995), 'Rivalry and the Industry Model of Scottish Knitwear Producers', *Administrative Science Quarterly*: 203–27.

Porac, J. and Rosa, J. A. (1996), 'Rivalry, Industry Models, and the Cognitive Embeddedness of the Comparable Firm,' *Advances in Strategic Management* 13: 363–88.

Stacey, P. K. and Tether, B. S. (2015), 'Designing Emotion-centred Product Service Systems: The Case of a Cancer Care Facility', *Design Studies* 40: 85–18.

Stickdorn, M. and Schneider, J. (2010), *This is Service Design Thinking: Basics – Tools – Cases*, Amsterdam: BIS Publishers.

Tether, B. S. and Stigliani, I. (2012), *Towards a Theory of Industry Emergence: Entrepreneurial Actions to Imagine (not Discover), Create and Nurture (not Evaluate), and Legitimate (not Exploit) a New Market*. Working paper, University of Manchester (dated 20/4/2012)

Von Nordenflycht, A. (2010), 'What is a Professional Service Firm? Toward a Theory and Taxonomy of Knowledge-intensive Firms', *Academy of Management Review* 35 (1): 155–74.

サービスのためのデザイン行為に関する現代的言説とその影響

PART 2

サービスのための
デザイン行為に
関する現代的言説と
その影響

Contemporary discourses and influence in designing for service

第2部では、サービスデザインの実践に常に潜在的に関わってきた学際的論考を参考として示す。しかしサービスデザインは実践としても学問分野としても比較的新しいものであるため、今になってようやく、他の学問領域との相互関連性を概念化するさまざまな枠組み（Blomberg and Kimbell）を検討したり、新規サービス開発やサービス論理における既存の論考との適合をよりよく理解したりするための十分な証拠の体系が整ったところだ。

　この複数の見方による捉え方は、サービスデザインプロセスに関わる人々を表現する現在の参加型実践についてより重要な問い（Collins, Cook and Choukeir）をもたらし、また、参加型デザインを医療という特定の環境に適用・実装・評価する際に生じる特有な文化的障壁という課題（Robert and Macdonald）について、議論を開く。

　第6章の論文でKimbellとBlombergは、三つの学問的視点を結びつけ、例としてAirbnbを示しながら、サービスエンカウンター、価値と社会 - 物質的配置の共創、というサービスデザインの対象を説明し、これらを創造的デザインや技術、ビジネスのマネジメント、社会科学、特に人類学という学問領域に位置付ける。著者らによればこうした学問的見方は、我々がサービスの構成や、サービスデザインにおいてサービスやそこで生じるさまざまな説明責任を形作るために必要となるさまざまな専門技能をより深く理解する助けとなるものである。

　第7章では、Holmlid、Wetter-EdmanとEdvardssonが、サービスデザインを新規サービス開発という枠の中に位置付けることの問題を示し、このことがサービスデザインの役割に関する誤った理解を導くだけでなく、その潜在力を制限してしまう様子を検証する。こうした近視眼的な見方を克服するため、著者らはサービスデザインはサービスロジックに基づいてこうした制約を乗り越えられると提案し、デザインを「デザインプロセスやリソース開発を通じて人々をエンパワーするだけでなく、エージェント間の力関係を再配置する」ものとして捉えるべきであることを示唆する。

　一方Collins、CookとChoukierは、参加型デザインの起源に関する歴史的概観を示して、サービスデザインにおいて現在行われていることを批判し、また人々

サービスのためのデザイン行為に関する現代的言説とその影響

の表現を実証主義的な見方と社会構成解釈的な見方とを対比させながら問う。参加型デザインはデザインされる人々に関する洞察を提供するが、著者らはサービスデザインにおける参加に対する過度に実利的で操作的な解釈を懸念し、客観性について問題提起を行う。この第8章で行われているように参加型デザインの起源に立ち返って捉えれば、参加型デザインの目的は不公正に立ち向かい権力関係や不平等を正すことなのである。現在、時間や予算の制約があるため、より熱心な人、情報提供や会議への出席が可能な人、他者を代表する人などが通常ステークホルダーとして選ばれる。そうした人は他者と異なる困難な課題を持っていることだろう。こうした歪みに対して、著者らはデザイナーに参加型デザインを、表現を熟考しユーザーがより自律的に振る舞えるよう地元の権威者から信頼を得るために、時間と空間を必要とする批判的な実践として捉えることを推奨する。

　　最後の第9章でRobertとMacdonaldは参加型デザインのプロセスを二つの異なる視点から検討し、医療という特有の文脈において、こうした手法を採用する際の内部の文化的障壁や、介入の実行と評価に関する議論を展開する。一つ目のアプローチは「デザイン的」アプローチであり、ノンデザイナーによってもたらされるが参加型アクションリサーチ（PAR）によって組織開発に位置付けられるものである。二つ目のアプローチは「デザイナー的」なアプローチであり、これはデザイナーによって行われ、サービスデザインの論考、手法、ツールの中にあるものである。これら二つの見方によって、著者らは二つの事例研究を示す。一つは体験に基づく参加型デザイン（EBCD）を用いて品質向上（QI）のデザイン・評価を行い、外来診察室での化学療法の看護師を支援する取り組みであり、もう一つは、脳卒中後の身体的リハビリテーションにデザイナーによる視覚的介入を適用した事例である。両方の事例研究において、それぞれの強みと弱みに関する批評によって「コモンズ」と呼ばれる民主化空間の創出が示唆され、二つの事例それぞれで異なる「インフラストラクチャリング」が用いられていること、それが医療の文化に埋め込まれた実証主義者アプローチに異議を示し転換を求める可能性を持つこと、医療サービスの変革にも価値を持つより社会的・質的な成果を示すものであることが示される。

CHAPTER
6

サービスデザインの対象

The object of service design

Lucy Kimbell and Jeanette Blomberg

6.1 はじめに

パーティで女性が「デザイナーです」と自己紹介する。そうすると、彼女が話していた相手は彼女に「何をデザインしているんですか」と尋ねる。最近のデザイナーは抽象的な回答も上手に行い、デザイン思考を適用して組織戦略や政策、社会的課題を扱っていることについて話す。その女性は直接的な回答を避けたり、少なくとも、質問した人に分かりやすいような回答をしたりするだろう。PowerPointのプレゼンテーションやバリューストリームマッピング、参加型ワークショップ等のさまざまな手法、ツール、テクニックを用いていろいろなものを制作する様子を説明するかも知れない。すると「分かった分かった」パーティの話し相手は我慢できずに聞くだろう。「で、君は実際何をデザインしてるの?」

パーティやウォータークーラー周りでの立ち話、空港での会話において、デザインはしばしば、リアルやデジタルのデザイン対象物を製造したり使ったりすることに結びつけて解釈される。しかし最近では、デザインはこうしたものによって定義されるものではない。Buchanan (1992、2001) はデザインの対象をサイン、インタラクション、場所、システムに分類しており、これはいまだに影響力を持っている。しかし過去20年以上の間にインタラクション、サービス、体験、システムといった領域でのデザインの実践者と研究分野がより広く知られるようになってきたことで、「いったい、何がデザインの対象物なのか?」という問いが生まれてきた。ここでは、この宇宙論的な問いに対する貢献を試みる。

このデザインへの新たな問いの発生を形作るものとして、我々は先進的で工業化された経済において「サービス」という経済カテゴリーの中で行われている、運輸から教育、デジタルソフトウェア、医療に渡る非常に幅広い活動に注目する。加えて、小規模製造やクラフト、メイカーズ・ムーブメントを経て、モノの生産に対する関心が再び高まっている。Arduino [Note1] を用いて作られたプロトタイプのように、特定の振る舞いをプログラムされた組み込みマイクロコントローラーを備えた、技術を媒介とした新しい種類のモノもある。デザイン対象の拡大には、人と組織とテクノロジーの間のダイナミックなインタラクションの理解を含むIT実践とマネジメント情報の文献を含む「システム」への長期的な関心も加わった。最後に、ほかの学術分野の発展により、対象に新たな視点がもたらされた。例えば、社会学の物質論的転回によって、対象が行為主体を持つようになる様子に注目されるようになった (Barad 2003)。哲学では、「スペキュラティブ・リアリズム」の提唱者たちは対象が隠れた深みを持つと主張し、人間中心の方向性に異議を申し立てた (Kimbell 2013)。

こうした背景に対して、本章の狙いはサービスデザインの対象に関する理解を深め、この話題に異なる考え方を適用することの意味を検討することである。このために、我々はパーティでデザイナーとその話し相手とが直面したような問いに取り組んできたいくつかの文献に目を向ける。この議論を形成する分野である、人類学や参加型デザイン（Bloomberg）、デジタルサービスやデザイン研究（Kimbell）における長年の研究者・実践者として、我々はサービスデザインとして知られる分野が発展途上であり不均一な状態であることに留意する。この章で我々はサービスマーケティングやマネジメントの領域だけでなく、システム設計、科学技術研究や参加型デザインから概念を借用する。

　本章の目的は、最新の議論を通じて、また新たな三つのアプローチの考え方を紹介することによって、デザイン領域の学生や研究者がサービスデザインの対象を理解できるように導くことである。その三つのアプローチとは以下である：サービスエンカウンター、価値共創システム、社会-物質の構成配置だ。その三つがデザインとテクノロジー、社会科学（特に人類学）、ビジネスマネジメントにどのように影響を与えるのかの関係を図6.1に示した。それによって、実践者や研究者がサービスデザインの対象を概念化するさまざまな異なる方法を知り、サービスのデザインに関与するものがいかに変化するかを理解する助けになれば幸いである。

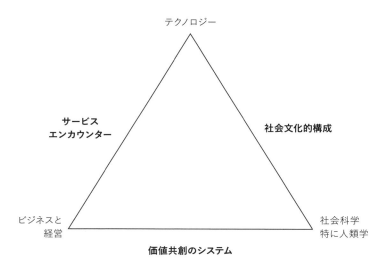

図 6.1　サービスデザインの対象に対する見方

6.2 複雑さを表面化させるプラットフォーム

この話題を議論するために、我々は現代のサービスビジネスの中でも特に成功しているものとして、Airbnbを取り上げる。数人の大学卒業者が小遣い稼ぎのためにアイデアを考えてからたった数年の間に、このサービスに基づくスタートアップ企業は時価総額240億ドル（Fortune 2015）のグローバルビジネスとなり、2016年初旬までに6,000万人の宿泊者を持つ（Airbnb 2016）までに成長した。共同創設者の2人がデザイナーであったことも、我々がAirbnbを採用することになった理由の一つである（彼らがこのビジネスの立ち上げを説明した時、自分たちが行ったのが「サービスデザイン」であるとは言っていないが）。Airbnbを例として扱うことで、デザイナーや研究者、サービスの利用者や提供者である本書の読者が巻き込まれている、現代の状況が持つ複雑さやニュアンスを表面化させることができる。

Airbnbは、使っていない部屋や不動産を短期貸ししたい人々と、宿泊場所が必要でそれにお金を払える人々とを結びつけるデジタルビジネスである。このビジネスはホテル業界、ホスピタリティ業界を一変させた。さらにAirbnbは他にも、以下に示すような現代生活の多くの側面に関係しており、サービスデザインの対象について論じるための多面的な事例を提供する。

1. テクノロジーによる媒介：Airbnbはデジタルデータとアルゴリズムによって「ゲスト（部屋や不動産を借りようと探している人）」と「ホスト（貸す人）」とのマッチングを行うウェブベースのプラットフォームである。
2. グローバル/ローカル：アメリカで最初にサービス開始してから、Airbnbは今や191の国で営業しており、34,000以上の都市で宿泊する場所を探すことができる（Airbnb 2016）。
3. プラットフォームビジネス。ホスピタリティ業界の伝統的モデルと異なり、Airbnbは旅行者にサービス提供を行わない。部屋の提供者と利用者に、互いがつながるためのプラットフォームを提供するものである。
4. 共同的消費：Airbnbは、このサービスがなければ市場を見つけられないような珍しいリソース（例えば、ロンドンの空き部屋）を持つ人々を、お金を払ってくれる人々と結びつける経済モデルの一例である。
5. 真に価値ある体験：Airbnbは、このサービスが人が一時的に他人の生活世界にアクセスできるようにしている点を強調する。例えば、Airbnbによって、ホストは好きなカフェや他の地元の情報を提供したり、自分たちの生活をゲストに見せてあげることができる。

6.3 サービスデザインの対象に対する 三つの視点

文献をレビューし整理した結果、我々はサービスデザインの対象を記述するのに三つの見方があることが分かった。それぞれ異なる研究の伝統を生かしており、サービスデザインの学生や実践者に異なることを与えている。サービスデザインの目的に関する三つの概念化は異なる構成要素（またはアクター）から成っており、それらを異なる方法で整えている。以下にその三つの見方を示す。

1. **サービスエンカウンター**：人々が他者によって提供されたサービスエンカウンターとインタラクションを行う際の体験に焦点を当てる。ここで他者とはしばしば組織だが、他の個人である場合もある。
2. **価値の共創システム**：動的なリソースの交換や、関連するアクターのために成果をもたらすプロセスに焦点を当てる。このアクターとは典型的には組織だが、個人の場合もある。
3. **社会 - 物質の構成配置**：実践の動的な展開を通じて創発し、アクターがリソースと関わりあうインターフェースを提供する構成要素の集合である。

6.3.1 サービスエンカウンター

サービスデザインの対象に関する最初の見方は、デザイン分野での実践と研究だけでなくサービスマーケティングにおける研究を結びつけるものである。サービスエンカウンターはユーザーや顧客、それに、スタッフやボランティアのように直接的・間接的にその体験の構成に関わっている他の人々の「体験」を重視する。特に、Shostackの著作は初めてサービスのデザインの基礎を提供したものとして広く認知されている。「製品マーケティングの解放」(1977)とそれに続く著作で示した議論で、彼女は提供者と顧客との間のインタラクションにおいて生じるものと捉えられるサービスエンカウンターを重視する見方を導入した。彼女は、他の部分では無形のサービスにおける具象的な構成要素を強調している。これは彼女がサービスエビデンスと呼んだもので、現在ではしばしばタッチポイントと呼ばれる。これによって（デジタルでの）ユーザー体験のデザインや視覚コミュニケーションのデザイン（例えば Buxton 2007, Garrett 2011）といったデザインの伝統との直接の関連付けが可能になる。

　その後、Bitner（1990）などの研究者も、そこでサービスとの接触が行われ

る環境や「サービススケープ」（Bitner 1992）を含む、サービスエンカウンターが持つ人為的・体験的な性質を重視した。Czepielら（1985）はサービスエンカウンターが本質的に社会的なものであること、利用者と提供者両方の貢献を認識しなければならないことを強調した。サービスブループリント等の手法はサービスデザインチームが望ましいサービスエンカウンターの構成要素を策定するのを助ける（Bitner 2008）。サービスエンカウンターを可能にし支援する上での顧客とサービススタッフ両方の役割、スキル、知識に関する認識は高まっており、これはサービスを支える、より広範なシステム資源の存在を暗示している（例えば、Bitner 1997、Czepiel 1990）。

　　Airbnbをサービスエンカウンターの視点で検証する場合、サービスの体験を形作ったり構成する一部であるデジタルやリアルの人工物の形式上のデザイン品質に重きが置かれる。2016年5月時点でUK版のAirbnbホームページに示された写真には、このプラットフォームを通じて予約できるような空間で、誰かが寝ている様子が写っている。たくさんの花がベッド脇にあり、タータンチェックの毛布、清潔そうな白いシーツと、ベッドに横たわる女性の姿は見る人の目を誘い、体験の感覚的な側面が際立って見える。ごく細かい部分が、ゲストに提供される体験の一部を形作っている。例えば、Airbnbのホストは、ゲストに提供するべきサービス体験のタンジブルな要素に配慮するよう促される。これはAirbnbの2人の共同設立者であるJoe GebbiaとBrian Cheskyが2007年のあるカンファレンスに訪れた人々のために、一時的な「（空気を入れて膨らますビニールベッドの）簡易ベッドと朝食（air bed and breakfast。"bed and breakfast"は通常、民宿を意味する）」を初めて立ち上げた時に行ったAirbnbの初期プロトタイプに直接基づいている。ゲストの体験の流れ全体をデザインしようとした様子を、Gebbiaは以下のように語っている。

　　「我々がゲストに提供したい体験を考えていた時のことだ。リビングルームに立って、床に置かれたエアベッドを見ていた。［…］いい感じなんだけど、あんまりエキサイティングじゃない。これをちょっとした経験にするために、何か他にやれることはないか、と僕らは考えた。どうすれば、僕らのリビングルームの床に寝る、ということ以上の体験にできるか。ゲストが空港に着くよね。その時、僕らが空港からアパートまでのガイド、ゲストがアパートに着いた時のために近くの様子を示したガイドを持って迎えてあげるとどうだろう。僕らはさらに経験の流れに沿って考えた。ゲストはドアを開けて外に出る。そこで誰かにぶつかるかも知れない。歩道に出る。ゲストはいつも両替が必要だから、両替を助けてあげられるといい。余った小銭をあげて使ってもらおうか。こう

して、3人のゲストが到着するまでに、彼らの体験の流れ全体を考えていたんだ。」

（First Round Capital 2013）

Airbnbの最初のプロトタイプについてのこの説明で示されたように、サービスエンカウンターの見方ではサービス利用者の体験を形作る、デジタルやリアルのタッチポイントにおける人々のインタラクションに焦点を当てる。この分析では人々にズームインすると共に、他の人々とのインタラクションや人工物、場所やテクノロジーのシステムとの関係を前景化する。しかし、ここではそうした体験が埋め込まれる社会的実践を形作るものや、人々の間の力関係はあまり考慮されていないことに注意を払う必要がある。

6.3.2 価値の共創システム

サービスデザインの対象に関する二つ目の見方は、サービスマーケティングの研究に根ざす、サービスシステムに含まれるアクターの間の交流関係に注目するものだ。このアプローチはリソースや能力を動的に束ねて成果を得ようとするアクター、特にサービスエコシステムや価値の集合として知られる配置に向けられている（Normann and Ramírez 1993; Ramírez 1999; Normann 2001; Prahalad and Ramaswamy 2004; Vargoand Lusch 2004, 2008; Kimbell 2011, 2014）。ここでの焦点は、成果を達成させるために交渉や説明を行うサービスの参加者である。成果報酬による契約は、価値の群に含まれる企業が互いに説明責任を果たすための法的な仕掛けとプロセスの一例である（Ng et al. 2009; 2011）。この見方では、ユーザーやその体験にはあまり注目せず、システムの中でリソースを交換する人や組織の間の境界に注目する。顧客体験に関心を向ける場合、そこで体験が行われたり評価されたりするシステムや操作、交換と関連づけて捉えられる（e.g. Fitzsimmons and Fitzsimmons 2000; Grönroos 2011）。

　　この見方からAirbnbを論じることで、プラットフォームがリソースを統合し他のアクターが能力を交換して成果を達成する様子や、サービスを実際に運用するための表に出ないプロセスに焦点を当てることになる。貸し出す不動産を持っている人については、Airbnbでホストとなるのに必要な能力やリソース、例えばAirbnbへの登録や予約の管理、宿泊場所を探している人々からの問い合わせ（自分が話したり書いたりできない言語の場合もある）への対応、Airbnbが勧める時間内での回答、オンラインでの支払いへの対応、などができる能力を強調することになる。

　　宿泊場所を探そうとしている人々について言えば、Airbnbの価値集合の中で

ゲストとなるのに必要なリソースには、Web サイトに表示される一覧表を検索したり並べ替えしたりできること、予約や情報の問い合わせ（これも、自分が話したり書いたりできない言語で行う可能性がある）ができること、Airbnb が推奨する時間内に反応できること、オンラインでの支払いができること、などが含まれる。ゲストとホストをつなぐプラットフォームとして、Airbnb は商取引に関わる双方がサービスの計画、規約、評価を可能とするリソースにアクセスすることを求める。Airbnb は、ほぼリアルタイムにリソースとモニタとのマッチングを行いパフォーマンスの格付けを行う、生成的プラットフォームの役割を果たす。

　　Airbnb のプラットフォーム設計には、結果的にどれだけ成功しているかを把握できるようにしようとする意図がある。例えば、他のウェブベースの商取引やソーシャルメディアのプラットフォームにもよくあるように、Airbnb はユーザーに互いを評価するよう求めており、ウェブサイトでもその一部が公開されるようにしている。滞在が終わったすぐ後に、Airbnb はゲストとホストの両方にメールを送って、滞在の評価を行ってくれるよう頼む。この評価は星の数によるもの（量的）とコメント（質的）とがあり、公開されるものと、Airbnb が保持するものとがある。評価のうち公開が許可されている部分は、双方が評価を登録した時ウェブサイトで公開される。Airbnb のダッシュボードでは、ゲストによる評価は清潔さ、記述内容の正確さ、コストパフォーマンス、コミュニケーション、入室のスムーズさや場所によってカテゴライズされ、ホストはゲストの体験の全体を知ることができる。ホストもコミュニケーションや到着時間、出発時に場所をきれいにして去ったか、などの点でゲストを評価する。価値共創の視点でAirbnb を分析する際には、複数のアクターがリソースを交換したり、プラットフォームによって可視化された成果を評価したりすることを可能にするプロセスに注目する。

6.3.3　社会 - 物質の構成配置

サービスデザインの目的に関する三つ目の視点は、文化人類学的研究やシステムや参加型デザインに関する論文に基づいている。このアプローチは、サービスが存在する世界の社会性や乱雑さに注目し、サービスの構成要素に関する問いや、実践の中で構成要素がどうやって動的に組み合わされているかに関する調査を導く。例えば、Blomberg と Darrah はグラウンデッドアプローチ（訳注：実際に生じている人々の振る舞いをより詳細に見るアプローチ）を開発し、状況に埋め込まれたさまざまなアクターのローカルな参加を通じて、サービスがどのように体験され共創が達成されるのかを示した。

　　サービスエンカウンターでの捉え方は、行為主体性を持つという点で人間というアクターを特別扱いするが、社会的物質のアプローチでは、構成要素は

表 6.1 サービスデザインの対象に対する見方

	サービス接触	価値共創のシステム	社会 - 物質的配置
貢献する領域	・プロダクトデザイン ・コミュニケーションデザイン ・インタラクションデザイン ・サービスマーケティング	・戦略 ・サービスマーケティング ・サービス運営 ・経済学 ・オープンイノベーション	・社会学 ・人類学 ・コンピュータを活用した協調的作業 (CSCW) ・参加型デザイン
象徴的な概念	・タッチポイント ・インタラクション ・顧客体験 ・サービスエビデンス ・体験デザイン	・業績 ・能力 ・価値の群 ・複数のアクターのためのプラットフォーム ・リソースの交換 ・プロセスデザイン	・参加 ・実践 ・インターフェース ・基盤づくり ・システムデザイン ・現場
主要なアクター	・ユーザー ・顧客 ・サービススタッフ	・リソース統合 ・プラットフォーム	・人のアクター ・人でないアクター
結果として生じる価値	・タッチポイントとのインタラクション	・価値の群の中での共創	・実践と制度の協調的な明確化
手法とツールの例	・ユーザーシナリオ ・カスタマージャーニーマップ ・ステイクホルダーマップ ・体験モデル ・サービスブループリント	・価値の流れ ・プロセスマップ ・サービスモデル ・サービスブループリント ・ステイクホルダーマップ ・ビジネスモデル	・参加型デザインの手法 ・デザインゲーム ・エスノグラフィ的なアプローチ

相互の関係づけによってエージェント（行為主体）になると主張する（Barad 1998, 2003; Suchman 2002; Suchman et al. 2002; Blomberg2009）。この見方は、実践の中で展開される時、物質的なタッチポイントとデジタルのタッチポイントや、そこでの人々の経験を、価値や価値の評価に関する社会的実践、組織ルーティーン（パターン化されたプロセス）、語りへと結びつけることを通じて、さまざまな構成要素がサービスを「共同的具現化」するのだと主張する。

　　サービスエンカウンターの視点と同様に、この見方はデジタルアプリや、脚本に沿ったサービスの実演のようなインターフェースがどうやってユーザーや提供者のためのサービスを実現させるのかを強調する（Secomandi and Snelders 2011; Lury 2014）。インターフェースの社会文化的な見方は、「提供者とクライアントとの間の交換関係には基盤となるリソースが求められるが、結局それはインター

フェースを通じて実現される」ということを主張する（Secomandi and Snelders 2011: 30）。この見方によれば、インターフェースがサービスの主要な現場ということになる。しかしすでに議論したサービスエンカウンターの捉え方とは対照的に、この見方ではサービスのインフラストラクチャリングに関係し、サービスの共同構成への参加を可能にする構成要素やプロセス、活動も扱う（Ehn 2008; Ehn et al. 2015）。さらにこの見方では、サービスが構成される社会的実践や組織と切り離された体験や能力、成果ではなく、サービスが実際にはある場所で達成されるものだという側面を強調する。

　Airbnbの事例に立ち戻れば、この見方がサービスデザインの目的に関して何を見せてくれるのかが分かる。ゲストが到着する1日前に、イギリスのホストの元にはAirbnbからのメールが届く。そこには、部屋の準備に関するヒントが書かれていて、望ましいゲスト体験を味わってもらうためにホストがやっておくべきことや、その達成レベルが示されている。イギリスのAirbnbホストに送られたメールにはチェックリストが添付され、ホストが洗いたてのシーツと枕カバーをセットしたり、部屋の整頓をしたりすることを勧めている。Airbnbはホストに冷蔵庫にオレンジジュースやベーグル、果物など朝食用の食べ物をいくつか入れておくことも勧める。こうした表現や朝食の食品は北アメリカに典型的なものだが、イギリスの大部分を含む、他のほとんどの場所でももちろん通用するものだ。Airbnbは旅行者がその場での真に価値のある体験を得られるように、との考えを推し進めるグローバルビジネス（Frankin-Wallace 2013）だが、社会 - 物質アプローチでは、Airbnbが文化による違いを大切にしながらも、ホストやゲストがどうあるべきか、に関して一定のやり方を伝えている様子に注目する。この事例はホストであること、ゲストであることに何が関わっているのか、また実際にどうやってこれらの状態が生み出されるのか、といった問いを投げかける。朝食に関するガイダンスや他のさまざまな筋書きを与えることで、Airbnbのプラットフォームはゲスト、ホストそれぞれのあり方を形づくる。

6.4　デザインへのヒント

表6.1は、サービスデザインの目的に対する三つの見方をまとめたものである。ここで、サービスデザインの目的をこれらの異なる捉え方がデザインの実務にどう影響するのか深掘りしてみよう。デザイナーが自分たちの行っていることや、彼らのデザイン、あるいはデザインすることの結果について考える際、本章で紹介したこれらの見方が助けになる。

6.4.1　世界観

ここまで見てきたデザイン対象における三つの視点は、サービスが何によって構成されているのかについてそれぞれ異なる考え方を強調している。一つ目の見方に従えばサービスエンカウンターは、サービス提供として構成された組織のタッチポイントに参加者が接触する時の体験、いわゆる「真実の瞬間（Moment of Truth）」として捉えることができる。ここでデザイナーはサービスエンカウンターを構成する人工物の配置と、その人工物とのインタラクションに細心の注意を払う。二つ目に示した価値創造システムという見方では、参加者の体験からズームアウトして、特定のプロセスや配置がどのようにして価値を生むとされる成果をもたらしているのかに目を向ける。言い換えれば、この味方ではデザイナーにとって重要なのは体験それ自体よりも体験の結果なのである。このためには、サービスプロセスの中で、あるいは後で、どうやって成果が定義され、モニタされ、評価され、理解されるのかに注意を払う必要がある。三つ目の見方では、社会 - 物質的な構成を、さまざまな解像度で見ていく。その見方では、実際その場の状況で展開されるサービスの姿を強調するが、特定の文化的、経済的、駆け引き的な実践や、サービスを共同で生み出す組織にも注意を払う。このためデザイナーは、二つの視点の間を移行することが必要になる。すなわち、サービスがどのようにして実現されるのか、という作業レベルに着目する視点と、体験を形づくる戦略的、社会文化的な分脈とを結びつける。デザイナーはこれらの異なる見方のうちどれを、なぜ、どんな時に採用するか、明確にせねばならない。サービスエンカウンターや、人々とオブジェクトとが混ざり合って提供する体験にズームインするのか。それとも引いた見方をして、特定の種類の接触に情報を与えたり形づくったりする条件を考慮しながら、ステークホルダーを巻き込むのか。デザイナーはまた同じ世界観の中でサービスとその結果に密接に関わるのか、あるいはその外にいるのか、といった、自分たちの立ち位置も決めねばならない。

6.4.2　説明責任（アカウンタビリティ）

サービスを実現させる時にはさまざまな懸念があるため、デザイナーはデザインが説明責任を負うべき事項やその相手、説明責任の本質に対し力を尽くさねばならない。一方で同時に、デザイン活動との関係において自分自身を位置付けねばならない。サービスエンカウンターの見方では説明責任は部分的で、サービス体験から直接的に利益を得たり、サービス体験を支えたり提供したりするユーザーや他の人々に特に注目する。価値共創システムに注目する見方では、個人から組織（サービスの性質によって異なる）、必要とされる能力や正式に合意された（ある

いはされなかった）成果、価値の共創が行われた作業プロセスへと注目を移す。組織ルーティーン、ルールや法的制約は、何を成果と見なすのか、そして成果がどれだけ達成されたかを評価する方法を形づくる。社会 - 物質の構成という見方によって捉えられるのは、その場で生じる説明責任、あるいは、サービスの支援や形成に関するもの、さらには、直接受けているサービスの向こうにある利害関係についての説明責任である。これには裏で働いている人々が関わっていたり、あるやり方で何かが行えるのを可能にする何らかの基盤への依存が存在することもある。

6.4.3 一時性

サービスは作業の遂行を伴うので、サービスを行ったり変化させたりする時には常に、サービスのデザインが継続して行われる。デザイン研究者が「利用時の」デザインと呼ぶものである。さらに、デザインされた要素が常に動的に変化する世界とどのように相互作用するのかを予測することはできない。このことから、赤間とPrendiville（2013: 31）はサービスデザイナーは「サービスを有機的で共創されたプロセスとして位置づけ直し、協働デザインを我々が世界や自分たち自身を他者と共にデザインする一連の体験やプロセスとして捉える」べきと提案している。そうなると、変化のためのデザイン、デザイナーがもはやサービスの実行にもその結果の説明責任に関しても能動的な参加者でなくなった時のデザインをどうやって行うのか、が問題となる。サービスエンカウンターの視点からは、体験している間の時間に注目する。一方、価値の共創システムや社会 - 物質群の視点では、一時性は調査を要する問題とみなす（Cf. Tonkinwise 2005）。これはデザイナーがプロジェクトの持つ一時性について、隠されていたり想定上のものだったりではなく、率直で交渉可能なものとするためのアプローチやスキルを持たねばならないことを暗示している。

6.4.4 駆け引き

三つの見方によって、駆け引きはそれぞれ異なる見え方をする。サービスエンカウンターの見方では、デザイナーは人々に体験を届けるうえで直接的には関わらないものを外部として除外することができる。例えばこの見方では、Airbnbの宿泊を予約したり、Uberで非公認のタクシーを見つけたりといった目的の達成を可能にする、ポジティブで魅力的なユーザー体験に注目する。価値群による見方では、駆け引きに関心が向けられており、関係するアクターの間で交換されるリソースと、そうした交換が公正であったり合理的であったりするかに焦点を当てる。社会 - 物質的な見方では、駆け引きは何かを誰かにとって望ましいものにするものに関して、

また特定のデザインの結果やそのデザインのされ方に関して問いを投げかけるものとして現れる。例えば、プラットフォームビジネスの結果が人々にもたらされる様子に焦点を当てる。人々は雇用に伴う法的・経済的利得を得ながら、あるいは新リベラル派の経済モデルにおける自給自足の起業家となって、似たような行為を行うかもしれない。PeninとTonkinwise（日付不明）はサービスエンカウンターに関する考察においてサービス従事者が感情労働（感情的な負荷のかかる労働）を行っていることを指摘し、サービスのデザイナーがサービスを提供する中でどのようにやりがいを感じているのかと示した。デザイナーに問われるのは、特定のサービスの中で駆け引きに関する情報をどうやって見せるか、または、駆け引きに関する問いは見方によっては過小評価されうることを認識できているか、ということだ。

6.4.5 専門性

サービスデザインの目的に対する見方が異なると、サービスのデザインに求められる専門知識それぞれも異なる。サービスエンカウンターの観点はデザイン実践に対する通常の見方と一致しており、デザイナーは、サービスの体験を形づくるとみられる、人々と人工物や他の人々とのインタラクションの近くにいる。そうしたデザイン実践には、人々の行動の仕方や能力、組織の能力や必要なプロセスに関するリサーチで得られた情報を使いながら、UIデザインでお馴染みのタッチポイントのスケッチ、モデリング、プロトタイピングを行う専門的な技能が必要だ。価値の共創システムには、通常はマネジャーと関連づけられるような専門知識、組織の戦略やビジネスモデリング、業務プロセス設計やデータ分析が求められる。そうした技能があれば、提供されるサービス（プラットフォームビジネスなど）に結びつけられるリソースとしてどんなものが利用可能なのか、成果が達成されたことを知るためのデータをどうやって集め評価するのかを明確にすることができる。社会 - 物質的構成の見方は、特定の行動の仕方、理解の仕方、あり方を形づくる条件を、所与の条件として受け入れるのでなく調べるため、社会学や文化人類学の専門知識を必要とする。後者二つの見方は複雑で、現代的なデザイナーの役割を本人が心地よく、力を持っていると感じる領域を越えて、非合理的に拡張しているように見えるかも知れない。そのためデザイナーは自分がどの見方を用いるか、サービスをデザインするためにどんな専門知識が求められるのかを決めなければならなくなる。

6.5 結論

この章はパーティでのカジュアルな質問（実は、あれは我々の経験談だ）で始まった。

この話は、現代のデザイン実践、特にサービスデザインが持つ多くの複雑さや不確実性を浮き彫りにする。我々はサービスデザインの対象を捉えるための三つの見方を示したが、いずれも決定的でなく排他的でもない。

　最初に示した見方であるサービスエンカウンターは、サービスマーケティングやUXデザインを背景としている。サービス利用者や、従業員などの提供者、さらにはその世界にいる他者の体験にぐっとズームインする分析的な目線である。この見方はモノやデジタルによるタッチポイントやスクリプトなど、体験が現れるものに注目するものであり、サービスエンカウンターはデザイナーにとって馴染みのある見方といえる。二つ目の見方である価値共創システムは、マネジメントの領域、特に戦略、マーケティング、経営によって形成された。このアプローチはサービスの価値群の中に存在するエージェントがリソースの集まりを結合させることによって価値を共創して提供する、そうしたやり取りを強調する。ここでは、デザインの対象はあまり捉えやすいものではない。なぜならそこでは、複数の場所に複数のアクターがいて、それらが動的にサービスを構成することを含むからだ。三つ目のアプローチである社会 - 物質の構成配置はアクターが相互に構成し合ったり、社会的実践や団体との共同を通じて主体性や能力を得たりする様子に注目することによって、事態をさらに複雑にする。ここで強調されるのは、ごちゃごちゃとした現実がサービスエンカウンターを形づくったり、サービスによる成果のもたらされ方を左右したりしていることを認識するべきだということだ。

　Airbnbを考察することで、これらの異なる見方を活性化させ、これらの分析視点のどれを用いるかによって見えてくるものが異なるということを浮き彫りにした。結果として示された三つはもちろん単純化されたもので、サービスデザインの対象という問いに答えをもたらすものとしては暫定的なものだ。サービスデザインの対象に関するそれぞれの捉え方を用いることで、サービスデザインの構成要素についてもさまざまな考え方ができる。それぞれ、異なる世界観の中で異なる範囲の説明責任を負っている。それぞれの見方によって時間は異なる理解のされ方をするし、誰にとって何が重要なのかという駆け引きも異なる。最後に、三つの見方はサービスデザインの仕事を行うために求められる専門技術についても異なる。要するに、サービスデザインの対象について異なる捉え方をすれば、作られるサービスデザインの種類も違ってくる。我々の分析は、「私はサービスをデザインする」というだけでは不十分だということを示す。そうではなく、デザイナーは自分がどんな対象をデザインしているのかを明確にするべきだ。こうした概念化によって、どう仕事に取り組むかも決まってくる。我々の示した議論は皆さんにとって少々くどいものだったかも知れない。しかしこれを読んでくださった皆さんには、なぜこの問題が簡単に答えられるものでないのかをお分かりいただければ幸いである。

Note

1 Arduinoとは、オープンソースのツールキットであり、例えばセンサーやアクチュエーターを制御するマイクロコントローラーをプログラミングすることによって人々がコンピュータの処理をモノと統合するために利用できるソフトウェア、ハードウェアのプラットフォームである。

References

Airbnb (2016), Available online: https://www.airbnb.co.uk/about/about-us (accessed 15 May 2016).

Akama, Y. and Prendville, A. (2013), 'Embodying, Enacting and Entangling Design: A Phenomenological View to Co-designing Services', *Swedish Design Research Journal* 1 (13): 29–40.

Barad, K. (1998), 'Getting Real: Technoscientific Practices and the Materialization of Reality', *Differences: A Journal of Feminist Cultural Studies* 10 (2): 88–128.

Barad, K. (2003), 'Posthumanist Performativity: Toward an Understanding of How Matter Comes to Matter', *Signs* 28 (3): 801–31.

Bitner, M. J. (1992), 'Servicescapes: The Impact of Physical Surroundings on Customers and Employees', *Journal of Marketing* 56 (2): 57–71.

Bitner, M. J., Boons, B. and Tereault, M. S. (1990), 'The Service Encounter: Diagnosing Favourable and Unfavourable Incidents', *Journal of Marketing* 54 (1): 71–84.

Bitner, M. J., Faranda, W. T., Hubbert, A. R. and Zeithaml, V. A. (1997), 'Customer Contributions and Roles in Service Delivery', *International Journal of Service Industry Management* 8 (3): 193–205.

Bitner, M.J., Ostrom, A. and Morgan, F. (2008), 'Service Blueprinting: A Practical Technique for Service Innovation', *California Management Review* 50 (3): 66–94

Blomberg, J. (2009), 'On Participation and Service Innovation', in T. Binder, J. Löwgren, and L. Malmborg, (eds), *(Re-)Searching a Digital Bauhaus*, 121–44. Springer.

Blomberg, J. and Darrah, C. (2015), 'Toward an Anthropology of Services', *The Design Journal* 18 (2): 171–92.

Blomberg, J. and Darrah, C. (2015), *An Anthropology of Services: Toward a Practice Approach to Designing Services*. San Rafael: Morgan and Claypool.

Buchanan, R. (1992), 'Wicked Problems in Design Thinking', *Design Issues* 8 (2): 5–21.

Buchanan, R. (2001), 'Design Research and the New Learning', *Design Issues* 17 (4): 3–23.

Buxton, B. (2007). *Sketching User Experiences: Getting the Design Right and the Right Design*. Burlington, MA: Morgan Kaufman.

Clatworthy, S. (2011), 'Service Innovation through Touch-Points: Development of an Innovation Toolkit for the First Stages of New Service Development', *International Journal of Design* 5 (2): 15–28.

Czepiel J. A., Solomon M. R. and Surprenant C. F. (1985), *The Service Encounter: Managing Employee/Customer Interaction in Service Business*. Lexington, MA: Lexington Books,.

Czepiel, J. (1990), 'Service Encounters and Service relationships: Implications for Research', *Journal of Business Research* 20 (1): 13–21.

Ehn, P. (2008), 'Participation in Design Things'. *Proceedings of Participatory Design Conference*. Bloomington, IN: ACM: 92–101.

First Round Capital (2013), 'How design thinking transformed Airbnb from failing startup to billion-dollar business'. Available online: https://www.youtube.com/watch?v=RUEjYswwWPY (accessed 21 July 2015).

Fitzsimmons, J. and Fitzsimmons, M. (2000), *New Service Development: Creating Memorable Experiences*. Thousands Oaks, CA: Sage.

Fortune (2015), 'Here's how Airbnb justifies its eye-popping $24 billion valuation'. Available online: http://fortune.com/2015/06/17/airbnb-valuation-revenue/ (accessed 21 July 2015).

Frankin-Wallace, O. (2013), 'First the Spare Room, Then the World: The Rise of Airbnb', GQ, 4 July. Available online: http://www.gq-magazine.co.uk/entertainment/articles/2013-07/04/airbnb-joe-gebbia-interview (accessed 20 July 2015).

Garrett, J. J. (2011). *The Elements of User Experience: User-Centred Design for the Web and Beyond*. Berkley: New Riders.

Grönroos, C. (2011), 'A Service Perspective on Business Relationships: The Value Creation, Interaction and Marketing Interface', *Industrial*

Marketing Management 40 (3): 240–7.

Kimbell, L. (2011), 'Designing for Service as One Way of Designing Services', *International Journal of Design*, 5 (2).

Kimbell, L. (2013), 'The Object Fights Back: An interview with Graham Harman', *Design and Culture* 5 (1): 103–17.

Kimbell, L. (2014), *The Service Innovation Handbook*. Amsterdam: BIS Publishers.

Lury, C. (2014). 'Interfaces: The Mediation of Things and the Distribution of Behaviours', in P. Harvey (ed) *Objects and Materials*: A Routledge Companion. Routledge.

Meroni, A. and Sangiorgi, D. (2011), 'A New Discipline', in *Design for Services*. Aldershot: Gower.

Ng, I., Maull, R. and Smith, L. (2011), 'Embedding the New Discipline of Service Science', in The *Science of Service Systems*, 13–35. Springer.

Ng, I. C., Maull, R. and Yip, N. (2009), 'Outcome-based Contracts as a Driver for Systems Thinking and Service-dominant Logic in Service Science: Evidence from the Defence Industry', *European Management Journal* 27 (6): 377–87.

Normann, R. (2001), *Reframing Business: When the Map Changes the Landscape*. Chichester: John Wiley and Sons Ltd.

Normann, R. and Ramírez, R. (1993), 'From Value Chain to Value Constellation: Designing Interactive Strategy', *Harvard Business Review* (July/August): 65–77.

Penin, L. and Tonkinwise, C. (n.d.), *The Politics and Theatre of Service Design*. Parsons The New School for Design.

Prahalad, C. K. and Ramaswamy, V. (2004), *The Future of Competition: Co-Creating Unique Value with Customers*. Boston: Harvard Business School Press.

Ramírez, R. (1999), 'Value Co-production: Intellectual Origins and Implications for Practice and Research', *Strategic Management Journal* 20 (1): 49–65.

Secomandi, F. and Snelders, D. (2011), 'The Object of Service Design', *Design Issues* 27 (3): 20–34.

Shostack, G. L. (1977), 'Breaking Free from Product Marketing', *Journal of Marketing*: 76–80.

Shostack, G. L. (1982), 'How to Design a Service'. *European Journal of Marketing* 16 (1): 49–63.

Shostack, G. L. (1984), 'Designing Services that Deliver', *Harvard Business Review* 62 (1): 133–9.

Suchman, L. (2002), 'Located Accountabilities in Technology Production', *Scandinavian Journal of Information Systems* 14 (2): 91–105.

Suchman, L., Trigg, R. and Blomberg, J. (2002), 'Working Artefacts: Ethnomethods of the Prototype', *The British Journal of Sociology* 53 (2): 163–79.

Tonkinwise, C. (2005), 'Is Design Finished? Dematerialisation and Changing Things', *Design Philosophy Papers* 3 (2): 99–117.

Vargo, S. L. and Lusch, R. F. (2004), 'Evolving to a New Dominant Logic for Marketing', *Journal of Marketing* 68 (January): 1–17.

Vargo, S. L. and Lusch, R. F. (2008), 'Service-dominant Logic: Continuing the Evolution', Journal of the Academy of Marketing Science 36 (1): 1–10.

CHAPTER
7

新規サービス開発からの解放：
NSDの先にある
デザインとサービス

Breaking free from NSD : Design and service beyond new service development

Stefan Holmlid、Katarina Wetter-Edman and Bo Edvardsson

7.1　はじめに

2014年Karlstadで行われたQUIS（訳注：Quality in Service）会議のパネルにおいて、Steve Vargoは、サービスドミナントロジックの観点からは、デザインとサービスとの関係は、製品開発と発明との関係に等しいと示唆した。つまり、デザインはコンセプトやアイデアをもたらしてサービス開発やイノベーションの初期のステージに寄与するものだが、サービスを開発したり実現させたりする後期のプロセスには寄与しない。これは、サービスデザインは成果の実現を行わないのではないか、という最近の議論のほんの一例である。

　　サービスという文脈での、その実現との関係においてデザインを不利な立場に置き、サービス組織の変革の実践としてのサービスデザインの実装における大いなる障碍となる、二つの考え方があるように思われる。一つ目の考え方は、新規サービス開発（NSD）の領域にベストプラクティスとなる規範的なモデルを設定し、サービスデザインはそれに基づいて定義されるべきだ、というものである。そして二つ目は、サービスを物質的な用語で定義し、デザイン作業で求める成果の種類を定義するというものである。

　　そうした壁を取り除き、発明の実践以上のものとなるために、サービスデザインはこのような新規サービス開発の枠組みを越えていく必要がある。このことは、複数のアクターが利用可能な既知のリソースを共に利用して価値の共創を起こすというサービスロジックを基盤として用いながら、アクターはリソースの統合を構成する、ということを意味する。このようにサービスデザインは、サービスをリソース統合の構成として捉える進歩的な見方を採用する。

　　この章では、まずデザインにおける新規サービス開発の限界をいくつか特定し、次に二つの短い事例を説明してサービスロジックに基づく現代的な見方を示す。そこでは、リソースの統合と、リソース統合を構成するためのシステム的な取り組みが中心となる。そして最後に、新規事業開発を越え、リソース統合の見方にもとづくデザインを始めるうえで生じると思われることを考察する。

7.2　新規サービス開発の限界

何年もの間、新規サービス開発は新製品開発の同類と考えられてきた。どちらもサービスや製品の開発をプロセスの視点で捉え、しばしば所定のフェーズ群や、そのフェーズを直線的に進めていく捉え方によって記述される。

　　典型的には新規サービス開発モデルはサービス開発プロセスの歴史的な成

功事例の分析に基づいて経営視点で定義されるものだが、これは将来の開発プロジェクトに使われるであろう規範的プロセスモデルとして期待される（概説として、例えばBiesmanら, 2015などが参考になる）。新規サービスの開発に関しては、体系的な手順や手法を提供するさまざまなモデルが存在する（図7.1）。こうしたモデルの背景となっている中心的な考え方では、プロジェクトの流れや構造、責任分担を詳細に文書化することによって、プロジェクトの計画、マネジメント、監査が可能になり、プロジェクト開発が支援される（例えば、Scheuing and Johnston 1989; Ramaswamy 1996; Alam 2002; Ginn and Varner 2003; Sakao and Shimomura 2007）。

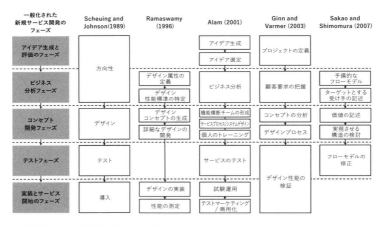

図 7.1 新規サービス開発に関するモデルの例
（出典：2015年 Naples Forum で示された Meiren, Edvardsson らによる論文）

図7.1に示されたプロセスモデルは、本質的にすべて連続して行われるもので、開発やデザインから新規サービスの市場での提供開始までの活動を抽象度の高いレベルで示したものだ。こうしたモデルでは、あるフェーズの出力が次のフェーズで行われることを規定すると想定し、また、プロセスをコントロールすることによって成果をコントロールできると考える。デザインに関して言えば、このようなモデルは少なくとも四つの限界を持っている。

1. **連続的なプロセスではサービスの性格を表せない**：このようなモデルのいくつかは、サービスはサービスコンセプト、サービスプロセス、サービスシステムを組み合わせたものと捉える（Edvardsson 1997）。さらに、新規サー

ビス開発においてサービスコンセプトとサービスシステムがデザインされ開発されるとされるが、サービスプロセスは記述されるだけのものとされる。

2. **サービスは高度に文脈的であるが、プロセスは文脈的でない**：Meirenら（2015）は、先ほど示したような規範的モデルでは、さまざまな新規サービス開発プロジェクトで同じ連続的プロセスが適用可能とされ、「暗に、一つのプロセスがあらゆる種類のサービスにマッチすると主張している」（前掲論文:7）。すなわち、新規サービス開発プロセスが適用されるサービスのジャンルやコンテクスト、計画されるサービスの新規性の度合い、開発や実装の複雑さ、また、関係する人々の間の意図の一致や不一致には明確な注意を払っていない。

3. **専門的デザインの活用**：図7.1に示した全体像で分かるように、デザインが含まれることもあるが、新規サービス開発のコンセプト開発フェーズで用いられていることが多い。最近のサービスデザイン実践の事例では、アイデア生成や分析という、より早期のフェーズでデザインが使われている。Meirenら（2015）は経験的な研究を行い、新規サービス開発におけるデザインとは、コンセプトのデザインというよりも技術的デザインを指すことが多いということを確認した。用語の使用についてだけ言えば、いくつかのモデルがデザインについて触れているが、その理解の仕方や意味についてはさまざまであり、デザインの活用もデザイン理論に基づいたものではない。新規サービス開発モデルの多くでは、デザインはより大きなプロセスの一つのステップやフェーズであり、サービスを定義したり新規サービス開発プロセスのまとめを行ったりする部分とされている。そして、新規サービス開発の中でもこうした後半のフェーズでは、サービスについて「誰が」「何を」「どのように」提供するのかについて詳細な答えを示すものとされる。新規サービス開発における「デザイン」とは、定義されたサービスの詳細を作り出すもので、サービスが実装される直前に行われる、新規サービス開発の「工学設計」や「スタイリング」に近い役割を果たすものと捉えられているようである。

4. **サービスとデザインに関する保守的な理解**：ベストプラクティスに基づく事例研究に基づいてこれからの開発プロセスのあるべき姿を示しており、これは不必要な保守的構造を強いる。例えば、デザインは歴史的にサービス開発やイノベーションの中で明確な位置を占めてきておらず、サービスはデザイナーの側からも興味の対象ではなかった。このため、ベストプラクティスとされる新規サービス開発プロセスは、デザインやサービスデザインについてのより深い理解に基づいて記述されたものではない。

以上のことから、こうしたモデルを用いる場合、いくつかの前提に基づく制約があり、サービス開発における望ましいデザインを阻害する要因が生じる。そうした阻害要因の一つは、これらのモデルが、プロセスの上流にある活動ほど、開発されるものや、開発で行われることに対する影響力が強いと想定していることである。インタラクションデザインの分野でも似たような考え方があり、そうした考え方とどうやって折り合いをつけるかも考えられてきた（例えば Markensten 2005、Lantz and Holmlid 2010）。もう一つの阻害要因は、モデルの内部で、デザインをモノとしてのサービスを定義するものとして捉えるグッズ・ドミナント・ロジックが前提とされていることである。新規サービス開発プロセスにおけるデザインの成果物は同じプロセスによって定義したりコントロールしたりでき、そのコントロールが重要であると考える。しかし、デザインを開発プロセスの1フェーズとして定義すると、デザインを仕事の仕方の一つであるとする見方はしにくくなり、サービス開発の中でデザインを活用することや、デザインが持つ可能性を抑え込んでしまう。

　しかしデザインの本質やその適用範囲に関する理解の仕方はこの40年間を通して再定義されてきた。デザインは、プロトタイピングのスキルと同様にファシリテーションのスキルを重視し、チームの共感を維持し、モノを使った実践を通じて暗黙の前提を明らかにすることを重視する、仕事の方法の一つと捉えることができる。こうした仕事の仕方で用いられる知識や態度、スキルは、多くの異なる文脈で、また開発プロセスのさまざまな部分で応用される。

　デザインと、サービスの開発や実装との関係について、これまでとは異なる理解が求められている。事態をさらに前進する方法の一つは、サービスやデザインに関するより進んだ捉え方をすることだろう。実際、それはすでに起こりつつある。

　以下の節では、サービスの開発や実装について、サービスロジックの見方で記述することで得られる解釈を示し、さらに、その観点からの再構成を通していかにサービスのためのデザイン行為として開放するか、そしてそこに、新規サービス開発の限界を越えたいかなる帰結が可能であるかを議論していく。

7.3　サービスロジックへの道

サービスを、リソースを統合し価値や成果を体系的に生み出すアクターの集合と捉えることができるが、システム全体として見れば、それはリソース統合が構成されたものと言える。そうした説明を行うのがサービスロジック（Grönroos 2008; Grönroos and Voima 2013）、あるいはサービスドミナントロジック（Vargo and Lusch 2008）である。そこではサービスの開発は再構成（の活動）として記述しうる。そうした捉え方では、アクターやリソース、価値、成果やリソース統合の活動はシ

ステム的に結びついている。

　サービスロジックはそのような方法でサービス開発を捉える枠組みとなるものだ。そこでは、モノやデジタルのリソースを用いたアクターの活動をサービスの中心と考える。それらはリソース統合活動の構造の中で、サービスシステムを構成するものとして配置される（図7.2）。アクターは知識とリソースを持っていることに注目するならば、認知的活動を状況との相互作用として捉える状況的認知論の捉え方に従い、サービスシステムは補完的に、協調的あるいは共同的実践の構成される様子として記述される。こうした見方では、リソースと価値はアクターがリソースを統合するまで存在しない。リソースと価値は「なっていく」ものなのだ。このことは、サービスの最終的なデザインが、参加するアクターのリソース統合の活動として記述できることを示している。すなわち、最終的デザインはサービスが行われる中での共創として徐々に行われる。

　さらに、新しいサービスはアクター、リソース、システム的な結びつきなどの新しい再配置であり、これは実践の変化を意味する。そのような再配置を実行するための準備には、新しい技術的サポートを開発する、組織を再編する、物理的な構造を変える、他の組織と新たな契約を結ぶ、サービスへの顧客の参加形態を変える、資料を作る、研修プログラムを整える、などが含まれる。最良の顧客体験を生み出すことや、新しいカスタマージャーニー（顧客のサービス体験の流れ）を定義することにだけ力を注ぐのは十分ではない。

　以下の節では、アクターが既存の構成を探索したり、統合されたリソースの集合を再構成したりしながら、デザインがリソース統合にどのように作用するのか、について、二つの小さな事例を用いて探る。

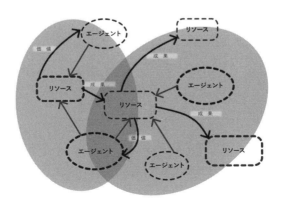

図7.2　リソース統合の構成要素（アクター、リソース、価値、成果とシステム的な結びつき）が作る構成としてのサービス

7.3.1 既存のリソース統合の構成の探索

サービスにおいてアクターがリソース統合を進める時、起点の一つはアクター自身であり、アクターが何を行い、互いや特定の状況をどのように理解するかである。

　こうした例の一つを、医療プロセスでの日常的作業に見ることができる。これは、スウェーデンのヴェルムランド（Värmland）県議会で開始され、デザイン会社 Veryday の支援のもとデザインセンター Experio Lab によって行われたサービスデザインによる「患者体験プロジェクト」での状況である。このプロジェクトの目的は、患者の視点を中心に据えた組織への変革を視野に入れ、看護調整プロセスを見直すことであった。

　医療のプロセスにおいてリソース統合は部署内・部署間共に継続的に行われている。しかし、こうした患者の視点での検討に時間が割かれることは滅多にないし、ましてやそれによって何かを変えることはもっと少ない。すなわち、リソース統合の再構成が行われることはほとんどない。医療従事者のようなアクターは、組織視点で求められる特定の成果を得るために人工物やデジタル技術を用いたシステムと相互作用を行う。しかし、それが患者の視点から見て必要なこと、期待されることであるかどうかはよく分からない。

　患者の視点で考える、ということは、患者を受け身の存在ではなく医療プロセスにおける共創メンバーの1人として見ることである。効率や参加感、全体的な価値の提供を達成しながらコスト削減を行うために、医療部門は新しいアプローチで患者を理解しなければならない。

　患者体験プロジェクトは2013年の8週間、29人の関係者が参加して行われ、成果は直接的・間接的にさまざまな分野での患者体験改善に結びついた。患者体験を構築する上で最も重要なのは、患者の視点で体験の再現やドキュメント化を行うことだ。体験の再現では、1人が患者役を演じ、他のメンバーが撮影、観察、メモを行った。患者役のメンバーは、曇りガラスのメガネや耳栓などの道具を使って知覚を変化させたり、実際の患者の症例に基づいたカルテを使ったりした。

　このような探索プロセスを通じて、担当者たちは患者の立場に立ちながら、彼らのスキルや専門性が活かされる現場を体験し深く考える時間と機会を持つことができた。患者は、長時間待たされたり、別のカウンターに行くたびに同じような個人的な質問を繰り返されたりといった経験をしていることが分かった。経験は実際に行われるリソース統合の上に作られている、ということだ。プロジェクトの参加者たちは患者の視点から、患者役の立場でこうしたことを体験した。また、他のメンバーと一緒に考える際には組織の視点から体験したことになる。こうして担当者たちは、自分たちの提供している医療のうまく行っている点とうまく行って

いない点、すなわち価値を生んでいると言える状況とそうでない状況を詳細に調べた。

　各アクターがサービスと関わる様子を示すデータを見ることで、サービスにおいてリソース統合がどのように行われるかが分かる。これは、このプロセスでデザイナーが学びのプロセスをもたらす役割を果たしていることを示す。その学びのおかげで、サービスデザイナー以外の開発者はリソースの配置をどうすると良いのか、どうなっていなければならないのかを検討することができる。こうした状況を特定するための準備作業では、他の多くの専門性と同様、デザイナーの知識も開発プロセスに統合していくべきだ。しかし、実際のリソース再構成を行う作業では、デザイナーの役割はさほど明白ではない。変化を起こすには、組織が持っている人材や広範囲な専門性を用いる必要があるからだ。

7.3.2　リソース統合の配置を再構成する

次に、リソース統合システムの配置について考えてみよう。この配置は動的なものであるが、パターンとして現れ、記述されることが多い。配置については、配置の間、あるいはその内部での協調や調整といった側面を扱わねばならなくなる。

　Sunderland Cityで行われた「Make it work（うまく働くようにする）」プロジェクトは、それを示すよい例の一つだ。このプロジェクトは職を持たない人々が就職先を見つけるという課題に取り組んだプロジェクトで、One Northeast が行った（Han 2010）。このプロジェクトで分かったのは、失業者に対する施策や支援は過剰なほどたくさんあるのだが、異なる組織やプロセスの間の調整や協調が全く行われないために、失業者の側に混乱をもたらしている、ということだった。このプロジェクトには200人以上の人が関わり、どんな組織がどんな能力や機能を持って何を行っており、どう協力し合えば失業者のための共同的なサービスシステムとして機能することができるのかを特定した。すなわち彼らは、どのように配置を再構成すれば目指す価値や成果を実現できるのかを明らかにし特定した。この場合サービスデザインは、サービスシステム全体から知識と経験を引き出して活かすプロセスを指揮したことになる。こうして、その内部では各組織がそれぞれ特定の役割を果たす共同サービスシステム、あるいはフレームワークとも言うべきものが生み出されることになり、こうした再配置を作り上げる開発プロジェクトは非常に多岐に渡るものとなった。

7.3.3　デザインすることとサービスの影響

アクターと配置、いずれの視点で考えるにしても、デザインコンセプトと新規サービスの実装との間をつなぐためには、変化プロセスの実践として参加・貢献する時、

デザイナーはどのような責任を負うのか、という問いに答えねばならない。その
ために、サービスデザイナーは、伝統的で連続的な開発プロセスで期待されるよ
うな仕様を書くことに集中するのではなく、開発プロセスに沿ってさまざまな専門
的実践を統合することによって、関連する他の領域や力を組み合わせる。その結
果が、アクターの再配置やリソースの統合が示されたデザインコンセプトに似たも
のになっていれば、サービスデザインの成果が実装されるとは限らない。むしろ、
実装が成功したかどうかは、サービスデザインの実践が多くのプロセスの一部と
しての役割と統合を果たし実際の再構成に結びついたかを分析することによって
評価されるべきだ。

　　サービスロジックとリソース統合の視点で捉えれば、少なくともサービス事業
者においてはデザインは常に進行形である。最終的なデザインはリソース統合に
参加するアクターの行為によって示される。最終的なデザインはサービスが行わ
れている間、長い時間をかけた共創の中で行われる。

　　これを実現させるためには、サービスのオーナーも再構成が狙いに合ったも
のとなるよう、再構成プロセスを自分のものと捉える必要がある（例えば、
Malmberg and Holmlid 2014, 2015; Sangiorgi 2011; Sangiorgi et al. 2015）。
そうした再構成プロセスでは、オーナーは知識の統合や、さまざまな実践と専門
職によってもたらされるスキルを活用する。デザインはそうした専門職の一つであり、
しばしばデザイナー的とされるスキルや知識のいくつかは他の専門職や実践にも
含まれている（Söderlund 2008; Markensten 2005）。

　　こうした所見はデザインとサービスに関するいくつかの話題を強調する。デザ
インはサービス組織自体の戦略や日常的なマネジメントとして行われる必要がある
（Junginger 2009, 2014; Holmlid 2008; Malmberg and Holmlid 2015）。デザ
インはサービス開発プロジェクトの文脈だけでなく、日々提供されるサービスの文
脈に埋め込まれて行われる実践である。アクターの実践の中でそれがどれだけ明
示的に行われるかは、文脈や組織によって異なる。このことは、デザインを開発
プロジェクトにおける活動や実践として捉えるだけでなく、サービスを実現させる
ために行われる変化や再構成のプロセス、さらにはサービスの継続的活動にも含
まれるものとして捉えるべきだとする過去の知見（Holmlid et al. 2015; Wetter-
Edman et al. 2014）を支持する。

　　長い目で見れば、サービスデザインが成熟していけば、Webデザインなど
の他のデザイン文脈と同様に、より専門分化したデザイン実践が作られるよう進
化するに違いない。これはおそらくすでに起こりつつある。あるデザイナーはイン
サイトを得る仕事、あるいはサービスコンセプトの開発を行い、さらに、サービス
会社で行われる日々のデザイン活動を理解するという仕事を行うデザイナーも登場

サービスのためのデザイン行為に関する現代的言説とその影響　／　新規サービス開発からの解放

するだろう。

7.4　制約を超えて

このように捉えると、サービスデザインは発明することであり、サービスの実装に寄与するものではないとしたSteve Vargoは正しかったのだろうか。新規サービス開発に内部から関わっているデザイナーであれば、正しいと感じるだろう。デザインを通じてサービスにイノベーションを起こしているのだ、と主張するデザイナーもいるだろう。しかし、インサイトを見出したり発想したりといった仕事はイノベーションそのものではない。最終的にイノベーションを達成させるために必要な、発明作業の一部としての貢献だ。サービスロジックを用いてサービスデザインを新規サービス開発の枠から解き放つ、という我々の主張は、デザインは新規サービス開発の前提であり、あらゆるサービス組織の中心をなす実践として捉えるべきということだ。

　　サービスをリソース統合の配置として捉えるようになれば、サービスのためのデザイン活動は新規サービス開発で期待される範囲という限界をやすやすと超えて広がる。サービスデザインは、サービスに含まれる、形があって体験できる部分（Grönroos and Voima（2013)が「共同的な価値創造の領域」と呼ぶものであることが多い)にだけ注意を向け、サービスデザイナーが制作する典型的な成果物（カスタマージャーニー、タッチポイントのデザイン、サービスの最終的な価値を示すモノのデザインなど）を単なるドキュメントと捉えるべきではない。むしろ、これらの成果物を使う前に行われることや、成果物に反映されることに注目し、成果物の背後にある開発作業の知識をサービス組織の価値として活かすことに力を注ぐべきだ。

　　サービスロジックの視点を通じて、サービス統合の再構成への取り組みについていくつかの結論を示すことができる。サービスロジックを用いることで、これからのデザインが行う活動は大きく広がる。アクター間の力関係を再構成する活動や、デザインプロセスの提供やリソースの開発を通じた組織強化。各アクターの提供する施策の再構成や、誰がどのようにリソースを提供するかといった計画。アクターの知識を使い成果や結果を得るための異なる実践の統合。デザインプロセスにおいて異なるアクターの知識や経験を引き出して活用すること。デザインは顧客やユーザーの体験に向けて拡張するだけでなく、価値や利用品質、成果のためのものとなる。デザインはモノとしての成果物を作る仕事でなく、学びのプロセスを担う存在となる。

　　つまり、サービスデザインはアクターの強化や価値につながるリソースの統合

の拡大に力を入れるべきである。また、サービスシステムに含まれる公式な組織をソリューション提供者でなくソリューションの促進者と捉え、リソース統合の構成による成果や価値をアクターが求めるソリューションとみるべきである。そうした活躍ができれば、デザイナーはサービス開発やサービスイノベーションにおいてより中心的な立場に立てるのではないか。

References

Alam, I. (2002) 'An Exploratory Investigation of User Involvement in New Service Development', *Journal of Academy of Marketing Science* 30 (3): 250–61.

Edvardsson, B. (1997), 'Quality in New Service Development: Key Concepts and a Frame of Reference', International *Journal of Production Economics* 52 (1–2): 31–46.

Ginn, D. and Varner, E. (2003), *Design for Six Sigma Memory Jogger*, GOAL/QPC.

Grönroos, C. (2008), 'Service Logic Revisited: Who Creates Value? And Who Co-creates?', *European Business Review* 20 (4): 298–314.

Grönroos, C. and Voima, P. (2013), 'Critical Service Logic: Making Sense of Value Creation and Co-creation', *Journal of the Academy of Marketing Science* 41 (2): 133–50.

Han, Q. (2010), *Practices and Principles in Service Design: Stakeholder, Knowledge and Community of Service*, PhD thesis submitted at Dundee University. Available online: https://books.google.se/books?id=3D1PAwAAQBAJ&printsec=frontcover&hl=sv#v=onepage&q&f=false (accessed 7 October 2016).

Holmlid, S. (2008), 'Towards an Understanding of the Challenges for Design Management and Service Design'. In Design Management Conference, Paris.

Holmlid, S., Mattelmäki, T., Visser, F. S. and Vaajakallio, K. (2015), 'Co-creative Practices in Service Innovation', in *The Handbook of Service Innovation*, 545–74. London: Springer.

Junginger, S. (2009), 'Design in the Organization: Parts and Wholes', *Design Research Journal* 2 (9): 23–9.

Junginger, S. (2014), 'Design Legacies: Why Service Designers are not able to Embed Design in the Organization'. In Conference *Proceedings, 4th ServDes. Conference on Service Design and Innovation*, 164–72.

Lantz, A. and Holmlid, S. (2010), 'Interaction Design in Procurement: The View of Procurers and Interaction Designers', *CoDesign International Journal of CoCreation in Design and the Arts* 6 (1): 43–57.

Lave, J. and Wenger, E. (1991), *Situated Learning. Legitimate Peripheral Participation*. Cambridge: University of Cambridge Press.

Malmberg, L. and Holmlid, S. (2013), 'Embedding Design Capacity in Research Driven Innovation Teams', in *Proceedings from Design-Driven Business Innovation*, Tsinghua International Design Management Symposium (DMI and IEEE), 1–3 December Shenzhen.

Malmberg, L. and Holmlid, S. (2014), 'Effects of Approach and Anchoring when Developing Design Capacity in Public Sectors', in E. Bohemia, A. Rieple, J. Liedtka and R. Cooper (eds), *Design Management in an Era of Disruption: Proceedings of the 19th DMI: Academic Design Management Conference*.

Malmberg, L. and Holmlid, S. (2015), 'How Design Game Results Can Be Further Developed For Public and Policy Organizations', in *4th Participatory Innovation Conference PIN-C 2015*, 76–82.

Markensten, E. (2005), *Mind the Gap: A procurement Approach to Integrating User-Centred Design in Contract Development*. Stockholm: Licentiate thesis, Royal Institute of Technology.

Meiren, T., Edvardsson, B., Jaakkola, E., Khan, I., Reynoso, J., Schäfer, A., Sebastiani, R., Weitlaner, D. and Witell L. (2015), 'Derivation of a Service Typology and its Implications for New Service Development'. Available online: http://www.naplesforumonservice.it/ (accessed 7 October 2016).

Meroni A. and Sangiorgi D. (2011), *Design for Services*. Aldershot: Gower.

Ramaswamy, R. (1996), *Design and Management of Service Processes*. Reading: Addison-Wesley.

Sakao, T. and Shimomura, Y. (2007), 'Service Engineering: A Novel Engineering Discipline for Producers to Increase Value Combining Service and Product', *Journal of Cleaner Production* 15 (6): 590–604.

Sangiorgi, D. (2011), 'Transformative Services and Transformation Design', *International Journal of Design* 5 (2): 29–40.

Sangiorgi, D., Prendiville, A., Jung, J. and Yu, E. (2015), *Design for Service Innovation & Development*. Final report from DeSID project. Available online: http://imagination.lancs.ac.uk/sites/default/files/outcome_downloads/desid_report_2015_web.pdf (accessed 29 October 2016).

Scheuing, E. and Johnson, E. (1989), 'A Proposed Model for New Service

Development', *Journal of Service Marketing* 3 (2): 25–34.

Söderlund, J. (2008), 'Competence Dynamics and Learning Processes in Project-based Firms: Shifting, Adapting and Leveraging,' *International Journal of Innovation Management Volume* 12 (1): 41–67.

Vargo, S. L. and Lusch, R. F. (2008), 'Service-dominant Logic: Continuing the Evolution,' *Journal of the Academy of Marketing Science* 36 (1): 1–10

Wetter-Edman, K., Sangiorgi, D., Edvardsson, B., Holmlid, S., Grönroos, C. and Mattelmäki, T. (2014), 'Design for Value Co-Creation: Exploring Synergies Between Design for Service and Service Logic,' *Service Science* 6 (2): 106–21.

CHAPTER
8

不公正の棘の上でのデザイン：
代表性と協働デザイン

Designing on the spikes of injustice :
Representation and co-design

Katie Collins, Mary Rose Cook and Joanna Choukeir

主流派が期待するような、歴史や科学に関するエリート向けの解釈は信じるな。非主流派の言うことに耳を傾け、歴史や科学が持つ本来の姿を取り戻すのだ。（FALS-BORDA 1995: 1）

本稿の3人の共著者は互いに異なる専門分野を持っているが、1969年にアメリカ合衆国保険教育福祉省にいたSherry Arnsteinが「市民参加のはしご」という論文を出版した時に、バラバラだった三つの人生が出会った。この論文は国民が意思決定に関わるやり方を梯子の比喩で示したもので、複数の参加レベルがある様子が梯子の段として示されている。こうした捉え方はイギリス政府の市民または国民の参加というテーマに関する思考や活動に多大な影響を与えた。1990年代はブレア首相が「新しい労働党」や「クールブリタニア（かっこいいイギリス）」を掲げていた時代であり、サービス提供を強化し国民の意思決定への関与を高める手段として住民参加への関心が高まっていた（Barnes 1997）。参加手法の開発に多くの努力と創造性が注がれ、住民フォーラムや関係者ワークショップ、ビジョンづくりの集会などが行われた（Stoker 2006）。こうした協調的な活動はいくつかのコミュニティで協働デザイン（co-design）として知られるようになり、「審判や決定者、映画監督としてのデザイナーから、ガイドやファシリテーター、プロデューサーとしてのデザイナーへと軸足を移す（Billings 2011: 18）」ものとされた。この章では、参加型実践においてデザイナーたちが、デザインを提供する相手である人々に関して知る方法、言い換えれば、ユーザーの状況や思いを表現する手段としての参加型実践の役割を探ることによって、現代の公的部門における協働デザインでの参加型実践に関する問題提起を試みる。協働デザインをこのように捉えることで、サービスデザインのプロセスにも情報を与える潜在的な前提である、代表性に関する実証主義的な考え方や、デザインエスノグラフィーのような手法のベースとなる構成主義的な視点、批判的参加型実践についても検討することができる。

　まず、表現に関するこうしたさまざまな解釈の背景から始めよう。代表性と構成主義的な見方を、参加を明らかに批判的に支えるものとは異なるものとして検討する。次に、イギリスの公的部門で名ばかりの参加が使われてきた様子を説明し、それに伴って生じた市場優先の考え方がデザイナーにどんな問題を提示するのかを示す。サービスデザインにおける参加が過度に実利的で操作可能なものとして解釈されていることについて我々がなぜ懸念しているのかを示すため、参加の源流となる国際的開発や批判的教育学、また北欧で生まれた参加型デザインのようにさらに根元に近い先祖など、豊富な歴史的エピソードを提供する。後半の節では危険を説明するためArnsteinの示した議論に立ち返り、「餅は餅屋」という実用主義を無批判に受け入れることの危険性を説明する。この実用主義はサービスの

ためのデザインにおける表現に関する多くの影響力ある文献の根拠となっている。そして結論として、デザイナーたちに、実践の中での批判的内省の実行を大切にすること、参加のために十分な時間と柔軟性を確保できるよう主張することを呼びかける。そうすれば、デザイナーは形だけの平等主義や参加の操作的な利用に打ち勝つ手段を身につけることができる。我々の批判は、イギリスの公共部門で働く共著者の2人が持つ実践的で実利的な経験と、発達研究から発生したより批判的な（そしておそらく理想論的な）名目だけの「参加」への批判に影響された、もう1人の共著者による概念的検討とを結びつける試みから始まった。

8.1　表現とは何か

可能な限りシンプルに言えば、表現とは、人々や彼らが得た体験をアートの形で、言語的に、あるいは社会調査の報告書のようなやり方で描写するやり方のことである。研究の文脈では、表現の真実性、客観性についてどんな主張がなされるのか、そしてそうした主張がどう支持されるのかを考察することも関係する。サービスのためのデザインにおいてユーザーをどう表現すべきか、についてはいくつかの考え方がある。異なるアプローチを区別する一つのやり方は、実証主義的、構成主義的、批判的、それぞれの枠組みによって類型化することである（Lincoln et al. 2011）。

　　代表性の概念は、客観性に関する伝統的な実証主義の前提に深く根ざしている。例えば、調査対象としたユーザー群はサービスを利用する人々の集合が持つ特徴を適切に代表しているのか。デザイナーが得たインサイトは歪んでいないか。問いは適切に状況を捉えているか。分析にバイアスや間違いはないか。これらは、サービス提供者からの発注によって制作されるような典型的な社会調査報告書に根拠をもたらすため行われそうな考察である。それとは反対に、他の誰かの生の体験を完全性、正確性、客観性を持って表現することは不可能だとの認識（この本質的な気づきは人類学で「表現の危機」（Said 1989）と呼ばれる）のもと、「他者に代わって発言することの屈辱」（Foucault and Deleuze 1980）に反発する動きから、人々を表現することに関して別の考え方が生じてきた。こうした種類の表現の実践は意味の構成と呼ぶこともできるが、これは人々が言語的、象徴的、美的に表現されるやり方（Hall et al. 2013）や、我々デザイナーやリサーチャーが解釈のプロセスを構成する上での自分たちの役割を認識しながら、知識をインサイトに変え、それをデザインのプロセスに織り込む（例えば Uhn 2013）やり方に関わるものだ。実際にはこれは代表性に支えられたプロセスや手法とさほど違うものではない。しかし、客観的な表現は不可能であり、堪え難いものでさえあると考

えるデザイナーであれば、こうしたプロセスから生み出された情報で判断するのとは違う手法、考え方をとるだろう。具体的にいうと、そうしたデザイナーは自分の立ち位置を常に慎重に内省し、プロセスや状況に対する権力の使い方を誤ると、ある意見に特権を与え他の意見を抑え込むことになりかねないことについて、深いこだわりを持っている。

　一例として、共著者の2人は、5才以下の子供を持つ親が自分の子供の幼児期教育に対してどんな意識や理解、行動をしているのかを調査した。この調査は、親が家庭生活の便宜のために利用できる幼児教育サービスに対し情報提供するために行われた。調査を依頼した組織は、地方の権力者のためにイギリス全土で保育サービスを提供している組織だったが、彼らは従来と異なる、より費用対効果が高く展開のしやすいサービスで、特に、何らかの理由で現在保育サービスと結びついていない親たちをターゲットとするサービスの参考となる情報を求めていた。我々は、三つの地理的エリアで9つの家庭についてデザインエスノグラフィー調査（Barab et al. 2004）を行った。インタビューを行って得た質的データを合わせて検討した結果、調査対象とした家庭は四つに分類できることが分かった。これはイギリス全国の幼い子供を持つ家庭のすべてを代表するものではないかも知れないが、参加した9つの家庭の現実に当てはまり、他の家庭にも論理的に転移可能な意味を構成するものであった。この知見をもとに、デザイナーは最もニーズの高い家庭、新たなサービスによって得るものが最も大きい家庭に焦点を当て、協働デザインのプロセスで情報を得るため参加を続けることにした。しかし突き詰めて考えると、こうした「一次選考を通過した」家庭は、最も自信と関心を持ち、プロジェクトへの参加を続けられる（例えば、ワークショップや、サービスに関するアイデアの家庭でのテストに参加することを通じて）家庭であり、彼らは結局、新しい家庭学習サービスを構想し影響を与える上で最も発言力があって助けになる家庭ということになる。我々は、関与の低い家庭よりも発言力がある家庭に注目することを決めたのは慎重に考えた結果だ、と言っているわけではなく、間違ったグループを代表させてしまったと言いたいわけではない。むしろ我々は、デザイナーが慎重によく考えてプロセスを計画したとしても、時間やリソースの制約は存在し、こうしたものがデザイナーに難しい選択肢を突きつけている、という問題に注目しようと思う。デザイナーは自信を持って協力者となるユーザーに接触し、納期や予算を守りながら目的を達成したり、特別な時間を使いながら（リスクも負いながら）普段参加してもらえないような人と関わろうとしたりするが、そうした協力者を得ることができなければ、プロセスは認識論的正義（Fricker 2011）を理想に掲げるほどの代表性を持つことができない。

　表現は意味を構成するプロセスであるとの認識は、サービスデザインのプロ

セスの全長に渡ってユーザーを巻き込もうとする協働デザインの実践と、いくつか
の意味で関連している。ある意味では、ユーザーはデザイナーとの協調的な意味
生成のプロセスの中で自分を表現するようになる。しかし、イギリスの公共部門の
多くで行われている協働デザインと、Arnsteinが梯子の上の方の段として描いた
参加のあり方との間には明らかな違いがある。Arnsteinによるこの進歩的な遺産（こ
の章で後ほど解説する）によれば、こうした力の委譲を伴う参加は、これまで批判
的パラダイムと呼ばれてきた、歴史的・唯物論的な視点を基盤とし、抑圧からの
解放に関わる考え方と良く合う。参加に関するこの進歩的遺産の詳細に触れる前に、
次の節では、その考え方が現代のイギリスの公共部門で適用された背景を、適用
が阻害された事例も交えて述べる。

8.2　サービスデザインにおける参加

デザインプロセスの全長に渡ってユーザーを巻き込む取り組みは確立されており
（Marmot 2010; Dubberly et al. 2010; Needham and Carr 2009; Russell-
Bennett 2012）、同様の考え方は社会科学や健康科学のさまざまな分野、例え
ば教育学（Kemmis and McTaggart 2005）、コミュニティ開発（Fals-Borda and
Rahman 1991; El-Askari et al.1998; Kretzman and McKnight 1996; Sharpe et
al. 2000）、経営学（Arvidsson 2008）、神学（Berryman 1987）、国際開発
（Chambers 1997; Hickey and Mohan 2005）、社会心理学（Fine 2006; Fine
and Torre 2006）、犯罪学（O'Neill 2012; O'Neill et al. 2005）、地理学（Cahill
2007; Cahill et al. 2007; Kesby 2005; Kindon et al. 2007）、保健衛生（Tritter
and McCallum 2006; Israel et al. 1998; Cornwall and Jewkes 1995; Khanlou
2010）などで培われてきた。

　　サービスデザインに参加型のアプローチを適用することには、イノベーション
（Heinelt and Smith 2003; Schmitter 2002）や持続可能性（Caddy 2005;
Department for Business Innovation and Skills 2008）が期待できることを含
めて、多くの長所がある。

　　現在イギリスの公共部門のプロジェクトでは、発注者がデザイナーに仕事を
依頼する際、何らかのユーザーとのコラボレーションやユーザーの関与が行われ
ること、と指定されることも多い。しかし、実際にプロジェクトを遂行するデザイナー
は、1人で仕事をするのであれば実行可能な日程であっても、ユーザーの参加を
実現させるための作業、例えば参加を呼びかける人々の選定、その人々を参加さ
せる手法のデザイン、人々をしっかりと関与させること、最大限の参加を確保する
手法のデザイン、複数の人々がすでに入っている予定や他の関わりの調整などを

考慮すると実行が難しいような日程で仕事を行わねばならないことも多い。そして、参加を管理するには時間を必要とするので、発注者またはデザイナー（あるいは両者）はより多くの時間や予算を費やさなければならなくなる。どんな成果が得られるのかをプロジェクト当初に予想することは不可能であるため、発注者はデザイナーを信じて任せるしかない。

　そうして、見込まれる成果を初期段階で知りたいという発注者のニーズにより、時間や予算の不足も影響して、参加とはいってもおざなりに近いレベルで市民から意見や情報を得たり、重要な節目ごとに「ユーザーと言えなくもない代表者」に相談したり、といった形に縮小され、権限を共有したり、引き渡したりといったことはしない、ということも生じる。場合によっては、問題をクライアントに対して指摘し、彼らを説得したり教育したりすることで直接的に解決することもあるが、もっと複雑な場合もありうるということを認識するべきである。もしクライアントとなる公共部門が、自分たちが専門家であり、サービスのユーザーとなる人々は能力が低いのだと固く信じている場合には、彼らが言っている「参加」と、サービスのユーザーを完全な参加者として実際にプロセスに取り込もうと考えているレベルの間に直接的な矛盾が生じる。

　結果的に、もしデザイナーが参加者の批判的基盤や慎重な内省が必要であることをしっかり意識していたとしても、こうした理解に基づいて活動するための時間や空間、柔軟性を与えられないかも知れない。例えばある事例では、福祉向上のためロンドン市民に配布される「ハピネス・ツールキット」の開発の参考とするため共著者の1人が参加型のプロセスを遂行したが、この例では、参加のプロセスが始まってもいない段階で、ハピネス・ツールキットを成果物とすることはすでに決められていた。プロジェクト立ち上げフェーズの間に、よりオープンで真に参加型のプロジェクト計画を発注者と交渉するため、デザイナーは時間や経費がかかるプロセスをやりきった。このプロセスが終わった頃、ほぼ想定通りのハピネス・ツールキットを含む成果物がもたらされたが、これはサービスと販促のための巻き込み型のキャンペーンに支えられた、期間限定の参加型ゲームの形で行うよう計画されていた。参加者の意見に基づいて、持続可能性、市民参加、成果物であるツールキットによる社会的インパクトを拡大させるための、包括的なソリューションが提示された。予算や時間に関するこのような制約がなぜ重要なのかを理解するには、Arnstein が代弁したような参加が権限委譲に関する政策手法であったことをよく理解するべきだ。それは破壊的で革新的なものであり、権力構造を変化させ、世界をより良い場所にするために開発された手法であった。既存の知識や政治の構造に適合する手法と考えられたものではない。次の節では、現在用いられている参加型の手法の世界での先例のいくつかを概説し、それらが社会

変化や民主制、市民解放運動の動きから発展した経緯を示す。

8.3 「より合わされる糸」

1990年代の協働デザインの発生は、これまでに示したイギリス中心のストーリーではなく、より広範囲な社会 - 歴史的状況に参加の実践が発展してきたことを位置付けながら、グローバルな文脈で捉えるのが有益であろう。さまざまな学問分野によってもたらされたこの重要な実践の遺産をサービスデザインの文献に取り込む、という重要なプロセスを、ここで始めてみよう。1990年代はUSAID（Atwood 1993）やWorld Bank（Aycrigg 1998）など多くの開発組織が正式に参加型の原理を取り入れた時期でもある。同じ頃、南アフリカの人種差別政策アパルトヘイトなど、さまざまな全体主義体制が崩壊し、市民の自発的参加による社会の考え方に対し人々の関心が高まった（De Oliveira and Tandon 1994）。しかし参加の起源はもっと何年も前、Tandon（2008）が「サバルタン（従属的社会集団）によるコミュニティづくり」と呼ぶものが始まり、それが美術や音楽、詩、ドラマを通じて表現されたことにある。20世紀初め、そうしたサバルタンの動きは経営学の関心を呼び、ホーソン実験（ウェスタン・エレクトリック社のホーソン工場で行われた、生産性向上に関する作業者の心理や、効果的な管理の仕方に関する一連の実験。Roethlisberger and Dickson 1939）やイギリスの石炭鉱夫の研究（Mayo 1933）のような取り組みが行われた。これらは国家的な研究のごく初期の例とされる。しかしTandonによれば、参加に関するストーリーにはるかに強い影響を与えた現象は、国際開発だった。1950年代から1960年代にかけて、開発はトップダウンのアプローチで行われており、サバルタンのコミュニティで行われていたことはほとんど考慮されず、意識もされていなかった。しかし1960年代後半から1970年代には、トップダウン開発モデルの名の下に行われた搾取に対し懸念が高まったことがきっかけとなり、開発組織は参加が持つ潜在力に目覚め始めた。同じ頃イギリスの公共部門では、都市や建築のデザインや計画を国民と共に行うこと（Driskell 2002; King et al. 1989）が始まっており、北欧では参加型デザインの実践はシステムに関する知識、変化への抵抗、仕事の空間における民主主義の拡大に集中して行われていた（Gregory 2003）。

　我々のストーリーには、さらに二つの糸がより合わされる。1本目の糸は、哲学者で活動家であったPaulo Freire、Myles Horton、Julius Nyerereによって広められた批判的教育学である。彼らの思想は、インドへの西洋文明の侵入に抵抗したGandhiの思想とも結び付けられた（Tandon 2008; Narayan 2000）。この中で最も有名なのはPaulo Freire（1921–97）であろう。Freireはブラジルのレ

シフェの中流家庭に生まれた。1929年の経済危機により、彼の家族は極度の貧困に追い込まれ、彼は初めての「世界的大惨事による苦境」を経験した（Shaull 2005: 30）。Freireは中等学校で教師をしており、法学や哲学を研究、労働者の権利に関連した社会活動に参加していた。彼は社会活動への参加を通じて、抑圧された人々が自分たち自身の言葉「民衆の言語（Freire 1970: 96）」によって世界を理解している、ということに気づき始めた。教育哲学の教授であったFreireは学生にこの言語を調べるよう促し、その研究を解放に向けた教育運動と位置付けようとした。現状の不公平な状況について発言しないことによってその状況を維持してしまう文化に打ち勝とうとしたのである。Freireは人類学的教育と呼ばれた（McKenna 2013: 448）。彼はエスノグラフィー的な手法を用いて、批判的対話や、社会変革の基盤となるコミュニティや人々の言語、価値観を理解した。Freireの批判的教育学（1970）は他の先駆者たちの民衆中心の思想と共に、1980年代末期の参加型地方評価の手法開発に強い影響を与えた（Tandon 2008; Chambers 1997）。2本目の糸は構成的な次元に沿ったもので、大衆をコントロールするためにデザインされた植民地システムの伝統と、貧困層の参加を促進させるという比較的最近の目標との間の不整合に注目する考え方だった。このアプローチの事例を国連社会開発研究所（UNRISD）の大衆参加プログラムに見ることができる。1980年代半ばまでには、プログラムの構想、特に健康や教育、天然資源の管理において受益者を巻き込むためにかなりの努力が行われた（Tandon 2008: 289）。

8.4　誰を参加させるべきか？

ここまで示したのは、表現の一つの形としての参加は政治的に急進的な遺産に支えられた非常に重要な実践と理解でき、そのため参加の本質として不公平や不平等との対立がある、ということだ。言い換えると、参加は不公平の棘の上で育てられたのだ（Fine 2006）。そして、そのようなものであるため、参加では一般的に属している社会とデザインプロセスとの両方のせいで通常は社会的に無視されているサービスのユーザーに、発言の機会を与えるよう努めるべきだ。しかしこの章の初めの方で示唆したように、イギリスの公共部門における実践のように、参加を促進させようとする試みは結局、代表性についての実証主義者の考えに近い、うわべだけのものに終わることもある。多くのプロジェクトを経験する中で、我々共著者は、参加型のアプローチでデザインしているサービスに対してユーザーが与える貢献の本質よりも、デザインプロセスに関わるサービスのユーザーの名簿を見たり、承認の署名をしたりする際に、どれだけ多くの人が参加するのか、ま

166－167

た人々の属性や状況から見てより幅広いユーザー群を代表しているのか、という側面にプロジェクト発注者の関心が高まってきたことを感じている。そうした前提のもとでよく用いられるやり方としては、似た特徴を持つ他のユーザーの意見を代表すると考えられるステークホルダーの種類を特定することだ（Cornwall 2008）。そのような、あらかじめ決められたグループ分けは、人々を年齢や性別、民族、住んでいる場所、所属するボランティア団体などの明らかに関連する属性で線引きをする、ある種のカテゴリー分けの形をとる。例えば、イギリスの地方自治体はサービスの提供や介入を行う際に、Wards and Super Output Areas（ONS 2011）のような空間的組織による単位、Local Alcohol Profiles（LAPE 2013）や Index of Multiple Deprivation（DCLG 2015）などの社会 - 地理的なデータを使って境界を決めている。この章の初めで議論した親たちの区分分けは、そうしたグループ分けの一例である。ステークホルダーは比較もなしに選ばれることもある。活動への参加やミーティング出席に対する意向が強い人たちは、他の人々を代表することになる。しかし、リサーチャーやデザイナーがぜひ必要と考えて引っ張り込むようなカテゴリーの人々は、思慮深く中立で、科学的に公平であり、プロジェクトにとって有用で、既存の権力のダイナミズムを変えずに再現することができる。客観的な代表権を、一見自明な「既成品の」人物特性に委ねることは危険である（Robertson 2002: 788）。我々は、プロジェクトの目的に応じて、例えば「若い人たち」や「女性」、「その地域に住む生活困窮者」といったカテゴリー分けを行うが、そうした人は自分自身や自分の生活について、リサーチャーやデザイナー、発注者とは異なる捉え方をしているかも知れない。年齢が上の人々はおそらく、他の同時代の人々と比べ、複数世代が集まる家庭により親しみを感じるだろう。また、ある地区の住民は、同じマンションの住民との人間関係よりも、幅広い地域に住む仕事の同僚との親しい調和を優先させるかも知れない。8.1の子育てに関するカテゴリーには、幼児発達の観点からは「無知」や「技能不足」とみなされるものもあるが、それは幼児教育の専門家の視点ではそう見える、というだけである。彼ら自身にとってみれば、自分の子供に対して、自分の知識と能力を使い、頻繁にライフスタイルを変化させながら、できるだけのことをしようと努めているのだ。そのため、自己に対する彼らの意識はプロジェクトで代表者として求められる役割とは完全に違っているかも知れない（Cornwall 2008）。さらに、おそらくより顕著なのは、サービスは問題解決に関するものであることが多く、人々が自分たちを「問題を抱えた人」「助けが必要な地域」と捉えると、そのことが自分たちのアイデンティティ、あるいは彼らの「公的な自己」（Harvey 1999）を歪め、それによって彼らの意見の全体が理解されにくくなることだ。しかし、公共部門の組織がおかれた状況をシステム的な視点で理解する必要がある。法治国家システムの一部として、

彼らは公的サービスのデザインや修正の検討において参加と巻き込みの要素を含むことを要求される。共著者の2人は過去10年の間に100以上の公共部門組織に関する仕事を行ってきた。その中で、発注者の観点での参加型実践の難しさを経験した。期待されることは高いのに予算は絞られており、公的参加の望ましいあり方に関する知識や理解は乏しい。目の前のプロジェクトに対する責任感やパッションを持っていない訳ではなくても、発注者として遂行しなければならない任務、チェックリスト、評価項目、物品の調達、評価基準などが膨れ上がっているために、単にやるべきことをすべて完了させるということだけでもプレッシャーを感じる発注者が多い。

こうした議論があるにも関わらず、公共部門において影響力のある出版物（Involve 2005）によれば、Arnstein の梯子の下段でこのような活動をするのはさほど問題にならない。実際、この報告書の著者は Arnstein や Pretty（1995）、White（1996）が提案した規範的なカテゴリー分けを否定し、参加型の実践に良いも悪いもなく、状況によって適切な参加のレベルがあるだけと主張し、類型化を行う際の代替案として、David Wilcox が「餅は餅屋（得意な人に任せたほうがいい）」とした実利的な方法を勧めた。しかし、公共部門のこのような適用（協調的な選択とも言える）のプロセスによって、Arnstein が参加について言いたかったことのほとんどが価値を失ってしまった。Freire の目指した抜本的な社会変革に共感を持っていた Arnstein は、市民参加をコンサルティングやイノベーション、効果の向上などのためのプロセスとしてではなく、市民の権力と定義しようと求めた。Arnstein は、彼女の表現を借りれば「富裕層の利益を社会に分配する」ために、「持たざる者」としての市民を政治、経済のプロセスに取り込むこと、彼らを政府の意思決定に加わらせることを求めた（p. 216）。彼女は権力の再分配を伴わない参加が空虚であることを説明するため、1968年五月革命でフランスの学生たちが制作したポスターを使って、学生と労働者による抗議活動を説明した。そこには「私は参加する。あなたも、彼も参加する。我々も、あなたも参加しているのに、得をするのは彼らだ」という意味のことが書かれている。これはおそらく、参加型の手法を使うことによって生じる影の面であり、Arnstein が梯子の下段を「操作」や「心理療法」と呼ぶことによって示そうとしたことである。何らかの参加があることは全く行われないよりも本質的に良いことだ、という巧みな表現を無批判に受け入れることには注意すべきだが（Involve 2005; Newman 2001）、この批判は Wilcox や Involve のような専門家が始めた、参加に関する実利的なアプローチではほとんど示されておらず、代表として参加する権利が実際に何を示すのか、ということについて適切な批判的分析は行われていない。

168－169

8.5 結論

この章では、サービスデザインにおける参加を、代表に関する実践として掘り下げた。こうした参加を他の二つのモード、すなわち実証主義的な立場での代表性と、意味は常に協調的に構成され解釈されるという認識にもとづく代表、と比較することが役に立つ。我々は参加を純粋に解釈的な実践でなく批判的な実践として論じ、通常は自分たちの意見の表明が認められていなかった人々の生活や意見を正統化することによって、支配の構造と圧政を弱体化させようとした急進的思想家たちに関する歴史の文脈に位置付けた。こうした文脈の中で、実利主義としばしばデザイナーに課せられる制約が理論的にも実際的にも問題であったことを示した。さまざまな参加の実践に関して、餅は餅屋、ということはあるかも知れない。しかし我々の経験では、うわべだけの、あるいは操作的な参加は、参加が行われないことよりも大きな害をもたらす危険性がある。デザイナーは暗黙にユーザーの意見、平等性、自分たちや自分が所属するコミュニティを代表する権力を約束しているからだ。プロセスに時間とエネルギーを提供したユーザーに対して、参加が暗示する約束が守られなかったならば、大きなダメージとなる。そのユーザー集団が社会的に弱者であったり、排除されていたりしていた場合には特に重大だ。

　一般的に、参加型のプロセスを管理・促進するデザイナーは困難な責任を負っている。最も重要なことは、よりレベルの高いユーザーの自律性を確保したり、参加の目標と境界を特定したり、また他者の解釈を超えた、自分の生活に関する自分たちならではの解釈を得たりするために、デザイナーは発注者に期待されており許されている参加の度合い（ここで、期待されている参加のレベルと許されている参加のレベルとが同じとは限らないことに注意）を意識しなければならない。同時に、デザイナーは発注者に対し、大きな考え方の変化が不可欠であることを伝える必要がある。なぜなら、参加がうまく行われた時には基本的な前提を上回り、サービスのユーザーのニーズをより効果的に満たすような、予期しなかった結果が得られることが多いからだ。最後に、サービスデザイナーが持っている視覚的デザイン、コミュニケーションや語り、創造的思考のスキルは、あまり取り上げられてこなかった人々の考えを想像力豊かに表現し、彼らの意見をより強く伝える上で高い価値を持っているが、彼らは実践を行う中で、自分たちが生み出している表現について批判的に振り返る時間と場所を組み込まねばならない。デザイナーが決めた市民のグループ化の仕方や定義は、それに属するユーザーが認識しているものと同じか。また、彼ら自身と彼らの生活を記述する際に用いている言葉は、彼らが使う言葉と同じか。デザイナーは自分たちのプロジェクトで行われる参加が

過度に急がされていたり、うわべだけの見せかけだったりすると感じるプレッシャーに打ち勝つことができるし、そうするべきだ。それが公的サービスを人々のために、人々と共に、人々によって変革しようとするデザイナーの責務である。

Acknowledgements

ポリシー・ラボの猫、Drewに。

References

Arnstein, S. (1969), 'A Ladder of Citizen Participation', *Journal of the American Planning Association* 35 (4): 216–24.

Arvidsson, A. (2008), 'The Ethical Economy of Customer Coproduction', *Journal of Macromarketing* 28 (3): 326–38.

Atwood, J. B. (1993), *Statement of Principles on Participatory Development*. US Agency for International Development.

Aycrigg, M. (1998), *Participation and the World Bank Success, Constraints, and Responses*. Washington: Social Development Family of the World Bank.

Barab, S., Thomas, M., Dodge, T., Squire, K and Newell, M. (2004), 'Critical Design Ethnography: Designing for Change', *Anthropology & Education Quarterly* 35 (3): 254–68.

Barnes, M. (1997), *Care, Communities, and Citizens*. London: Longman.

Berryman, P. (1987), *Liberation Theology: Essential Facts about the Revolutionary Movement in Latin America and Beyond*. Philidelphia: Temple University Press.

Billings, S. (2011), 'Flair in the Community', *Design Week* 18.

Caddy, J. (2005), *Evaluating Public Participation in Policy-Making*. Paris: OECD.

Cahill, C. (2007), 'Including Excluded Perspectives in Participatory Action Research', *Design Studies* 28: 325–40.

Cahill, C., Sultana, F. and Pain, R. (2007), 'Participatory Ethics: Politics, Practices, Institutions', *ACME: An International E-Journal for Critical Geographies* 6 (3): 304–18.

Chambers, R. (1997), *Whose Reality Counts? Putting the First Last*. London: Intermediate Technology Publications.

Cornwall, A. (2008), 'Unpacking "Participation": Models, Meanings and Practices', *Community Development Journal* 43 (3): 269–83.

Cornwall, A. and Jewkes, R. (1995), 'What is Participatory Research?', *Social Science and Medicine* 41 (12): 1667–76.

De Oliveira, M. D. and Tandon, R. (eds) (1994), *Citizens: Strengthening Global Civil Society*. Civicus World Alliance for Citizen Participation.

Department for Business Innovation and Skills (2008), *Innovation Nation*. London: HMSO.

Driskell, D. C. (2002), *Creating Better Cities with Children and Youth: A Manual for Participation*. London: Earthscan.

Dubberly, H., Mehta, R., Evenson, S. and Pangaro, P. (2010), 'Reframing Health to Embrace Design of our Own Well-being', *Interactions*: 56–63.

El-Askari, G., Freestone, J., Irizarry, C., Kraut, K. L., Mashiyama, S. T., Morgan, M. A. and Walton, S. (1998), 'The Healthy Neighborhoods Project: A Local Health Department's Role in Catalyzing Community Development', *Health Education and Behavior* 25 (2): 146–59.

Fals-Borda, O. (1991), 'Some Basic Ingredients', in O. Fals-Borda and M. A. Rahman (eds), *Action and Knowledge: Breaking the Monopoly with Participatory Action Research*, 1–12. New York: Practical Action Publishing.

Fals-Borda, O. (1995), *Research for Social Justice: Some North-South Convergences*. Plenary Address at the Southern Sociological Society Meeting. Atlanta.

Fine, M. (2006), 'Bearing Witness: Methods for Researching Oppression and Resistance – A Textbook for Critical Research', *Social Justice Research* 19 (1): 83–108.

Fine, M. and Torre, M. E. (2006), 'Intimate Details: Participatory Action Research in Prison', *Action Research* 4 (3): 253–69.

Foucault, M. and Deleuze, G. (1980), 'Intellectuals and Power: A Conversation between Michel Foucault and Gilles Deleuze', in M. Foucault, *Language, Counter-Memory, Practice: Selected Essays and Interviews*, 205–17. Ithaca, NY: Cornell University Press.

Freire, P. (1970), *Pedagogy of the Oppressed*. New York: Continuum.

Fricker, M (2007), *Epistemic injustice: Power and the Ethics of Knowing*. Oxford: Oxford University Press.

Gregory, J. (2003), 'Scandinavian Approaches to Participatory Design', *International Journal of Engineering Education* 19 (1): 62–74.

Hall, S., Evans, J. and Nixon, S. (eds) (2013), *Representation: Cultural Rep-

resentations and Signifying Practices. London: Sage Publications; 2nd edn.

Harvey, J (1999), *Civilized Oppression*. Lanham, MD: Rowman & Littlefield.

Heinelt, H. and R. Smith. (2003), *Sustainability, Innovation and Participatory Governance: A Cross-National Study of the EU Eco-Management and Audit Scheme*. Aldershot: Ashgate.

Hickey, S. and Mohan, G. (2005), 'Relocating Participation within a Radical Politics of Development', *Development and Change* 36 (2): 237–62.

Involve (2005), *People and Participation*. London: Involve.

Israel, B. A., Schulz, A. J., Parker, E. A. and Becker, A. B. (1998), 'Review of Community-based Research: Assessing Partnership Approaches to Improve Public Health', *Annual Review of Public Health* 19: 173–202.

Kemmis, S. and McTaggart, R. (2005), 'Participatory Action Research', in N. K. Denzin and Y. S. Lincoln, *The Sage Handbook of Qualitative Research*, 559–605, London: Sage Publications; 3rd edn.

Kesby, M. (2005), 'Retheorizing Empowerment–through–Participation as a Performance in Space: Beyond Tyranny to Transformation', *New Feminist Approaches to Social Science* 30 (4): 2037–65.

Khanlou, N. (2010), 'Participatory Health Research', *Nursing Inquiry* 17 (4): 281.

Kindon, S., Pain, R. and Kesby, M. (2007), 'Participatory Action Research: Origins, Approaches and Methods', in S. Kindon, R. Pain and M. Kesby, *Participatory Action Research Approaches and Methods*, 10-18. Abingdon: Routledge.

King, S., Conley, M., Latimer, B. and Ferrari. D. (1989), *Co-Design: A Process of Design Participation*. New York: Van Nostrand.

Lincoln, Y. S., Lynham, S. A. and Guba, E. G. (2011), 'Paradigmatic Controversies, Contradictions, and Emerging Confluences, Revisited', in N. K. Denzin and Y. S. Lincoln, *The Sage Handbook of Qualitative Research*, 97–128. London: Sage Publications.

Marmot, M. (2010), *The Marmot Review: Fair Society, Health Lives. Strategic Review of Health Inequalities in England post-2010*. London: UCL

Mayo, E. (1933), *The Human Problems of an Industrial Civilization*. Cambridge, MA: Harvard University Press.

McKenna, B. (2013), 'Paulo Freire's Blunt Challenge to Anthropology: Create a Pedagogy of the Oppressed for Your Times', *Critique of Anthropology* 33 (4): 447–75.

Narayan, L. (2000), 'Freire and Gandhi: Their Relevance for Social Work Education', *International Social Work* 43 (2): 193–204.

Needham, C. and Carr, S. (2009), 'SCIE Research Briefing 31: Co-production: An Emerging Evidence base for Adult Social Care Transformation', *Policing* 8 (11).

Newman, J. (2001). *Modernising Governance: New Labour, Policy and Society*. London: Sage Publications.

O'Neill, M. (2012), 'Cultural Criminology and Sex Work: Resisting Regulation Through Radical Democracy and Participatory Action Research (PAR)', *Journal of Law and Society* 37 (1): 210–32.

O'Neill, M., Woods, P. A and Webster, M. (2005), 'New Arrivals: Participatory Action Research, Imagined Communities, and "Visions" of Social Justice', *Social Justice* 32(1) 75–88.

Pretty, J. (1995), 'Participatory Learning for Sustainable Agriculture', *World Development* 23 (8): 1247–63.

Robertson, J. (2002), 'Reflexivity Redux: A Pithy Polemic on "Positionality"', *Anthropological Quarterly* 75 (4): 785–92.

Roethlisberger, F. J. and Dickson, W. J. (1939), *Management and the Worker*. Cambridge: Harvard University Press.

Russell-Bennett, R. (2012), 'Service Business Approach', Debate at European Social Marketing Conference, 27–28 November, Lisbon: European Social Marketing Association.

Said, E. W. (1989), 'Representing the Colonized: Anthropology's Interlocutors', *Critical Inquiry* 15: 205–25.

Schmitter, R. (2002), *Technical Outreach Services to Communities Scope of Work and Budget*. Georgia Tech Research Institute.

Sharpe, P. A., Greaney, M. L., Lee, P. R. and Royce, S. W. (2000), 'Assets-oriented Community Assessment', *Public Health Reports* 115 (2-3): 205–11.

Shaull, R. (2005), 'Foreword', in P. Freire, *Pedagogy of the Oppressed*, 29–34. London: Continuum.

Stoker, G. (2006), *Why Politics Matters: Making Democracy Work*. New

York: Palgrave Macmillan.

Sultana, F. (2007), 'Reflexivity, Positionality and Participatory Ethics: Negotiating Fieldwork Dilemmas in International Research', ACME: *An International Journal for Critical Geographies* 6 (3): 374–85.

Tandon, R. (2008), 'Participation, Citizenship and Democracy: Reflections on 25 Years of PRIA', *Community Development Journal* 43 (3): 284–96.

Tritter, J. Q. and McCallum, A. (2006), 'The Snakes and Ladders of User Involvement: Moving beyond Arnstein', *Health Policy* 76 (2): 156–68.

Uhn, P (2013), 'Utopian Things', in J. Donovan and W. Gunn (eds), *Design and Anthropology*. Farnham: Ashgate.

White, Sarah C. (1996), 'Depoliticising Development: The Uses and Abuses of Participation', *Development in Practice* 6 (1): 6–15.

Wilcox, D. (1994), *The Guide to Effective Participation*, available online: http://www.partnerships.org.uk/guide/index.htm (accessed 4 November 2015).

LAPE (2013) Local Alcohol Profiles for England. http://www.lape.org.uk/data.html (accessed 6 May 2016).

DCLG (2015) English Indices of Deprivation 2015, https://www.gov.uk/government/statistics/english-indices-of-deprivation-2015 (accessed 6 May 2016).

ONS (2011) Super Output Areas Explained. https://neighbourhood.statistics.gov.uk/HTMLDocs/nessgeography/superoutputareasexplained/output-areas-explained.htm (accessed 6 May 2016).

176－177

CHAPTER
9

医療分野での協働デザイン、組織の創造性、品質向上：デザイナー的？それともデザイン的？

Co-design, organizational creativity and quality improvement
in the healthcare sector:
'Designerly' or 'design-like'?

Glenn Robert and Alastair S. Macdonald

9.1　はじめに

共創、共同制作、協働デザイン。過去10年間に、何らかの公的サービスを提供する人々、受ける人々の双方が共同で貢献することの重要性に対する認知が高まってきた。当時は実験法や統計学といった客観的な（独立した）科学的調査方法が優勢であったが、これに対抗して、医療におけるサービス品質向上の手段として協働デザインの適用例が増加した。これはさまざまな緊張をもたらし、漸進的な改善に価値をおくデザインのアプローチに異議を表明するものであった。

　　ここで我々は、医療におけるサービス品質向上という、この特定の文脈において、二つの形態のデザイン行為が患者、介護者、医療関係者の間に新たな対話空間を生み出していることに注目する。一つ目は、サービスデザイン分野において真っ当なものであるため、我々がその特徴を「デザイナー的」と呼ぶものである。これはデザイナーが行うもので、参加型デザインと反復的プロトタイピングにしっかりと根ざしている。二つ目は「デザイン的」と呼ぼう。これはデザインで用いられてきたツールや手法、思考法を用いてはいるが、デザイナーでない人々が参加型アクションリサーチ（PAR：Participatory Action Research）のアプローチを用いて、品質向上のための介入の一部として行うものだ。PARは「実証主義的パラダイム」と対照的に、複雑な人や社会の問題を認識し直接取り組むために始められた。医療における初期のアクションリサーチの多くはデザイン的に劣っており厳密でもなく、関与する人々に対し教育的であったり力を与えたりするものでもなかったため批判されたが、PARの支持者は、明らかな高い有効性と実務的な意義が得られているので、方法論的・技術的な厳密さが犠牲になっているのは構わないのだと主張する（McIntyre 2008; Robert 2013）。

　　上記二つの形式はそれぞれ、デザインプローブ（訳注：調査の対象者にカメラやノート等のツールを渡して、ある期間、自分の体験や考えについて記録してもらう調査手法）とプロトタイプ、トリガーフィルム（議論を呼ぶための短いビデオ）といった異なるメカニズムを用いて、医療提供の世界の複雑な（しばしば混乱した）介入の開発、実装や評価を進めてきた（我々は一貫して、いくつかの相互作用する構成要素と社会的プロセスを持ち、適用・調整しやすい介入 [Craig et al. 2008] に対し、「複雑な介入」という用語を用いる）。

　　過去事例の分析に基づいて、そして我々共著者それぞれの出身分野であるデザイン（Macdonald）、組織社会学（Robert）から、我々はデザイナー（職業として）とノンデザイナーの両方による医療組織内でのデザインのプロセスと、そのインパクトをどう評価するのが最も良いのか、といったことを探る。そして我々は、

デザイナーの強い願望と報告されている成果が、現在医療組織の品質向上（以下QI）活動を支えている実証主義のパラダイムに対抗しうるのかという問題を提起する。

　　我々が重視している見解は、医療サービスの品質向上を行うには「デザイナー的」「デザイン的」両方のアプローチが相互補完的に機能する必要がある、ということだ。我々は「インフラストラクチャリング」という概念と「組織の創造性」という考え方を用いて、これら二つのアプローチを結びつけることの潜在的価値を説明する。一方で、医療組織におけるデザイナー主導の介入が見られるようになってきたが、それに関する記述が証拠を示すように、文化や手法、期待、評価のあり方、「エビデンス」の構成や知識に関する違いを調和させることに関して重大な課題が残されていることを主張する。

9.2　医療という分野

サービスの環境に関して言えば、患者が持つ（ことが多い）危うさ、弱さ、依存的状態だけでなく、特に、絶大な規模、多様性、複雑さ、といったいくつかの側面により、医療という分野は他と大きく異なっている。医療に関わる組織や事業は大抵複雑で、階層的で、人々と技術との両方が高度に融合された場となっている（複数の領域のメンバーが集まる医療チームの内部のダイナミクスは、チームと患者との間と同等の複雑さや階層性を持っている）。そのため、医療組織とそれが置かれたより広い文脈は、多くの課題や問題点を抱えている。一つ目は何らかの介入の開発と現場での実装に関して、二つ目はそれらの効果測定に関してだ。これらの課題はサービスデザインについて重要なことを示す。

9.2.1　開発と現場での実装

複雑な状況への介入における開発や評価に関するガイドである Medical Research Council（MRC）フレームワークは、このような認識に対応して発表され、後に更新された（MRC 2008）。このフレームワークではいくつかのフェーズが反復的に、非線形（単純でない関係）に組み合わされており（Craig et al. 2008）、信頼性のあるランダム化比較試験（RCT : Randomized Controlled Trial）を通じて介入の評価を行うものである。しかしMurrayらが認めるように、医療分野では複雑で「複数の交絡因子（統計学で、ノイズとなって注目する対象を見えにくくする因子）」も存在するため、必然的に、単独の学問分野で有望な解決策を求めるアプローチよりも、関係者全員の体験やインサイト、専門性を集めて問題を解く方が有効ということになる。したがって、そうした複雑な介入（実用的で現実場面にも使えるようなもの）を開発するのはいまだ容易ではない（Paul et al. 2007）。医

療サービスの研究者には、介入の開発において十分な土台づくりが行われない、または使える時間やリソースが不十分で、そのため結果的に介入の多くが実現されない（あるいは実現のされ方がまずい）、または元々の意図を達成させることができない、という批判が突きつけられてきた（Craig et al. 2008）。

　研究や臨床医療のコミュニティでは、複雑な介入を行う際には慎重な計画やデザインが必要だ、という共通認識があるが（Rowlands et al. 2005）、最適な開発、評価、実装の手法に関する共通認識は存在せず、MRC フレームワークの実際の適用はかなりばらつきがある（Murchie et al. 2007; Tilling et al. 2005; Robinson et al. 2005）。特に重要なのは、MRC フレームワークは介入と、それが提供される状況（文脈）とのインタラクションを強調しない（Bonell et al. 2012; De Silva et al. 2014）という点だ。MRC が強調するのは、目的に適した介入、すなわち実際に実施される可能性の高い介入を提供するためには、介入の開発・評価のすべてのステージにおける「ユーザー」の関与が必要である、ということである。彼らは質的調査法を用いてユーザーを巻き込み、変化のプロセスに関するインサイトをもらうことを推奨している。

9.2.2　医療における品質向上

広義の品質向上は「組織変化の手法と戦略を用いてサービス提供者の行動と組織を変え、それによって患者のより良い体験と成果を達成させること（Ovretveit 2009: 8）」と定義される。品質向上はサービスデザインと医療組織の交わるところに存在する。品質向上の「活動」（QC 活動）では多様な手法やアプローチ、ツールを用いるが、歴史的には実証的パラダイムに支配されてきており、多くの科学的、技術的解決策やガイドライン、スコアカード（成績を管理する表）、指標、計測システムが用いられた。実証主義的パラダイムの中で、また根拠に基づく医療（EBM: evidence-based medicine）の考え方に従って、頑健で科学的なアプローチを持つ RCT は伝統的に「根拠」の代表格とされてきた。RCT では、こうした品質向上のためのツールの有効性に関する比較評価や、ツールの適用によって生み出される、サービス提供に関する新しいイノベーションの報告がなされてきた。

　医療の文脈は、デザインによる何らかの解決がもたらすインパクトの評価に関して意義深い含意をもたらす。Lewin ら（2009: 1）が示したように、「複雑な医療の介入には、定量的な手法だけでは調査することが難しい社会的なプロセスが含まれている」。そのため、RCT はおそらく優れているのだが、調査がもたらす結果は複雑な日常生活にはうまく当てはめられない。特に、証拠として示されたイノベーションが、経歴や地位が全く異なる各メンバー複数のチームが行う日常的実践の一部となる必要がある場合には特にそうである。

9.3 サービスデザインの視点

これまでに短く要点を示したような、サービス実現や評価の課題解決が大きく進展したのは、現在証拠に基づく医療の領域で（ほとんど）無視されていた（Greenhalgh et al. 2014）課題、例えば文化、言語や認知、アイデンティティや市民の権利に注目したことによるだろう。そうした考え方は、「ユーザーの体験の全体を捉えて深く理解したうえで、『タッチポイント』やサービスとの情緒的な（歓喜と落胆の両方）結びつきを明らかにすること」（Snook 2015）や、「個人やコミュニティへの権限委譲をより強く訴え、市民が公的サービス提供者と共に活動してコミュニティの課題解決に関する意思決定に参加する機会を作ったり増やしたりし、それによって実質的な権力の移行を実現させること」（Marmot 2010, cited in Snook, 2015）を通じて行われた、優れたサービスデザインの中で示されている。

　もし我々が、専門家と一般の人々が持つ知識の両方が等しく有用で価値があり、不可欠であることを認めるならば、我々はどうやって別の可能性、すなわち改善された医療サービスを探索するための対話の場を作り上げることができるだろうか。これを考える上で、Le Dantec と DiSalvo による「公共」の定義が有用である。「公共という言葉を使う時、我々は公共を複数の主張や意見、立場があることとして理解することが有益だとの認識に立ち、公共が含む闘争、不公平、透過性といった側面を受け入れる」（2013: 243）。このような、支配力のある階層性や優勢な思考モードを変化させ保留させるような、また証拠や知識に関するさまざまな見方が互いに排他的でなく、同時に固有の矛盾が許される（合意形成とは異なる）機会が与えられるような、集合的で開かれた対話をどこに設ければいいのだろうか。

9.3.1　公共とインフラストラクチャリング

こうした、市民と専門家とが対話しながら形づくる公共（または開かれた場）では、本当に重要なアクターが参加し協調して活動できるようでなければならない。この対話の場での目的はデザイン、すなわち「何らかの望ましい未来を実現するための一連の実践」（Storni 2013: 51）を使うことだ。しかし、医療の領域では、デザイナーは臨床や介護に精通しているわけではなく、「体験に関する達人」というわけでもない。そのため対話の場や活動にも、Björgvinsson ら（2010）が「インフラストラクチャリング」と表現したようなもの、すなわち「複雑で持続的なシステムをデザインする際の、特定のものの見方や関わり方を捉えること」（Seravalli and Eriksen, 2017）、状況や活動、素材をデザインして主要な関係者間の「よりしっかりした比率の対称性」（Strickfaden and Devlieger 2011: 208）を実現させ、多様

な文化、言語、動機を持つ関係者たちの間の「社会的距離の短縮」（Greger and Hatami 2013）を行うことが必要となる。そうした状況を実現するために、対話においては活動は、すべての関係者により強い権限を与えるため、また、意思決定を促進するために因習的な階級や見せかけの権威を無力化させようとする。

　このオープンな場の中では、集められたチームは「共通の目的のために結びつけられた個人たち」（Le Dantec and DiSalvo 2013: 243）、あるいは「一つの問題に取り組むことを望んで形成された、個人とグループの動的な組織」（同書 254）であり、それは「ソーシャルイノベーション、すなわち社会的インタラクションから生じるイノベーション（中略）と人々の構成から生じるアクションを含むイノベーションに対する技術系官僚（テクノクラート）的な見方を避ける」（同書 247）。この場と、その中でインフラストラクチャリングのためのツールを用いることで、参加者は「生きられた体験」を探索し、生じる「複数の主張や意見、立場」を受け入れ、それをPARのプロセスを通じて調和させることができる。

9.4　医療の品質向上とデザインに基づく　　アプローチ

デザインに基づく見方と社会科学的な見方とを結びつけることで、前述のよくある実装と評価との乖離の問題に対して重要な貢献をすることができる。

　一方でユーザー中心（または参加型の）デザインは、医療の品質向上の分野ではごく最近になるまで使われていなかった手法やツール、テクニックを提供している（Robert 2013）。より広い視野で捉えると、デザイン思考（Cross 2011）は、医療の品質向上を考えるアプローチを考え出すための新たな見方、または心構えを提供している。デザイン思考は、体験を理解したりデザインに不備があるインタラクションに対し解決策を見出したりすることを重視するという実用的な性質を持っている。

　同様に、PARが始められたのも、従来の実証主義的・科学的な枠組みとは対照的に、人や社会の複雑な問題を捉え直接解決するためであった。行われた研究実践は多岐に渡るが、McIntyre（2008: 1）はPARプロジェクトの大半には以下の四つの考え方が根底にあると提案している。a) 関心事や問題を調査することに対する全員での約束。b) 調査対象としている問題を明確にするために個人および集団による内省を行うことに対する欲求。c) 関係者たちに利益をもたらす有用な解決策を導くための、個人や集団での活動。d) リサーチプロセスの計画、実施と展開における、リサーチャーと参加者との間での共同体の構築。

　このような前提を踏まえたうえで、PARは個人と社会集団とが行う意味と意

味形成の実践に対する深い理解を可能にしたり（Donetto et al. 2015）、非常に実践的な関心に取り組むことを目指して介入を変化させるために理論的インサイトをもたらしたり（Bate and Robert 2008）するような「デザイン的」なものと捉えられる。以下では、医療サービスの提供における新たなイノベーションの開発、実装、評価に関して、実によくある欠点を克服しようとした二つの最近の事例を記述する。いずれも明示的にMRCが示した複雑な介入のためのフレームワークに則って仕事を進めており、彼らは「デザイナー的」アプローチか「デザイン的」アプローチかのいずれかを使い、それによって「人々によるリサーチと証拠に基づくリサーチを組み合わせて、不確実性と不可知性によって特徴付けられる、複雑な社会の状況を調べている」（Chevalier and Buckles 2013）。

9.4.1　事例1

我々は他の場で、体験に基づく協働デザイン（EBCD: Experience-Based Co-Design）の方法論（Robert 2013; Robert et al. 2015）の起源と発展について記述したことがある。EBCDはユーザー中心の方向性を持った（語りを通じたユーザー理解のアプローチを用いる）アクション・リサーチのプロセスであり、市民参加を含む、協調的な参加型デザインのプロセスを中心に据えている。デザインによる介入の多くがプロジェクトの目的や状況に合わせたプロセスで行われるのに対し、EBCDは「包括的なプロジェクト」として捉えることができる（Macdonald, 2017）。事例1は、このサービスデザイン的なアプローチを医療の状況に適用した例を示している。

事例1：デザイナーの参加なしに、EBCDを用いて行った品質向上の介入におけるデザインと評価
（Tsianakasら 2015 に基づく）

事例1では、化学療法を行っている外来がん患者の介護者を支援するための介入を開発するため、EBCDを用いて実現可能性を調べた実験を紹介する。この実験はMRCの「複雑な介入の開発および評価のためのフレームワーク」（フェーズ1〜4）に従っているのだが、特に重要なのは、このフレームワークには、介入の内容そのものだけでなく、介入が最善の形で介護者に提供されるためのプロセスを行うスタッフも協働デザインに参加している点だ。なお、このプロジェクトはノンデザイナーが（オンラインツールを使いながら）行った。

サービスのためのデザイン行為に関する現代的言説とその影響 ／ 医療分野での協働デザイン、組織の創造性、品質向上

EBCDのフェーズ1（臨床前のフェーズ）では、2週間に渡る参加型でない観察を行った（観察した場面は化学療法の実行、医師による化学療法の同意を得る際の診察、看護師による化学療法を行う前の診察補助など）。次に、介護者や医療関係者に対するインタビューを行った。介護者には友人や親戚の化学療法を行った際の体験を語ってもらい（EBCDプロセスに従い、インタビューの様子はデジタルビデオで記録した）、医療スタッフには介護者の役割に対する彼らの認識や、介護者に提供しているサポートについて聞いた。フェーズ2（モデル化のフェーズ）では、(1) 医療スタッフ (2) 介護者 (3) 介護者と医療スタッフ合同 が参加する、三つのファシリテーター付きワークショップを行った。

　これらのワークショップでは、フェーズ1で行ったそれぞれのインタビューデータを分析して得られたテーマを参加者一人一人に見直してもらい、次に全体のワークショップで友人や親戚の化学療法による治療をサポートする介護者のための関与の仕方を協働デザインで検討した。録画された介護者へのインタビューを通じて複数のタッチポイントが特定されたのだが、介護者のワークショップは、そのタッチポイントに関する、20分間に編集されたビデオを見ることから始まった。最後のワークショップでは介護者と医療スタッフとが共同で新しいサポートセット「テイク・ケア」の理想的な内容と提供方法を考え、合意した。完成した「テイク・ケア」には、19分の支援的/教育的DVD、説明資料、ファシリテーションスキルを持つ化学療法の看護師2人が手順をガイドする1時間の集団診療への参加権が含まれている。

　フェーズ3（探索的実験）では、47人の介護者に協力を依頼し、「テイク・ケア」を使用する群（n=24）と使用しない群（統制群：n=23）にランダムに振り分けた。参加者には介入の前後に調査票への回答を求め、化学療法に関する知識やその副作用、介護の経験、外来診療サービスへの満足度、対処行動と感情的な幸福度を測定した。「テイク・ケア」（で示された介入）を受けた介護者は、統制群に比べ症状や副作用の理解の度合いが統計的に優位に高く、情報ニーズが満たされている人も優位に多かった。「テイク・ケア」を使った群では実験の前後で対処行動に関する自信が高まっており、統制群では低下した。医療スタッフと介護者にグループインタビューを行った結果、行った介入の実行可能性と受容性が確認された。調査を行った結果、介入の効果やコスト削減効果を特定する上でRCTの全面的な採用が有効であることが示された（フェーズ4：評価）。

こうした分野で、ノンデザイナーによるデザインのほぼ確実な形態（Macdonald,
2017）がEBCDによってすでに示されたとするならば、デザイナーの、そしてデザ
インの役割と貢献とは何か、ということが重要な問いとなる。

9.4.2　事例2

この問いを念頭に置きながら、二つ目の事例に移ろう。この事例もMRCのフレー
ムワークにさまざまな手法によるアプローチを統合したプロセスを示すものだが、
そこでは介入の開発はデザイナーが行ったが、療法士と、脳卒中から回復した人々
が重要な役割を果たした（事例2を参照）実行可能性RCTの様子を示す。

> **事例2：脳卒中患者の身体的リハビリのための、デザイナーに
> よる視覚的介入**
>
> 事例2はモーションキャプチャー（人体の動きをデジタル計測する技術）と動
> きを検知するセンサーの技術を用いており、脳卒中の発作後の身体的リハ
> ビリテーションで用いる視覚的ツールの開発に関するものである（Loudon
> et al. 2014）。このツールの評価は、以下の三つの個別のRCTを用いて行っ
> た。1）上肢のリハビリ（Lones et al. 2014）、2）下肢のリハビリ（Thikey et
> al. 2014）、そして3）短下肢装具（足首を支える装具）の調整（Carse et al.
> 2014）。これらのデザインを行う際には、患者と療法士双方のニーズと課
> 題を明確にし、臨床生体力学者のニーズや課題とも統合しなければならなかっ
> た。デザインと開発は四つのフェーズ全長に渡って、モーションキャプチャー
> や他の重要なデータを表示するデジタルマネキン（人体の特性を組み込ん
> だコンピュータシミュレーション）のモックアップやプロトタイプを使いながら、
> 反復的な参加型のプロセスによって行われた。この実験的取り組みの四つ
> のフェーズで用いられた定量的な手法は以下の通りである。
>
> 1. デザイン：グループインタビュー、テスト、フィードバックの獲得（後
>   続の試行には参加しない脳卒中経験者と療法士）
> 2. 試行前：患者へのインタビュー、医療従事者へのインタビュー（患者
>   と療法士）
> 3. 試行：観察、ビデオ（患者と療法士）
> 4. 試行後：患者へのインタビュー、医療従事者へのインタビュー、患
>   者と医療従事者のワークショップ（患者と療法士）。

評価に関しては、解釈的記述的方法論を適用し、試行プロセスの主要なフェーズで、半構造化インタビューとグループインタビューを共に使って行った。データの分析はフレームワーク分析を用いて反復的に行った。Loudonらが報告したように「このプロセスによって、リサーチャーは可視化された成果物に対するエンドユーザーの解釈や意見を理解し、改善に向けて多くのコメントや意見を得ることができた」（2014: 385）。また「初期の知見は、視覚的な手法を用いることで、患者がリハビリの内容や改善に関する理解を深め、それまでリハビリの成功に対する問題を複雑にしていた、患者と療法士との間のコミュニケーションを改善できることを示唆」した（同書: 387）。こうした知見は、開発した視覚的ツールが、療法士と患者との間に社会的対話を仲介し、強化するものであり、同時に、適切な生体力学的情報を患者と療法士のそれぞれが理解しやすく、利益をもたらすような形式で提供するのに役立ったことを示している。

伝統的にRCTでは、臨床医は、患者は「対象」であり、療法士が介入を行うものと決めつけて介入をデザインしてきた。事例2では、デザイナーは関与しておらず、「公共」は作られておらず、実証主義の科学的正統性が優先され、試行前後に行ったインタビューで得られた「表面的な」質的データを除いて大部分は量的なデータ（例えば、歩幅、歩行の対称性や速さ）が集められた。EBCDアプローチによるこの事例と前述の事例1とで異なった点として、デザイナーは反復的プロセスの中で視覚的プロトタイプを改善したり、療法士や脳卒中患者に対し開かれた対話の場で状況がどのように変わるのかを分かりやすく示しながら「もしこうだったらいかがでしょう？」という問いかけを継続的に行うなどしたことにより、通常よりもデザインフェーズは長期に渡った。しかしプロトタイプを使い参加型プロセスの全体に渡って得た質的データはこの章の始めに提示した問題（特にアイデンティティ、言語、文化、認知の問題）に取り組むのを助ける価値あるデータとなった。プロトタイプを使った試行の繰り返しで得られた質的データを分析すると、集団で作り上げたこのツールが療法士と患者との間のコミュニケーションや理解に対してどれだけ助けとなったかが分かった。

9.5 分断された人々をつなぐ：
組織の創造性解放とサービス品質向上の
ためのインフラストラクチャリング

探索と開発を行う空間としての「公共」を生み出す時、ノンデザイナーは自分が慣れ親しんだ手法（録画を伴うインタビュー、グループインタビュー、ブレインストーミング、QCサークルやPlan-Do-Study-Actサイクルのような品質向上のアプローチ）を使いたがるかも知れないが、前述の二つの事例は、デザイナーたちが通常、「学びのツール」（Coughlan et al. 2007: 124）や「組織変革の効果的ツール」（同書：132）として、例えばアイデア刺激カード、各種のマップ、ストーリーボード、シナリオ、ゲーム、モックアップ、視覚化などのより幅広い手法を使い、「考えるために作る」（同書：128）そして「大変でなく、リスクの低いやり方で新たな行動の探索を可能にする」（同書：130）ための方法としてプロトタイプを用いることを例示している。

　　さらに、前述の二つの事例で示されたような長期に渡る関わりでは、関係者を巻き込んでの段階的な洗練、改善やイノベーションの発生が持つ反復的な性質が認められた。そのため、以前は品質向上の「仕事」では介入の開発に対するよりトップダウンの技術系官僚的アプローチが行われていたが、現在はより社会系官僚的な視点を持つべき時代となっている（RCTと「複雑な介入」のフレームワークの優勢な議論の中でではあるが）。医療品質の改善を「デザインする」ための二つのアプローチは、これまで手短に説明したように、類似性を持っており、互いに異なる強み・弱みを持っている。このことを図9.1に要約する。

　　我々は前に「インフラストラクチャリング」について考察した。思い出していただくと、これは我々が広義に「ある目的を達成するために状況と素材（社会 - 技術的な）のデザインを行い、新たな形での議論と活動（デザインすることを含む）を可能にすること」と定義したもので、上述の二つの事例は、このことに対する二つの異なるアプローチを示している。それぞれでのインフラストラクチャリングの準備として、一つ目の事例ではトリガーフィルム、二つ目ではプロトタイピングが使われた。重要な点は、Björgvinssonら（2010: 43）が論じたように「インフラストラクチャリングは継続的なプロセスと捉えることができる。デザインを行うプロジェクトのフェーズで区切られたものと捉えるべきものではない」。我々が作り出した「公共」では、それぞれ特定のツールとアプローチを用いて、広く認知され受け入れられているMRCフレームワークに沿って、互いの語りやプロトタイプ、その他の社会 - 技術的資料の生成が奨励されるだろう。しかし、本論文で見てきた事例のような異な

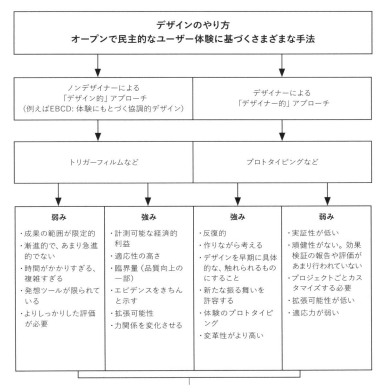

図 9.1 「デザイナー的」アプローチと「デザイン的」アプローチそれぞれの強みと弱み

る形態の基礎づくりは、二つとも「公共」の形成と維持を行っているが、異なる形態の組織創造性を示している。

9.6 組織の創造性

　医療組織におけるデザインと品質向上「活動」の合流する点で活動していると、Woodmanの組織創造性の概念に突き当たる。この概念は（組織理論の視点で表現すれば）彼が「複雑なシステムの中で、人々が共に働き、価値ある新しい製品やサービス、アイデア、プロセス、手続きなどを創造すること」(2014: 10) と定義したものである。Woodmanは「システムの中に創造的な能力を作り込むことの重要性」(2014: 12) を強調している。これは、「公共」に関して我々がすでに示した

188 − 189

考察に関係しており、組織創造性が増強され発揮される場を提供して品質向上を推進する上でインフラストラクチャリングがどのように助けになるかを示すものだ（図9.1）。前述の事例1では、参加者たち（この事例では化学療法の介護者）の理解と自信の改善という品質向上が実現され、一方事例2では新しい視覚的ツールを使ってインタラクティブなリハビリの環境が生み出されている。例えば、患者と療法士が互いにリハビリ作業での主要な課題や改善の進行についてコミュニケーションを行うことができる。

　Woodmanが構想した、「改善できること」を見つける組織診断は確かに、デザインの活動で「もしこうだったら（what if）？」と考えるようなこととぴったり一致している。これは、人々を通常の階層や役割から外に出し、自分たちのインサイトや専門性を使ってサービスを新たにイメージし直すことである。PARが持っていた「民主的な」手法を使うことで「トップマネジメントによる所有権」の問題（Woodman 2014: 8）にも挑み、「創造性の障害」を破壊することを助ける（同書 10）。もしデザインが「何らかの望ましい未来の実現を目指した一連の実践」（Storni 2013: 51）であるならば、それはWoodmanが論じた「準実験的なデザイン」（2014: 7）と捉えることもできるだろう。

　デザイン戦略家Penny Hagenは、証拠に基づくアプローチとユーザー体験に基づくアプローチを効果的に統合することによって、医療サービスのデザインは多くのことを得られると示唆している（Hagen 2014）。このような統合を行うには「いくらかのコラボレーションと開かれた考え方」によって二つのアプローチが持つ異なる哲学的立場を橋渡しする必要があるが、「組織内ですでに影響力を持っている既存のプロセスやモデルに、人間中心的なツールや、ユーザー体験のデザインが持つ価値観を統合すること」（同書）には大きな価値がある、ということは仕事でMRCを活用した我々の経験でも実証されており、我々も賛成だ。

9.7　デザイナー的かデザイン的か

図9.1では、デザイナー的（デザイナーが行う）活動とデザイン的（ノンデザイナーが行う）活動とが区別されている。それぞれ、医療での品質向上活動の文脈で異なる長所と短所を持っている。二つのアプローチのいずれかが、有利な、中心的な立場なのだろうか。事例1にはデザイン的アプローチが含まれている。Thomsonら（2015）は、多発性硬化症の患者への外来サービスのためにデザイナーが中心となって行った介入をテストした時、発想ツールにもっと注目する必要があることを示唆してEBCDを批判している。しかし、この研究ではデザイナーが発想ツールを使用することでEBCDより高い品質向上ができたというインサイトや「証拠」

は示されておらず、「デザイナー的」であるだけでは特にプラスにはならず、マイナスとなる可能性もあることが示唆される。さらに、Browenら（2013）はデザイナーとして高齢者の外来医療サービスに関するプロジェクトを行ったが、そのプロジェクトで得られた成果と変化には少々がっかりしており、これはEBCDでの創造的手法の語彙を拡大する必要があることを示唆するものだ。事例2はデザイナー的なアプローチを含んでおり、このプロセスの評価はほぼ間違いなくしっかりと行われているが、EBCDの手法のスケール可能性と適応可能性については証明されていない。

9.8　結論

我々は、民主的な「公共」を生み出す際に、前述の二つの事例で説明したような、社会科学やデザインの領域で使われていた多様な巻き込みの行為が助けになる、ということを提案する。こうした行為は（MRCフレームワークに代表される）実証主義の正統性を補う（そしておそらく、微妙に変化させる）ものとなる。そのような組み合わせによって、医療組織のデザイナーや品質向上の実践者の間で「話が噛み合わない」状態となるのを避け、双方が互いの持つ知識の編み合わせや「証拠」によって利益を得ることができる。

　　しかし、もしデザイナーが日々の医療実践に取り入れる自分のアプローチやデザインアイデアの正当さをより広く認めさせようとしたら、どうすれば良いだろうか。我々の主張は、彼らはさまざまな評価アプローチや知識の形式だけでなく、自分たちが運営している複雑な社会システムをよりうまく用いる方法を学ぶべきだ、ということである。他の文献（Donetto et al. 2015）でも主張されているように、医療の向上に向けたデザインによるアプローチについてしっかりと評価すべきなのは明らかで、その理論的、方法論的基盤に関する詳細な概念的分析も合わせて行う必要がある（デザイナーによるもの、ノンデザイナーによるものの両方について）。

References

Bate, S. P. and Robert, G. (2007), *Bringing User Experience to Health Care Improvement: The Concepts, Methods and Practices of Experience-based Design*. Oxford: Radcliffe Publishing.

Björgvinsson, E., Ehn, P. and Hillgren, P. A. (2010), 'Participatory Design and Democratizing Innovation', in PDC '10: Proceedings of the 11th biennial participatory design. Conference, Sydney, Australia, 29 November–3 December 2010. New York: ACM Press, 41–50.

Bonell, C., Fletcher, A., Morton, M., Lorenc, T. and Moore, L. (2012), 'Realist Randomised Controlled Trials: A New Approach to Evaluating Complex Public Health Interventions', *Soc Sci Med*. 75 (12): 2299–306.

Bowen, S., McSeveny, K., Lockley, E., Wolstenholme, D., Cobb, M. and Dearden, A. (2013), 'How was it for you? Experiences of Participatory Design in the UK Health Service', *CoDesign: International Journal of CoCreation in Design and the Arts*: 230–46.

Carse, B., Bowers, R. J., Loudon, D., Meadows, B. C. and Rowe, P. J. (2014), 'Assessing the Effect of Using Biomechanics Visualisation Software for Ankle-foot Orthosis Tuning in Early Stroke', *Gait & Posture* 39 (1): S2–S3.

Chevalier, J. M. and Buckles, D. (2013), *Participatory Action Research: Theory and Methods for Engaged Inquiry*. Abingdon: Routledge.

Coughlan, P., Fulton Suri, J. and Canales. (2007), 'Prototypes as (Design) Tools for Behavioral and Organizational Change: A Design-based Approach to Help Organizations Change Work Behaviors', *The Journal of Applied Behavioral Science* 43 (1): 122–34.

Craig, P., Dieppe, P., Macintyre, S., Michie, S., Nazareth, I. and Petticrew, M. (2008), 'Developing and Evaluating Complex Interventions: The New Medical Research Council Guidance', *BMJ* 29 (337): a1655.

Cross, N. (2011), *Design Thinking: Understanding how Designers Think and Work*. Berg/Bloomsbury.

De Silva, M. J., Breuer, E., Lee, L., Asher, L., Chowdhary, N., Lund, C. and Patel, V. (2014), 'Theory of Change: A Theory-driven Approach to Enhance the Medical Research Council's Framework for Complex Interventions', *Trials* 15: 267.

Donetto S., Pierri, P., Tsianakas, V. and Robert, G. (2015), 'Experience-based Co-design and Healthcare Improvement: Realising Participatory Design in the Public Sector', *The Design Journal* 18 (2): 227–48.

Greenhalgh, T. Howick, J. and Maskrey N. (2014), 'Evidence-based Medicine: A Movement in Crisis?', *British Medical Journal* 348: g3725.

Greger, S. and Hatami, Z. (2013), 'Reducing Social Distance through Co-design', in T. Keinonen, K. Vaajakallio and J. Honkonen (eds), *Designing for Wellbeing*, 125–9. Helsinki. Aalto University Publication Series, Art+Design+Architecture.

Hagen, P. (2014), 'Integrating User Experience and Evidence-based Approaches to Design'. available online: http://www.smallfire.co.nz/2014/01/25/integrating-user-experience-and-evidence-based-approaches-to-design/ (accessed July 2015).

Jones, L., Wijck, F. van, Grealy, M. and Rowe, P. (2014), 'Investigating the Feasibility of Using Visual Feedback of Biomechanical Movement Performance in Sub-acute Upper Limb Stroke Rehabilitation', *Gait & Posture* 39 (1): S48.

Le Dantec, C.A. and DiSalvo, C. (2013), 'Infrastructuring and the Formation of Publics in Participatory Design', *Social Studies of Science* 43 (2): 241–64.

Lewin, S., Glenton, C. and Oxman, A. D. (2009), 'Use of Qualitative Methods Alongside Randomised Controlled Trials of Complex Healthcare Interventions: Methodological Study', *BMJ* 339: b3496.

Loudon, D., Taylor, A. and Macdonald, A. S. (2014), 'The Use of Qualitative Design Methods in the Design, Development and Evaluation of Virtual Technologies for Healthcare: Stroke Case Study', in M. Ma, L. A. Jain, A. and P. Anderson (eds), *Virtual and Augmented Reality in Healthcare* 1, 371–90: Berlin: Springer-Verlag.

Macdonald, A. S. (2017) 'Negotiating Design within Sceptical Territory: Lessons from Healthcare', in R. Cooper and E. Tsekleves (eds), *Design for Healthcare*. Aldershot: Gower.

Marmot, M. (2010), *The Marmot Review: Fair Society, Health Lives. Strategic Review of Health Inequalities in England post-2010*. London, The Marmot Review.

McIntyre A. (2008), *Participatory Action Research*. Thousand Oaks, CA:

Sage Publications.

MRC (2000), *A Framework for the Development and Evaluation of RCTs for Complex Interventions to Improve Health*. London: Medical Research Council.

MRC (2008), *Developing and Evaluating Complex Interventions: New Guidance*. Medical Research Council, London.

Murchie, P., Hannaford, P. C., Wyke, S., Nicolson, M. C. and Campbell, N. C. (2007), 'Designing an Integrated Follow-up Programme for People Treated for Cutaneous Malignant Melanoma: A Practical Application of the MRC Framework for the Design and Evaluation of Complex Interventions to Improve Health', *Fam Pract* 24: 283–92.

Murray, E., Treweek, S., Pope, C., MacFarlane, A., Ballini, L., Dorwick, C., Finch, T., Kennedy, A., Mair, F., O'Donnell, C., Ong, B.N., Rapley, T., Rogers, A. and May, C. (2010), 'Normalisation Process Theory: A Framework for Developing, Evaluating and Implementing Complex Interventions', *BMC Med* 20 (8): 63.

Ovretveit, J. (2009), *Does Improving Quality Save Money? A Review of the Evidence of which Improvements to Quality Reduce Costs to Health Service Providers*. London: Health Foundation.

Paul, G., Smith, S. M., Whitford, D., O'Kelly, F. and O'Dowd, T. (2007), 'Development of a Complex Intervention to Test the Effectiveness of Peer Support in Type 2 Diabetes'. *BMC Health Services Research* 7 (136).

Robert, G. (2013), 'Participatory Action Research: Using Experience-based Co-design (EBCD) to Improve Health Care Services', in S. Ziebland, J. Calabrase, A. Coulter and L. Locock (eds), *Understanding and Using Experiences of Health and Illness*. Oxford: Oxford University Press.

Robert, G., Cornwell, J., Locock, L., Purushotham, A., Sturmey, G. and Gager, M. (2015) 'Patients and staff as co-designers of health care services', *British Medical Journal*, 350: g7714.

Robinson, L., Francis, J., James, P., Tindle, N., Greenwell, K. and Rodgers, H. (2005), 'Caring for Carers of People with Stroke: Developing a Complex Intervention following the Medical Research Council Framework', *Clin Rehabil* 19 (5): 560–71.

Rowlands, G., Sims, J. and Kerry, S. (2005), 'A Lesson Learnt: The Importance of Modelling in Randomized Controlled Trials for Complex Interventions in Primary Care', *Family Practice* 22: 132–9.

Seravalli A. and Eriksen, M. A. (2017). 'Beyond Collaborative Services: Service Design for Sharing and Collaboration as a Matter of Commons and Infrastructuring', in D. Sangiorgi and A. Prendiville (eds), *Design for Service*. London and New York: Bloomsbury, 237–50.

Snook (2015), 'LEAN and Service Design. Understanding the Differences'. Available online: http://pbc.io/wearesnook/lean-and-service-design-understanding-the-differences/ (accessed 3 June 2016).

Storni, C. (2013), 'Design for future uses: pluralism, fetishism and ignorance'. Available online: http://www.nordes.org/opj/index.php/n13/article/viewFile/276/258 (accessed 1 June 2016).

Strickfaden, M. and Devlieger, P. (2011), 'Empathy through Accumulating Techné: Designing an Accessible Metro', *The Design Journal* 14 (2): 207–30.

Thikey, H., Wijck, F. van, Grealy, M. and Rowe, P. J. (2014), 'A Virtual Avatar to Facilitate Gait Rehabilitation Post-stroke', *Gait & Posture* 39 (1): S52–S53.

Thomson, A., Rivas, C. and Giovannoni, G. (2015), 'Multiple Sclerosis Outpatient Future Groups: Improving the Quality of Participant Interaction and Ideation Tools within Service Improvement Activities', *BMC Health Services Research* 15: 105.

Tilling, K., Coshall, C., McKevitt, C., Daneski, K. and Wolfe, C. (2005), 'A Family Support Organiser for Stroke Patients and their Carers: A Randomised Controlled Trial', *Cerebrovasc Dis.* 20 (2): 85–91.

Tsianakas, V., Robert, G., Richardson, A., Verity, R., Oakley, C., Murrells, T., Flynn, M. and Ream, E. (2015), 'Enhancing the Experience of Carers in the Chemotherapy Outpatient Setting: An Exploratory Randomised Controlled Trial to Test the Impact, Acceptability and Feasibility of a Complex Intervention Co-designed by Carers and Staff', *Supportive Care in Cancer* (10): 3069–80.

Woodman, R. W. (2014), 'The Science of Organizational Change and the Art of Changing Organizations', *Journal of Applied Behavioral Science* 50 (4): 463–77.

公共・社会領域におけるサービスのデザイン行為

PART 3

公共・社会領域における
サービスのデザイン行為

Designing for service in public and social spaces

第3部では、公共・社会領域におけるサービスデザインについての四つの寄稿を紹介する。文化的に非常に特異な社会空間におけるデザインの役割を明確にし、かつ支援するための観点を各章で提示し、ソーシャルイノベーションや政府の政策の新興領域でのサービスデザインの果たす役割を示していく。各章では、論文の著者は具体的な社会的かつ文化的課題について議論する一方で、変革的な転換をもたらす先鋭的なサービスデザインについても議論している。

　　第10章では、ボランタリー＆コミュニティセクター（以下VCS）で増加しているサービスデザインの関与や、そのようなコラボレーションの利点と課題に対する、YoungとWarwickの批評から始まる。著者らは、VCSの組織自体がデザインと協働デザインの領域やサービスデザイナーとの関わり方に対する学びを深め習熟することは容易ではないが、コラボレーションが終了してから（セクターがサービスデザインを）継続していくために必要であると言及している。このような組織における現在のサービスデザインの限界を乗り越えるための、社会経済のパラダイムシフトの必要性を著者らは提案する。それはVCSが①デザインに触れる機会を増加させ、②デザインとの関わりを持続させ、③組織と出資者が運営する文脈的構造の社会基盤への理解と連携を進めることによってなされる。この三つの領域に取り組んだ時、サービスデザインはVCSの表面的かつ断片的な活動から、セクター自体を含む変革的な実践のメインストリームになると主張する。

　　CipollaとReynosoによる第11章では、ソーシャルイノベーションに注目し、低所得者層向けのサービスをデザインする際の文化的要因の関連性や、そのサービスがどのようにサービスデザイナーにインスピレーションを与えるかを調べるために、メキシコとブラジルのソーシャルイノベーションを紹介している。二つのケーススタディを通して、ピラミッドの底辺にいる地元の起業家が、地元に根付いた文化的な背景をどのように自分たちのサービスに取り込んでいるか、地元の人間関係や文化的な習慣が、どのようにサービスの提供する独自の特徴を形成しているかを立証する。著者は現在研究中の領域であるソーシャルイノベーションの特性をデザイン的な見地から理解するために、このようなサービスの背景の明確な

公共・社会領域におけるサービスのデザイン行為

特徴を調査するためのサービスデザインのツールと文化人類学的な方法論を提案している。

　MeroniとCoruboloとBartolomeoも同じようにソーシャルイノベーションに焦点を当てているが、12章ではヨーロッパ各地で増加しているソーシャルイノベーションのプログラムを図解し、ソーシャルイノベーションを促進し支援するための、また行動を人々に促すためのサービスデザイン、デザイン思考、協働デザインに根ざした「デザイン的な」方法の使用について論じている。EUが資金援助をしているプロジェクト「TRANSITION」の成果を示しながら、とくに市民や社会組織や行政が難しい社会課題に取り組む場合に、サービスデザインがソーシャルイノベーションを促進し育てるための異なった方法を提案している。持続可能なソーシャルイノベーションを起こしサポートすることにおいて、サービスデザインが担う多くの重要な役割を明確にしているが、ここでも明確な社会的提案を視覚化し伝達するサービスデザインの能力と共に、地元のエコシステムにおける個々の状況に応じた準備の重要性に注目が寄せられている。

　BuchananとJungingerとTerreyによる13章は、これまでの三つの章とは対照的に、使用されているそれぞれのツールを分析するために、各国の状況に応じて、政府の政策立案者が現在採択しているサービスデザインについて述べている。オーストラリア、イギリス、ドイツから三つの例を挙げ、そのような実践から得られるものへの動機を比較し、サービスデザインがもたらす重要な貢献について説明する。各例の類似点と相違点を引き合いに出し、政府とデザイン間に存在する文化的なコミュニケーションの違いと、その違いがデザイナーに与える困難に関する洞察を述べている。著者らによればサービスデザイナーがこの領域で働くには、政策立案に通じ、この手の仕事の倫理的な側面にも再び関わらなければならない。

CHAPTER
10

サービスデザインと周縁効果

Service design and the edge effect

Robert Young and Laura Warwick

10.1 イントロダクション

製品とは対照的にサービスのデザインにはデザイナーが関わってきたので、単に経済的な利益というより、社会的な利益のためのサービスのデザインは、研究と実践における関心分野となっていた。

　公的機関におけるサービスデザインの活用は、医療、社会、行政サービスで採用されている「デザイン思考アプローチ」で十分に立証されている（Mulgan and Albury 2003; Manzini 2010; Kimbell 2011a）。公的機関への財政支援が減少するにつれ、公共サービス縮小のしわ寄せを拾い上げるために、第三セクター、もしくはVCS（訳注：Voluntary & Community Sector／ボランタリー・コミュニティ・セクター。NPOなど非営利の組織）にさらに依存するようになってきている。このような状況が続くのであれば「VCSの知見や能力を伸ばすことにおける、サービスデザインの実践と研究の役割は何なのか？」「この仕事にお金を払う余裕は全くないとすると、サービスデザインの関与をサポートする社会経済の枠組みはあるのか？」といったことを考えなければならない。

　サービスデザインは、最初のサービスデザイン・コンサルタント会社「Live|Work」が2001年に創業したばかりの、まだ未成熟の分野である。ほとんどの研究機関は、デザインがサービスに関してできること、もしくはすべきことを明確にし証明するというような、サービスデザインの定義に注力してきた（Sangiorgi 2011; Wetter Edman 2011）。2014年のSangiorgiおよびその他による「イギリスのサービスデザイン研究の発展と解析」という研究レポートでWhiteとYoungは、これまでの研究は「遠い未来や近い将来の望ましい社会を、適切な方法論の発展を通してどのように形成することができるか？」というような、デザインのメソッドやプロセスに注目していると述べている。例えば、このことはMeroni & Sangiorgi（2011）やTan（2012）、Warwick（2015）やYeeとWhiteとLennon（2015）らも研究を続けてきている。これらの研究者たちは、複雑なコンテクストを理解し、価値を共創するためにサービスを利用し、運営し、委任する人々を従事させるためには、サービスデザインの知識やツールの発展が、ビジネスや公共サービスにとって重要であるのと同様にVCSにとっても重要であるということを説明している。

　それでも、VCSのデザイン活用に対する欲求が大きくなっていることは、「Age UK」「Mind」「the Citizens Advice Bureau」「Macmillan Cancer Research」などを含む、イギリスのサービスデザイナーの関与するVCSの増加が顕著なことからも明らかである。「BIG Lottery Scotland」は、15のVCSにデザインを導入し実行するプログラム「Better by Design」に資金援助もしている[Note1]。大学でも、こ

の分野の学生、大学院生、研究生の増加と共に、ソーシャルイノベーションのためのデザイン力の構築をしている（SDR Network の Web サイト[Note2]、DESIS International Labs の Web サイト[Note3]参照）。

近年、イギリス経済全体の成長にもかかわらず、2017〜18年の VCS における収益は（2012年の英国で始まった福祉領域の）改革前（Clarke et al. 2012）よりも12%（17億ポンド）減少すると推定されている。上記の研究は、サービスデザインの定義、メソッドの改良、サービスにおけるデザインの効果の証明に焦点を置いたものであるが、VCS に対するデザインの価値についての研究は、未成熟な段階にある（Armstrong et al. 2014）。しかし、それに影響を与える経済力とデザインの機会も急務である。Sangiorgi らの研究「ソーシャルイノベーションの実践をサポートする持続可能な社会経済のパラダイムはどのように開発できるか？」（2014）でも、White と Young はこのことについて述べている。我々が本章で議論するのは、まさにこの問いである。そこで、Warwick（2015）の博士課程のケーススタディにもとづいて複数の VCS と行ったサービスデザインプロジェクトの経験、および経済的な困難がそれを難しくしているにも関わらず VCS でデザイン活用に対する要求が増加している現象から明らかになってきた、重要な論点を総合的に扱う。この章では、VCS とサービスデザインの実践の境界に生じる介入と行動を元に、この窮状における生態学を明らかにし理解するために、「周縁効果として知られるコミュニティの接点における多様性の増加傾向」（Odum 1971: 14）にあるような周縁効果の類似性を使用している。

10.2 VCSの状況

VCS は、特定のニーズに応えるサービスを提供するために設立されている。例えば、余命が限られている家族や親戚の看護や介護をしている家族、移民の支援、老人が自宅で生活を続けられるようにする支援などである。しかし、資金提供者や資金調達をする人たちの視点や注目点、そして最近はその状況が絶えず変化しており、その結果 VCS は、そのような変化に反応してしまい、ユーザーのニーズに本当に見合うものではなくなっている。例えば、コンサルティングファームの PWS（プライスウォーターハウスクーパース）の報告（2010）によると、VCS や機関に対する態度の変化やプレッシャーはコストカットを引き起こすものの、ユーザーに対するサービス改革や、提供方法の改善努力をはばむ恐れがあるという。

19世紀に VCS が具体化されて以来、国家の支援が全く、もしくは少ししかない単独のサービス提供者（Smith 1995）から、政府と共に働く重要な公共サービスの提供者（Cairns, Harris and Young 2005）へと、その形態や目的は何度か変化

してきた。しかし、2008年の世界金融危機と、それに続く国家の大幅な財政支援の縮小によって生まれた国家とセクターの契約関係（Macmillan 2010: 5）は、第三セクターを不安定なものにした（New Philanthropy Capital 2010）。

　イギリスの労働党政権は、サービスの規模拡大、イノベーションの醸成、ユーザーにすばやく答えられるサービス育成を目的として、サービス提供者の多様化と競争力強化を目指し、2008年の金融危機よりも前に公共サービスの大改革を始め、この改革は2010年の新政権下で加速した。そして改革は、契約文化の強化とともに、改革はセクターとサービスのユーザーの関係にも多大な影響を与えた。今では、個々のニーズに合わせられるサービスを作ることにかなりの重きが置かれ、サービスを提供するために「交流的に」働きかけるのではなく「関係性的に」することがより重視されている（Needham and Carr 2009: 3）。したがって、VCSは、どのように資金を調達するかという課題だけでなく、どのようにサービスを提供するのかという、期待の変化に応える課題にも直面している。

　この改革は、金融危機の影響がまだ残っている時期にも行われている。法的な支援の可能性や金額の減少だけでなく、金融破綻に伴い、助成金も2006～2007年以来の最低レベルに低下しており、VCSに対する不景気の影響を調査した結果、ボランティアと慈善寄付の割合も減少していることが分かっている（Clarke et al. 2012）。したがって、金融破綻の影響は広範囲に渡り、スタッフが7万人も減少するという、VCSの組織的能力にも大きな影響を与えた（ibid.）。しかし、金融危機の社会的な影響によってサービス需要の相当な増加に対し、慈善団体もそれに応えようと努力してきている。調査対象となったVCSの67%は2012年にサービスの需要が増加したと報告し、72%は2013年により上昇するだろうと予測した（Oakley et al. 2012）。その結果、セクターは急速に増加する、より良い、より個別のサービスへの需要に、これまで以上に少ないリソースで応えようとしている。このような難しい事業環境にも関わらず、VCSはいまだに、公共サービスの提供とソーシャルチェンジの両面で重要なステークホルダーだと考えられている。

> 「現在イギリスが直面している社会的、経済的、政治的な課題に取り組むには、市民社会のイノベーションと熱意が欠かせない。（政府は）協同組合、慈善団体、社会事業の創造と拡大をサポートし、公共サービスの運営により大きく関与できるようにする」
> （HM Government 2010: 29）

VCSをソーシャルイノベーションのリーダーとする要求があるにも関わらず、VCSがサービス利用者の成果を向上させるようにサービスを提供できるという認識を裏

付ける証拠はほとんどない（Hopkins 2010; Miller 2013）。実際、2008 年の「Public Administration Select Committee」ではこのような報告があった。

> 「政府や、サービスを提供においてVCS が重要な役割を果たすと擁護する人たちは、VCS はサービス利用者の成果を向上させるようなやり方でサービスを提供できると主に主張しているが、私たちはその主張を裏付けることができなかった。まだ仮説の段階の、裏付けに乏しい議論が多過ぎる」
> （House of Commons Public Administration Select Committee 2008: 3）

契約的関係に移行することで、イノベーションと独自性はかなり制限されるという最近の報告もある（Crowe et al. 2014: 8）。この大きな変革期に、VCS は「革新的であるよりも、自分たちが革新的だと信じることの方に長けてしまっているのかもしれない」（Hopkins 2010）。このような周縁効果下の状況では、より個別のサービスに対する要求と、現在の社会経済危機という、二つの大きな変化の要因に対応できる速度で変革する能力がVCS にあるのかどうか、定かではないし、どのようにしてそのような変化を起こし、ユーザー中心の変化に功を奏するようデザインを利用する機会を創出するか、という規定のモデルも存在していない（Warwick 2015）。

10.3 デザインの断片的な影響

そのような状態、VCS と国家の（一層カスタマイズされたサービスの）提供者＝購入者という関係性は、変化のドライバーであると同時に、デザインを利用する主な理由であった。一部の公共セクターでは、さらに、変化と財政緊縮の時代にイノベーションを促すことへの期待をデザインに求めるようになった。2005 年のNHS（国民健康サービス）におけるInstitute for Innovation and Improvement（革新と改善のための研究所）の編成は、VCS の基礎構造へのデザインの浸透を示している（Bate and Robert 2007）。同じく、ニューパブリックマネジメント（以下NPM）に向けた都市や地域や国家の環境での動きや、民間セクターの手法やメトリクスを公共サービスの提供に適用するガバナンスのアプローチは、この領域におけるデザインの優位性を示している（Cooke and Kothari 2001）。これらは、ニューパブリックガバナンス（訳注　サービスマーケティングのSDL、SLなどの価値共創アプローチから着想した新しい公共統治の概念）のモデルによる、（公）統治理論の実践とも言える（Mathiasen 1996; Lynn 1998）。しかし、専門的なデザインナレッジの広範囲に渡る適用を支援するためのVCS の資金は、民間セクターが通

常必要と考える資金のスケールよりはるかに小さい。そのため、民間セクターのメソッドに基づいていても、このようなモデルはVCSのサービス開発におけるサービスデザインの介入支援を委託する仕組みを自動的に実現するものではない。

VCSにおけるデザイン普及の増加は、純粋にビジネスのサービスイノベーションに焦点を当てることから、公共にもソーシャルチェンジを起こすよう働きかけることへの、研究領域のマクロな変化を反映している（Manzini 2011; Wetter Edman 2011）。同じように、（サービスデザインは）単独の相互作用のデザインからエンゲージメントのシステムへ、組織のサービスからそれを支える戦略へと変化してきた（Sangiorgi 2011: 30）。私たちの「サービス」への理解も、「モノとは違う何か」から（Zeithaml and Parasuraman, Berry 1985）、「経済的な交換の様式」（Vargo and Lusch 2004）、そして「利用価値の創造」へと移り変わってきた（Vargo and Lusch 2008; Kimbell 2011b）。さらに最近では、サービスは予測できない要素のある複雑で相関的なもので、だからこそ完全にデザインすることはできないと考えることがデザイナーには求められている。「デザインとは断片的に達成されるものであり、その力と有効性の限界を認めつつ、意図しない結果をマネジメントするという意識が重要である」（Blomberg and Darrah 2014: 130）。この不確定性を理解することで、文化、背景、モデル、方法、実践がぶつかり合う、周縁効果のエコロジー（生態系）が類推できるようになる。その中でデザインは少しずつ、セクターの境界を越えた働きかけと実行を通して利用価値を創ることを学び、それによってより幅広い展開へと実例を積み上げていく。

公共のセクターでのデザイン活用の実績評価について、「Design Council's Public Services」という最近のプロジェクトでは、経済的な影響を明らかにし、それを獲得しようという意識的な努力があった。このデザインプログラムでは、デザインに投資された1ポンドあたり26ポンドの社会的なリターンがあったとしている（Design Council 2010: 5）。サービスにおける価値の複雑な性質が、金銭的な価値においては、デザインが介入する意義の追跡を難しくすることもある。しかし、金銭以外では、顧客満足の向上（Hollins 1993）、独自のサービスの提供（Meroni, Sangiorgi 2011）、密接に結びついたシステム（Bate and Robert 2007）、アイデアやリソースに対するコミュニティの当事者的責任（Freire and Sangiorgi 2009）、効果的な節約（Design Commission 2013: 35）、組織的な戦略や文化における変化（Junginger and Sangiorgi 2009）などを含む多くの影響が、サービスデザインのプロセスの成果として定期的かつ継続的に言及されてきた。

サービスデザインの価値、役割、範囲の拡大に批判がなかったわけではない。そのような複雑な問題に完璧に取り組むだけの能力がない状態で、デザイナーは孤立して社会問題に関わる仕事はできない、もしくはするべきではないと言う研究

者や実践者 はいた (Tonkinwise 2010; Campbell 2014; Junginger 2014; Mulgan 2014)。同様に、このような状況におけるデザインのさらなる限界として、幅広いレベルで社会問題に対処できるようにイノベーションをスケールアップする能力が、デザイナーには欠けていることが多いと指摘する者もいた (Drenttel 2010; Morelli 2014)。公共の場におけるデザインの介入は増加してきたが、組織やシステムに組み込まれるというより、依然として1回限りのプロジェクトであることが多く、システムレベルに至っているものは少ない。このことは疑いなく、デザインが介在する規模を拡大する議論を困難にしている。それゆえ、デザインをビジネス文脈の用語として実装するような経済的なパラダイム発展の議論も、同時に起こらなくなっている。つまりデザインの価値は、戦略的なビジネスプロセスや、組織のイノベーションの推進役としてではなく、新しいサービス開発のためのデザインの戦術的な介入という点で、デザインの価値は認識されている。

　　公共セクターにおけるサービスデザインの使用の急速な増加や、それに付随する影響は、サービスデザインはVCSにとって価値があるはずだということを示している。このロジックは、サービスアプローチのためのデザインは、政策を変更させるレベルでVCS組織に影響を与えうることを実証した、2015年のWarwickの博士課程論文のような、最近の研究論文で信頼性が証明された。さらに最近では、AHRCが資金提供しているYee、White、Lennonの2015年の研究で、デザインには価値があり、VCSによって評価されていることが証明された。どちらのケーススタディでも、VCSは同規模のSME (Small & Middle Enterprise：中小企業) よりもデザインの役割や、組織の文化を変えるような影響力のある立場で活動するデザイナーの能力を受け入れやすいことを示している。また、この研究では、経済的なパラダイムは、デザインに多く触れること、継続的にデザインに関わること、セクターの基盤となるデザインなどの、デザインに囲まれることが必要だと示した (Warwick 2015; Yee et al. 2015)。それとは別の結論として、彼らは組織にとって「批判的な友人 (Critical Friend)」として特徴づけられるサービスデザイナーの役割を示している。次のセクションではこのような活動について議論していく。

10.4 パラダイムを支えるためにデザインに触れる

サービスデザインのための社会経済的パラダイムを支える一番の問題は、VCSがデザインという分野やデザイン固有の価値に触れなければならないことである。多くの場合実践と研究に関わる大半のステークホルダーにとって、コラボレーションが始まる前に、デザインの具体的なツールや役割や価値は明確ではない (Tan 2012; Warwick 2015; Yee et al. 2015)。Tan (2012: 69) とWarwick (2015:

228）は両者とも、ステークホルダーはそのようなプロジェクトに参加するために、デザイナーとデザインアプローチの両方を、先に信用しなければならなかったと明らかにしている。

　TanとWarwickどちらの博士課程論文でも、デザイン・エンゲージメント研究は、それぞれ別の組織に援助されていた（例えばTanのDott77の研究（2012）ではthe Design Council、Warwickの研究（2015）の場合はノーザンブリア大学）。それは経済的な支援というより、VCS組織の一員として参加する、というような人材や時間の投資が求められた。同じく、YeeとWhiteとLennonの研究（2015）の場合は、「BIG Lottery」がコラボレーションのうちの一つを（前述の「Better by Design」のプログラムの一部として）支援していた。「Municipal Association of Victoria」と「FutureGov」のプロジェクト[Note4]や、ニューサウスウェールズのFamily & Community Services[Note5]のような、従来の契約関係もあるが、特定の政策目標の一部として複数の支援元からリソースを調達することも多い。

　（Tan、Warwick、Yees et al.の）三つの研究すべてにおいて、デザインプロセスに触れることはもちろん、さらにそのプロセスに参加することで、ステークホルダーのデザインに対する理解が飛躍的に向上することが分かった。多くの場合、そのことがその後のデザインとの関わりや広がりにつながっている。Warwickの（2015: 257）VCS組織の初期関係におけるデザインの役割モデルは、ステークホルダーのデザインへの関与と「アプローチの及ぶ範囲や影響の増加」を、明確に関連づける。デザインに触れることと、デザインの価値に対する理解や評価の関係は、Warwick（2015）やYeeその他（2015）の研究でそれぞれ立証されてきたが、一般的なデザインのナレッジや、セクターのデザイン分野に関する認知の欠如が、いまだにデザインとの関わりの障害となっている。したがって、有意義なやり方で、デザインに触れ参加する機会を増やす方法を見つけることが課題である。

10.5 パラダイムを支えるための　　　デザインとの継続的な関わり

ソーシャルデザインの文献は、デザイナーが、自身が積極的な参加者でなくなった時のことを考えてデザインをすることの重要性を強調している（Blomberg and Darrah 2014）。それゆえ、デザイナーが誰かのためにデザインすることから、共にデザインすること、デザイナーを生み出すことへの継続的な変化を支持している（Yee et al. 2013）。これはサービスデザインの実践にさまざまな波及的効果を与える考え方であり、サービスデザイナーによるVCSにおけるソーシャルイノベーションの実践を支援するための持続可能な社会経済的パラダイムを開発する、という

課題には適さないとも解釈できる。しかし前述のように、VCSの人材や能力、金融資本が限られている状況下で、どのようにすればデザイナーを生み出すことができるだろうか？　Warwick（2015）の三つのケーススタディでは、二つの慈善団体はどちらも、その後のケーススタディでサービスデザインに積極的に取り組んだ。さらなるサービスデザインのパイロットプロジェクトにも参加し、個々にワークショップを行った。ただし、このような機会は限定的であり、どちらも直接的もしくは間接的に、（Warwickの）オリジナルの研究に続くものとして提供された。

　　一般的に、サービスデザインに興味を持った人が、サービスデザインについて学ぶ機会というのは限られている。特別に教えてくれるサービスデザイナーと直接関わりを持つか、Design Management Institute の「Service Design for Business」 Note6 や、Central St Martins の「Service Design」の夏季プログラム Note7 のような少人数で学べる機会を持つかである（どちらもロンドンが拠点で、費用は一人あたり700ポンド以上）。未成熟な分野なので、サービスデザインを学ぶことができる機会が少ないのは驚くことではないし、需要に応じて増えるだろうが、それまでの間は、VCSは直接プロジェクトに関わることを通して以外は、継続して学ぶ機会が限られるということである。

　　Botero と Hyysalo（2013: 38）は、デザイナーが去った後も、ステークホルダーがデザインを使ったアプローチを使い続けられるようなツールやメソッドを提供する「差し迫ったニーズ」が、デザイナーにはあると指摘している。Yu と Sangiorgi（2014）も、コラボレーション後の継続的な使用を支援するために、いかにデザインメソッドを修正するかということについて、さらなる理解の必要性を述べている。しかしながら、最近の出版物（e.g. Juninger 2015）ではデザインが真に組織の一部分として組み込まれるという考えに疑問が呈されている。その背景にあるのは、デザイナーと研究者には組織的なデザインの慣習とレガシーについての適切かつ明瞭な説明はできないのではないかという懸念だ。Warwick の博士課程論文（2015）では、デザインはVCSに価値をもたらすための「批判的な友人」として機能するはずだとしており、同じようにYee と White と Lennon のレポート（2015）でも、謙虚かつ統合的かつ共同創造的に行動しながらも効果的な存在であるために、デザイナーにはある程度の自主性が必要だと示唆している。

　　明らかなのは、VCSの絶え間なく変わる運営環境が、ステークホルダーや組織や協力関係者に、大規模で永続的な変化を受け入れることを求めているということである。したがって、資金は少なくリソースや能力も乏しい、というVCSの状況に合う方法で、最初の変化だけでなくその後の再構成のサイクルをも支援するためのデザインの使い方を考える必要があるのは明白である。そのために、VCSでの継続的なデザインの使用を支援する、資金援助の機会や能力開発のプログ

ラム形成に、実践的なサービスデザイナーやアカデミックなデザイン研究者が直接関わる必要がある。

10.6 パラダイムを支える基盤のデザイン

サービスデザインは、サービスやプロダクトサービスシステムの発展を通した反復のプロセスだと常に言われてはいるものの(e.g. Double Diamond Design Process Model, Design Council, 2005)、このプロセスがその後の引き渡しの段階でどのように功を奏するかを理解するために行われた調査は、ごく少ない(Yu and Sangiorgi 2014; Botero and Hyysal 2013)。Botero と Hyysal の研究(2013)では、従来の研究開発のデザインプロセスの「ファジー・フロントエンド(訳注:イノベーション論でのアイデア創出からコンセプト開発までの発見段階を指す用語)」という Sanders と Stappers (2008)による記述は、コミュニティとのデザイン行為の複雑さを反映するための修正を示唆している。彼らはコミュニティに関連するアプローチの、継続しながら、時にさらなる仕事を生み出す、つまり終わることのない活動としてデザインを描写する別の表現を提示している。

　　Botero と Hyysal (2013: 51)は、コミュニティの慣習やインフラという「軌道とリズム」が、協働デザインの取り組みのペースに影響を与え、規定し得ることを強調する。サービスデザイナーは、異なる領域(組織やステークホルダー)への介入(協働デザイン活動)の価値の理解に関して大きな一歩を踏み出したが、デザインがどのようにインフラ(組織やステークホルダーが活動する文脈的構造)に関係するのか、デザインがインフラの影響をどのように受けるかを理解するという点においては、まだ多くのやるべきことが残されている。この論文では、著者は特に、調査や協働デザインされている VCS の状況を説明する名詞を「インフラストラクチャ」としており、Karasti によって要約された(2014)複雑で持続可能なシステムやコミュニティや公共機関をデザインする時の特別な関わり方や視点を表す、参加デザインの概念である「インフラストラクチャリング」という用語は使用していない。

　　社会的文脈におけるデザインに向けられた批判の多くは、デザイン単独で組織あるいはコミュニティを変革できる、その「程度」に関連したものだ。これは、デザインがまだアプローチの使用を支援することを必要とされるレベルまで浸透していないためではないかという指摘もある(Schulman 2010)。Botero と Hyysal (2013: 48)は、デザインの継続し反復するという性質は、複雑で絶え間なく変わるコミュニティの状況と相まって、周縁効果下での「協働デザインへのインフラ型の戦略を求められる」と指摘する。

　　Young (2009)のデザインコンテントモデル(図 10.1)に関連する、Warwick

の調査のケーススタディ（2015）のプロセスと結果を考えれば、これまでのデザイン活動と調査は依然として主にシステムレベルであるが、VCS組織の変化を促進するものとして機能する可能性を、間違いなく立証している（Warwick 2015）。しかし、この変革の可能性は、より幅広いコンテクストにおける変化を欠くことによって限定され続けるだろう（Warwick 2015; Yee et al. 2015）。

「In with for」デザインスタジオ（In with forward：オランダ発の社会デザイン組織）のSchulmanは、社会問題に本当に影響を与えるには、デザインのクリエイティブな鮮度と同時に、社会政策に批判的な疑問を感じることが必要だと言っている。長期的な社会的変化を達成するには、デザイナーとデザイナーが働いているシステムが、成長し、プロトタイプし、正確な変化の理論を広める態勢が整っていなければならないと主張している（Schulman 2010）。

「Design Against Crime and Public Services by Design」（Design Council 2010）のような論証的なプロジェクトでは、政策を決めるにあたって、デザイン的なアプローチを取り込むことの価値を強調している。イギリスの内閣府は、最近デザイナーのDr Andrea Siodmokをトップとする新しいPolicy Labを立ち上げた（Siodmok 2014）。できることならこのPolicy Labが、VCSの基盤が最終的に反映させるべき、ユーザーのニーズを地元や国の政策に直接統合してくれれば望ましいが、そうだとしても依然としてVCSでのサービスデザインの使用を支援するためのより良い状況づくりは必要である。デザイナーには、コミュニティレベルでインフラストラクチャのデザインに参加するポジションに自らを置く必要がある（図10.1参照）。ここで議論された三つの行動は、公共と民間どちらのセクター

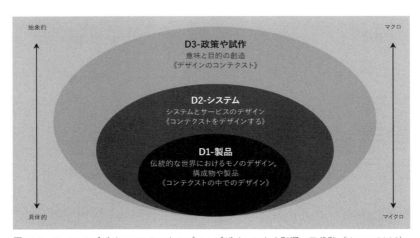

図10.1　Youngのデザインコンテントモデル：デザインによる影響の三段階（Young 2009）

にも関係があり、すでに起こっていることかもしれないが、Warwick（2015）や
Yeeとその他（2015）の研究のケーススタディでは、それはVCSでも起こりうること
であるが、パラダイムシフトに寄与するほど十分に常に行われていないことが分かっ
ている。

10.7 結論

この第10章で紹介した議論では、社会的な状況における断片化したデザインの
達成と、VCSにおける最近のデザイン使用の成功について述べた。VCSの脆弱
な状態は、デザインの社会的な価値を証明しているかもしれないが、デザインの
使用はまだ断片的だということを意味している。セクターの周辺で活動をしながら、
長期的に見て最大限の影響を確実に与えられるよう、効果的かつ持続可能に支援
される必要がある。この章では、その目的に向かって、VCSにおけるサービスデ
ザインの社会経済的パラダイムの発展を支援するために、三つの活動に取り組む
必要性を提案した。その活動とは、デザインに触れること、デザインに継続的に
関わること、そしてインフラストラクチャリングのデザインは、インフラストラクチャ
リングとは違って、シェアベースの、コラボレーティブサービスもしくはコモンズに
関するデザインである（Karasti 2014）。

　　著者はこのような活動に直接取り組んでいるが、同時に柔軟に異なるタイプ
の関わりを支援するために働かなければならない。例えば、YeeとWhiteと
Lennonの研究のケーススタディの一つ「Uscreates and South London and
Maudsley NHS Foundation Trust（SLaM）」では、異なるタイプの関わりを支援
するために、資金援助のさまざまな経路を通して、強く長続きする関係を作ること
を説明している。例えばプロジェクトのパートナーとしては、持続可能な関わりの
基本形式である「払った料金分のみ」方式や、「アドバイスのみ」というレベルで（Yee
et al. 2015: 16）関わることもある。

　　サービスデザイナーが、VCSの最高レベル（例えば、運営レベルだけでなく
政策や戦略レベル）で最大限に介入し、VCSをサポートしているというエビデンス
がある（e.g. Warwick［2015］）。このことは、少ないリソースで多くのことを行わ
ねばならないという、リソースの限界で増大するプレッシャーに対処できるという
強みをもっている。これは、原子核を発見した物理学者Ernest Rutherfordの言葉
「お金がないから、考えなければならない」を思い出させる。

　　公共サービスの発展におけるデザインの役割に、今もVCSが投げかけてい
る疑問は「どのようにすればソーシャルイノベーションの実践を支援する、持続可
能な社会経済的パラダイムを発展させることができるのか？」である。今のところサー

ビスデザインは、VCS がより個々人に対応できるサービスを提供するための取り組みを順調に進めてきた。しかし。VCS の 3 段階すべてで、同時に三つすべての活動ができるまで(Young 2009)、VCS における周縁効果からメインの実施までサービスデザインの変化は限られ、VCS の構造は持続可能というより脆弱なままだろう。

Acknowledgements

この章の進展に手を貸してくれたHazel Whiteに感謝します。

Notes

1 https://www.biglotteryfund.org.uk/betterbydesign (accessed 10 July 2015).

2 http://www.servicedesignresearch.com/uk/education/ (accessed 10 July 2015).

3 http://www.desis-network.org/content/desis-labs (accessed 10 July 2015).

4 http://www.wearefuturegov.com/blog/connecting-like-patch-work-in-australia (accessed 10 July 2015).

5 http://www.wearefuturegov.com/work/family-and-community-ser-vices-new-south-wales (accessed 10 July 2015).

6 http://www.dmi.org/event/id/455194/DMI-Workshop-Service-Design-for-Business.htm (accessed 10 July 2015).

7 http://www.arts.ac.uk/csm/courses/short-courses/three-dimension-al-design/product-design-and-development/service-design/ (accessed 10 July 2015).

References

Armstrong, L., Bailey, J., Julier, G. and Kimbell, L. (2014), *Social Design Futures*, HEI Research and the AHRC. Available online: http://eprints.brighton.ac.uk/13364/ (accessed 18 September 2015).

Bate, P. and Robert, G. (2007), *Bringing User Experience to Healthcare Improvement: The Concepts, Methods and Practices of Experience-based Design*. Oxford: Radcliffe Publishing.

Blomberg, J. and Darrah, C. (2014), Toward an Anthropology of Services, in *Proceedings of ServDes. 2014. Fourth Service Design and Innovation Conference*, 122–32.

Botero, A. and Hyysalo, S. (2013), 'Ageing Together: Steps towards Evolutionary Co-design in Everyday Practices', *CoDesign* 9 (1): 37–54.

Cairns, B., Harris, M. and Young, P. (2005), 'Building the Capacity of the Voluntary Non Profit Sector: Challenges of Theory and Practice', *In-*

ternational Journal of Public Administration 28: 869–85

Campbell, D. (2014), 'Designing for Change in Complex Organizations', in *Proceedings of ServDes. 2014. Fourth Service Design and Innovation Conference*. Available online: https://www.youtube.com/watch?v=hO-jPYBBwVQo (accessed 14 September 2015).

Clarke, J., Kane, D., Wilding, K. and Bass, P. (2012), *UK Civil Society Almanac 2012*. Available online: https://www.ncvo.org.uk/component/redshop/1-publications/P17-uk-civil-society-almanac-2012 (accessed 14 September 2015).

Cooke, B. and Kothari, U. (eds) (2001), *Participation: The New Tyranny?* London: ZedBooks.

Crowe, D., Gash, T. and Kippin, H. (2014), 'Beyond Big Contracts: Commissioning Public Services for Better Outcomes'. Available online: http://www.instituteforgovernment.org.uk/sites/default/files/publications/Beyond Big Contracts.pdf (accessed 4 October 2015).

Department of Health (2007), *Putting People First: A Shared Vision and Commitment to the Transformation of Adult Social Care*. London: HM Government.

Design Commission (2013), 'Restarting Britain 2: Design and Public Services'. London. Available online: http://www.policyconnect.org.uk/apdig/sites/site_apdig/files/report/164/fieldreportdownload/designcommissionreport-restartingbritain2-designpublicservices.pdf (accessed 4 October 2015).

Design Council (2005), 'The Design Process: What is the Double Diamond?' Available online: http://www.designcouncil.org.uk/news-opinion/design-process-what-double-diamond (accessed 14 September 2014).

Design Council (2010), *Public Services by Design*. London: Design Council.

Drenttel, W. (2010), 'Design, A Viable Tool for Social Innovation?' Available online: http://www.centercrosscultural.org/2010/09/16/design-a-viable-tool-for-social-innovation/ (accessed 2 December 2015).

Freire, K. and Sangiorgi, D. (2009), 'Service Design and Healthcare Innovation: From Consumption to Co-Production and Co-creation', in

Proceedings of ServDes. 2009. Second Nordic Conference on Service Design and Service Innovation, 39–49.

HM Government (2010), 'The Coalition: our programme for government.' London. Available online: https://www.gov.uk/government/uploads/system/uploads/attachment_data/file/78977/coalition_programme_for_government.pdf (accessed 23 June 2015).

Hollins, W. (1993), 'Design in the Service Sector', *Managing Service Quality* 3 (3): 33–7.

Hopkins, L. (2010), 'Mapping the Third Sector: A context for social leadership.' London. Available online: http://www.theworkfoundation.com/Assets/Docs/Mapping the Third Sector.pdf (accessed 23 June 2015).

House of Commons Public Administration Select Committee (2008), *Public Services and the Third Sector: Rhetoric and Reality*, Eleventh Report of Session 2007–08, Volume I. London.

Junginger, S. (2014), 'Design Legacies: Why Service Designers are not able to Embed Design in the Organization', in *Proceedings of ServDes. 2014. Fourth Service Design and Innovation Conference*, 164–72.

Junginger, S. and Sangiorgi, D. (2009), 'Service Design and Organizational Change: Bridging the Gap Between Rigour and Relevance', in *Proceedings of the 3rd IASDR Conference on Design Research*, 4339–48.

Karasti, H. (2014), 'Infrastructuring in Participatory Design', in *Proceedings of the 13th Participatory Design Conference: Research Papers-Volume 1*, 141–50, ACM

Kimbell, L. (2011a), 'Rethinking Design Thinking: Part I', *Design and Culture: The Journal of the Design Studies Forum* 3 (3): 285–306.

Kimbell, L. (2011b), 'Designing for Service as One Way of Designing Services', *International Journal of Design* 5 (2): 41–52.

Lynn, L. Jr. (1998), 'The New Public Management: How to Transform a Theme into a Legacy', *Public Administration Review* 58 (3): 231–7.

Macmillan, R. (2010), 'The Third Sector Delivering Public Services: An Evidence Review' (No. Working Paper 20), Birmingham: TSRC. Available online: http://www.birmingham.ac.uk/generic/tsrc/documents/tsrc/working-papers/working-paper-20.pdf (accessed 23 June 2015).

Manzini, E. (2010), 'Design for Social Innovation: Creative Communities and Design-Oriented Networks', *SEE Bulletin* (3): 3–5.

Manzini, E. (2011), 'Introduction', in A. Meroni and D. Sangiorgi (eds), *Design for Services*, 1–7. Aldershot: Gower.

Mathiasen, D. (1996), 'The New Public Management and its Critics'. Conference on the *New Public Management in International Perspective*. St. Gallen, Switzerland, 11–13 July.

Meroni, A., and Sangiorgi, D. (2011), *Design for Services*. Aldershot: Gower.

Miller, R. (2013), 'Third Sector Organizations: Unique or Simply other Qualified Providers?' *Journal of Public Mental Health* 12 (2): 103–13.

Morelli, N. (2014), 'Challenges in Designing and Scaling-up Community Services', in *Proceedings of ServDes. 2014. Fourth Service Design and Innovation Conference*, 215–25.

Mulgan, G. (2014), 'Design in Public and Social Innovation: What works and what could work better'. Available online: http://www.nesta.org.uk/sites/default/files/design_in_public_and_social_innovation.pdf (accessed 14 September 2015).

Mulgan, G. and Albury, D. (2003), 'Innovation in the public sector'. Available online: http://www.sba.oakland.edu/faculty/mathieson/mis524/resources/readings/innovation/innovation_in_the_public_sector.pdf (accessed 14 September 2015).

Needham, C. and Carr, S. (2009), 'Co-production: an emerging evidence base for adult social care transformation'. Available online: http://lx-.iriss.org.uk/content/co-production-emerging-evidence-base-adult-social-care-transformation-research-briefing-31 (accessed 23 June 2015).

New Philanthropy Capital (2010), 'Preparing for cuts: NPC perspectives: Preparing for cuts, how funders should support charities in a world of government cuts and changing funding structures'. Available online: http://www.philanthropycapital.org/publications/improving_the_sector/grantmaking/preparing_for_cuts.aspx (accessed 23 June 2015).

Oakley Smith, I., Bradshaw, C. and Lewis, P. (2012), 'Managing charities in the new normal – A perfect storm?' Available online: http://www.institute-of-fundraising.org.uk/library/managing-in-a-downturn-2012-report/ (accessed 18 September 2015).

Odum, H. T. (1971), *Fundamentals of Ecology*. Philadelphia: Saunders College Publishing.

PricewaterhouseCoopers (2010), 'Seizing the Day: The Impact of the Global Financial Crisis on Cities and Local Public Services.' PwC Public Sector Research Centre publication. Available online: http://pwc.blogs.com/files/seizing-the-day_full-report.pdf (accessed 23 June 2015).

Sanders, E. B. N. and Stappers, P. J. (2008), 'Co-creation and the New Landscapes of Design', *CoDesign* 4 (1): 5–18.

Sangiorgi, D. (2011), 'Transformative Services and Transformation Design', *International Journal of Design* 5 (1): 29–40.

Schulman, S. (2010), 'Design thinking is not enough'. Available online: http://www.inwithfor.org/2010/01/designthinking- is-not-enough/ (accessed 14 September 2015).

Siodmok, A. (2014), Open Policy, Gov.UK. Available online: https://open-policy.blog.gov.uk/author/dr-andrea-siodmok/ (accessed 18 September 2015).

Smith, J. (1995), 'The Voluntary Tradition: Philanthropy and Self-help in Britain 1500–1945', in C. Rochester, R. Hedley and J. Smith (eds) *Introduction to the Voluntary Sector*, 9–39. London: Routledge.

Tan, L. (2012), *Understanding the Different Roles of the Designer in Design for Social Good. Design Methodology in the Designs of the Times 2007 Projects*. PhD thesis, Northumbria University.

The Oxford English Dictionary (2014), friend, n. and adj. Available online: http://www.oed.com/view/Entry/74646?rskey=DyJcYD&result=1&isAdvanced=false#eid (accessed 30 October 2014).

Tonkinwise, C. (2010), 'Politics Please, We're Social Designers'. Available online: http://www.core77.com/blog/featured_items/politics_please_were_social_designers_by_cameron_tonkinwise__17284.asp (accessed 18 June 2014).

Vargo, S., and Lusch, R. (2004), 'Evolving to a New Dominant Logic for Marketing', *Journal of Marketing* 68: 1–17.

Vargo, S., and Lusch, R. (2008), 'Service-dominant Logic: Continuing the Evolution', *Journal of the Academy of Marketing Science* 36(1): 1–10.

Warwick, L. (2015), 'Can design effect transformational change in the

Voluntary Community Sector?' PhD thesis, Northumbria University.

Wetter Edman, K. (2011), *Service Design – a Conceptualization of an Emerging Practice*. Gothenburg: ArtMonitor. Licentiate thesis.

White, H. and Young, R. (2014), 'The Paradox of Service Design in the Community Voluntary Sector', in D. Sangiorgi, A. Prendiville and A. Ricketts (eds), *Mapping and Developing Service Design Research in the UK*. Available online: http://imagination.lancs.ac.uk/outcomes/Mapping_and_Developing_Service_Design_Research_UK_%E2%80%93_Final_report_2014 (accessed 30 June 2015).

Yee, J., Jefferies, E. and Tan, L. (2013), *Design Transitions: Inspiring Stories. Global Viewpoints. How Design is Changing*. Amsterdam: BIS Publishers.

Yee, J., White, H. and Lennon, L. (2015), *Valuing. Design: Mapping Design Impact and Value in Six Public & 3rd Sector Projects*. AHRC Project Report. Available online: http://valuingdesign.org/ValuingDesign_Report_2015.pdf (accessed 4 October 2015).

Young, R. (2009), 'An Integrated Model of Designing to Aid Understanding of the Complexity Paradigm in Design Practice', *Futures* 40 (6): 562–76.

Yu, E. and Sangiorgi, D. (2014), 'Service Design as an Approach to New Service Development: Reflections and Future Studies', in *Proceedings of 4th ServDes. Conference on Service Design and Service Innovation*, 194–204.

Zeithaml, V., Parasuraman, A. and Berry, L. (1985), 'Problems and Strategies in Services Marketing', *Journal of Marketing* 49 (Spring): 33–46.

218 − 219

CHAPTER
11

センスメイキング活動としての
サービスデザイン：
南米の低所得者コミュニティ
からの洞察

Service design as a sensemaking activity:
Insights from low-income communities in Latin America

Carla Cipolla and Javier Reynoso

文化的な問題というのは、新興経済国の低所得者層に焦点を当てているサービスデザインとサービスマネージメントにとって、大きな課題である。既存のサービスモデルは異なる環境で発展しており正確には適用できないことがあるため、地元の文化的な問題を含めたサービスデザインの理論や実践に対する新しい解釈的なアプローチが必要になっている。低所得者コミュニティのソーシャルイノベーションを分析することは役立つ洞察を与えるだろう。特にそのサービスが地域固有のサービスであり、コミュニティに属する起業家によって、自分たちや自分たちに関連する他のグループのために自発的に開発され、それが地元の文化的価値に深く根ざしているサービスソリューションならばなおさらである。この章では、サービスデザインを「センスメイキング活動」として踏まえたうえで、センスメイキング活動と地元の文化がいかに結びついているかを調査し、低額所得者層を対象にしたサービスにおける文化的な視点を理解するフレームワークを提案し、地域固有サービスの分析コンテクストとして使っていけるものとする。また、このフレームワークにブラジルとメキシコの事例を適用してみることで、その強みを明らかにするものである。

11.1　低所得者コミュニティのソーシャルイノベーションと地域固有のサービス

ソーシャルイノベーションは、社会のニーズを満たすと同時に新しい社会的関係やコラボレーションを生み出す新しいアイデア（プロダクト、サービス、モデル）である。つまり、社会的に好影響をもたらすものであり、かつ能動的にできる社会の拡大に役立つイノベーションである（Murray et al. 2010: 3）。公共、民間、第三セクターだけでなく、ユーザーやコミュニティも、そのようなイノベーションを発展させてきた。しかし、このようなセクターが発展させたイノベーションは、重要な社会課題に直接取り組んでいないため、ソーシャルイノベーションとしての条件を満たしていないものもある（Harris and Albury 2009: 16）。つまり、DjellalとGaloujが主張しているように（2012）、ソーシャルイノベーションとは、消費者のニーズが満たされる方法を変えるものであり、つまりは必然的に、満たされる方式が、公式（例：外部のサービスプロバイダーによって提供されるサービス）から非公式に転換されることで発展してきた新しいサービスを伴う。新興国では、ソーシャルイノベーションとしてのサービスが頻繁に生まれている。それらの地元固有のサービスは、「低収入層のコミュニティに属する人が需要を感じて、彼ら自身が起業家精神（アントレプレナーシップ）に基づいて供給するサービスである。例えば日々の生存を確保するソリューションを創出する」といったようなものである（Reynoso 2011: 162）。

　　サービスデザインの発展や普及に重要な影響を及ぼす、ソーシャルイノベーショ

ンとサスティナビリティのデザインに関する研究やプロジェクト（Manzini 2009）は、低所得者コミュニティの地域固有のサービスが、サービスデザインの実践にインスピレーションを与えうるということを示している。その結果、ソーシャルイノベーションは、社会に広まったクリエイティビティの表れ（Meroni 2008）であるとか、「誰もがデザインする」社会（Manzini 2015）と表現されてきた。低所得者コミュニティの起業家によって開発されたサービスもまた、クリエイティビティの広がりと表現されることがある。したがって、地域固有のサービスに重きを置くサービスデザインの研究は、外部発生的に開発されたサービスが地元の環境では理解されにくい、受け入れられない、機能しづらい点を調べると同時に、地域発生的なサービスが持つ特徴について調査すべきである。新しい市場を獲得し自社のビジネスを拡大しようとしている多国籍企業から来ている人たちのような、いわゆるトップダウンのサービス主導者は、地元の環境特有の知識や経験が欠けていることが多く、そのためそのコミュニティに本当に根付かせることに失敗する（Reynoso et al. 2015）。

　　以前はむしろ、マネジメント研究においては、発展途上の地域固有のサービスの低所得者層コミュニティの積極的な役割は、社会の「ピラミッドの底辺」やBoP（発展途上国の低所得階層）といわれる巨大な低所得者層を明らかにすることとされてきた（Prahalad 2004）。現時点での理解では、BoP の人々が積極的にサービスを必要とし、求め、利用していることは明らかである。また彼らは、自分たち自身や社会における他の層のためのサービスソリューションを生み出し、提供する真のイノベーターでもある。例としては、ボリビアの農家のためのマイクロファイナンスや、メキシコで初めての顧客のためのリテール・バンキング、バングラデシュの村電話のコンセプト、インドの物流協同組合などがある。このような取り組みに対する分析は、創造力や購買力や決断力を持っているのが集団なので、個人ではなく団体やコミュニティに注目する傾向にある。したがって、実際には、さまざまな所得レベルの人々、グループ、コミュニティ、組織を含む、ピラミッド底辺の内部や周辺の、分析の異なるレベルで起こる、複雑な相互作用のダイナミクスを伴う（Gummerus et al. 2013）。

　　（低所得者層の地域固有のサービスとしても知られている）ソーシャルイノベーションは、さらには、新しいサービスモデルを構成することができる。そこでのインタラクションは、地元の文化的な価値や社会ネットワークを色濃く反映する。以前の研究では、共有され認識されている共通の成果を達成するために、参加者とイノベーターが対人的な集団でコラボレートするという認識を反映するために、コラボレーティブ（Jegou and Manzini 2009）や、関係的サービス（Cipolla and Manzini 2009）といった用語を使用している。さらに、このようなソーシャルイノベーションは、既存のパラダイムに疑問を呈する新しいアイデアなので、彼らの実践

する――我々がBoPの地域固有のサービスとして言及している――サービスモデルは、低所得者層向けのサービスデザインを取り巻く理論と実践に光を当て、拡大する助けとなるだろう。したがって、この第11章では、サービスが運用される文化的フレームワークをどのように地域固有のサービスが反映しているのかに焦点を当てる。研究結果のいくつかは、サービスデザイナーが低所得層とともにあるいはために働く際、この（地域固有のサービスの持つ）側面をいかに活用するべきかについての提言となっている。センスメイキング活動としての（サービス）デザインの定義は、我々の論点の根拠を提供する。

11.2 解釈的フレームワーク：地域固有のサービス、文化的価値、センスメイキング

デザイナーは、センス（意味）のプロデューサー、もしくはセンスメーカーである（Manzini 2015: 35）。それ故に、センスメイキング活動は「積極的に人と人、または場所、出来事などのつながりを理解しようとする絶えざる努力である」。それによって自分たちの今後の道のりや活動を効果的にするためになされるものである（Klein et al. 2006:71）。Kolkoは、「人々が自分が経験したことを通じて身の回りの世界を理解しようとする、自ずとやっているアクション重視のプロセスのこと」を、センスメイキングと定義し（2010: 18）、それを「仮定的センスメイキングプロセス」であるデザイン生成のプロセスと関連づけている。BoPにおいて地域固有のサービスとして明示されるソーシャルイノベーションは、起業家たちの地元の状況や文化的な文脈に対する、彼らなりのセンス（意味）を表明している。なぜなら、このセンスは、彼らの開発する具体的なソリューションにおいてこそ明白な状態になるからである。それ故に彼らは効果的にデザインでき、彼らによるプロセスはデザインと文化の関係性に焦点を当てることができる。またそこに品質、価値、美の創生が含まれる（Manzini 2015）。

　　したがって、このようなソリューションに表れるセンスメイキングプロセスを理解することは、BoPで働くサービスデザイナーにとって重要な活動である。これを理解することで、デザイン活動の重要な側面に、サービスデザイナーがアクセスできるようになるからである。サービスデザインの観点では、社会的手続きの開発におけるセンスメイキングのように、社会的な意義の構築としてのセンスメイキングに焦点が当てられる（Maines 2000）。この定義はサービスデザインの領域にも摘要できる。サービスデザインの場では、サービスは社会的手続きを通じて構築される。また、特にフェイストゥフェイスの場合が多い。つまり、社会的手続きとは、「少なくとも二つ以上の自発的なエージェント間でレギュレーションが規定さ

222－223

れた組み合わせであり、そこの規定は、この当事者のエージェントの視点に向けられている（めがけて設定されている）。それによって、この組み合わせが、相互的力学に（in the domain of relational dynamics）、自発的に発展できる（組織を構成する一部になる）ようになること」である（Jaegher and Paolo 2007: 493）。

　地域固有のサービスの起業家は、個人のセンスメイキング（個人としてその起業家が自身の経験に意義を見出しているやり方）や、相互作用における意図的な活動の調整として定義される、共同もしくは参加型センスメイキングの相互作用の中で活動している。そのため、個人のセンスメイキングプロセスが影響を受け、各個人では得られなかった社会的なセンスメイキングの新しい分野が形成される可能性がある（Jaegher and Paolo 2007: 497）。共同もしくは参加型センスメイキングの分析には、以下の2段階の考察が必要である。

1. レベル1は、文化背景である。それが、非常に広いレベルで、起業家たちが実践を行うための文化的フレームワークの概要になる。このフレームワークは起業家たちが、コミュニティのメンバーとして構成（作り出す）するものもあるが、大半は文化的に継承されているものである。
2. レベル2は、サービスに変換する段階である。起業家は、それぞれのセンスメイキング活動を通して、幅広いレベルの文化的フレームワークを、もっと焦点を絞ったサービスソリューションへ変換する。起業家たちはその次に、このソリューションをもってセンスメイキングの参加型プロセスの中で他の人々と関わるのだ。その参加型プロセスが、最終的に地元型サービスを生み出す。

11.2.1　センスメイキングの分析：地元の文化（レベル1）

文化的なレベルの分析を行うには、分析対象となる特定の地域固有のサービスソリューションを起こす、センスメイキングプロセスの基盤になる文化的環境を理解することが重要である。サービスデザイナーにとって、この幅広い文化的フレームワークの理解には、例えばアフリカの個人とコミュニティが伝統的に保ってきた絆の独自の表現としての、他者への思いやり（Ubuntu）の精神に対する理解も含まれるかもしれない（M'Rithaa 2009）。アフリカの他者への思いやり（Ubuntu）の精神は、ウガンダの部族Banyakoreでは地域社会の団結（bataka kwegait）、ボツワナの自立（boipelogo）、ケニヤの助け合い（harambee）、タンザニアの家族付き合い（ujamaa）など、自立と相互扶助のさまざまな形式として明らかに存在している（M'Rithaa 2008: 30）。もしくは、中国のグワンシー（人脈のような意味：関

系 guanxi）に注目し、グワンシーがどのように人と社会の関係や、他人との相互関係を形成しているかを理解することかもしれない。社会資本の形式として、グワンシーは社会のピラミッドの底辺でより効果的に機能している。公式な経済は、十分発達した機関によって規制されたり支援されたりしているが、非公式な経済は、生き残り成長するための社会資本が必要なのである（Reynoso et al. 2015: 166）。

　　南米の都会や田舎のコミュニティで存続している、地元の社会ネットワークや従来の団体も、スラムや先住民族のグループもまた、理解しておくべきものである。南米の社会ネットワークの中心的役割に関する研究の中で、「非公式な経済から生まれた組織は、生き残るために家族、友人、民族、信仰の体系のような、従来の団体を使用している」、とLomnitz は主張している（2009: 19）。信用や忠誠の文化的な定義に基づくこのような団体は、非公式なネットワークの働きの中心的要素である。さらにLomnitz は、社会ネットワークとは「特定の社会的空間の中で複雑な関係性を」確立している「個々人同士の人間関係の場」であると主張する（2009: 19）。このような人間関係が、集団ネットワークの結束、もしくは「物々交換の仕組み、社交の場で生まれるサービスと情報」をサポートしている（Lomnitz 2009: 19）。このようなネットワークを通して、社会に参加する人たちの新しい編成を形成し、日々の問題を解決する新しい方法が明らかになっている。

　　サービスデザイナーにとって、レベル1に注目することとは同時に、低所得者コミュニティ環境における文化的役割や、ネットワークの役割について調査した既存の研究（例：人類学、社会学）がないか、特に関連のものがないか、調べる必要があることも意味する。目的は、背景の要因（レベル1）がどのように地域固有のサービスのデザインに影響を与えているか（レベル2）を理解することである。したがって、この努力は、サービスデザイン研究において重要な領域を構成する。人間関係や社会のネットワークだけでなく、文化的な問題もサービスデザインとそのマネジメントにとって大きな課題となっている。サービスイノベーションを育成しようとするほとんどのサービスモデル、既存のサービスデザイン設計、政策が、低所得者層では適切に機能していないのではないだろうか。例えば、「多くの中国人は、公式ではなく、非公式なインセンティブ構造を使う、複雑な人間関係や社会的な相互関係の中で生きている」（Reynoso et al. 2015: 166）。ブラジルでは、ロシーニャ（リオデジャネイロのスラム）出身の起業家の行動に関する分析から、公共政策（例：借入の上限枠やマネジメントスキル）で通常適用されるものとは異なる起業家精神の奨励方法ではなく、ステークホルダーの参加と地元の社会ネットワークを強い拠り所とする、ある種の合理性が明らかになっている（Pereira and Bartholo 2015）。

11.2.2 センスメイキングの分析：地域固有のソリューション（レベル2）

このレベルの分析は、起業家が地域固有のサービスソリューションに、文化的な背景（レベル1）を組み込む方法を識別すること（レベル2）が目的である。つまり、レベル1で低所得者コミュニティの起業家によってどのように地域固有のサービスを形成しているかを解明することで、レベル1で識別された特徴が、レベル2で分析を構築するための解釈的な背景を提供している。

　しかし、低所得者層だけに焦点を当てていないソーシャルイノベーションのデザインの研究は、いかに地域固有のサービスの詳細な分析がサービスデザイン分野の研究を進めるかを示唆してきた。研究では、特に新しい相互作用のパターンやサービスエンカウンターの特徴に関して、地元のコミュニティによって発展したサービスソリューションの中で浮かび上がったソーシャルイノベーションが、新興のサービスモデルに関する有望な情報源を提供することを示している（Cipolla and Manzini 2009; Jegou and Manzini 2008）。例えば、ある分析は、新しいサービスモデルを構成する独自の特徴を見極め分析するために、サービスジャーニーのようなサービスデザインのツールを使用している（Cipolla 2012）。他のツールや人類学的な影響を受けた方法論的な同様の手段は、このフレームワークのレベル2を構成する、低所得者コミュニティ地域に固有のサービスが持つ独自性を調査するために使われる可能性がある。

11.3 解釈的フレームワークの有効性： ブラジルとメキシコの事例

この寄稿は、低所得者層のためのサービスデザインに関する新しい知識を生み出すプラットフォームとして、サービスデザイナーがこのような二つのレベルの相互作用を探求できる可能性に注目するのが目的である。ブラジルとメキシコの二つの事例を考察することで、この相互作用や有効性を立証する。

11.4 ブラジル

11.4.1 背景：リオデジャネイロのファヴェーラ

バビロニア市のファヴェーラ（ブラジルのスラム。ファヴェーラはポルトガル語でスラムの意味）は、リオデジャネイロ市の富裕エリアの南部、ボタフォゴ、ウルカ、レメの間に位置している。2010年のバビロニアの人口は、推定2,451人、777世

帯だった（IBGE 2010）。その人口のうち26.9%は一世帯あたりの所得が月235.08レアル（約98.05米ドル相当）の貧困層で、6.4%は一世帯あたりの所得が月117.54レアル（約49.03米ドル相当）の生活困窮層である（FIRJAN 2010）。ファヴェーラにはその他にも非公式に得られる各種の情報があるのだが、バビロニアの人口の54.3%は公式な仕事に就いている（FIRJAN 2010）。世界の他のスラムに比べると、住宅、教育、公共の安全性を通して低所得者層の発展に力を入れているブラジルの公共政策のおかげで、リオデジャネイロのファヴェーラの多くは比較的恵まれていると言える。

11.4.2 事例：Favela Orgânica（ファヴェーラ・オルガニカ）

Regina Tchelly は、ブラジル北部のパライバ州からリオデジャネイロのバビロニアに移住した。彼女の最初の仕事は、ある家庭で掃除や料理をするいわゆる家政婦で、ブラジルの他の地域からの移住者にとっては一般的な仕事だった。彼女は、街中で廃棄される大量の食料を見て驚いたのを覚えている。Regina の家族が大切にしていた価値観は、どんな野菜もあらゆる部分を食し、大半を利用することだった。概して、リオやサンパウロのファヴェーラは、北部出身の移住者たちにおいて持ち込まれた文化や知識が豊富な場所である。Regina は、雇い主のサポートによって、興味のある料理をさらに学んだ。まず料理の技術を学ぶコースの学生から始め、その間は（以前から家族が促してきた）食材のあらゆる部分（皮や茎）を使って料理をするという手腕と同様、料理の腕も磨いた。

　　新しく専門技術を身につけた Regina は、レストランで仕事を探すのではなく、料理のワークショップをするという起業家的なアイデアを発展させた。バナナの皮やブロッコリーの茎、スイカの皮などを使って、パイやケーキやスナックなどのレシピを教えるのである。このアイデアが後に、野菜や果物など食材のあらゆる部分を使った料理のビュッフェとして運営されるサービス、現在の「Favela Orgânica」となった。このサービスは、ここで定義されているところの、地域固有のサービスである。では、本章で説明してきたフレームワークによって、このサービスの特徴を分析していこう。

11.4.3 分析：地元の文化（レベル1）

バビロニアのようなリオデジャネイロのファヴェーラは、独特な景観（主に自作の家）、貧困、市の他の地域では提供されているサービスへのアクセスが無いことで有名である。また、この地域は特に、市の他の住人から社会的に非難されていることに非常に悩まされている（Silva 2009: 22–3）。それゆえ、リオデジャネイロは、ファヴェーラとそれ以外（もしくは特殊性のある地域）は分断していると認識されている。

ファヴェーラの住人は、相互依存のルールに基づいて、継続的に取り引きの流れが起こる、自分たちの社会ネットワークを使って生き残っている（Lomnitz 2009: 8–9）。そのような関係は、商品やサービスや情報の交換システム内で団結力のあるネットワークを形成し、その中で社交もおこなわれる（Lomnitz 2009: 19）。非公式ではあるが、社会的な関係や仕事の関係が（コミュニティ内に）浸透しているのも特徴である。このファヴェーラの非公式なやり方は、人間関係や、信用によってつながっている「clase special de proximidade psicosocial（心理社会的近接性の特別なクラス）」、もしくは頼み事やサービスを求める時は対面で伝えるのが望ましいという習慣を反映しているのだろう（Lomitz 2001: 140）。したがって、このような非公式の定義というのは、規制されていない、組織化されていない要素を伴わず、明らかに署名された契約書やお金ではない、交換の要素が基本である。この交換のプロセスは、非公式なネットワークの仕事の中心的要素である、信頼と忠誠に基づいている（Lomnitz 2009: 19）。

　「Favela Orgânica」を作り継続的に発展させることにおいて、Regina は文化的な背景（レベル1）の中で運営し、必要な人材や資金を獲得するために非公式なやり方を利用すると同時に、地元の状況を見極め、意義ある方法で社会文化的な資質を体系化し、その意義を見出すことで、「Favela Orgânica」の特色を明確にすることができた。

11.4.4　分析：地域固有のソリューション（レベル2）

レベル1で説明したように、「Favela Orgânica」は Regina の手腕によってのみ、地元の文化的価値や規範を活用することができ、それに意義を与えることができた。それを実現するために、彼女はサービスの開発と運営に従事し、その結果がサービスの社会文化的な質に表れた。

11.4.5　サービスの発展と運営

「Favela Orgânica」に対して、Regina は最初、野菜や果物を余すことなく使って調理する方法をワークショップとして提供する、という起業家的なアイデアを持っていた。この出発点から、その後のすべての発展は、コミュニティ内の非公式なネットワークに働きかける Regina の手腕によるものである。Regina には、従来の公式な資金調達経路は使えなかったので、代わりに地元の非公式なネットワークにアプローチして資金を調達した。さらに、専門的な人材（例：制服をプロデュースしてくれる仕立て屋）にも働きかけ、地元の八百屋から野菜を仕入れられるよう供給システムも創り、これまで販売されていなかったり、腐る可能性が高い野菜などは無料で提供してもらった。Regina は、同じ販売元と商業的な関係も維持し、

地元のビジネスを互いに発展させる共同の交換プロセスを創り出したので、この
システムは忠誠的な関係を生んだ。また、このようなネットワークの努力において、
地元の町内会のような組織が、「Slow Food Brazil」のような国際的にサービスを
推進するのに欠かせない外部のサポーターや、外部のパートナーの注目を引きつ
けるのに役に立った。このような例が示すように、Reginaは自身のサービスイノベー
ションを発展させるのに、ファヴェーラの非公式なネットワークを非常に頼りにした。
後に、そして次第に、マイクロビジネスがより形式化するように、彼女はサービス
のコンセプトを、料理のワークショップからビュッフェサービスまで多角化した。

11.4.6 サービスの社会文化的な資質

Reginaが「Favela Orgânica」の社会文化的な資質を明確にしたやり方によって、
ファヴェーラを含む環境の文化的な要素に意味を見出す、彼女の能力が明らかに
なった。低所得者の環境というのは、Reginaが最初にその地域に移住した時に
家政婦の仕事に就いたように、主に単純労働者がいるだけだという思い込みによっ
て、大抵リソースがなく困窮していると考えられている。しかしReginaは、ファヴェー
ラから市の他の地域に展開し、その始まりとなった場所の特徴を引き出したサービ
スを発展させることもできた。「Favela Orgânica」の意義は、ファヴェーラから生
まれたことによって生まれている。サービスのすべての構成要素が、いかに一貫
したやり方ですべてが統合されているかということだけでなく、サービスコンセプ
トや供給システム、サービス提供を含め、主要となるアイデンティティを強化した。

　　まず、サービスコンセプトに関していえば、「Favela Orgânica」は食べ物を
無駄にせず、おいしく調理する方法を教えている。このサービスは、食べ物を大
切にし無駄をさけるという、Reginaがブラジル北部の家族から伝えられてきた昔
ながらの知恵によるもので、それを応用して、リオデジャネイロで新しい意義を見
出した。次に、サービス提供に関しては、Reginaがワークショップとビュッフェを
始められるよう地元のコミュニティが手助けしたので、ファヴェーラの人々から効
果的にサービスが提供された。地元の人々とReginaの関係は、サービスの特徴
を明確にするために（そして多くの雇用を生み出すために）、相互関係や非公式な
ネットワークに意義を見出す、彼女の努力と能力を反映している。最後に、供給
システムは、ファヴェーラの非公式なネットワークを基盤としており（例：地元の野
菜販売業者との協業）、他の住民の家庭菜園を始めようという自発的な動きによっ
て強化された。ブラジルの田舎では家庭菜園は一般的だが、リオデジャネイロの
住宅街ではあまり見かけない。しかし、ファヴェーラに住む移住者たちが家庭菜
園をやっていたので、Reginaは自身のサービスに意義を見出し、ファヴェーラで
の価値を高めることができた。

結果として、このサービスはファヴェーラに着せられた汚名を返上する非常に有意義なものとなり、Regina のネットワークはファヴェーラを超えて拡大していった。Regina は、彼女のサービスを宣伝してくれる「Slow Food Brazil」のような外部のサポーターともつながっている。また、自身のコミュニケーションツールの管理にも気を配っており、Facebook のプロフィールは「Regina Tchelly, Favela Orgânica」としている。このようなコミュニケーションツールを使い、Regina は積極的にファヴェーラ外のネットワーク（ほとんどが自身の人間関係に基づいているもの）を強化している。

11.5 メキシコ

11.5.1 背景：メキシコの先住民グループ

メキシコのいたるところにある人里離れた田舎に住む先住民グループには、また別の背景があり、BoP でサービスデザインのセンスメイキングする価値を説明する、良い実例となっている。都会のファヴェーラの事例のように、先住民グループは貧困に陥った状態で他の社会とは交わらずに生活している。また、福祉やインフラのような基盤となるサービスや、公式なビジネスを始めるためのリソースもない。多くの場合、このようなグループは、生物学的な多様性が豊かで、文化的な特徴のある地域に住んでいるが、家族を養えるような公式な仕事に就くチャンスがないことが多い。このようなグループは、自分たちの慣習や伝統に深く根ざしてもいる。

11.5.2 事例：RITA（メキシコの先住民族観光ネットワーク）

2002 年、プエブラ州の先住民ナワ族の Cecilio Solís Librado は、メキシコの先住民族観光ネットワーク「Red Indígena de Turismo de México（RITA）」を設立した。メキシコ国内 15 の州にまたがる 16 の村の先住民によって創業され経営されていた、32 の会社が元になっている。主な目的は、持続可能な観光サービスを普及させ、強力なコミュニティの経済発展基盤を提供し、地域の文化遺産や環境遺産を保護することである。ネットワークを作ることによって、テクノロジーや情報を提供するだけでなく、メンバーの積極的かつ責任ある参加を通して能力を向上させ、先住民の観光ベースのビジネスを支援しようとしている。2015 年現在、RITA はメキシコの特定の地域（例：コリマ、オアハカ、チアパス、ユカタンなど）で先住民族のユニークな地元の文化をたっぷり体験できる観光を提供している。設立から 12 年で、メキシコ全体の 16 の州、150 以上の会社を含むネットワークへと拡大した。

11.5.3 分析：地元の文化（レベル1）

先住民の人々は、長年不当な扱いを受け、国からも排除されてきた。ほとんどが貧しい生活を送っており、その地域の伝説の一部だと考えられていたが、地域の発展に積極的に関与していなかった。メキシコでは、国民の約10％が先住民族である。この1,100万人のうち、70％以上が貧困または極度に困窮した暮らしをしている。先住民族のコミュニティは、ビジネス能力や企画力が欠けているため、地域の豊かさを外部の人間から搾取され、貧困率が上昇し続けていても、成長の対象として不釣り合いな能力や状態に直面してきた。このような状況のため、先住民の人々は生き残るために新しいクリエイティブな方法を模索せざるを得ず、多くの人が発展の手段として観光産業を受け入れた。

　先住民族には、地域の文化的価値や生物学的多様性を共有し活用しながら、貧困と戦うための手段として、観光産業が広まった。メキシコは、地域固有の豊かな生物学的多様性のおかげで、世界の生物の多様な国トップ3に入る非常に魅力的な旅先である。すると、さまざまな先住民ネットワークが、観光産業を通して地元や地域を発展させようとすることで、自然地域と先住民族間の本質的なつながりをはっきりと認識することになる。マイノリティーの集団という状況で、多くの先住民コミュニティは、先祖代々伝わる薬用植物の知恵や料理、民芸、音楽、ダンスなどを広めることで、自分たちの民族的なアイデンティティや文化遺産と一緒に、地域の豊かさの保存や発展、再評価に興味を示している。

　それと同時に、さまざまな社会経済的なグループの旅行者が、新しい体験や地域の文化に関するより詳しい知識を求めており、そのような観光客もある意味地域発展の一部となりうる。先住民の観光業の魅力には、先住民に関する博物館、遺跡、文化的な村、自然に親しむツアー、先住民族のツアー、儀式、祭りなども含まれる。また、観光業が環境へ与えるインパクトに対する認識が増すことで、先住民の観光業者にとって恩恵のある、新しい観光地も模索してきた。先住民の人々がその発展や施設の提供、文化的な場所、自然豊かな場所、民族の土地への観光客のアクセス管理に積極的に関与すると、先住民の観光業は特に発展する。このような状況であれば、民族の伝統的な知恵や、自然資源、文化を保存することができる。これが、先住民の人々の地位向上を通して発展をさせようとする、RITAを設立した主な理由である。

11.5.4 分析：地域固有のソリューション（レベル2）

RITAのネットワークは、豊かな文化的資源によって、異なる村で生まれた複数の先住民族のマイクロビジネスを統合した結果であった。それらを活用することが、

観光産業の効果的な Win-Win のソリューションとなった。RITA は、メキシコの非常に豊かな地域の 70% に支社があるので、生物学的多様性という面では、旅行者に本当に素晴らしい体験を提供することができる。RITA が、地域固有の文化的な特徴を組み込んだサービスを発展させ運営した結果、顧客にとっての価値を生み出している。

11.5.5 サービスの発展と運営

RITA の創設によって、先住民は自分たちのビジネスを生み、管理するだけでなく、国内外の旅行者にユニークな体験を提供するために協力し合う手段を得た。環境、文化、観光に関する資源を組み合わせることによって、先住民たちは持続可能な方法で地域の発展に寄与している。関連するネットワークには、先住民の会社、政府機関、国際組織が含まれ、地元の地域やその文化の社会構造が重要な役割を果たしている。さらに、メキシコ唯一の地方の観光ネットワークである RITA は、コミュニティの発展を懸念している先住民によって作られ、統制され、管理された。それに応じて、先住民の観光に関する新しい独自の知識を発展させ、先祖代々の知恵を融合しながら、地元のニーズに合わせたサービスを提供してきた。例えば、インタープリティブトレイルや応急処置の方法は、どちらも現代の技術的な知識に、ナビゲーションと薬物療法に対する伝統的なアプローチをそれぞれ組み合わせている。RITA のメンバーは全員、経営者と労働者のどちらにも従事する起業家であり、彼らの意見が RITA の意思決定プロセスの中心である。このネットワークの長所が、メキシコの 16 の州にまたがる 3,500 以上の部族に、18,000 以上の雇用や 150 ものスモールビジネスの創出などを含む利益をもたらしてきた。さらに RITA は、公共政策や自然保護への注意喚起にも影響を与え、最終的には地元の文化の再評価も促した。そして、このモデルは、アルゼンチン、ボリビア、ペルーで次々と参考にされていった。

11.5.6 サービスの社会文化的な資質

RITA は、自分たちの文化的資産を利用し、生物学的多様性と結びついている自然に敬意を払いながら、自分たちが発展するための資源を生み出したいという、先住民コミュニティのニーズから生まれたものであった。しかし、そのような多様な背景を持つ、広範囲のネットワークを創設し運営する複雑さから生まれる、多くの課題を乗り越えなければならなかった。したがって、サービスコンセプト、サービス提供、供給システムに関する、サービスの社会文化的な資質は以下のように説明できる。

　　まず、サービスコンセプトに関していうと、RITA は観光体験を提供する先住

民のマイクロビジネスネットワークである。ホストは、伝統的な民族衣装を着て民族固有の言語を話す地元の人々で、民話や伝説、儀式のための場所への訪問などを通して、先祖代々伝わる料理や文化の提供や共有をしている。次に、サービス提供については、マイクロビジネスは、先住民と部族（メンバーの約30％が女性）によってつくられ、統制され、管理されてきた。彼らは、環境的な影響を最小限にしながら本物の体験を保証するよう、幅広い宿泊場所、食事、関連サービスを旅行者に提供している。すべてのマイクロビジネスの経営者が、ネットワークの決断に積極的に関与しており、RITAはメンバー全員が同意する8つの主要な原則によって運営されている。

- すべての参加者による積極的かつ効果的な環境を生む
  プロフェッショナリズム
- すべての活動とその結果に対する責任
- ネットワークのすべてのメンバーが結びつく団結力
- すべての関係者（顧客、メンバー、サプライヤー、団体）間での
  誠実さと敬意
- ネットワークの持続可能性と実行可能性へのコミットメント
- 政治的または宗教的な異なる慣習に対する寛容
- すべての参加者間の理解と共感を促す連帯感
- ネットワークの目的への忠誠

最後に供給システムについては、すべてのマイクロビジネスが、経済活動が発展途上の地元の起業家によって維持されている。地域的なアイデンティティを維持するために、ほとんどのサプライヤーは地元の人間である。場合によっては、ネットワークのメンバーだけでなく、その周辺のコミュニティのメンバーの利益のために、地元の経済を活性化し、地元のノウハウを発展させることで、このネットワークが他のスモールビジネスを生み出すこともあった。

11.6 結論

このように、サービスデザインで論点となりうる事柄は、発展途上国の低所得層向けサービス開発でしばしば起こっている事柄である。BoPの環境では、サービスにおいてセンスメイキングすることが特に欠かせない。先住民族が、より幅広い文化的フレームワークを、自分たちのための価値を生み出す具体的なソリューションに落とし込む場合に、センスメイキングはクリエイティブなアイデアの源になりうる。

我々が分析してきた事例の持つ自然、特徴、ダイナミクスといったものが以下を明らかにした。共創の価値は、地域の人々によるサービスを通じて、BoPの文脈では、複雑でかつ多様なインタラクション（手続き）に大いに依存しているということだ。そこには、起業家たち、友人関係、家族、コミュニティのメンバー（雇用されている人）といった人たちと顧客（個人、団体、BoP層の外部もしくは内部）が関係してくる。イノベーティブなサービスアーキテクチャや組織的な機能を必然的に伴う、地域固有のソリューション（一般的にサービスと言われるソーシャルイノベーション）が、いかに他のサービスとは異なる特徴的なものであるかは、以前のサービスデザインの研究ですでに調査されてきた。本章では、BoPの背景に合わせたサービスの発展を理解するために、二つのレベルの分析によって、このような試みを進めている。レベル1では、文化的フレームワーク、地元の社会的ネットワーク、サービス運営をする昔ながらの機関を含む地元の文化について言及している。レベル2では、このような価値が、その地域の人々のために発展したサービスソリューションに、どのように根付いていくかを述べている。

　本章で提示された二つの事例は、地元の文化的価値や人間関係（レベル1）だけでなく、その価値や人間関係が地域固有のサービスをいかに形成し、現在まで運営され続けているか（レベル2）を説明している。二つの事例だけを分析しているので、今後の研究の方向性は、この分析から他の地域固有のサービスへ、さまざまな地元や文化的背景にまたがって広がっていくと思われる。そのような評価は、BoPの人々の特定のサービスアーキテクチャや組織的な機能に関する、すでにBoPで発展した地域固有のサービスに根付いている知識をさらに増やすであろう。これまで論じてきたように、デザインには拡散する力がある。ソーシャルイノベーターは、文化的な要素を具体的なソリューションに落とし込み、地域固有のサービスデザイン活動をすることで、自分たちの現実を意義あるものにしている。本章の二つの事例は、都会と田舎両方の低所得者コミュニティが、サービス発展の主役となりうることを証明している。イノベーションがファヴェーラや先住民の村の内部で始まっていたとしても、その地域を超えて広めることができる。彼らは、目的を達成するために社会ネットワークを利用し、地元の文化や価値や資質を知り尽くした知識を活用してきた。そのような社会ネットワークや知識によって、BoPの起業家は、自分たちのサービスの意義を正しく意味のあるものにできたのである。したがって、サービスデザイナーは、現実をどのように新しいサービスに落とし込んでいくかという点に関しては特に、このようなソーシャルイノベーターから学ぶことができる。

　また、本章はさらにいくつか調査するべき疑問も明らかにしている。例えば、「BoPでサービスデザインを推進することにおいて、家族（部族）や他の社会的な

グループはどのような役割を果たすのか?」「テクノロジーの使用は、革新的なサービスソリューションのデザインにどのように影響するか?」「サービスデザイナーは、社会的な起業家から、BoP のサービスのデザインにおいて、人、グループ、家族、コミュニティのどのような役割について学ぶことができるか?」「サービスデザイナーは、低所得者向けのサービスのデザインに関する、社会的、相関的サービスの特質を明確にし、組み込むことができるか?」などである。一般的に、当事者間の融合された相互作用は、BoP のサービスデザインやセンスメイキングの継続的な調査の豊かな情報源を示している。

Acknowledgements

この論文の準備において協力してくれたシニアリサーチャー、Karla Cabrera に感謝します。

References

Cipolla, C. (2012), 'Solutions for Relational Services', in S. Miettinen and A. Valtonen (eds), *Service Design with Theory. Discussions on Change, Value and Methods*, 34–40, Rovaniemi: Lapland University Press.

Cipolla, C. and Manzini, E. (2009), 'Relational Services', *Knowledge and Policy*, 22: 45–50.

Djellal, F. and Gallouj, F. (2012), 'Social Innovation and Service Innovation', in H. W. Franz, J. Hochgerner and J. Howald (eds), *Challenge Social Innovation. Potentials for Business, Social Entrepreneurship, Welfare and Civil Society*, 119–37. Berlin: Springer.

FIRJAN (2010), *Diagnóstico Sócio-Econômico Comunidades com Unidades de Polícia Pacificadora do RJ*. Available online: http://www.firjan.com.br (accessed May 2016).

Gummerus, J., Lefebvre, C., Liljander, V., Martin, C., McColl-Kennedy, J., Nicholls, R., Ordanini, A., Reynoso, J., Shirahada, K., Von Wangenheim, F. and Wilson A. (2013), 'Global Perspectives on Service', in R. Fisk, R. Russell-Bennet and L. I. Harris, *Serving Customers: Global Services Marketing Perspectives*, 298–322. Australia: Tilde University Press.

Harris, M. and Albury, D. (2009), *The Innovation Imperative*. London: Nesta.

IBGE (2010), *Census 2010*. Available online: http://censo2010.ibge.gov.br/ (accessed May 2016).

Jaegher, H. D. and Paolo, E. D. (2007), 'Participatory Sense-making. An Enactive Approach to Social Cognition', *Phenomenology and the Cognitive Sciences* 6: 485–507.

Jegou, F. and Manzini, E. (eds) (2008), *Collaborative Services. Social Innovation and Design for Sustainability*. Milano: PoliDesign.

Klein, G., Moon, B. and Hoffman, R. (2006), 'Making Sense of Sensemaking: Alternative Perspectives', *Intelligent Systems* (IEEE) 21: 4.

Kolko, J. (2010), 'Abductive Thinking and Sensemaking: The Drivers of Design Synthesis', *Design Issues* 26 (1): 15–28.

Lomnitz, L. (2001), *Redes Sociales, Cultura y Poder. Ensayos de Antropología Latinoamericana*. Mexico: Facultad Latinoamericana de Ciencias Sociales.

Lomnitz, L. (2009), *Redes Sociais, Cultura e Poder*. Rio de Janeiro: E-Papers.

Maines, D. R. (2000), 'The Social Construction of Meaning', *Contemporary Sociology* 29 (4): 577–84

Manzini, E. (2009), 'Service Design in the Age of Networks and Sustainability', in S. Miettinen and M. Koivisto (eds), *Designing Services with Innovative Methods*, 44–59. Helsinki: Taik.

Manzini, E. (2015), *Design, When Everybody Designs: An Introduction to Design for Social Innovation*. Cambridge: MIT Press.

Meroni, A. (2007), *Creative Communities: People Inventing Sustainable Ways of Living*. Milano: PoliDesign.

M'Rithaa, M. (2008), 'Engaging Change: An African Perspective on Designing for Sustainability'. Turin: Proceedings of the Changing the Change (CtC) International Conference.

M'Rithaa, M. (2009), 'Embracing Sustainability: Revisiting the Authenticity of "Even" Time'. São Paulo: Proceedings of the 2nd International Symposium on Sustainable Design (II ISSD).

Murray, R., Caulier-Grice, J. and Mulgan, G. (2010), *The Open Book of Social Innovation: Ways to Design, Develop and Grow Social Innovation*. London: Nesta and Young Foundation.

Pereira, I. N. and Bartholo, R. (2015), 'Entrepreneurship in Rocinha: A Non Goal-Driven Activity', La Rovere, in R. Ozório and, L. J. Melo (eds). *Entrepreneurship in BRICS: Policy and Research to Support Entrepreneurs*, 163–78. New York: Springer.

Prahalad, C. K. (2004), *The Fortune at the Bottom of the Pyramid: Eradicating Poverty Through Profits*. Upper Saddle River, NJ: Wharton School Publishing.

Reynoso, J. (2011), 'Evolución hacia la administración de servicios en países emergentes: reflexiones sobre América Latina', in Ch. Lovelock, J. Reynoso, G. D'Andrea, L. Huete and J. Wirtz, *Administración de*

Servicios: Estrategias para la creación de valor en el nuevo paradigma de los negocios, 99–114. Mexico: Pearson Prentice Hall.

Reynoso J., Kandampully, J., Fan, X. and Paulose, H. (2015), 'Learning from sScially Driven Service Innovation in Emerging Economies', *Journal of Service Management* 26 (1): 156–76.

RITA (2015), 'RED INDÍGENA DE TURISMO DE MÉXICO'. Available online: http://www.rita.com.mx/ (accessed May 2015).

Silva, J. (2009), *O que é a favela, afinal?* Rio de Janeiro: Observatório de Favelas do Rio de Janeiro.

238 — 239

CHAPTER
12

ソーシャルイノベーション ジャーニー: ソーシャルイノベーション 創出に伴う サービスデザインの課題

The social innovation journey :
Emerging challenges in service design for the incubation of social innovation

Anna Meroni, Marta Corubolo and Matteo Bartolomeo

第12章では、現在起こっているデザインとソーシャルイノベーションに関する議論について考察し、それをサービスデザインの実践と結びつける。この小論ではミラノを拠点とするサービスデザイナーとソーシャルビジネス開発者のチームの参加したヨーロッパのプロジェクト「TRANSITION」[Note1]の体験から学んだ教訓を取り入れる。このエッセイではまた、ソーシャルイノベーションのインキュベーションのために開発された方法論的な手法について記述する。これはソーシャルイノベーションジャーニー（SIJ）と名付けられたもので、シンプルでカスタマイズ可能な、実践者のためのプロフェッショナルツールとしてデザインされた。

　また、本章ではソーシャルイノベーションの特異性と、そこから生まれるベンチャーの種類についての議論から始める。ソーシャルイノベーションのために具体的に考えられたインキュベーションプロセスの中で、サービスデザインがどのように役立つのか、他の能力とどのように融合しうるのかについても議論する。最後に、サービスデザインに新たに生まれた課題について触れる。これは、ソーシャルイノベーションをインキュベートするだけでなく、文化的、政治的、調整的な性質を持った地元のエコシステムを創り、実際に実験を促進するソーシャルイノベーションを進めていくという要求にも関連している。

12.1 サービスとソーシャルイノベーションのためのデザイン

ヨーロッパで現在起こっている経済的な課題は、イノベーションプロセスを加速し、さまざまな分野での起業家的なチャンスを広げてきたことが見てとれる。これは、福祉国家の後退だけでなく、起業家にとってコストとリスクがあるというチャンスの変化からも見えてくる。この流れはソーシャルビジネスの領域で顕著で、起業家の新しい波はソーシャルビジネスの分野に進出してきた。さらに、ヨーロッパのいくつかの都市は、問題を特定し、多様なステークホルダーと共にソリューションを共同制作するより効率的な方法を発展させるために、ガバナンスに対する新しいアプローチを試しており、社会全体のイノベーション能力を育んでいる（Bonneau, in Urbact II Capitalisation, 2015）。実際、多くのソーシャルイノベーション促進プログラム、官民の実験的パートナーシップ、行政や政府公認の民間団体によって導入されたクラウドソーシングとクラウドファンディングのイニシアチブは、ソーシャルイノベーターのための有益な地元のエコシステムを生み出した。

　現在、このフレームワークの中でのデザイン、特にサービスデザインの役割は、体系的な思考、センスメイキング、能力トレーニングの適性による変換能力だと認められている（Cautela et al. 2015）。ソリューションを共に考え、開発し、生み出

すよう（例：イノベーションを起こすよう）、人々を力づけることで（European Commission 2013; Davies and Simon 2013a）、デザインは経営学、組織学、経済学、社会科学、持続可能性の研究と意見交換している（Meroni and Sangiorgi 2011; Zurlo and Bohemia 2014; Sangiorgi 2014）。「ソーシャルイノベーション」という言葉は、このような人々が共にイノベーションを起こす能力のことを言う。最近では、同時に社会的なニーズを満たし（既存のソリューションよりも効果的に）、新しい、もしくはより良い可能性や関係性に導き、資産や資源をより良く使う、「新しいソリューション」（アイデア、プロダクト、サービス、モデル、マーケット、プロセスなど）という言い方も多い。つまり、ソーシャルイノベーションは、社会にとって良いものであり、社会の行動する能力を高めるものでもある（The Young Foundation 2012: 18）。したがって、ヨーロッパ全体の多くの公共政策や文化政策の今日の目標は、人々が行動するよう力づけることである（Hubert 2010）。

　本章では、サービスデザイン、協働デザイン、デザイン思考から、社会によって生まれるイノベーションのサポートにいたるまでのアプローチ、方法、ツールの使用が、人々の決断に影響を与えたり、実際に自分たちで決断できるよう力づけるデザイナー的な方法（Cross 2001）について議論する（Davies and Simon 2013b）。Manziniによると（2015）、実際この活動は「デザイナーとして専門的に活動できるようトレーニングされた人々」（ibid.: 37）であるエキスパートとしてのデザイナー（デザインは本来誰もが持っている能力ではあるが）にとって、ますます重要な役割になっている。本質的にこの役割は「アイデアを証明し、チームを作り、後の投資家のためにベンチャーがリスクを回避するための一連のテクニック」を使うこと、つまりインキュベートすることに似ている（Miller and Stacey 2014: 4）。したがって、ソーシャルイノベーションに関して言えば、デザイナーの仕事は、組織の能力開発と（彼らのサービスそのものと考えられている）デザイン実践のためのプロフェッショナルなコンサルタント活動が混交したものとなる（European Commission 2013）。

12.2 ソーシャルイノベーションの創出と　　　スケーリングに関するサービスデザイン

12.2.1 スケーリング：自立可能かつ影響を与える　　　　ソーシャルイノベーション能力の増強について

「スケーリングアウト」と「スケーリングアップ」の区別は、ソーシャルイノベーション

のデザイン対象の枠組を定めるのに有用だ。「スケーリングアウト」は、ソーシャルイノベーションがより多くのコミュニティに恩恵をもたらすよう広めることで、「スケーリングアップ」は、ソーシャルイノベーションをより幅広い経済的、政治的、法律的、文化的な状況でチャンスに結びつけることである（Westley and Antadze 2013）。同じように、地理的に依存するイノベーションは利用者の数が増加しても広がるとは限らないないが、反響（つまり信頼でき意義があるサークルやコミュニティとユーザーとの相互作用）によって、スケールアウトする可能性が高いことは、考慮するだけの価値がある（Morelli 2014）。この場合、サービスコンセプトの核となる哲学は守られるが、コミュニティの文化的、地理的特徴に合わせてカスタマイズされる変数もある。つまりソーシャルイノベーションのインキュベーティングやスケーリングについて語るときには、技術的な側面（サービスのモデリング、持続可能性、実現可能性、実行可能性など）だけでなく文化的もしくは地理的な側面についても考慮しなくてはならない。これは、共通の意義、市民の自己認識、社会や公共の場で行動する能力を生み出すためにデザインの創造性やナレッジを用いることを意味する（Meroni et al. 2014）。イノベーションのインキュベーティング（アイデアを証明し、チームを力づけること）と、スケーリングもしくは反響（それを広めたり、拡大すること）は、シームレスなデザインプロセスであり、創生期から成熟期、普及拡散期と至る進化の各過程の中で、技術的、文化的な課題に取り組む必要がある。私たちは、自立可能で影響を与えるイノベーションの能力の増強に合わせて変化するスケーリングを、理想的な「ソーシャルイノベーションジャーニー（SIJ）」として（TRANSITION 2016, Gabriel 2014）概念化した。

　スケーリングの定義は、研究プロジェクト「TEPSIE」[Note2]で明らかになったものと一致している。まず第1に、ソーシャルイノベーションの成長において、スケーリングアップのコンセプトを単に適用することは成長可能な道筋やアプローチに対する考えを狭めることがあるということ。第2に、広まったイノベーションの具体的な性質（アイデア、特定の介入、社会的な実践、組織など）について、より深く、明確に理解する必要があること。第3に、イノベーションを広めることは、非常に偶発的なソーシャルプロセスだということである（Davies and Simon 2013a）。

12.2.2 一貫性のある知識体系

ソーシャルイノベーションジャーニーはヨーロッパのプロジェクト「TRANSITION」[Note3]の成果の一つである。「TRANSITION」ではヨーロッパ各地に6拠点ある「Scaling Centres」の経験を比較しながら、ソーシャルイノベーションを共通的に支援可能な方法を実験、開発した。これはソーシャルイノベーションインキュベーションの、広範囲に分散した暗黙の知見を、移管可能な一貫した知識体系に拡大し統合する

ことを目的としていた。

　ソーシャルベンチャーのインキュベーティングの問題自体は新しいものではなく、すでにさまざまな視点から研究されてきた。「TRANSITION」の新しい点は率先的な活動と実践を研究対象に含んでいることだ。これは明らかに従来の研究活動の形式とはかけ離れている、もしくはそうなりそうである。実際、これまでは「社会的な影響や収益モデルを計測・実証できる」「営利原則を通して社会的または環境的影響など […] 大規模な影響を達成することが目的のソーシャルベンチャー」（Miller and Stacey 2014: 4, 6）に関してのインキュベーションの議論が続けられてきた。もちろん社会的な影響の基準は最重要項目の一つではあるが、ソーシャルイノベーションのプロジェクトを考える場合、収益性は「自己持続可能性」：変化する環境と、相互作用の発生箇所における変容への反応の中での多様な「適応」戦略による、より広い意味での経時的な継続能力としてリフレームすることができる。

　「TRANSITION」による研究の他の角度からの新奇性は、「Nesta and Young Foundation」の「spiral」を参考にすると、単純に「行動するよう促すこと」から「システムを変えること」まで、ソーシャルイノベーション発展のいかなる段階でも進歩すること、というスケーリングの定義にある（Murray et al. 2010）。これは、いかなる段階でもイニシアチブが参加できたり、離れたりできる、柔軟なインキュベーションの道筋のデザインという意味でもある。言い換えると、ソーシャルイノベーションは、人々に共に働いてもらうこと、テストするための提案、顧客、アドバイスの源、お金、働く場所、それに指導が必要である（Miller and Stacey 2014）。またそれだけでなく、より広範囲で柔軟なコミュニティとの目的とビジョンの継続的な同期、モチベーションの刺激、地元文化の創造、運営と判断のための方法論的な枠組みも必要である。SIJはできるだけ簡単な方法でこれらの側面のすべてを統合するために「spiral」のモデルから着想を得て、サービスデザインの幅広いツールセットと同様に、企業のインキュベーションやアクセラレーションの経験から導き出した方法やツールを含む体系として開発された（Corubolo and Meroni 2015）。

12.2.3 ソーシャルイノベーションジャーニー

SIJは、二つのインキュベーションの輪と、八つの主要なステップによって構成されている（図12.1）。外側の輪（1〜4段階）は、これまでインキュベーション前の段階として言われていた活動である、認識の向上、ビジョンの作成、アイデアの定義、テストするための準備をするプロトタイプ前のデザインからなっている。内側の輪（5〜8段階）は、より形式化したソーシャルイノベーションと連動しており、より計画的で転用可能なソリューションを達成できるようにするものである。

　外側と内側どちらの輪も、インキュベーション作業の主要な領域に伴って起き

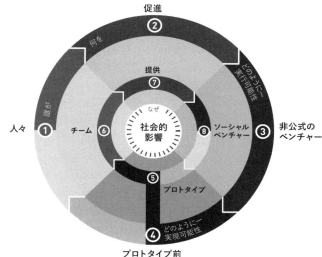

図 12.1　ソーシャルイノベーションジャーニー（TRANSITION プロジェクト提供）

る「なぜ」「誰が」「何を」「どのように」に接している。

　「なぜ」 は、デザインチームが、ソリューションをユーザーやステークホルダーにとって意義あるものにし、ひいては社会的かつ文化的な影響を増大させる能力に関するもの。

　「誰が」 （ステップ1、ステップ6）は、グループ作成、体制構築、スキルや役割の明確化において、人々をサポートし、ひいてはグループやチームに発展するよう、人々が混ざり合うようにすることに関するもの。

　「何を」 （ステップ2、ステップ7）は、アイデアの生成、社会的価値の提供やプロダクトサービスシステムデザインの明確化において、ソーシャルイノベーターをサポートし、ひいては最初のビジョンをアイデアに、そして提案へと発展させることに関するもの。

　実行可能性における **「どのように」** （ステップ3、ステップ8）は、アイデア、ビジネスモデル、ビジネスプラン（必要であれば）、ベンチャーの組織的な部分の持続可能性を調査し、ひいては提案をきちんとした仕事や事業に発展させることに関するもの。

　実現可能性における **「どのように」** （ステップ4、ステップ5）は、試作によって試されたイノベーションの技術的かつ運用的な実現可能性の検討に関するものをそれぞれ示している。

SIJ は、ソーシャルイノベーションごとの異なる性質によりさまざまな反復や独自の調整を要する可能性のある、断続的かつ直線的ではないプロセスである。一般的な構造はどのようなベンチャーの拡大ニーズにも合わせることができるが、ソーシャルイノベーションを特徴づけているものは、プロフェッショナルのアドバイザーによる支援を通して提供され、さまざまな段階で使われるツールや活動にある。このツールや活動は、そのイノベーション特有の特徴に合わせて調整が可能で、規定のシークエンスやすべてのジャーニーが完璧かどうかに関わらずそれ（イノベーション）を効果的にすることができる。

　SIJ に支援されているスケーリングパスの際立った特徴の一つは、ジャーニーに沿ったきちんとした協働デザインの活動を通した、社会的なステークホルダーとの定期的なインタラクションである。これによりイノベーターとユーザー、ステークホルダーの幅広いネットワークを、ソリューションを意義あるものにするために協力し合うものにすることができる。また、それ（SIJ のスケーリングパス）はデザインアクティビティの焦点をソリューションの革新性に定め、その日常生活における望ましさ、実用性についての協働的に検討することを助ける。最終的に、SIJ は（イノベーションの）どの段階においても、社会的な目標や期待されたソリューションのインパクトへの継続的なアセスメントを行うことにつながっていく。

12.2.4 サービスデザインの貢献

ミラノを拠点とする「TRANSITION」の「Italian Scaling Centre」は、「Polimi DESIS Lab」（ミラノ工科大学のデザイン学部のソーシャルイノベーションと持続可能性のデザインのプログラム）と「Avanzi-Make a Cube」（社会事業のインキュベーションに特化したコンサルタント業務）を生み出した。このように、私たちは SIJ の発展に貢献し、特にその（スケーリング）パスの概念化やサービスデザインとマネジメントツールの統合に力を注いだ。サービスデザインのアプローチ、特にプロジェクトのコンソーシアム唯一のデザイン組織「Polimi DESIS Lab」は特殊な貢献だった。

　ソーシャルイノベーションはサービスだと主張されることもある。さまざまな団体による知識とスキルの活用を提案するソリューションを通して、社会的な利益を共同で生み出す、新たに制御された方法を定義しているからである（Meroni and Sangiorgi 2011）。実際、ソーシャルイノベーションは、新しい価値の提起、とりわけ社会的価値を生み出すために提案され、可能にされ、組織化され、制御される行動と相互作用であると言える。ソーシャルイノベーションは、サービスという形態であることにより、より持続可能で意義のあるものにするための活動支援から利益を得ることができ、より効率的により大きな影響を与える働きができる。それゆえ、前述のようにスケーリングに向け人々を後押しし、インキュベーションする

ことから利益を得ることができるのである。サービスデザインの膨大で独特な知識
は、ソーシャルイノベーターにとっては重要なものだが、（さまざまな人の）手に届き、
使えるようにすることが課題である。

　SIJ はこの方向に向けての一歩である。実際、決断力を高め、より力のある
起業家にする、ある意味ではサービスデザイナーとして教育する、ソーシャルイノベー
ターの／のためのサービスデザインの思考とマネジメントの思考の実践的なジャー
ニーとして考えることもできる。

　（プロジェクトでは）マネジメントツールと併せて、さまざまなサービスデザイ
ンツールがあらゆる段階で導入されてきた。それらは、価値の共有や、コミュニティ
中心のデザイン、協働デザイン、プロトタイピング、センスメイキングやユーザー
エクスペリエンス…といったことにフォーカスしている。例えば、ソリューションの
起こしうる社会的影響を自己評価したり監視する「Social Innovation Scanner」、
提案を確認し見極める「Problem/Opportunity Definition」、社会的期待に集中
する「Social Copy Strategy」、サービスの価値を明確にする「Offering Map」や
「Sustainability Scanner」、主なソリューションのステークホルダーとその関係を
視覚化する「System Map」、ユーザーのジャーニーや主なステークホルダーの役
割をデザインする「Story Board」や「Interaction Storyboard」、サービスのターゲッ
トを正確に明示する「Personas」、サービスエンカウンターや異なるなサービスイ
ンターフェースをデザインする「Touchpoint Map」、参加型アクティビティやステー
クホルダーとのインタラクションを明確にする「Co-Design Plan」、フィールドテス
トを計画する「Prototyping Framework」などである。

　SIJ の各段階や、ツールの使用から発生する問題を概観することで、ミラノ
において「TRANSITION」が直面したソーシャルイノベーション特有の特徴を理解
するのに役立つと思われる。

12.3 ミラノでのソーシャルイノベーション

12.3.1 ソーシャルイノベーションは状況とプロモーターで決まる

「TRANSITION」プロジェクトでの共同作業の他に、ミラノの「Milanese Scaling
Centre」は幅広い分野の複数のソーシャルイノベーションプロジェクトに関わって
きた。したがって、本章の内容は、同じエコシステムを共有する複数の経験、知
見から成り立っている。行政が推進している多くの団体、民間組織、企業、財団は、
前例がないほどの活気をミラノに生み、ミラノを「スマート&シェアリングシティ」に
変えることに貢献した。このような新しい一連のソーシャルイノベーションの最初

から、ソーシャルイノベーションの表れとしてのサービスや、スマートシティの資源としてのサービス、データやインフラへのアクセスをオープンにする戦略としてのサービスなど、サービスの重要性が次第に明らかになっていった（Direzione Centrale 2014）。「Milanese Scaling Centre」（大学とコンサルタント会社の二つの異なる要素の組み合わせ）は、これらの団体に数多く関わっており、そのサービスデザインの考え方やアプローチは自然と活動に影響を与え、経営や研修など他の分野の専門的知識と交わり始めた。これが、SIJ の手法とツールボックスの地元での背景である。当初から、センターはあらゆる段階で、アイデアの募集から直接招待に至るまで非常に多様なエンゲージメント戦略を幅広く採用し、ソーシャルイノベーションで実践できる限りの多様な実験を行ってきた。

　振り返ると、以下の二つの重要な基準を用いて、ジャーニーに入ったイノベーションをまとめることができる。

1.「環境の準備状況」（組織外の要因に関して）：
環境の準備ができているかどうかに関わらず、プロジェクトが提供したイノベーティブなソリューションを進んで受け入れること。これは、文化（政策レベル、文化的規範、社会的な環境、要求、ニーズ）と技術（インフラ、テクノロジー、法律制定、経済）の両面に関わることであり、「成熟」か「未熟」かで定義される場合もある。

2.「イノベーターの準備状況」（組織内の要因に関して）：
プロモーター（チームが提案するアイデア）の組織での地位、共有されたビジョンとミッションに向けての調整、起業家的アプローチ。「ゆるやかな」チーム（意図を共有している人たちによって自然発生したグループ、積極的な市民や近隣住民のボランティア団体もしくは非公式なチーム）から、「きちんとした」チーム（起業家的精神や意思のある体系化されたグループ）まで幅のあるソーシャルイノベーター（Corubolo and Meroni 2015）。

この二つの要因の組み合わせから、そのイノベーションと支援へのニーズの最初のイメージを捉えることができる。すべての団体が事業という形態になるつもりではない（なることを目的としていない）という事実にも関わらず（Murray, Caulier-Grice and Mulgan 2009）、すべての団体がより効率的で自立可能になろうとする。しかし、これは従来の方法で意図されるものと異なり、スタッフのボランティア活動、内的な動機、個人的な満足、柔軟な関与に基づいている（Cautela et al. 2015）。これは、二つの軸からなる「Positioning Diagram」（図 12.2）で可視化される（図には別の事例のケースが示されている）。SIJ を（それぞれのイノベーション主体の）

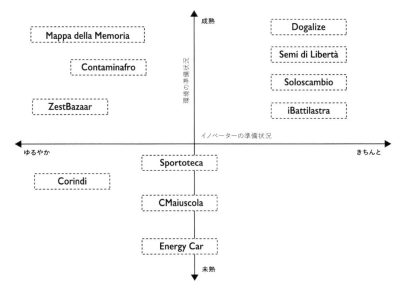

図 12.2 「TRANSITION」の「Milano Scaling Centre」に参加したいくつかのソーシャルイノベーションの「ポジショニング図表」（TRANSITION プロジェクト提供）

ニーズに合わせることができるよう、プロモーターの「スキルと意思」の最初の評価と、地元のエコシステムにおける事例の背景の文脈化を行うことができる。

　この図表では、二つの相反する指標について4分の1ずつで評価する。イノベーションが「ゆるやか／未熟」で位置付けられると、最新の社会問題を見ていたり、最初から先を見越しているが、それを前進させるビジョンやミッションが、実際には共有されていない人たちのグループにあたる可能性がある。したがって、早い段階で目的や期待を調整し、ビジョンを明確にするサポートが最初に必要である。経験上、これを達成するには、アイデアが十分に定義され、前進するだけ十分堅固なものになるまで、サービスデザイナーはソーシャルイノベーターの環境に深く入り込み、没入できる協働デザイン活動を体系化しなければならない（Selloni 2014）。この没入型の活動は、コミュニティ中心型デザインの特徴の一つと捉えることができる（Manzini and Meroni 2012）。このような活動はグループを動かし、社会的な関わりを強化し、人々に何かを起こさせるために欠かせないものであり、SIJ では「人々」および「促進」の段階にあたる（図 12.1）（Fuad-Luke 2009; Fry 2011）。

　一方、そのイノベーションが「成熟／きちんと」で位置付けられる場合、すで

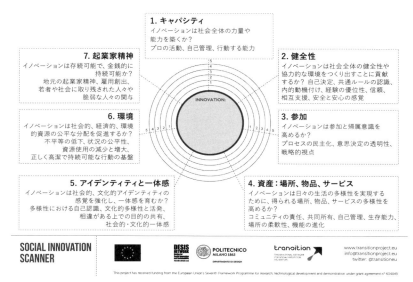

図 12.3　ソーシャルイノベーションスキャナー（TRANSITION プロジェクト提供）

に新しいソリューションで変わりつつあったり、実験されていたりする、文化的／規制的なシステムにおける比較的よく知られた社会課題が対象となる。この位置ではすでに起業家的マインドセットを伴った人々のチームがあり、彼らは提供しようとしている／もしくはすでに提供しているサービスについて、より理解したり、もしくはいくつかの技術的な部分を調整する必要がある。ユーザーのジャーニー、ステークホルダーの相互作用、ビジネスモデルやタッチポイントを明確にするため、もしくはプロトタイプ段階での計画を立てるため、最も一般的な基本のサービスデザインツールの使い方を習得する必要がある。

「何を」が未解決の発展のこの段階では、「ソーシャルイノベーションスキャナー」（図 12.3）を用いてイノベーションの潜在的な社会的インパクトを示す。これはソーシャルイノベーターに、領域の特有な状況を踏まえてプロジェクトを評価したり、ポジティブな効果を生む活動を特定したりすることを支援する。

12.3.2　ソーシャルイノベーションは相関的で協調的な複数のステークホルダーの適応型サービスである

相関的かつ協調的かつハイブリッドな形態のサービス提供というソーシャルイノベーションの顕著な特徴は、特定のインキュベーション活動を要求し、サービスデザインの実行に影響を与える。

第一の考察は、ソーシャルイノベーションの特徴的な資産の一つは人的資源で、サービス提供には個人的な関わりやスタッフの従事が必要となるということである。このことから、サービスエンカウンターは相関的なもので、「未知の冒険」に遭遇するかのような「先入観や確実性のない」対話や出会いを含め、「他者と真に関わる能力」に基づいた人間関係の交流となることを意味する（Cipolla and Manzini 2009: 46）。このようなサービスは極端に人に依存しており、非常に異質で（Parasuraman et al. 1985）、サービスの基準を定義し提供する可能性に影響を与える。

　第二の考察は、これらのサービスは「エンドユーザーが積極的に関わり、サービスの共同デザイナーや共同プロデューサーの役割を担うソーシャルサービス」（p. 32）というJégouとManzini（2008）の定義のように「協調的」かどうかである。この条件は、いつもではないがよく満たされていると言える。実際、団体がユーザーと直接関係を築き、参加を呼びかけるようなやり方や（市民の熱心さに心動かされた）市民のゆるやかなグループが「ランダムに」洞察について意見交換したり、コミュニティのためにソリューションを構築したりするようなやり方での共同作業を一般的に認識している。イノベーションの「社会的」な側面は、実際には二つの要素から成っている。一つは、社会的な利益や、組織自身が解決することを目的としている社会問題。もう一つは、社会問題に対する新しいアイデアを試し、デザインし、有効だと確認する共同の活動。事実、個人の経験や問題に結びつく核となるアイデアを伴った多くのソーシャルビジネスのプロジェクトを、市民の情熱が動かしている。サービスデザインの関わりという点では、多様なイノベーターのコミュニティにおいてサービスを構想し、発展させ、試作し、最終的に生み出すための、また、その過程で各個人の役割を見出し、半可通からプロフェッショナルへと変化できるよう導くための、協働デザインのメソッドの導入が求められる。

　第二の考察の結果として浮かぶ第三の考察は、フロントエンド／バックエンドの境目、サービスのいわゆる「見通し線」の曖昧さの問題である。これは相互作用と責任共有の多面的モデルの採用を意味する。言い換えれば、統治構造に基づき、一つの組織だけでは解決できない共同の問題についてステークホルダーを検討と意思決定に関する対話に参加させる、マルチステークホルダーによるサービスデザインとサービス提供のモデルである（Hemmati, 2002）。このような複数のステークホルダーの相互作用のデザインへの要求は「インタラクションストーリーボード」というツールを使って取り組まれた（図 12.4）。ソーシャルイノベーターは、プロジェクトに関わる各対象の視点を持ち、さまざまな状況によって変わる、サービスの重要な段階で担うことになり得る役割を反映する必要がある。

　さらに、複数のステークホルダーになることで起こる、もっとも興味深いソーシャ

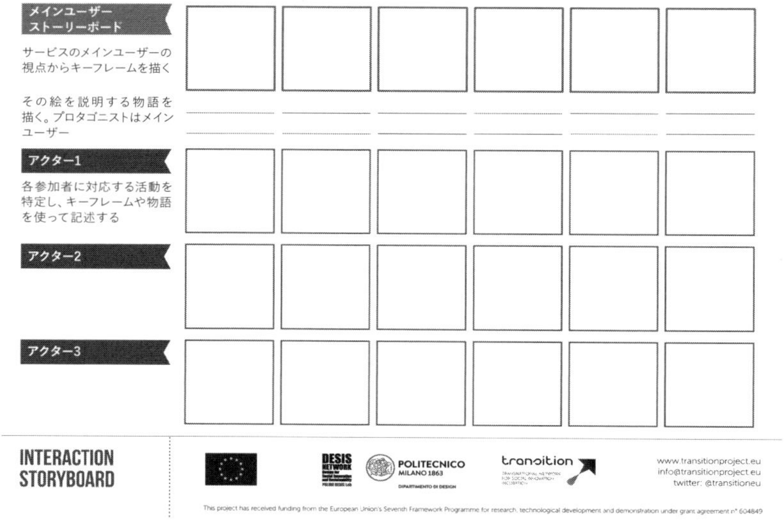

図 12.4 インタラクションストーリーボード（TRANSITION プロジェクト提供）

ルイノベーションは、厳しい縦のヒエラルキーが存在しない状態で、公平さ、参加、民主社会、説明責任を達成するという明確な目的を持って、市場とサービスとアプローチを組み合わせることである。このため、このようなイノベーションは、本質的に異なるステークホルダーの組み合わせの組織、もしくは発展と拡大のために複数のステークホルダーのプロセスに対処しなければならない組織によって発展した。提供するサービスは適応的で、絶え間なく進化し、外部からの情報に開かれたものになる。一方で、ソーシャルイノベーターは、ユーザーやクライアントや他のステークホルダーと継続的に交流する。デザイナーの観点からこのプロセスは「Co-Design Plan」（図 12.5）と名付けられ、内的かつ外的な協働デザイン活動の計画の中で形式化された。これは協働デザインの目的と、デザイナーとステークホルダーの関与の度合いに応じて採用可能なメソッドとテクニックの概要を示しており、協働デザインのセッションの場の設定においてソーシャルイノベーターを導き、外部からの貢献を集めたり、ステークホルダーとのインタラクションの補強することを支援する。

　究極的に、サービスのやっていることや、サービスがどのように提供されているかにサービス特有の美意識が顕れる。実際にさまざまなプロジェクトが、使われていない場所、無駄な物やエネルギー、のみならずノウハウや経験なども含む、物質的・非物質的リソースを、独創的に再利用している。このトレンドは、

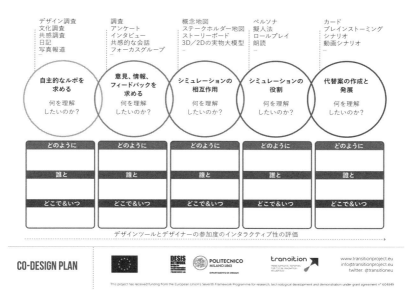

図 12.5 協働デザインプラン（TRANSITION プロジェクト提供）

単に不足していることや経済危機に関連しているだけではない。それどころか、多くのプロジェクトで、新たな美意識やアップサイクルな文化が生まれ、製品とサービスの交換価値は、既存の資源を社会のニーズへの賢い返答に変えるイノベーターの能力に直接つながっている。このことに焦点を当てるために「Sustainability Scanner」は開発された（図 12.6）。このツールによって、ソーシャルイノベーターは、プロジェクトが導入した持続可能な活動全体を明らかにしたり、評価したり、活動を再調整することができ、結果として、価値提案を強化することができる。

12.3.3 ソーシャルイノベーションは起業家精神と衝突のある多角的なベンチャーである

サービスの類型に関する考察と平行して、ここではソーシャルイノベーションが生み出している振興のベンチャーの性質についてさらに検討したい。

　まず、ソーシャルイノベーターは会社員よりもはるかに起業家的である。就業関係を制御する契約準備の有無に関わらず（ボランティアの貢献も含む）、リスクを取り、報酬のない状態でしばらくの間働き、より効果的に、効率良くユーザーニーズに応える方法を見つけるために、サービスとビジネスモデルの中心となる。これらは明らかに起業家精神にあふれたアプローチの特徴である。

　次に、イノベーションは、住宅の不法占拠、大量の移民の流入、小売店チェー

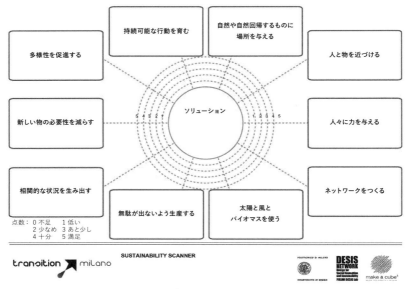

図 12.6 サステナビリティスキャナー（TRANSITION プロジェクト提供）

ンのボイコット、環境災害、土地開発のような、衝突のある状況から生まれることがよくある。衝突には、新しいアイデアを推進したり、試したり、ネットワークをまとめたり、興味をひきつけたり、副次的なイノベーションの道を切り拓く力がある。イノベーションが（ソーシャルな）事業領域に進出すると、営利か非営利かや、ボランティアかプロの仕事かなどの議論を巻き起こし、さらに別の衝突が現れる。

　その結果として、イノベーターが採用した法的形式は、非公式な団体から、協会や財団、協同組合、既存のビジネスなどを変化させることもある。従来の法的形式は、営利か非営利かの二分法と共に時代遅れになっているように思える。このことは、収益は純粋に手段であり、社会への影響や貢献がビジネスの主な目的となる、新たな資本主義の形式が生まれていることを示唆している（P2P Foundation 2015）。「Business Model Canvas」と共に「Prototyping Framework」（図12.7）は、現場において異なった施策を検証することによってイノベータがビジネスモデルを定義することを支援する。特に「Prototyping Framework」は、プロトタイピングの前、最中、後の一連の手続きとチェックリストを提供しており、プロトタイプ作成のセッションでのイノベーターをサポートする。ソーシャルイノベーションの実践において、プロトタイピングは実行可能性及び実現可能性の、単なる機能的及び技術的な試験以上のものになることを目指している。むしろ、ステークホルダーの幅広いコミュニティを活性化させ、パートナーの幅広

図 12.7 プロトタイピングフレームワーク（TRANSITION プロジェクト提供）

いネットワークを強化する、魅力あるイベント（一連のイベント）となっているようだ。

12.4 考察

デザインには変革的な役割がある一方で、現在の行政や経済が劇的な変化に直面していることも認めながら（Bonneau, in Urbact II Capitalisation, 2015）、本章ではソーシャルイノベーション実践のインキュベーションに関する機会と、サービスデザインが持ちうる役割について考察する。

「TRANSITION」プロジェクトのミラノでの経験から、相関的で共同作業的な、複数のステークホルダーが適応できるようなサービスとして、また起業家精神にあふれ、衝突を生む、多様なベンチャーの活動として、ソーシャルイノベーションは明らかになってきた。ソーシャルイノベーションがスケーリングする可能性は、環境とイノベーターの準備によって決まってくる。

進化したインキュベーションパスであるソーシャルイノベーションジャーニーは、（ソーシャルイノベーションの）特性を踏まえた上で、比較的シンプルかつカスタマイズ可能なプロフェッショナルアプローチをソーシャルイノベーションのインキュベーターに提供するため、TRANSITIONの中でヨーロッパ各地で設計、実験された。またSIJの中でサービスデザインのメソッドやツールを利用し適用しながら、最終

的に、ソーシャルイノベーションを支援する際にデザインとインキュベーションの実践が遭遇する数々の課題を明らかにした。

ソーシャルイノベーションでは、インキュベートするだけでなく、力づける（Encouraging）ことも必要である。 サービスデザインは、市民、社会組織、行政を刺激し、解決の難しい社会問題を探索するために、ソーシャルイノベーションを促進する役割を担うことができる。加えて「TRANSITION」の調査では、デザイン主導の実験が、共通の課題においてコミュニティの関与や市民の関わりを活性化することに成功したと、世界中で報告されている（Selloni 2014; Bason 2014）。ここでは、イノベーターが将来のサービスシステムを思い描くのを支援したり、新しい共同作業的なモデルを明らかにするために専門知識を提供したりすることによってデザインは貢献している。インキュベーション初期段階のこのようなやり方は、社会にイノベーションの考え方を普及させ、SIJのはじめに「ゆるやかな」チームをサポートするデザイン主導の戦略であり、デザイナーがイノベーターのコミュニティに深く入り込むことを意味する。また、このようなインキュベーションの初期の戦略は、それ以外のニーズにも応える場合がある。ソーシャルビジネスのインキュベーターは、現在のいくつかの社会の深刻な課題にいまだ効果的に応えられておらず、初期のデザイン主導のアプローチがこのような問題を指摘する可能性がある。現に、注目され、選ばれたプロジェクトで成り立っている典型的なインキュベーションプロセスは、未着手の大量の問題を残し、部分的にしか差し迫っていない問題に多くのイノベーションを引き起こしている。ここで再び、ソーシャルビジネスインキュベーターには、現代社会の新たな優先順位を考慮し、前進する責任がある。課題に基づいた調査行動の着手が、その方法となる可能性がある。これには、イノベーターがすでにある問題を解決するために集めた具体的な課題や、コミュニティの問題に関するステークホルダーをまとめるために市民が関与している問題や、インキュベーター自身のプロジェクトも含まれる。ここで問題となるのは、行政が使える経済資本が限られている中で、このような公益のイニシアチブを誰が推進するのかである。

ソーシャルイノベーションエコシステムは、構築し、育てなければならない。
上記の考察では、主にイノベーションの内的要因について考えていたが、別の重要見解は、外部要因について、まさに環境の準備と地元のエコシステムの特性について考える。今回私たちは、第3セクターや慈善組織、市民社会団体の役割など、行政の一部における一般参加型のイノベーション戦略の道具として、デザインの役割、特にサービスデザインの役割について述べている。ステークホルダー間の共同作業のプラットフォームを作ることで、このようなオープンイノベーションやオープンガバメント政策（European Commission 2013）は、ソーシャルイノベーションに役立つエコシステムの二つの特質の発展に積極的に貢献できている。

1. 新しいアイデアとクオリティオブライフに対する期待で構成される文化的土壌。前提として、個人と地域社会の価値は、イノベーティブな提案をより受容するコミュニティを育むことができる。そのため、サービスデザインは「文化的行動主義」の形態を通して、その土壌に豊かにする役割を果たすことができる（Fuad-Luke 2009; Fry 2010; Scalin、Taute 2012）。

2. イノベーションを実際に可能にするための条件を設定する規制的枠組み。現在ソーシャルイノベーションは、曖昧なところや、規制のシステムの境界線上で起こっていると思われる傾向が強い。そのため規制の枠組みの中でのイノベーションを促進するためには、問題解決だけでなく、公務員や市民組織と共に至急実験を行うことで新しい可能性を描く必要があった（Bason 2014）。これは、地元のエコシステムで作用する間接的なインキュベーションの形態として見ることができる。ソーシャルイノベーションを「スケールアップ」し、経済的、政治的、法的、文化的環境でのチャンスにつながる方法としても考えられる。

相関的で共同作業的なサービスは、明確な社会的価値の提案によって長い時間をかけて育む必要がある。 ソーシャルイノベーションは相関的で共同作業的なので、価値体系、個人の信念、大志、すべてのステークホルダーの心理的なニーズに訴えかけ、ステークホルダーの生活や人生に意義をもたらさなければならない。デザインのセンスメイキングの能力（Zurlo 2012; Verganti 2009）、つまり思考を挑発するアイデアやビジョン、シナリオを提供し、ユーザーとサービス提供者両方の立場になって考えることで意義や意味を共有する文脈を創り出す能力は、ソーシャルイノベーターが、意義あるソーシャルバリュープロポジションとして実現されるサービスの着想を支援することができる。これは関連性（人々の毎日の生活の意義と実用性）と信頼（個人ネットワークの近接性）の概念と関係している。これは Moreli（2014）が指摘しているように「高度にローカライズされパーソナライズされたサービスプラットフォームの拡大は山火事のような広がり方はしない。プラットフォームをスケールアップするのに増やすべきは、ユーザーの数ではなく、コミュニティの数である」（p. 222）ことの理由である。テクノロジーやデジタル分野のインキュベーターと違って、ソーシャルビジネスのインキュベーターは拡大可能なものだけでなく複製可能なビジネスに注力しなければならなず、同じレシピを異なる状況に適用することなく、模倣や複製を出来ないかを追求している。

複数のステークホルダーのモデルは、サービスのデザインや生産のためのステークホルダーの関与を管理するために、明確な方法が必要である。 コラボレーティ

ブサービスは、従来の提供者とユーザー両者の関係や、「見通し線」の線引のルールを壊す。複数のステークホルダーのサービスは、多様な動機によって引き起こされたり、さまざまな能力や個人の利用可能性によって情報を得たり、まとまった興味によって必ずしも動かされない相互作用の複雑さを加えている。サービスデザインは、この多角的な相互作用を明らかにしたり思い描いたりすることに介入ができる。そのために、また共有する目標に向けた効果的な利害の組み合わせの手段となるために、同時に起こるインタラクションや、一対一だけでなく一対多数のステークホルダー間の関係や、より変動しやすい関わりやパフォーマンスの基準など多くの位相の課題を考慮するためにサービスデザインツールは進化する必要がある。このことはまた、需要と供給のバランスをとって同期し、また、同じイニシアチブの状況でもステークホルダーにとって複数の利益の形態があることを理解するためのサービスブループリントを描くことの困難さを意味している。

公共・社会領域におけるサービスのデザイン行為 / ソーシャルイノベーションジャーニー

Notes

1 ソーシャルイノベーションインキュベーションの多国籍ネットワーク　http://transitionproject.eu (accessed 10 October 2016).
2 ヨーロッパのソーシャルイノベーション構築のための倫理的、実験的、政策的財団　http://www.tepsie.eu　(accessed 10 October 2016).
3 ソーシャルイノベーションインキュベーションの多国籍ネットワーク (2013-16、ECの資金援助による)

References

Bason, C. (2014), 'The Frontiers of *Design for Policy*', in C. Bason (ed.), Design for Policy, 225–35. Aldershot: Gower.

Cautela, C., Meroni, A. and Muratovski, G. (2015), 'Design for Incubating and Scaling Innovation', in L. Collina, L. Galluzzo and A. Meroni (eds), *Proceedings of CUMULUS Spring Conference 2015 – The Virtuous Circle Design Culture and Experimentation*, Politecnico di Milano 3–7 June, Milano: Mc Graw Hill. Available online: http://www.ateneonline.it/cumulusmilan/home.asp (accessed 10 October 2016).

Cipolla, C. and Manzini, E. (2009), 'Relational Services', *Knowledge, Technology & Polic*y 22 (1): 45–50

Corubolo, M. and Meroni, A. (2015), 'A Journey into Social Innovation Incubation. The TRANSITION Project', in L. Collina, L. Galluzzo and A. Meroni (eds), *Proceedings of CUMULUS Spring Conference 2015 – The Virtuous Circle Design Culture and Experimentation*, Politecnico di Milano 3–7 June, Milano: McGraw Hill. Available online: http://www.ateneonline.it/cumulusmilan/home.asp (accessed 10 October 2016).

Cross, N. (2001), 'Designerly Ways of Knowing: Design Discipline versus Design Science', *Design Issues* 17 (3): 49–55.

Davies, A. and Simon, J. (2013a), *Growing Social Innovation: A Literature Review*. A deliverable of the FP7-project: TEPSIE. Brussels: European Commission, DG Research.

Davies, A. and Simon, J. (2013b), *The Value and Role of Citizen Engagement in Social Innovation*. A deliverable of the project: TEPSIE, Brussels: European Commission, DG Research.

Direzione Centrale Politiche per il Lavoro, Sviluppo Economico, Universita e Ricerca, Settore Innovazione Economica, Smart City e Università - Servizio Smart City, Comune di Milano (2014), *Milano Smart City - Guidelines*, May. Available online: www.milanosmartcity.org (accessed 10 October 2016).

European Commission - DG Regional and Urban Policy and DG Employment, Social affairs and Inclusion (ed) (2013), *Guide to Social Innovation*. Working paper. Available online: http://ec.europa.eu/regional_policy/sources/docgener/presenta/social_innovation/social_innovation_2013.pdf (accessed 10 October 2016).

Fry, T. (2011), *Design as Politics*. Oxford: Berg.

Fuad-Luke, A. (2009), *Design Activism: Beautiful Strangeness for a Sustainable World*. London: Earthscan.

Gabriel, M. (2014), *Learning Methodology and Preliminary Framework*. A deliverable of the FP7-project: TRANSITION. Brussels: European Commission, DG Research & Innovation.

Hemmati, M. (2002), *Multi-stakeholder Processes for Governance and Sustainability*. Abingdon and New York: Earthscan.

Hubert, A. (2010), *Empowering People, Driving Change: Social Innovation in the European Union, Report*. Available online: http://www.net4society.eu/_media/Social_innovation_europe.pdf (accessed 10 October 2016).

Jegou, F. and Manzini, E. (2008), *Collaborative Services Social Innovation and Design for Sustainability*. Milano: Polidesign Editore.

Manzini, E. (2015), *Design, When Everybody Designs*. Boston: MIT Press.

Manzini, E. and Meroni, A. (2012), 'Catalysing Social Resources for Sustainable Changes. Social Innovation and Community Centred Design', in C. Vezzoli, C. Kohtala and A. Srinivasan (eds), *Product-Service System Design for Sustainability*, 362–79. Sheffield: Greenleaf Publishing.

Manzini, E. and Staszowski, E. (eds) (2013), *Public and Collaborative. Exploring the Intersection of Design, Social Innovation and Public Policy*. DESIS Network. Available online: http://nyc.pubcollab.org/files/DESIS_PandC_Book.pdf (accessed 10 October 2016).

Meroni, A., Selloni, D., Gamman, L. and Thorpe, A. (2014), 'Empowering the Culture of Social Innovation', in A. Breytenbach and K. Pope (eds), *Proceedings of Cumulus Johannesburg. Designing with the other 90%,*

108–16. Johannesburg, 22–24 September 2014.

Meroni, A. and Sangiorgi, D. (2011), *Design for Services*. Aldershot: Gower.

Miller, P. and Stacey J. (2014), 'Good Incubation. The craft of supporting early stage social ventures'. Nesta. Available online: http://www.nesta.org.uk/sites/default/files/good_incubation_wv.pdf (accessed 10 October 2016).

Morelli, N. (2014), 'Challenges in Designing and Scaling-up Community Services', in D. Sangiorgi, D. Hands and E. Murphy (eds), *Prooceding of ServDes 2014. Service Future*, 215–25. Lancaster University, 9–11 April 2014, Linköping University Electronic Press.

Murray, R., Caulier-Grice, J. and Mulgan, G. (2009), *Social Venturing*. London: The Young Foundation.

Murray, R., Caulier-Grice, J. and Mulgan, G. (2010), *The Open Book of Social Innovation*. London: Young Foundation and Nesta.

P2P Foundation (2015), *Mapping the Emerging Post-capitalist Paradigm, and its Main Thinkers*. Available online: http://blog.p2pfoundation.net/mapping-the-emerging-post-capitalist-paradigm-and-its-main-thinkers/2015/11/29 (accessed 10 October 2016).

Parasuraman, A., Zeithaml, V. A., and BerrySource, L. L. (1985), 'A Conceptual Model of Service Quality and Its Implications for Future Research', *The Journal of Marketing* 49 (4): 41–50.

Sangiorgi D. (2014), 'Service Futures', in D. Sangiorgi, D. Hands and E. Murphy (eds), *Prooceding of ServDes 2014. Service Futures*. Lancaster University, 9–11 April 2014, Linköping University Electronic Press.

Scalin, N. and Taute, M. (2012), *The Design Activist's Handbook. How to Change the World (or at Least Your Part of It) with Socially Conscious Design*. Blue Ash, OH: HOW Books.

Selloni, D. (2014), 'New Service Models and New Service Places in Times of Crisis. How Citizens' Activism is Changing the Way We Design Services', *CUMULUS Spring Conference 2014 – What's on: Cultural Diversity, Social Engagement, Shifting Education*. University of Aveiro, 8–10 May 2014.

The Young Foundation (2012), 'Social Innovation Overview: A deliverable of the project: "The Theoretical, Empirical and Policy Foundations for Building Social Innovation in Europe" (TEPSIE)', European Commission – 7th Framework Programme, Brussels: European Commission, DG Research.

TRANSITION Project (2016), *TRANSITION SIJ Toolbox, Learning Outcomes of the Project*. Brussels: TRANSITION. Available online: http://transitionproject.eu/learning-outcomes/ (accessed 10 October 2016).

Urbact II Capitalisation (2015), *Social Innovation in Cities*. Saint Denise: Urbact.

Verganti, R. (2009), *Design-Driven Innovation. Changing the Rules of Competition by Radically Innovating What Things Mean*. Boston: Harvard Business Press.

Westley, F. and Antadze, N. (2013), 'When Scaling Out is Not Enough: Strategies for System Change'. Paper presented at *Social Frontiers: The Next Edge of Social innovation research*, 14–15 November, London Westphal. Available online: http://www.nesta.org.uk/event/social-frontiers (accessed 10 October 2016).

Zurlo, F. and Bohemia, E. (2014), 'Editorial: Designers as Cultural Intermediaries in an Era of Flux', in E. Bohemia, A. Rieple, J. Liedtka and R. Cooper (eds), *Proceedings of the 19th DMI: Academic Design Management Conference*, 5–8, London 2–4 September 2014, Design Management Institute. Available online: http://www.dmi.org/?page=ADMCConferenceTracks (accessed 10 October 2016).

262 — 263

CHAPTER
13

政策立案における
サービスデザイン

Service design in policy making

Camilla Buchanan, Sabine Junginger and Nina Terrey

今日の政策をとりまく状況は、その規模や不確実性という点において、多くのこと が馴染みのない状況となっている。政策立案者が取り組まなければならない問題 の本質、そのようなプログラムの背景にあるエネルギーや熱意、これから生み出 される成果物が及ぶ範囲は、民間セクターの構想を上回っていることが多い。政 策立案者は、自身の役割の変化に直面し、日々、馴染みの薄い団体や状況に我 が身をおいて働くようになった。例えば政策を実行に移す人たち、特に公共機関 の管理者や職員とより親密な関係を築きつつある。また、意味のある政策を発展 させ、実行するために、市民やステークホルダーのもっと近くで働く必要性がある ことも分かっている。

　政策立案に関する新たな要求は、異なるツールやメソッドを必要とする。そ こで政策立案者たちが現在注目している領域の一つがサービスデザインである。 私たちが各研究で見たのは、彼らがサービスデザイナーと誠実に関わっていること、 そして、政策づくりをサポートするデザインツールについて学ぼうとする熱意である。 なぜなら、ツールの習得によって、政策をより効果的に実行し、また市民にとって 良い成果物をもたらすことが可能になるからだ。経験から見て、このような政策 立案では、公共セクターにおけるサービスデザインのもともとの役割が拡張される。 従来公共セクターでは、サービスデザインは、市民と政府機関の関わり方を改善 するためのフロントラインサービスの開発に使われてきた。現在、サービスデザイ ナーは戦略的な事柄や政策デザインにも関わっている。

　本章では、増えつつあるサービスデザインと政策立案者の関わりを調査し、サー ビスデザインのツールや政策立案に対する貢献を分析する。オーストラリア、イギ リス、ドイツの政府によるサービスデザインの使われ方を見ていく。次に、政策 立案者とサービスデザイナーの共に働く動機を比較し、政策立案におけるサービ スデザイナーの課題や倫理的な考察の概要を述べて終わる。

　政策立案はサービスデザインの新たな領域であり、実践的な作業は学術的 な文献よりも進んでいることが多い。ここで引き出される洞察の大部分は、政策 立案者と共にデザインを利用してきた私たちの実際の体験によるものである。

13.1 政策立案者のサービスデザインに対する 　　　 関心の高まり

サービスデザインは、ここ20年で生まれ成長してきた、比較的新しいデザインの 専門領域である。該当するサービスの内容によるが、サービス提供者と顧客の良 好なやりとりやより良いユーザー体験の提供を目的として、デジタル、対面、書面、 空間的な要素のデザインなどが含まれる。サービスデザインは、プロダクトやコミュ

264－265

ニケーションデザインから生まれた理論や方法を利用しており、インタラクション
デザインや人間中心デザインに非常に影響を受けている。後者二つは、社会学、
心理学、組織研究やビジネスとの架け橋にもなっている。民間企業や公的機関が
顧客との関係を改善しようとする時に、サービスデザインを取り入れようとする理
由の一つは、サービスデザインにおけるヒューマンエクスペリエンスとメソッドが、サー
ビスを使う人間がどのように仕事を完了させたり意思決定をするかを追跡したり分
析するのに適している方法だからだ。

　　また現在サービスデザインは、政府のより戦略的な部分、特に政策立案にお
いても牽引力が増してきている。トップダウンや、一見一般参加型に思える公的
協議のような従来の政策立案プロセスへのアプローチが、例えばコミュニティの
健全性[Note1]のような、サービスの発展や提供の複雑で困難な問題に対するサポー
トに不十分なことが証明されたからという理由もある。政策の立案と実施のギャッ
プを埋める政府の能力次第で、望ましい政策的成果が得られるかどうか決まると
考える学者や研究者が増えてきている（参照例：Andrews 2012; Eppel et al.
2011; Bason 2014）。しかし、ほとんどの政府機関は包括的で一般参加型のメソッ
ドをうまく扱えていない。サービスデザインを取り入れようと真摯に努力している
人たちの数は今もって少ない。さらに、ほとんどの政策立案者は、アイデア生成
のメソッドを使う訓練を受けていない。彼らは求められてる成果物に向かって未来
像を描いたり取り組もうとせずに、過去のデータと経験をベースにした問題解決と
意思決定に重点を置き続けている（Junginger 2014）。政策立案者は、時間的制
約によって新しい調査方法を模索することができないので、そのように働いている
のだと弁護することがある。実際、多くの政策は非常に迅速かつ頻繁に、内密に
書かれなければならないと指摘している。このような環境は、幅広くオープンエン
ドな調査だけでなく、コラボレーションや一般参加型のアプローチも妨げているよ
うに思える。それでも、サービスデザインは政策を作る仕事に影響を与えはじめ
ている。以下のセクションでは、政治的な環境でどのようにサービスデザインが
採用されつつあるかを、例を挙げて説明していく。政策的な課題に関する実行可
能な情報や洞察を生むことに、サービスデザインの方法がどのように貢献してい
るかを見ていこう。

13.2 政策立案における
　　　サービスデザインのメソッド

サービスデザイナーが採用したツールやメソッドの多くは、プロダクトやコミュニケー
ションデザインだけでなく、人間中心デザインやインタラクションデザインの基礎

でもある。そのようなツールやメソッドは、人間の尊厳、人権、社会的正義のような第一原則（Buchanan 2006）に関係していることが多い。このように社会や人間に重きを置くことは、政府が新しく意義のあるデザインを実行する土台となると私たちは考えている。

　　今日のサービスデザイナーは、デザインプロセス初期段階のエスノグラフィックな方法を非常に頼りにしている。実際の人間から体験データを集め、その体験を改善する具体的なサービスソリューションを開発する。その方法は各デザインスクールによって異なる可能性があるが、次の基本となる6カテゴリーに分類することができる^{Note2}。

1. **観察のツールとメソッド**：人々の行動や視点を学ぶ手段を提供する。
2. **関与のツールとメソッド**：人々の関わりや参加に注目する。
3. **観念／想像のツールとメソッド**：アイデア、想像、仮説のシナリオを発展させる。
4. **制作や可視化（プロトタイピング）のツールとメソッド**：アイデアを具現化し、実体をもつ具体的な落とし込みにするのを助ける。
5. **試験や評価のツールとメソッド**：進行中のデザインを継続して繰り返し評価するために使用される。
6. **プロジェクトを体系化するツールと枠組み**：デザインプロジェクトにおける守るべきハイレベルな構造やテンプレートを提供する。

このように多様なサービスデザインのメソッドは、特に政策のビジョンと実行のギャップを埋めようとする政策チームを支援するのに適している。同じく、人に関する洞察を生むメソッドは、新しくて欠かすことのできない情報を政策立案者に提供することができる。素早くアイデアを生み出すツールや、明解な視覚伝達の使用は、時間の制約のある中で働く政策立案者を助けることにもなる。

　　サービスデザイナーと政策の発展や実行のために働く人たち両者にとっての課題は、このようなメソッドをそれぞれ理解すること、それをいつ使うべきか、そして一番大事なのは、何のために使うべきかを知ることである。サービスデザインのメソッドを政策立案に使うといっても、それは直接変換できるようなプロセスではない。むしろ、政治的な環境で新しいデザインアプローチを使うには、慎重に適用することが求められる。

13.3 政策立案に対する
サービスデザインの重要な貢献

政策立案におけるサービスデザインの使用は、デザインの領域が拡大し、他の多くのセクターにも波及していること、そしてまた、デザインが戦略的な課題解決に関わり始めたことを示す一例である。特に言及すべきは、デザイナーには、アイデアを可視化する能力と切り離せないものとして、新しい知識を導入すること、プロジェクトの方向性を決めること、ステークホルダー間の調整、参加型やコラボレーションのための場の調整をする能力を持つと考えられてきていることだ（Wilson and Zamberlan 2015）。

　上記のサービスデザインメソッドの一覧をこのような貢献と組み合わせることにより、サービスデザイナーが政策チームを支える重要な方法が明らかになるであろう。私たちは、各国での政府内部での仕事、学術的な調査やコンサルタント業務を通じ、このような貢献を観察してきた。決定的ではないが、政策立案者がデザインを使うだけの説得力のあるものである。

- **市民とのより密接なコラボレーション：** 観察や関与のツールとメソッドは、政策立案者と市民のより密接な連携を可能にする。新しい理解の枠組みを作ることで、市民への共感を持ちやすくする（Cameron et al. 2016）。
- **ステークホルダーの関与を改善する：** サービスデザインは、多くのデザインプロジェクトの基礎であるワークショップなどを通して、多様な意見をまとめるのに有効である。
- **新しいアイデアの迅速な創出：** サービスデザインは、特に市民目線の新しいエビデンスに注目するという理由からも、新しいアイデアを生み出すのに非常に効果的である。
- **政策や複雑なシステムの可視化：** 明解な可視化やブランディングの使用は、政策立案におけるテキストベースで分析的な慣習に大きな影響を与えることができる。
- **実体あるもの、もしくは反映したものの作成：** 実際にアイデアをモックアップにする（プロトタイピングを製作する）ことで、政策が思い描いているものがどのように機能するかを体験することができる。また、プロトタイピングが参加型の性質を持つことから、政策立案者と市民との間に、結果的にプロジェクトの方向性を変えるような新しい種類の対話を生むことができる（Brandt et al. 2012）。

- **プロジェクトの枠組みの制作**：政策立案者はしばしば、高水準の政策理念を提供レベルに落とし込むことが求められる。「Double Diamond（英国デザイン・カウンシル[Note3]）」のようなデザインの枠組は、コンセプトの段階から実施の段階へと移行するための規律を提供することによって、不明確なプロジェクトを体系化することができる。
- **新しい方向性の策定**：デザインプロセスの最も重要な要素の一つは、多くの相入れない、もしくは異なる緊張感のある課題があっても耐えうる能力があり、衝突ではなく、実行する新しい方法の開発や調査へと導くことである。

さらに、思考の転換も、サービスデザインに関わる政策立案者から見い出した主要な観察結果の一つである。私たちの経験では、政策立案者がデザインの原則と実践の概念を理解することは、個々のデザインツールよりも重要である。これは、ほとんどのサービスデザインは、個々のプロジェクトを通して政策チームに導入されているにもかかわらず、デザインの理解をより広範囲に変え、特定のプロジェクトからの洞察を、元の説明を超えて政策チームがもう一度表現し、別の目的に使うことはよくある。したがって、サービスデザインのプロジェクトは、より広範囲な政策チームの行動に影響を与える、幅広い知識を構築するための手段になることがある。一つには、政策立案者が、政治的な環境の変化に自分たちの課題を適用させる必要がある一方、長期的に働くことができるからという理由もある。

　イギリス内務省で込み入った法律策定のプロジェクトでデザインを利用している政策立案者の言葉が、政策チームがデザインを利用することで起こりうる影響をうまくまとめている。

　　「政策をデザインとして考え、体系化された紙面上のプロセスだけではないと考えることで、異なる趣が生まれる。政府はクリエイティブでありたいので、デザインによってよりオープンでクリエイティブに考えられるのである。そのように考えることができれば、それだけ政策は良いものになり、大臣に、ひいては国民に提供する政策もより良いものになると考える」

この言葉は、私たちの経験の総意として共感できるものである。政治的環境でサービスデザイナーが提供できるものは、それ自体がサービスである。つまり、政策立案者や議員、およびその他公務員が、政治的な問題に関して、新しい考え方や提案にオープンになれるようになるサービスを提供している。特にサービスデザインは、ヒューマンエクスペリエンスが重要だということを政府関係者に気づかせ

ることを得意としている。政府機関の中の人々や行政サービスに頼るしかない人たちに、それを気づかせてくれるのだ。

　公共サービスを発展させ提供する、新しい方法を探し求めている政策立案者は多く、上記のメソッドと貢献は、私たちが彼らと一緒に仕事をした中から直接生まれたものである。私たちにとっても、さまざまなデザインメソッドを具体的な政治的問題に落とし込み、適応し、当てはめる仕事は、困難だがやりがいのあるものであり、サービスデザインのどのツールが、政策チームやその時点の政治的プロセスや目的にとって最も効果的かを、より理解しようと努めている。そうするためには、政治的プロセスや行政構造の根幹に関わらなければならないことが分かった。そこから得られた教訓の一つは、ツールやメソッドをたくさん持っていても、特定の政策プロジェクトに使うことができなければ十分ではないということである。さらに、このような新しい場所で仕事をする人たちにとっては、ツールやメソッドを交換するだけでなく、共有することが必要だと分かった。何を期待し、プロジェクトをどのように構築するか、共同の知識や理解を進歩させるようなやり方で経験や洞察をフィードバックするにはどうすればいいかなど、互いに学ぶ必要がある。以下は、そのオーストラリア、イギリス、ドイツの事例である。

13.4 オーストラリア、イギリス、ドイツの事例

現在の政府が国家的状況においてどのようにサービスデザインを活用しているか、私たちのよく知るオーストラリア、イギリス、ドイツの三つの事例で説明する。この事例によって、サービスデザインが現在どのように使われているのか、誰が関わっているのか、どのようにして起こっているのかを理解することができる。

　最初の事例はオーストラリアである。オーストラリア国税庁の税制関係の製品やサービスのデザインのような初期の先駆的な仕事から（Terrey 2012）、人材サービス省や保健省のような連邦省庁、そして首都特別地域政府、ニューサウスウェールズ州政府、ビクトリア州政府のような州および準州機関まで、公共サービスを作る方法としてデザインを早くから多く取り入れてきた。サービスデザインの成功事例として、政策を記録し文書化した事例がある。例えば、2011年ACT政府は、助けを必要とする家族のための福祉の再設計で、「Strengthening Families」に最高の実績を認められていたデザイン会社「ThinkPlace」（Body and Forrester 2014）との協働デザインを委託した（Evans 2013）。2007年、アプローチの中心にデザイン思考を採用しているシドニー工科大学と提携し、ニューサウスウェールズ州の警察と司法機関の一部として「Designing Out Crime（DOC）」リサーチセンターを設立した。オーストラリア連邦の公共セクターは、オーストラリア公共サー

ビス部門間共同のイノベーションプロジェクトである「DesignGov」という試験的な取り組みに投資した。「DesignGov」は、2012年から2013年12月まで運営されており、公共セクターにおいてユーザー中心のデザインの意識を高めた[Note4]。これは、サービスデザインを利用したイノベーションを推進する、オーストラリア政府による先駆け的な取り組みであった。2015年には、行政サービスを刷新し、オーストラリア国民により良い体験を提供するために「Digital Transformation Office（DTO）」を設立した[Note5]。この取り組みは、公共セクター全体にサービスデザインを適用するための新しい基準を設け、政策立案者とサービス提供エージェントの両方から、サービスデザインの需要が増していった。

　　ニッチなデザイン会社の公共サービスセクターにおける大きな貢献により、ここ10年でオーストラリアのサービスデザイン市場は全体的に著しく成長してきた。政策立案者やサービス管理者からの研修の依頼が、需要のかなりの部分を推し進めている。公共政策管理者のために作られた、サービスデザイン、協働デザイン、デザインメソッドのプログラムを通して、この需要は公共管理教育セクターからも次第に増えている[Note6]。

　　二つ目の事例はイギリスである。イギリスでも、政策策定プロセスを向上させるデザインの可能性に対する関心が、ここ数年で大幅に増加してきた。市民が直接政府と関わる、特に医療の場で主に起こっていた、市民公共セクターでの以前のサービスデザイン仕事からの発展である。現在イギリスは、「Reducing violence and aggression in Accident and Emergency: Through a better experience」という、英国保健省と共同で行っているデザイン・カウンシルのデザインチャレンジのような、最先端のサービスにおけるデザインがインパクトを与えた事例を多く提供している。このプロジェクトはパイロットケースにおいて、デザインワークが暴力行動を50%減少したことを証明する数字も含まれているので、研究目的として特に価値がある。

　　その後のイギリスの政策立案へのデザインの導入には政治的な背景がある。イギリスの連立政権（2010〜15年）は、5年任期の初年の2010年に効率化と改革のための議題を設定した。このプロセスで重要だったのは、当時の内閣府大臣Francis Maudeが掲げた「官僚ではなく市民のニーズに合わせて新しい技術を適用し、サービスを再設計すること」という目標であった（Maude 2015）。Maudeは、より良い政策的成果の目的を達成するために、デジタル、デザイン、データの三つのアプローチを重視した（Maude 2015）。

　　改革目標の一番大きな成果の一つが、2011年4月に作られたGovernment Digital Serviceである。このサービスは内閣府のEfficiency and Reform Group（効率化と改革のためのグループ）直下に属し、政府が提供するデジタルサービス

の変革を任された。

2012年、連立政権は、官僚的でなくより能力の高い公務員を育成する計画を記した戦略的文書「公務員制度改革計画（Civil Service Reform Plan）」を発表した。この「公務員制度改革計画」は、実際に実行可能な政策のデザインに明らかに力を入れており、外部の専門家をイギリスの官公庁に招き入れることも目的にしていた（HMG 2012）。この計画には、データサイエンスからデザインまで、政策立案のために新しいツールや技術を取り入れることを目的とした、Policy Labと呼ばれる内閣府の新設部署に関する内容も含まれていた（Kimbell 2015）。Policy Labは2014年4月に導入され、2015年末までに政策立案のためのデザインツールを何千も導入し、政策チームと共に多くのデザインプロジェクトを開始した。

2014年から2015年の間に、英国貿易・対英投資部のIdeas Lab、司法省や雇用年金局の大規模なデジタルチームなどを含む、その他のデザインやデジタルノードが中央政府に設立された。また、デザインは公務員の研修や政策スクールにも組み込まれ、内閣府の社会的投資・金融チームのような政策チームに直接雇用されたり、委託されたりするデザイナーもいた。

例えば、社会的投資・金融チームでは、イギリスの社会的投資セクターのシステム的な課題を、特に現場組織の視点から理解し、改善するために、3年間に渡ってデザインが利用された。現場組織では深い知見が蓄積され、セクターのさまざまな参加者によってプロジェクトが進められているが、これは新しい政策の方向性を決めるアプローチとしてはまだ一般的ではない。サービスデザインというよりシステムデザインに近い仕事である[Note7]。

三つ目の事例はドイツである。バウハウスやウルム造形大学が生まれたこの国は、最近になって政策レベルでのデザインの重要性に関心を示し始めた。また、何人かの主導者は実際にデザインについて言及している。この論文の執筆時点では、デザインを推進する公的な既存のイノベーションラボを、政府は正式に支援していない。代わりに、連邦首相府は、市民が簡単にアクセスできるところで、市民に理解しやすい状態で、すぐに情報提供することを目標とした行動に関する研究グループを支援した。この取り組みはデザインアプローチとして見ることもできるが、ドイツではナッジプロジェクト（訳注：和訳では「正しい行動を取らせようとする」プロジェクトとしても知られる）の一つとしてしか理解されなかった。プロジェクトチームには、社会学者、消費者調査員、行動研究の専門家の3人がおり、市民と共にフィールドワークを実施しながら、広範囲に及ぶ民俗学的メソッドを採用している。連邦首相府にとって、このような取り組みは「効果的な政府（wirksam regiere）」構想の一部である[Note8]。

地域レベルでは、バイエルンの保守政党の政策プランナーが、意識的にデザ

イン思考やデザインイノベーションを利用するModern Governanceに関連する作業グループを設立した。2015年、このグループは他国がデザインに何を見いだし、デザインをどのように取り入れているかを理解する調査のため、デンマークのDanish Cross Ministerial Innovation Unit MindLabやDanish Design CentreやイギリスのBehavioural Economic Unitを訪問した。このようなイベントの一部には、バイエルンの主力紙のジャーナリストも招かれた。現在バイエルンでは、デザインは、市民にかかる官僚主義的な負担を減らし、地元の人々に役立つ実践的なソリューションに到達する方法として、有意義でより効果的だと考えられている。不思議なことに、ドイツの政策にデザインが導入されたのは、サービスデザイナーやその他デザインの専門家によってではない。これまでは、国際的なイベントで国際的なデザイン構想について聞いた、ドイツの政策立案者や政治的な活動をする人々が推進してきた。政策実現とより密接に協調するサービスデザインの役割が、政策のあらゆる領域に十分に活用できるものとして、見出され理解されるのを待っている状態だということを示していると言えるかもしれない。

　それでも、デザインシンキングやデザインメソッドが、市民や他のステークホルダーとの協働デザインや共同プロデュースによる、現実的な問題に直結する意義ある政策づくりをどのようにサポートできるのかという関心は、急速に高まっている。現在、ドイツのいくつかの政治や科学の財団が、公共セクターのイノベーションに貢献するため、積極的にデザインシンキングを理解しようとしている。このような財団は、しばしば行政や政治の分断を越えて働くことを可能にする[Note 9]。ドイツの省庁や公共機関の場合、責任や権限が階級や課題ごとに縦割りされ、このような組織でも統合された共同作業ができないので、ましてや一般の市民を巻き込むようなことは難しいため、このことは非常に重要である。それとは対照的に、財団は強力なヨーロッパのネットワークを活用し、新しい変化や進歩にも素早く追いつくことができる。つまり、近い将来ドイツの政策立案や政策実行において、デザインに関する新たな進歩が多く見込めるということである。

13.5 政策立案においてサービスデザインの　　　使用を推進する主要グループ

この三つの事例から、公共セクターにおける政策立案のデザインの使用には、二つのグループが関わっていることが分かる。最初のグループは政策立案者、二つ目のグループは主にプロのデザイナーで構成されている。デザインを導入する理由はさまざまではある。例えば、イギリスではデザインは政策立案の改革派のアジェンダと結びついていた。また、デザイナーや政策立案者が互いに関わるモチベー

ションも異なることがあるのも分かった。このような違いが衝突を生むこともあるが、シナジーを生み出すこともある。私たちが気づいた違いは、以下の通りである。

　政策立案者は、公共セクターでイノベーションを起こすための幅広い努力の一環として、サービスデザインのメソッドを研究する傾向がある。彼らにとってデザインは、課題へのアプローチや新しいスキルを構築する、既存に取って代わる方法を提供するものである。また、現実的な成果を念頭に置く傾向もある。例えば、官民の新しい関係を育む、政策立案者の雇用満足度を上げる、市民に政策立案に深く関わってもらう、技術イノベーションを推進する、公共機関のコスト削減活動を支援する、というようなことである。市民と近密に働くことを熱望しながら、イノベーティブで未来志向の人物という地位を確立するなど、明らかに自分の政治的利益のためにメソッドを利用しようとする者もいる。しかし、経験的にそのような人は少数である。

　サービスデザインメソッドを研究することが、従来の公的な政策立案のコンテクストに文化的な緊張関係をもたらす可能性がある。例えば、プロトタイピングや実験の言語や実践は、政策チームに新しい原動力を生むために、通常不完全なアイデアやソリューションを外部のシェアホルダーとシェアすることが求められるので、政策立案者は好まない傾向にあるかもしれない。デザイナーにとってプロトタイピングや実験というのは、アイデアを発展させながら改良するためのフィードバックを得るための行為だ。しかし、政策立案者にとって実験は、デザインアプローチに関わろうとする積極性に影響を与えかねない、リスクを負う可能性がある。ある意味、サービスデザインメソッドを使用する人と、標準的な政策メソッドを使用する人のコミュニケーションの問題だ。というのも、どちらのコミュニティも、より良い成果にするために早い段階で実験することには間違いなく同意しているからだ。しかし、サービスデザイナーにはこの先、自分のスキルやメソッドの価値を、政策立案者に効果的に伝えるという課題が待っている。

　デザイナーは、公共セクターで、具体的に言えば異なる期待や動機が伴う政策において、デザイン課題に取り組んでいる。デザイナーの控えめな「もの」や成果を作りたいという気持ちは、政策立案の大風呂敷な環境ではフラストレーションになる。政策立案において、現実的な影響を理解するまで十分な仕事が行われる必要があると、デザインコミュニティが自身の権利を主張しているという面はある程度認められる。こういった態度は政策立案の向上よりむしろ、デザインの有効性を証明したいという欲求だと思われているかもしれない。だが、私たちの経験では、大半の公共セクターのデザイナーと政策立案者は、公共サービスをするという誠実な欲求から自分たちの役割に魅力を感じている。

　より複雑になっているのは、公共セクターのデザイナーに決まった経歴がない

ことである。元々、この分野はプロのデザイナー、特にサービスデザイナー、インタラクションデザイナー、ユーザー調査員で構成されているグループであった。今では、幅広いデザイン分野のプロのデザイナーと同じくらい、独学の公務員やソーシャルイノベーターも含まれている。また、経営コンサルタントの影響の増大も顕著である。Adaptive Path、Fjord、Lunar のような、いくつかの独立系デザインスタジオは、Accenture、Deloitte、Boston Consulting Group、McKinsey のような巨大な国際的経営コンサルタント会社に吸収されてしまった。このような経営コンサルタント会社が政府からの依頼を受けることが増えている。

　政策立案のプロセスをよく知らないプロのサービスデザイナーが多いことはこれまでにも指摘したが、それが、新しい政策策定に求められる変化や組織的な知識の程度を過小評価する結果になっている可能性はある。だが、政策立案者のコンテクストや価値を認識し、それに応えるサービスデザイナーのこの能力が、両者のパートナーシップの成功に大きく寄与する。

　初期的な問題があるにも関わらず、政策立案者にコンセプトやメソッドを紹介することに成功しているサービスデザイナーがますます増えている。そのようなデザイナーは、公共セクターにおける政策立案の最初の段階から政策の実行まで、サービスの果たす役割の重要性を気づかせているグループの一員である。また、彼らの仕事が、公共セクター内でのサービスデザインやサービスデザイナーの新しい可能性に光を当てている。

13.6 サービスデザイナーが 政策立案プロセスを理解する必要性

サービスデザインが行政に関わる時に、政策立案について知識を持つことが欠かせないのは明らかである。政治や法律という枠組みに強固にはめられている場所で運営を行うには、ある程度は舵取りの方法を知っていなければならない。例えば、政策のサイクルの基本を理解することが役に立つ。デザイナーは、活動している分野のデザイン課題について把握する時、どのようなデザインの側面、メソッド、原則がすでに作用しており、どれが作用していないかを説明する立場にある、と自覚すべきである。デザイナーの政策理解について特に重要な議論が二つある。

　第一に、政策は、その後に作られるすべてのサービスの枠組みを構成しているということである。つまり、サービスのデザインは政策立案と共に始まり、サービス提供レベルのデザインワークは政策と密接に結びついている（Junginger 2012）。また、サービスレベルにおけるデザインワークは、特に実際の市民のニーズや、政策が実際にどのように機能しているかという、政策にとって価値ある洞察を生み出す。

第二に、序文で書いたように、最近、政策策定方法は、今日の政治課題に見合わなくなっているという批判がある。その結果、政策立案をする側は、新しいツールや外部の専門家を求めるようになった。そのようにしてサービスデザインもまた政策に結びつけられているのは、政策立案者がますます重要な顧客になっているためである。

このことで、サービスデザイナーは、課題を与えられ、新たな領域でスキルを身につけなければならなくなっている。サービスデザイナーが最前線のサービスだけに力を入れたら、サービスの裏にある体系的な問題や政策的な背景に対処できず、サービスデザイナーの仕事があまりにも控えめになる危険性がある。しかし、サービスデザイナーが政策立案に関わるには、市民のニーズに重点を置いた一連の流れのなかにあるものとして見るだけでなく、政府の内部で政策がどう作られるかを知ることによって、サービスをより総合的に見る能力を伸ばすことが求められる。現在の政策立案プロセスでは、サービス実施から政策策定の初期段階にいたるまで、有用な洞察が得られる機会は比較的少ない。そのため、政策が実用段階になった時になって、誤動作や問題が表れる。

政策におけるデザインの関わりや役割について議論できるようになれば、多くのデザイナーが行政のトップレベルにより近いところで働けるようになる。そのためにサービスデザイナーが政策環境について踏まえなければならないさらなる課題について、これからより詳しく議論していこう。

13.7 政策立案における
　　　サービスデザイナーの課題

私たちの政策関連の研究から、サービスデザイナーが新しい環境に入った時に、期待に添えるように考慮するべきことや課題をいくつか明らかにした。

- **証明や証拠の要求**：政策立案者はデザインアプローチに関心があることが多いが、その影響力の証拠を求める。これはサービスデザインが発展するために重要な領域であるが、デザインを使用することは、政策立案者が使う証拠の形式や種類を広げる機会でもある。例えばエスノグラフィック調査がその一例だ。
- **政治的文脈**：デザインのやり方を政治的な時間軸に合わせることには困難もある。実際、非常に迅速に決められる政策もあり、実験をする余地がほとんどない。組織を越えて関係を構築するデザイナーによって一部は対処されるが、サービスデザイナーはそのプロジェクトに影響を及ぼす可能性

のある外部の影響について理解するために、政治的なプロセスの知識も
求められる。

- **文化的変化への抵抗**：政策のフロントエンドで市民と関わることは、リスクがあると受け止められることもあり、政策立案者は、誰に、どのように、何を協議するかをコントロールすることで、期待に見合うようにしようとすることが多い。この課題を乗り越える良い方法は、政策立案者が外部のステークホルダーと直接関わる機会を提供することである。

- **デザインに精通していないこと**：政策立案コミュニティの内部にデザイン思考やデザインの専門家が存在しないことで、デザインに対して誤解されたり、デザインへの関心が欠如したりする恐れがある。したがって、サービスデザイナーには、公共政策に関連する言葉でデザインの価値を明確に伝えたり、政策立案チーム内でデザインの認識や可能性を上げたりするよう、働きかける責任がある。

- **新しいメソッドを試す政策立案者の信頼**：「カスタマージャーニー」や「プロトタイプ的な経験」や「ナラティブクリエイション」のようなデザインからのアプローチは、政策が制定された時は強力だが、政策立案者にとって、働き方とサービスの両方が政策的環境でまだ開発途中の場合、デザイン的な構想をしたり、デザインに委託することは、やりがいはあるが困難でもある。サービスデザイナーにとっては、サービスデザインのプロセスに政策立案者を参加させ、デザインの力で政策立案者のツールキットを改良するチャンスである。

このような課題は考慮すべき大事なことである。関わっているサービスデザイナーに、重要な政策的課題に取り組む潜在能力がさらにあれば、サービスデザイナーにとっても、政策立案者にとっても、やりがいのある仕事となる。

　デザイナーがこのような課題に対して首尾よく舵取りをし、行政機関で新しいデザインの可能性を発展させることに成功したとしても、政策立案に関わって働くサービスデザイナーにとっての倫理とは何か、というさらなる疑問がある。

13.8 サービスデザインの新たな倫理的疑問

政策とサービスデザインの結びつきが強まると、サービスデザイナーには新たな倫理的な疑問が生まれる。従来のサービスデザインの領域に留まると、サービスデザイナーはそれ以外の政治的な環境で中立ではいられない。サービスデザイナーが考慮するべき倫理的な疑問がいくつかある。

276 - 277

- **サービスデザインは政策立案に新しいダイナミクスをもたらす**：市民と政策立案者とパブリックマネジャーが共に働いていると、古い市民社会の基盤が変わっていく（cf: Havel 2000）。民主主義国家は、チェックアンドバランス（抑制と均衡）と権力分離という概念の上に成り立ってきた。サービスデザインメソッドはその土台を揺るがしたり、変貌させるだろうか？　私たちの見解では、さらなる共同作業は政府にとって前向きな進化だと思う。しかし、さらなる共同作業の影響とは厳密にはどのようなものだろうか？
- **サービスデザインは現実の人々の生活から材料を持ってくる**：幅広い政策決定に用いるため、エスノグラフィー調査を通して集めた人々の生活に基づいた情報や意見は、細心の注意と守秘義務で取り扱う必要がある。サービスデザイナーが、コンプライアンスに準拠していない行動に遭遇する可能性もある。そのような場合、どのように市民を守れるだろうか？　サービスデザイナーは、複雑な公共政策システムの行動範囲をどのように理解し、どのように適切に行動を解釈すればいいだろうか？
- **サービスデザインはインタラクション以上のものであることが多い、政策の実現である**：公共機関によって提供されるサービスは、事実上の政策の実現であり（Junginger 2012）、それゆえに総じてガバナンスとは切り離せない。サービスデザイナーは、政策の策定や変更の複雑なダイナミクスをどのように理解しているか？　サービスデザインの仕事が、より深い体系的な問題を掘り当ててしまった場合、このような政策に取り組むために省庁を越えて新しい関係をどのように取り付けるか？
- **政府の政策の政治的側面**：公共セクターのデザインの政治的側面についての報告は少ないが、デザイナーが政策立案者と共に働く場合はより明らかになる。公共セクターで左寄りのデザイナーが多く働いているのは、デザインが市民の体験を向上させると信じているからである。しかし、デザインアプローチはサービスを合理化し、お金の節約を約束しているので、政治的に右寄りの政府の興味も引いている。デザインや政策への進出は政治的な疑問とは切り離せない。デザインアプローチは非民主主義の政府でも使えるか、もしくは使えるようにするべきか？

このような疑問や問題からたどり着く答えが、一つだとは思えない。しかし、パブリックサービスに関わったり、政党と共に働いたり、政策立案をサポートしたりするうちに、より多くのサービスデザイナーが同じような疑問に直面するのは明らかである。デザイナーは、その都度自分の働いている環境に意識的でなければなら

ない。サービスデザイナーがこのような倫理的な疑問を誠実に慎重に検討し、折り合いをつけることが大事であり、我々が意識を向けさせたいのはこのことである。

13.9 結論

サービスデザインの価値は進化している。私たちが目撃しているのは、サービスを処理業務と捉える段階から、望ましい政策の成果を達成するための中心として理解する段階への移行である。

　　本章では、政策立案者のサービスデザインへの関心の高まりについて議論してきた。オーストラリア、イギリス、ドイツの3カ国のトレンドを見て、これらの国のサービスデザイナーと政策立案者間のダイナミクスが変化していると見なす結論を出した。サービスデザインのツールは政策立案にも非常に役に立つが、サービスデザインが政策に利用される事例をより多く見るためには、さらにやらなければならないことがある。政策立案の環境で、サービスデザイナーが直面する課題についても論じた。このような課題は、民間セクターでのデザインにも無関係ではなく、それゆえ経験を積んだサービスデザイナーには馴染みがあるものである。公共セクターの複雑さや制限は、サービスデザイナーに専門知識を適用する新しい環境を提示しており、公共セクターで働くサービスデザイナーの仕事は、政策的な環境の中での自分の仕事を考えることである。これは、公共サービスで市民とのインタラクションやフロントラインのサービスの向上が主な業務と考える、公共セクターにおけるサービスデザインの元々の役割を超える段階であり、政策策定者を悩ます構造的な問題に立ち向かうというものになってきている。サービスデザイナーは、政策チームやそのプロジェクトの枠組みの事例に最適なメソッドやツールをうまく共有し、デザインと政策プロジェクトがどのように構築されてきたかを示し、プロジェクトの初期から他の人たちがデザインを学ぶことができるようにしなければならない。私たちは、政策立案者と共にサービスデザインを適用した時に、彼らが直面する文化的な現実の認識に注目した。政策チームには、その時点のプロセスに沿ってさまざまなツールを使って実験をする余裕と機会が必要であり、それはプレッシャーの大きな環境では間違いなく困難である。最近は、政策チームに新しいサービスデザインのメソッドを導入することが多くなってきたが、より広く文化を変えることはいまだ課題である。新たなメソッドを根付かせるための継続的なサポートも必要である。

　　サービスデザイナーと政策立案者の違いはもちろんあるが、私たちの研究は、二つのコミュニティが共に働く時に、政府が望ましい未来を形成しデザインすることを可能にする機会が大いにあることも示唆している。

Notes

1 公共セクターのコンサルタント業務の批評や他の一般参加型のアプローチについては、Arnstein (1969), *The Citizen Participation Ladder*を参照。

2 このカテゴリーは、異なるメソッドカードのグループ（参照：Design School Kolding; IDEO, Edenspiekerman）や、*101 Design Methods, Design Research Methods*などのような本のメソッドの分類を反映している

3 http://www.designcouncil.org.uk/resources/report/11-lessons-managing-design-globalbrands (accessed October 2016).

4 http://design.gov.au (accessed May 2016).

5 https://www.dto.gov.au/about (accessed 5 February 2016).

6 著者の一人であるNina Terreyは、オーストラリアとニュージーランドの行政大学院が提供するExecutive Master of Public Administration Degreeで、協働デザインやデザインメソッドを紹介するDesigning Public Policies and Programsを含むプログラムを教えている。キャンベラ大学の一部であるInstitute of Governance and Policy Analysisでは、協働デザインやデザイン思考の単位で公共政策デザインのプログラムを提供している。

7 内閣府、社会投資と金融チームとデザイン・カウンシル、デザイン社会金融 http://www.designcouncil.org.uk/resources/report/social-finance-uk-designing- experience-ventures (accessed May 2016)

8 ドイツの哲学者Robert Lepeniesは最近のインタビューで、多くのドイツ人が行動調査や正しい行動を取らせようとすることに懐疑的であったり、不信感を持っていると説明している。人間中心デザインがこの調査に関わらないのは、依然として気になるところである。http://www.deutschlandradiokultur.de/arbeitsgruppe-wirksam-regieren-dendeutschen- einen-stups.1008.de.html?dram:article_id=347199　(accessed October 2016).

9 この財団にはMercator Foundation、Stiftung für Wissenschaft、Politik（科学と政治学の財団）、German Marshall Fundなどがある。

References

Andrews, M., Pritchett, L. and Woolcock, M. (2012), 'Escaping Capability Traps through Problem-Driven Iterative Adaptation (PDIA)', Working Paper, Center for Global Development.

Bason, C. (2014), *Design for Policy*. Aldershot: Gower.

Body, J. and Forrester, S. (2014), 'Synthesizing Policy and Practice: The

Case of Co-designing Better Outcomes for Vulnerable Families', in C. Bason (ed.), *Design for Policy*. Aldershot: Gower.

Brandt, E., Binder, T. and Sanders, E. B. (2013), 'Tools and Techniques: Ways to Engage Telling, Making and Enacting', in J. Simonsen and T. Robertson (eds), *International Handbook of Participatory Design*, 145–80. London and New York: Routledge.

Buchanan, R. (2006), 'Human Dignity and Human Rights: Thoughts on the Principles of Human-centered Design', In M. Bierut, W. Drenttel and S. Heller (eds), *Looking Closer: Five Critical Writings in Graphic Design*, 140–4. New York: Allsworth Press.

Cameron, C. D, Harris, L. T. and Payne, B. K. (2015), 'The Emotional Cost of Humanity: Anticipated Exhaustion Motivates Dehumanization of Stigmatized Targets', *Social Psychological and Personality Science* 7 (2): 105.

Eppel, E., Turner, D. and Wolf, A. (2011), 'Experimentation and Learning in Policy Implementation: Implications for Public Management', *Institute of Policy Studies*, Working Paper 11/04, June.

Evans, M. (2013), *Improving Services with Families: 'A Perfect Project in an Imperfect system'*, Report for the ACT Government Institute of Governance and Policy Analysis, University of Canberra.

Havel, V. (2000), 'Civil Society and its New Enemies'. Available online: http://www.project-syndicate.org/commentary/civil-society-and-its-new-enemies (accessed September 2013).

Her Majesty's Government (2012), 'Civil Service Reform Plan'. Available online: www.civilservice.gov.uk/reform0 (accessed April 2016)

Junginger, S. (2012), 'Matters of Design in Policy-Making and Policy Implementation', *Annual Review of Policy Design* 1 (1) (2013). Available online: http://ojs.unbc.ca/index.php/design/article/view/%20542/475 (accessed October 2016).

Junginger, S. (2014), 'Towards Policy-Making as Designing', in C. Bason, (ed.), *Design for Policy* Aldershot: Gower, Design for Social Responsibility Series.

Kimbell, L. (2015), *Applying Design Approaches to Policy Making: Discovering Policy Lab*. Brighton: University of Brighton.

Maude, F. (2014), 'A Changing Game' in *A New Policy Toolkit*, RSA Journal 4.

Moore, M. H. (2013), *Recognizing Public Value*. Cambridge, MA: Harvard University Press.

Terrey, N. (2012), *Managing by Design: A Case Study of the Australian Taxation Office*. Doctoral Thesis, University of Canberra. Faculty of Business, Management and Law, June.

Wilson, S. and Zamberlan, L. (2015), 'Design for an Unknown Future: Amplified Roles for Collaboration, New Design Knowledge, and Creativity', *Design Issues* 31 (2): 3–15

Projects referred to

Cabinet Office, Social Investment & Finance Team and Design Council, Designing Social Finance. Available online: http://www.designcouncil.org.uk/resources/report/social-finance-uk-designing-experience-ventures (accessed May 2016).

Cabinet Office, Social Investment & Finance Team and Point People/ Snook, Designing Social Investment. Available online: http://www.bigsocietycapital.com/sites/default/files/attachments/DesigningSocialInvestment_PrototypingTesting_Report.pdf (accessed May 2016).

Gov2020 – A Journey into the Future of Government, The Government Thought Leadership Series, Deloitte, February 2015, prepared for the government summit 2015.

Service Delivery Trend Outlook – The Potential Future of Government Customer Service Delivery, The Government Thought Leadership Series, Deloitte, February 2015.

Design Council, Reducing Violence and Aggression in Accident and Emergency. Available online: http://www.designcouncil.org.uk/projects/reducing-violence-and-aggression-ae (accessed November 2015).

282 — 283

移行経済・新興市場におけるサービスのデザイン行為

PART
4

移行経済・新興市場に
おけるサービスの
デザイン行為

Designing for service, shifting economies, emerging markets

この最後の部では、四つの章によって、比較的新しく、かつ議論を呼ぶであろう文脈でサービスデザインの新しい分野が語られている。製造業における持続可能性に関連した事象などがその例である。具体的には、オートメーション化された新たなサービスシステムにおけるテクノロジーの急速な採用と取り込み、デジタルワークフォースの台頭、ビッグデータ時代の到来と、それを個人や組織へ適用することについての影響、新しい共創型サービスをデザインすることの周辺にあるチャレンジ、などである。いずれの事柄も変わりゆく経済状況の中で、サービスの概念の形成におけるサービスデザインの役割とは何かを問うている。また、組織の枠内、枠外といった異なるレベルにサービスデザインを据えている。

　まずは、製造業者にとって、必要性の高まっているプロダクトの使用期限や原材料管理の問題からこの部を始めていきたい。Bhamra, Walters and Moultrie は、サービスデザインの助けによるプロダクトのサービスシステムを通して、製造業者がよりサスティナブルになれるような方法を示している。著者らは、製造業者に「ただ単にモノを売る」ということから「新しいサービスビジネス」へと彼らのビジネスの焦点を合わせてもらえるようにするための3段階のモデルを提示している。それは、つまり、物質的なプロダクトをデザインすることから、新たなニーズや社会 - 物質的な価値をデザインすること、そして、既存のプロダクトへの認識を通して、プロダクトの所有には結び付かないテクノロジカルなシステムへの方向転換を促している。

　15章では、Blomberg と Stucky が我々に広範囲に渡るサービスを提供してくれるデジタルプラットフォームの急激な台頭についての懸念を示している。そして、我々に自動運転車の例を提示することによって、この新しい経済の無形の隠された側面を見るよう求める。ここで著者らが強調して述べているのは、サービスデザイナーは、自分たちが携わっているものの技術的な影響と、新しいデジタルワークフォースとセカンドエコノミーの到来から生じる倫理的かつ政治的な疑問の両方を把握する必要性があるということである。この章では、サービスデザインがその特性によって、この新しい分野に貢献しうる道を提示している。サービスデザイン

移行経済・新興市場におけるサービスのデザイン行為

の特性とは、ほとんどの場合において隠された（見えなくなっている）プロセスやデータの流れを「見える化」すること、そして、日々の生活の中での経験を具体化する力を持っているということである。

　同様に Prendiville、Gwilt、Mitchell もまたサービスデザインが、ビッグデータとどう関わり、そして、デザインの実践が、個人レベルと組織レベルの両方において、ビッグデータを活用したサービスにおける不可視性という本質を概念化するのに役立つセンスメイキングアクティビティ（物事の整合性や合理性を追求すること）として活用できるか、その道を提示している。ビッグデータに関して、著者らは三つの方法を提示し、サービスデザインが、探求、変換、可視化、個人化（自分ごとにする）を通して、サービスの概念化することによって、センスメイキングを促進することを述べている。

　Seravalli と Agger-Eriksen は、デザイナーとステークホルダーのコラボレーションに関連する特定の問いを投げかけながら、共創型（コラボレーティブ）サービスについての論を展開している。昨今の Airbnb に関する批判的な論調に例証されるような、共創型サービスの大いなる多様性を明確化することで、著者らは「どのような種類のシェアリングやコラボレーションがこれらのサービスにおいて影響を及ぼしているのか、そして、それらをどのようにデザインすべきかを、明確化する」より望ましい方法の存在への要求を重視している。（スウェーデンのマルメにある）メイカースペース「Fabriken」を例に取り、著者らは「共有リソースを生成し、アクセスし、メンテナンスする協創型組織形態を支援する手段」としてのコモンズの概念、および、異なった視点を獲得し公共やコミュニティと言った複雑なシステムへ人々を関与させる手法としての参加、という概念であるインフラストラクチャリングに着目している。コモンズの概念とインフラストラクチャリングの参加型プロセスを通して、著者らは、サービスデザイナーに対し、共創（コラボレーション）的な、また、共創のためのデザインを行う際、彼らの役割と他の関係者（アクター、登場人物、デザインに関わる人々）のやるべきことについてリフレクティブ（内省的）であることの必要性を述べている。

CHAPTER
14

プロダクトサービスシステムへ
至る道筋としての
サービスデザイン

The potential of service design as a route to product service systems

Tracy Bhamra, Andrew T. Walters and James Moultrie

移行経済・新興市場におけるサービスのデザイン行為 / プロダクトサービスシステムへ至る道筋としてのサービスデザイン

14.1 イントロダクション

デザインプラクティショナーと学術研究者らは、サービスを付帯した製品をデザインし、多くの場合、複雑な問題解決のためにデザイン主導のアプローチを適用することの有効性によって、企業がいかにしてより高い価値を顧客に届けうるかということにますますの関心を寄せるようになっている。このような手法の成功は、サービスデザインエージェンシー（例：Engine）や巨大な世界規模の企業内における新たなチームの成長を促している。サービスデザインは、下記の3点の創出において行政の関心を引き付けているようだ。(1)デザイン主導で政策や方針の決定を行うチームや部署（例：英国のPolicy Lab、デンマークのMindLab）。(2)EUの資金援助によるリサーチプログラムに着目したもの（例：SPIDER、サービスデザインを使って大きな社会問題を取り扱うためのCardiff Metropolitan University とCardiff Council の共同研究する組織）。(3)製造業におけるイノベーションの呼び掛けを行う地方の行政府に着目したもの（例：ウェールズ政府のサービスデザインプログラム）。

　　サービスデザインの成長と並行して、そこには、ユーザーセンタードデザイン（UCD）がより広い範囲に適用ことによる成長もある。ユーザーセンタードデザイン（UCD）は、必然的に顧客に対して、彼らのニーズと価値観により合致し、より研ぎ澄まされ、洗練されたデザインのアウトプットをもたらす。時として、「エクスペリエンスデザイン」と説明されるこのような方法の基本方針は、ユーザーの価値に訴える直感的で深い関係性を提供するということに根ざしたものである（Hassenzahl et al. 2013）。本章は、サービスが新しい、もしくは既存のビジネスで提供されるものに価値を加える機会を提供することによって、製造業を生業とする企業に対して、もたらすだろう変容の可能性に関する章である（Manzini and Vezzoli 2003）。まず、製造業を生業とする企業がサービスデザインの視点を用いてプロダクトからサービスへと（ビジネスの）焦点を移行する上で取りうるアプローチとその概要を述べる。そして、顧客に価値を届けるための新しいアプローチがもたらす、製造業界における競争力の拡大を詳しく考察する。特に強調されているのは、プロダクトサービスシステム（以下PSS：Product Service System）（訳注：プロダクトとサービスの区別なく一体となって顧客に価値を提供するビジネスモデルやシステム等のこと）の開発に向けたアプローチとしてサービスデザインが持つ潜在的な利点、中でも製造業を生業とする企業を持続可能な状態に導くためにサービスデザインが成し得ることについてである。

14.1.1 プロダクトサービスシステム

Goedkoop et al. は、PSSをまずは、「市場性のあるプロダクトとサービスの集合体であり、その連帯によってユーザーのニーズを満たしうるもの」と定義した。その際強調されたのは、PSSは、そのビジネスフォーカスをプロダクトを生産し、それを売るということから、サービスを開発し、発展させ、提供するということに移行していかなければならないということであった。Mont（2002）は、PSSを次のように明確化した。PSSは、単にユーザーのニーズを満たすために必要とされる、プロダクトとサービスが合体したものを指すのではない。プロダクトとサービスの価値の創造とその提供をシステムの側面から助けること。そして、そのためのネットワークとインフラストラクチャーをも含んでいるのである。製造業界という文脈においてのPSSは、一般的には、プロダクトの提供と付随するサービスの広域的な融合への移行に関心を寄せている（Baines and Lightfoot 2013）。つまり、PSSが証明を試みているのは、プロダクトを生産し、販売することのみならず、ユーザーのニーズを満たすサービスとプロダクトの融合という価値の創造なのである（Tukker and Tischner 2006a）。一般的にサービスイノベーションは、製造業に価値を加えうるという総意がある。従って、どのように製造業界の会社が自身をその融合に順応させるか、ということについては、大きな関心事である（Polaine, Løvlie and Reason 2013）。これは、PSSが私たちの昨今のニーズの多くと、更には将来的に抱くであろうニーズを満たし得る持続可能な解決策である可能性を秘めていると認識されているからなのである。Roy（2000: 293）によれば、「持続可能なプロダクトサービスシステムの鍵となるのは、それらが顧客に特定の結果や機能を与えるようにデザインされ、市場に出されるかということである。『特定の結果や機能』とは、例えば、服の洗濯や移動に関すること、また温かさなどの温度管理に関することである。服を洗濯する、移動する、適温を得るという結果が大事なのであって、それを可能にするための洗濯機、車や燃料などの形あるプロダクトを必ずしも必要とはしない」。

　しかしながら、学術論文の世界において、PSSの啓発と発展を通して、製造業を生業とする企業にさらなる価値を加えるための正式なシステムの実施ということについて関心が向けられ始めたのは、極々、最近のことなのである。製造業界の会社は、概して、自社のサービス開発を、プロダクト開発に関わる業務から切り離し、マーケティングチームのみに依存している。それ故、この部分において、私たちは、常々、サービスデザインが製造業の会社にとって意味と価値をもたらすことができると提案しているのである。製造業界の会社にとってサービスデザインが有効であるという事例は、企業規模の大小を問わない。ベンチレーションシ

ステムのデザインと生産を行うサウスウェールズのNuaireのような中小企業から、自社内にサービスデザイナーのチームを持つPhillipsのようなグローバル企業の両極の規模の会社まで非常に幅広い（Hartevelt 2010）。両社ともサービスデザインの特定のスキルの必要性を理解し、自社のビジネスにおけるインパクトを実感していた。両方の場合において、サービスデザインは、あとから付け加えられるものとしてではなく、プロダクトデザインとの調和として捉えられている。

14.1.2 なぜ製造業においてPSSは重要性を増しているのか？

大企業から小規模の会社に至るまで製造業界で行われてきたプロダクトの製造と販売にフォーカスするという従来型のアプローチは、しばしば、自らを顧客から分断してしまうということが認識されるようになってきており、製造業界の会社は、現在、顧客への価値を創造するための新しい方法を模索している（Sutanto et al. 2015）。それ故、企業は、流動性の高い要求を満たしうる価値の高い解決策を提供し、自社をより競争力のあるポジションに据える方法を探している。

　PSSに付随する付加価値は、顧客の価値に対する期待値が増大していることに起因する。Boztepe（2007）は、経験の価値をインタラクションにおける反射として述べている。この反射をあらゆるインタラクションの側面を含んでいるものとした場合、製造業者は物理的なモノのみならず、サービス要素をコントロールすることの既得権を有していると結論付けることもできる。プロダクトの利用を、消費者にとって価値のある経験として考えるためには、サービスの要素は消費者の期待に見合うものでもなければならない。それ故、優位な競争力というのは、コンシューマーバリューとPSSの統合されたインタラクションによる経験の融合を通して辿り着きうると言えるだろう。

　価値に対する期待の増大は、プロダクトの機能的な属性やそれに付随して個人が享受するベネフィットに単純に限定されるものではない、ということを認識しておくことが大切である。消費者の政治的感覚、持続可能性に関連する事柄で幅広く消費者を動かすもの、会社の社会的な責任が意味するのは、これらの懸念事項が価値の判断基準の一部であり、それ故に、インタラクションの経験の一部にもなっているということである。

　増大する資源の消費は、環境という観点、特に再生が不可能な資源の消費という点において、製造業は、総じて、長期的に持続可能ではない、ということを意味し、それは懸念となっている。資源の行き過ぎた消費と紐づいた製造業の生産高の増加は、将来的にサプライチェーンにおける難しさにつながっていくだろう。なぜなら、鍵となる資源は、より不足し、それ故により高価になるからである。PSSの視点（考え方）を取り入れることは、システムにおける全体的な資源の使用

を抑制する機会を与えることになる。そして、これに加えて、製造業において適用されている直線的なビジネスモデル、つまり、プロダクトがデザインされ、製造され、消費者に売られるという流れは、消費者がもはや、購入したプロダクトを必要としなくなった時点で、持続不可能なほどの量の廃棄物をもたらす結果となる。これらの資源は、経済的にも、環境的にも、両方において価値があるので、それらの価値をどのようにして活かすか、という議論が行われている。廃棄されたプロダクトを、再利用したり、原料やプロダクトを再生産することを通して、価値を取り戻すという方法が、一つのアプローチとして考えられる。しかし、そこには、著しい非効率性と廃棄物の発生という問題が残る。そして、廃棄物から価値を取り出すには、技術的な解決策を用いることになる。PSSの考え方では、その代わりに、一歩離れて、ビジネスの収益についての視点を変えてみることを提案している。直線的なビジネスモデルから遠ざかることで、切り離せない非効率性を大幅に削減できる可能性が、拡大するだろう。しかしながら、「持続可能性」というものを、経済的、環境的、社会的な価値を生み出すものとして理解する場合、PSSが既存のビジネスモデルよりもサスティナブルになり得るというのは、このようなタイプのシステムに初期設定された特徴という訳ではない（Tukker and Tischner 2006a）。PSSは、サスティナブルな解決策を生み出す可能性を持つものとして認識されている。しかし、そのシステムは、明確にそのための目標を伴ってデザインされなければならない（Mont 2002; Tukker and Tischner 2006a）。

　私たちは、この章で製造業がPSSへ向かっていく際のシンプルなサービスデザインモデルを提案している。それは、図14.1で示されているように、個別の、

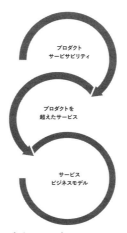

図 14.1　製造業のためのサービスデザインモデル

独特な、しかしながら、相互に関連するアプローチである。このモデルは、どのように製造業界の企業が、PSSを取り入れたデザインプロセスにおける実用性の検討から抜け出せるかについて簡略的に表現したものである。以降のセクションでは、企業がどのようにこのモデルの各段階に携わっていくことができるかについて語られている。それは、各段階において、どのようにサービスデザインを適用していけるかに関するディスカッションの予測でもある。

14.2 サービス可能性：サービスと 長期的利用のためのデザイン行為

多くの企業は、現象としてのサービスを「実用性」に対処するためのものと認識している。言い換えれば、サービスベースの提供物を考える時、企業が取り得る最初のステップは、プロダクトそのものやその修理に関連する事柄に対処することである。一般消費財に関していえば、サービスと修理に関する問題は、しばしば予見していなかった失敗によってもたらされる。プロダクトの失敗や使用不可の期間というものには、単にイライラさせられるし（例：子供のおもちゃ）、著しく不便な可能性もあるし（例：トイレの貯水タンク）、大きな混乱を招くもの（寒い季節のボイラーの問題）もある。後者の場合における失敗というのは、重大なもので、生活を脅かしかねない。総合的な実用性を担保するための定期的なメンテナンスの制度があることは、まれなことではないが。技能の低い人でもメンテナンスしたり、サービスを提供することができる単純なプロダクトをデザインすることはできる。しかし、より複雑なプロダクトの場合は、そのようなメンテナンスは、技術的に特殊な技能を有したスペシャリストによって提供されるのが、より一般的であろう。仮に長期的にプロダクトへのサービスを提供する能力が重要であれば、それらのプロダクトのデザインの決定には、何よりもそのことが最重要な事項としてデザイナーの念頭におかれていなければならない。著者は、製造業界の実務に関連する広範囲に及ぶデザイン経験がある。そこから導き出されたいくつかのシンプルな信念は、上記に記載したことを達成するのに役立つだろう。それを後述していくことにする。

　これらのすべての根拠は、実用性の背後にあるデザインの基本原則である。例えば、映画業界向けにレンズのデザインをする場合、ほとんどのレンズは、特殊なものとしてデザインされる。それぞれが、それ自体で最適化されるように機械化されている。結果として、個々のレンズは、特有のサービスアプローチと、それぞれのプロダクトに対応できるように訓練されたオペレーターを有することになる。Series 4 Cooke Prime Lensesなどの単焦点レンズの新製品を開発する過程に

292－293

おいて、デザイナーは、プロダクト（レンズ）を家庭仕様のレベルに最適化した。ちなみに、この Series 4 Cooke Prime Lenses の開発には、この章の著者の1人が関わっている。ここでは、各レンズは、全く同じ組み立てと分解のロジックに従っている。その結果、サービス技術者は、30分で、どのようにレンズの部品を取り外し、掃除をするかを習得できる。一旦訓練されれば、技術者は、システム内のどのレンズであっても対応することができる。デザインの過程でサービスに付

表 14.1 サービサビリティのためのデザインプリンシプル

ポテンシャル フェイリアーモード	サービサビリティを成功に導く鍵は、どの部分が故障したり、問題を抱えたりしやすいか、そしてその頻度はどの程度なのかを理解することである。
アクセシビリティ	何らかのサービスインタラクションを要する可能性のある部品や製品特徴について把握しておくことは重要である。
モジュラリティ	モジュラープロダクト構造は、必要に応じて、全ての「塊」をシンプルにリムーブし、リプレイスすることを可能にする。
ツールセットを 最小限に留める	ツールセットを最小限にすることによって、修理に要する全体的な時間と複雑さを減らすことができる。
パーツの分類 - リプレイス、 リペア、リニューアル	それぞれのパーツは修理が可能なのか、交換をした方が良さそうか、もしくは定期的なリニューアルが必要なのかを注意深く分類されるべきである。
標準化と互換性	たとえ異なる商品や商品群でも共通のパーツを使っていたり、もっと言えば、業界内で共通のパーツを使っているような場合、サービスやリペアはよりシンプルなものになる。
診断	プロダクト内部に故障の可能性を早めにお知らせしてくれる診断システムを組み込むことは、日増しにできるようになってきている。
ラベリングと インフォメーション	カスタマーに明確なインフォメーションを提供することは、サービス促進の良いルートになり得るだろう。交換が可能な全てのパーツには、修理がスムーズに行われるようにコードが記載されたラベルがわかりやすい場所に貼られているべきである。
スペアと リプレイスメント	スペアとリプレイスメントパーツの供給サービスの基本的なことを正確に決めることは重要である。特にカスタマーにとってダウンタイムが問題になる場合には、こういったことというのは、収益の可能性となる。

随する必要事項がその中心に据えられた場合にだけ、これが達成しうるのである。
　上記で説明されたデザインの戦略的な方法は、プロダクトベースの企業が、「サービサビリティ」に対して、より積極的な視点を持ちうる方法の一つだろう。これは、より包括的なサービスデザインへのアプローチへ向けたステップとも言える。しかしながら、これは、これから説明するようなサービスに重きを置いたビジネスを行うための変化の過程の最初のステップに過ぎない。

14.3 プロダクトを超えたサービス

図14.1において描かれているモデルは、「プロダクトを超えたサービス」を第二段階まで洗練度を高めたものとして明示している。このモデルは、自社のプロダクト経験がどのようなものかを考えることを超越した企業は、サービサビリティを通してより良い企業となり得ることを説明している。つまり、そのような企業は、自社のプロダクトの顧客への提供をサポートし、さらに収益を生むサービス活動を開発することもまた視野に入れている。サービスデザインが、このような第二段階に到達する力量というものに対して、どのような貢献ができるかということについて探るため、私たちは、カーディフメトロポリタン大学のサービスデザインプログラム[Note1]に関わった企業（PDR）の経験をこのセクションで紹介したい。このプログラムの目的は、製造業者のスキルを、サービスデザインを取り入れることによって向上させ、サービスデザインが、PSSを形作ることを通して、競争力を増大させる一つの方法であることの証明することだった。このプログラムの基礎となったのは、まず、企業にサービスデザインの有用性について気が付いてもらうこと。そして、実施のためには、十分な知識や高度な（人）材がないことが初期の障害だと認識されているので、それらを能力として与え、その点を克服してもらう手助けをすることだった。意図したのは、意識向上と知識豊富な企業を生み出し、ユーザーのニーズに対して幅広い理解を得るためのユーザーリサーチツールのポートフォリオを運用できるようにするためのガイダンスを与えることであった。このようなことを踏まえ、理解しておくことは、ひいては、既存、新規を問わず、プロダクトを顧客に提供することをサポートする、サービス主導による新しいビジネスの機会を明らかにするために使えるのである。
　例えば、Hydro Industriesという浄水や工場排水など水に関することを取り扱う会社へのサービスデザインの導入においては、彼らに対し、成長をもたらす技術的な改良を超えて、彼らのビジネスのサービスの側面を発展させていくことに集中的に目を向けていくことを促した。デザインアプローチを用いることによって、Hydro Industries は、自社の設備の新たなレンタルモデルや、遠隔監視サービ

スを検討した。これらの新たな解決策は、カスタマーニーズが発掘されたことを示している。どのようなニーズかというと、プロダクトに対する断続的な要求があり（それ故、購入に資金を投じることへの抵抗感がある）、現場でプロダクトの保守点検をする技術的な能力を求めている（それ故、遠隔監視サービスの開発の必要性がはっきりした）ということである。これらのユーザーニーズは、サービスデザインのアプローチを取り入れることによって、発見されたのである。つまり、ステークホルダー（利害関係者）を明確にし、彼らにとって、現状のやり取りの中で「不満の種」となっていることを探り、解決策を概念化するためのプロンプトとして、この「不満の種」を使うことによって見出されたユーザーニーズなのである。この結果としての「サービス」は、実際のところ、形あるプロダクトとサービス開発の両方を必要としていた（形あるものの開発としては、輸送可能なアイテムを生み出すことと、遠隔監視を可能にすること、それらをプロダクトに適合するようにすることを含んでいた）。これらの新しいサービスは、会社の大部分の収益を生み出すまでに成長し、3年間で500％の総売上高の増大をもたらし、さらに従業員数は8人から30人に増加した。

14.4 ビジネスモデルとしてのサービス

この段階で示すのはプロダクトサービスシステムへの移行である。プロダクトよりもサービスに重きを置く新しいビジネスモデルを考えることは、製造業の会社にとって、おそらくは、とてもチャレンジングなことだろう。しかし、それは、重要な意味を持つ価値を生み出す機会を有している。サービスデザインの活用を巡っては、それが、ただ単に「プロダクトを売る」ということから「価値のある経験を売る」ということに対する改めての注力を促すものであるという議論がある。先述のように、このアプローチはデザインにおけるさらなる流動性という結果をもたらす機会を有している。そして、それ故、生産量を抑え、より少ない資源の消費で、お金を生む新たな可能性を見出す機会を有しているということである。

　統合されたアプローチを通して、ビジネスにおいてサービスに重点を置くことで、プロダクトに重きを置いている製造業の会社を既存のやり方からの切り離すことができる。既存のやり方とは、販売の時点で個別の所有権を与え、それによって経済的な利益を得るために、より多くの資源を消費することを促進するようなモデルのことである。サービス要素の追加が目指すのは、形のあるプロダクトの生産と販売から、顧客のニーズに応えるための、プロダクトとサービスの融合という形の中で、顧客と一緒に「価値を共創する」ことへシフトすることを可能にすることである。

このようなタイプの実現可能なプロダクトサービスシステムを生み出すために、企業は、プロダクトとサービスのライフサイクルの調和を考慮しつつ、継続的なライフサイクルの向上を基盤としたビジネスモデルを開発し、発展させていかなければならない。PSS は、顧客満足に結びつき得る機能に焦点を当てることによって、顧客ニーズを明示することができる。それに加えて、仮にデザインが正確になされたならば、PSS は、環境的、社会的なインパクトを軽減することもできる。デザインは、特定の技術やプロダクトの特徴ではなく、機能に着目するべきである。それは、企業が着目すべき点をユーザーによって所有される、形あるプロダクトを生み出す必要性から遠ざけることを可能にするのである。その代わりに価値は、プロダクトとサービスの融合によって提供され得るのである。つまり、それは転じて、この実利的なフォーカスは、プロバイダーが市場に対して形あるプロダクトを所有するということを超えて、非常に重要な価値（知識、情報、時間の削減、利便性、快適さ）を市場に付与できるようにするということである。

　デザイナーの役割が物質的なプロダクトのデザインから、現存のプロダクトと技術システムを再構築するために新しいニーズや社会的&文化的な価値を使うことへの変化は、物品購入とその所有権に対するニーズを強要することなく、顧客のニーズに合う、新しく、柔軟な機会の提供を可能にする。PSS では、プロダクトとサービスを、ユーザーのニーズに見合うよう、つながった（結合した）潜在能力（素質、可能性）としてセットで利用する。この PSS の基本的な特性は、PSS の物質的な要素を、その非物質的な要素から切り離せないものにする。

　顧客の視点から考えれば、「競争力」を定義するものは、プロバイダーとクライアントの間にユニークな関係性を存在させる、統合的かつカスタマイズされた方法で顧客のニーズを満たすという PSS の能力であろう。ビジネスの視点から考えれば、「競争力」は、効率的な資源の消費を通して、ステークホルダーに有益な価値を生み出すという会社の能力によって定義される。価値を決定的なものにするのは、価値の共創のプロセスにおいて、サービスやプロダクトを提供する際の供給者の質や、ユーザーの経験と期待である。顧客満足の提供において、全体的なシステムデザインのアプローチは、ユーザー、ステークホルダー、コンテクスト（文脈）、その他の要素がシステムやその一部に及ぼす影響を考慮するために重要だ。

　製造業の会社にとってのサービスの差別化戦略が意味するのは、今の「価値」というものを定義するものは、タンジブル（有形）な値よりもむしろ、もっとインタンジブル（無形）な、生産と消費が同時に行われるようなダイナミックなサービスになってきている、ということだ。この戦略は、プロダクトに付け加えるものにするというよりは、むしろサービスを、実現するための製品によってサポートされた、根幹

をなす提供物とする。サービスデザインは、このゴールに到達するのに役立つ提案をする。なぜならユーザー中心のアプローチは、これらの発達を求めているからである。そして、それは、結果的にPSSが完全に彼らの要求を満たし、彼らの欲している価値をもたらすことを保証する。

14.5 課題へのチャレンジ

本章で私たちが提案するのは、製造業者がPSSを作り出すために潜在的に有効な方法としてのサービスデザインである。なぜ、サービスデザインが潜在的に有効かというと、それは、サービスデザインというものが、顧客になりえる人々の価値を理解していることに根ざしているからである。Esslinger（2011）は、新しい技術と、顧客のニーズと、サスティナブルな解決策をつなぐコネクターとしてのデザイナーの役割を示した。さらにManzini and Vezzoli（2003）は、デザイナーにもっと戦略的になるように呼びかけた。そして、デザインシステムは、プロダクト、サービス、コミュニケーションを、サスティナブルな方法で統合する能力を持っている、それ故に顧客やその他のステークホルダーの政治的な価値、経験、機能性に見合うのだとも述べた。

　　サービスデザインが目指すのは、企業が彼らの顧客と長期的な関係性を構築し、それを発展させていくことを可能にすることである。そして、それ故に、サービスデザインが有する、会社が顧客のニーズをより理解しそれに見合うようにする手助けができるという可能性については、議論の余地がある。PSSの開発と発展に向かっていく方法としてのサービスデザインというのは、特にプロダクトに重きを置く会社にとって、理解しやすく、取り入れやすい。なぜなら、これは、（サービスデザインもまた）新製品開発のプロセスと幾つかの点で共通点を持った反復のプロセスに従うからである。しかし、（サービスデザインの場合は）インタラクションの際のユーザーエクスペリエンスに、正式に重きを置くことを意図するという恩恵が加わる。つまり、容易にその存在を確認することのできるステークホルダー（例：既存顧客）から（取り組みを）始めることができるということである。そのエンゲージメント（既存顧客とのつながり）は、既存のプロダクトの（使用）経験にフォーカスして考えることができる。そして、そのプロセスの結果は、インタラクションのタンジブル、インタンジブルの両方の要素に関わる新しい解決策を形作っていくことに使えるだろう。前出のセクションでは、デザインが、どのようにして図14.1で示されているモデルの各レベルにおいて会社のオペレーションにインパクトを及ぼしうるか、について論証している。要約すると（プロダクトのサービサビリティにおいて）、デザインは、そのプロセスの中でサービスのオプションを考慮することを促すこと

によって、サービサビリティに対してのインパクトを持ちうる、ということである。デザインの段階は、プロダクトの（使用）経験のインタンジブルな要素について考え始め、そしてさらに、インタンジブルな経験のどの要素が収益を生み出しうるかを見つけ出す機会を示している。「プロダクトを越えたサービス」において、デザインは、現状のエンゲージメントの経験について耳を傾ける方法と、新たな提供物を概念化する機会を与えてくれる。また、その概念化した新たな提供物のプロトタイピングをする技術を有しているし、この反復（イテラティブ）アプローチは、新製品開発のアプローチと類似している。最終的に、サービスビジネスモデルにおいて、デザインのユーザー中心のアプローチは、会社がプロダクトを中心とすることから、経験を中心とすることへ向かっていくことを支援し、故に、サービスとプロダクトの最適な融合を生み出すことも助けてくれる。

　　この章では、PSS に辿り着くためのサービスデザインの活用モデルを、製造業の会社に関連するような形で概念化している。加えて、モデルのレベルは、実際の会社での経験に基づいて例示されている。しかしながら、統合的なサービスデザインのために明確化された正式なプロセスで、現代の実務環境に相応しく、また広く受け入れられているようなものは、まだ生まれていない。会社がユーザー中心のサービスデザインのさまざまなレベルでのエンゲージメントから恩恵を得られることが明らかな一方で、サービスデザインのコミュニティにおける、デザインリサーチの結果とそこへの投資のバランスについて、もしくは、将来の商業上のチャレンジに関しては、限られた議論しかなされていない。これはおそらく、実務においては、独自の新しいメソッドやプロセスを生み出し、発展させていこうとするよりもむしろ、以前のプロダクトやソフトウェアのデザインから多くを踏襲する傾向にあるからなのかもしれない。それ故、サービスデザインの価値を、企業により良く理解してもらう新たな材料を開発しようとするだけではなく、多岐に渡る生産のチャレンジに適応するような方法でプロダクトとサービスを統合した新しいプロセスをデザインすることによって、サービスデザインをより価値あるものにする必要もあるのである。

　　ディシプリンとしてのサービスデザインの現在のチャレンジは、製造業者（特に中小の）に対して、持続可能な PSS の開発と発展における障害を克服するのに、デザイナーのスキルが適しているということを示すことである。このようなシステムの開発においては、多くの障害と困難が（あることが）明らかになっている。例えば、Mont（2002）は、その（障害と困難の）例として、「組織の抵抗（勢力）」、「顧客満足と環境的なゴールのバランスを保つことに関連した問題」、「多様化に対する防御」、「公共の受容」、「他のステークホルダーとの関係性」、「このようなシステムの明確な需要の欠如」を挙げている。このようなチャレンジは、大企業の秩序

をもった会社だけに限ったことではない。中小企業のビジネスもまた PSS を適用していくことから多くのことが得られるのだが、彼らは資源、能力、スタッフのスキルに関連した非常に大きな障害に直面している。しかしながら、経済用語において潜在的なベネフィットが意味するのは、競争力を向上させることであり、より効率的なオペレーションを行うことであり、市場での新しい機会を獲得することであり、イノベーションへの強力なフォーカスをすることである。

　この文脈において、サービスデザインのリサーチャーにとっての次なるリサーチチャレンジは、現在はグッズ中心の基盤を持っている会社にサービスデザインの必要性を理解してもらい、そして、PSS（的な）戦略に向かう変遷をサポートするような方法論を開発することである。

Note

1   PDRは、Cardiff Metropolitan Universityにあるデザイン研究のための国際的拠点であり、ウェールズ政府が、Service Design Programmeに出資して2010年から2013年に運営された。90の中小企業が集い、ウェールズの原料・製造セクターの経済拡大成長に向けて活動を行った。

References

Baines, T. and Lightfoot, H. (2013), *Made to Serve: How Manufacturers can Compete through Servitization and Product Service Systems*. London: Wiley.

Boztepe, S. (2007), 'User Value: Competing Theories and Models', *International Journal of Design* 1 (2): 55–63.

Esslinger, H. (2011), 'Sustainable Design: Beyond the Innovation-Driven Business Model', *Journal of Product Innovation Management* 28: 401–4.

Goedkoop, M., Van Halen, C., Te Riele, H. and Rommens, P. (1999), *Products Service Systems, Ecological and Economic Basics. Report Commissioned by Dutch Ministries of Environment (VROM) and Economic Affairs (EZ)*. available online: http://teclim.ufba.br/jsf/indicadores/holan%20Product%20Service%20Systems%20main%20report.pdf (accessed 14 March 2012).

Hartevelt, H. (2010), Service design at Phillips Design. Online presentation available online: https://vimeo.com/11273181 (accessed 2 June 2016).

Hassenzahl, M., Eckoldt, K., Diefenbach, S., Laschke, M., Lenz, E. and Joonhwan, K. (2013), 'Designing Moments of Meaning and Pleasure. Experiece Design and Happiness', *International Journal of Design* 7 (3): 21–31.

Manzini, E. and Vezzoli, C. (2003), 'A Strategic Design Approach to Develop Sustainable Product Service Systems: examples taken from the "Environmentally Friendly Innovation" Italian Prize', *Journal of Cleaner Production* 11 (8): 851–7.

Mont, O. (2002), 'Drivers and Barriers for Shifting towards more Service-oriented Businesses: Analysis of the PSS Field and Contributions from Sweden', *The Journal of Sustainable Product Design* 2: 89–103.

Polaine, A., Løvlie, L. and Reason, B. (2013), *Service Design. From Insight to Implementation*. New York: Rosenfeld.

Roy, R. (2000), 'Sustainable Product-service Systems', *Futures* 32: 289–99.

Sutanto, A., Yuliandra, B., Tjahjono, B. and Hadiguna, R. A. (2015), 'Product-service System Design Concept Development Based on Product and Service Integration', *Journal of Design Research* 13 (1): 1–19.

Thursten, P. and Mudie, A. (2013), 'From Products to Services', *Service Design Network Conference*, 19–20 November, Cardiff, UK

Tukker, A. (2004), 'Eight Types of Product-service System: Eight Ways to Sustainability? Experiences from SusProNet', *Business Strategy and the Environment* 13: 246–60.

Tukker, A. and Tischner, U. (2006a), 'Product-services as a Research Field: Past, Present and Future. Reflections from a Decade of Research', *Journal of Cleaner Production* 14 (17):

1552–6.

Tukker, A. and Tischner, U. (2006b), *New Business for Old Europe: Product-Service Development, Competitiveness and Sustainability*. London, Greenleaf Publishing.

302－303

CHAPTER
15

サービスデザインの誕生と
セカンドエコノミー

Service design and the emergence of a second economy

Jeanette Blomberg and Susan Stucky

15.1 イントロダクション

デジタル技術によって可能になったサービスは、サービスの多様性と多種性、そして、ほとんど至る所からサービスにアクセスできるといったような、サービスエコノミーの拡大を促進している。デジタルプラットフォームを通して提供される、またデジタルデバイスによってアクセスされるサービスは、テクノロジーへの依存を生み出す。そして、サービスを供給する側と、受け取る側の間や、サービスの交換に含まれる、人間と非人間の間の労働の分配を変える。こういった中で新しいサービスの成長に寄与するのは「Internet of Things」の到来である。「Internet of Things」は、日本語では、「モノのインターネット」とされ、つまり、センサーが、人々、場所、物事を繋ぐ情報を、インターネットやまたは相互間で授受することによって、成り立つ事柄を包括的に意味する。購買行動、血糖値、交通渋滞、投票パターン、運転習慣、空き駐車場、安い航空券…。例を挙げれば、きりがない、このような事柄をレポートし、データを分析する新しいアプリを我々は、日々、学ぶのだ。このようなデジタル化されたプロセスは、しばしばサービスを受け取る側には知られずに、計算、処理、分類とその後のアクションのきっかけになるルーティング（道筋化）を実行する。

　　これらの「スマート」な機能の多くは、最近までは技術を持った人間の労働によって行われてきた。しかし、コストにおける効率性、品質と確実性の向上が意味しているのは、データドリブンのアルゴリズムが成長をし続け、人に取って代わっているということである。自動化やテクノロジーの進化によって労働者が混乱するのは、今に始まったことではない。しかし、人間と「隠された」デジタルなアルゴリズムによる労働力によってファシリテートされる機会の間に新たな労働の分配が生まれ、それを含むサービスが、昨今、高まりを見せているという事実を、今日のサービスデザイナーは、強調すべきでなのである。

　　この章では、このようなデジタルによって可能になるサービスと新しい経済、それらが得られる政治的、社会的な関係性の要素と相互接続の定義を助けることによって、この変化を導くためのサービスデザインの新しい可能性について探っていこうと思う。この章は、次のように進めていくことにする。最初のセクションは、テクノロジーと自動化に伴う人間の長期的な経験という文脈における「デジタルワークフォース（デジタルの労働力）」について。続くセクションでは、「自動運転車」について。デジタルによって可能になったサービスのデザインとサイトを例に挙げる。三つ目のセクションである「セカンドエコノミーにおける可知性、視覚性、物質性」では、デジタルエコノミーに対して、明確な意図を持った上で、デジタルエコノミー

に思い切ってサービスデザインを導入していく際に考慮すべき三つの基本的な基準について述べていく。そして、最後のセクションの「デジタルによって可能になるサービスをデザインする」では、サービスデザインにとってのこれらの変化の影響をじっくりと検討する。

15.2 デジタルワークフォース（デジタルの労働力）

> どのタスクを機械に任せるか、における私たちの選択、もしくは選択ミスが、世界において、私たちが、自分たち自身のために作る暮らしと場所を形作る（Carr 2013）。

人類が狩猟と採取のための最初の道具を生み出して以来、技術はずっと自分たちの暮らしを成り立たせ、実りある毎日を作る人間の作業のパフォーマンスを助けるためのものとして用いられてきた。弓矢や槍は、狩猟をより効率的にし、バスケットや研削の道具は、その時代においては、労働量を抑える道具だった。しかしながら、現代の多くの支援テクノロジーは、視界から消え、舞台裏で動いている。そして、その謎めいた感じ、一種の不可解さは、「目に見えない」という性質をより際立たせている。デジタル技術が洗練されていけばいくほど、複雑なアルゴリズムを理解することは難しくなる。その複雑なアルゴリズムは、どのナイトロッジに泊まるか、どの薬を飲むか、どのように車を駐車するかなどを含む人間の行動をガイドし、助けるためにデータを分析し、巧みに操作する。

　デジタル技術は、ただ単に人々によって行われる仕事（作業）の代替を提供するのではない。それらは、人間と機械の間の労働の分配を組み直すのだ。例えば、駐車を助けるテクノロジーは、必要とされることを行うことに備えて、ドライバーが車載モニターを読む新しいスキルを身につけることを要求する。時間の経過と共に、ドライバーの中には、自ら駐車するスキルを失くす者もいるだろう。もしも、今後、古い型の車を運転することを余儀なくされた時、彼らは「自分はなんて役立たずなんだ…」という気持ちになるだろう。このような現象は、オートマチック車が世に出てきた時にすでに起こった。オートマチック車の出現によってマニュアル車の運転を学んだことが全くない人が生まれ、そういった人々にとって、マニュアル車は運転不能な車になったのだ。多くの研究者がそのようなタスクを（デジタル技術に）引き継ぐことに対する心理的な危険性について書いている。それは、例えば、飛行機を飛ばす時、またはデジタル技術のためにリスクの高い設備の操作をする時、いかに人間が独りよがりになっているか、またはデジタルセンサーや複雑なアルゴリズムによって生み出される情報に過剰な信頼を寄せ、その一方で、自分たち

移行経済・新興市場におけるサービスのデザイン行為　／　サービスデザインの誕生とセカンドエコノミー

自身の経験や職能を疑っているかというようなことである。私たちは、引き続き、かつてないほどの分野でのタスクや活動において、デジタル技術を導入しているがゆえに、高度な技術を必要としないように仕事を再設計することのみならず、私たちがデザインに少ししか関わらず、それを精査し、批判し、変える能力も持たず、アルゴリズムに依存してしまうリスクをもまた抱えている。

　サービスデザインを、このとても大きな、しかし目に見えない多くの側面を持つデジタル・ワークフォースに取り入れていくことは、サービスデザイナーに対して、ソフトウェア（ここでは、ハードウェアとデータ分析については言及しない）に関して、現状の一般的なレベルよりも、もっともっと多くの理解を必要とする。Marc Andreessenの言葉を引用すれば、「ソフトウェアは世界を食べている」（2011）のだ。サービスデザインは、そのことを認識しておかなければならない。新しいサービスの世界を形作っていく私たちは、その能力としてどのようにアルゴリズムが動くのか、そしてそれに基づくデータの変容というものに対して、より見聞広く、微妙な差異を理解する力をつけていくことが求められる（Bryson et al. 2004）。

15.3 自動運転車

自動運転車、ドライブレスカー、セルフドライブカー、もしくは、ロボテックカー、さまざまに呼ばれているが、そのような車の誕生は、デジタルワークフォースの成長によってもたらされる問題点や危惧を探求する機会を与えてくれる。自動駐車サービスや、衝突を回避するサービス、そして、長期的な「サービスリマインダー（Volvoなどで提供されるメンテナンス時期などをダッシュボードで知らせる機能）」による警告を提供する自動車が売られる今日、自動運転車（まだ完全自動ではない車も含める）は、すでにサービスイノベーションの領域となってきている。しかし、今後、自動車関連の技術の進化、もしくは、もっと根本的な「自動トラベル」が追加されたサービス、もしくはそれらに置き換えられたサービスは、サービスデザインがインパクトを与えうる領域を著しく広げることになる。自動車会社のみならず、テクノロジー（関連）企業の Alibaba、Baidu、Google、Apple、Tata Consultancy など幅広い（業界の or 業種の）会社が自動運転車のデザインに投資をしている。テクノロジー関連企業の参入は、自動車のデジタルワークフォースの拡大を加速させている。テクノロジー関連企業は、迅速に行動する能力を有し、それは、恐らくは、比喩的にも、文字通りとしても、両方の意味で人間と自動運転車を、このままでは、衝突が免れないところへ連れていくだろう。「Google's Driverless Cars Run Into Problem: Cars With Drivers」というタイトルのニューヨークタイムズの最近の記事では「自動運転の分野の駆け出しの研究者にとって、自動運

転車が直面している最も大きなチャレンジの一つは、台本に沿って振る舞わない人間の世界に、いかに自動運転車を導入していくか、である」と述べられている。デジタルによって可能になる他のサービスと同様に、人間が行う事柄と機械によって動かされる事柄の統合は、これらの新しいサービスの成功にとっての肝となるだろう。

　日々の運転に関する私たちの経験を形作っていくことに加えて、自動運転車は、仕事にも影響を及ぼす。なぜなら、自動運転車は、かつて人々によって担われていたサービスをもたらすからである。トラック、タクシー、バス業界、そして、Uber、Lyftなどのような独立した（自営の）ドライバーも含めて、少ない数のドライバーしか必要とされなくなる。これは、すでに飛行機のパイロットや訓練されたエンジニアには起こっていることだ。自動運転車は、保険業界や、公共政策、規制監督機関によって提供されるサービスにとっても、著しく破壊的である。車が私たちの日常生活に広く浸透しているが故に、自動運転車は、我々に多くの論評を引き寄せる、新たな余地を与えるのだ。しかし、もっと大事なことは、サービスデザインが、デジタルエコノミーにおいて、自分たちがその一翼を担うにふさわしいと主張するには十分過ぎるほど十分な機会が与えられているということである。つまり、自動運転車周辺のデザインチャレンジは、倫理上のことも含めて、論じられなければならないのである。これ以降のセクションで私たちは、そのことを探っていこうと思う。

15.4 セカンドエコノミーにおける 可知性、視覚性、物質性

イントロダクションでも述べたが、デジタルによって可能になるサービスには、多様なソースからのデータを収集し、分析する「隠された」機械と機械のインタラクションを含む。それらは、地理空間の表示を伴ってデータの周波数をつなぎ、タスクフローを通してユーザーのルートを決める。そして、舞台裏の計算として働く。これらのデジタル化されたプロセスは、宅配や、停電のリアルタイムな知らせや、航空券予約と座席の確保や、背後から車両が近づいていることなどなどについての最適なルーティングを可能にする。サービスの受領者は、たとえ仮に、舞台裏で行われていることによって、どのようにサービスエクスペリエンスが形作られているかを気づいていないとしても、彼らの行為がこのようなデジタルプロセスの成果に組み込まれていくことに慣れてきている。

　「隠された」デジタルサービスを可視化、可知化すべきという課題は近年、より増加している。例えば、最近、アメリカの市民は、Googleのアルゴリズムが、

投票先を決めていない有権者の投票行動を変えることができた、と知らされた
（Epstein 2015）。

> 「私たちの新しい研究では、Google は有権者をコントロールする能力を有し
> ているのではないか、という少しの疑念を残した。アメリカで実施されたオン
> ラインとラボでの実験において、私たちは、たった一度のサーチセッションで、
> どの候補者でも良いという人々の割合を、37％から63％まで引き上げること
> ができた。繰り返し偏ったランキングを見ることのインパクトは、週間、もしく
> は月間で（観察すれば）、疑う余地なく、大きくなっていっただろう。」

有権者の候補者選択に影響を及ぼすことは、Google 検索の利用の意図すると
ころではないかもしれない。しかし、こういったことによって特定の結果を生み出す
ためのデジタル操作（小細工）の不可解さという亡霊が前面に押し出される、とい
うことをこの研究は示しているのだ 。多くの場合において、これは問題にはなら
ないかもしれないが、舞台裏での選択が、どのようになされたのかについての知
識は、サービスデザイナーにとって必須になっている。

　最終的に、実体のないものとしてサービスドメインを考えることが容易である
一方で、デジタルサービスは、他のサービス同様、実存だろうが、人口生産物だ
ろうが、アルゴリズムだろうが、サービスそれ自体の間でのインタラクションを通
して、実質的に構成される。可能性の幅は、恐ろしいほど大きい。従って、私た
ちはデジタルによって可能になるサービスのデザインにおいて考慮するべき三つ
の一般的な領域を提案する。それは、可知性、可視性、そして物質性である。こ
れらの三つの事柄は、サービスデザインの作用、サービスエコシステム、イノベー
ション、そしてサービスの実存に関連した進行形の問題と交差している。それらは、
私たちが上記で述べた通りである。

15.4.1 可知性

しばしば繰り広げられる議論として、人々は、見えないところで行われている計算
の詳細を、知りたいとは全く思っていない、ということがある。人々が関心がある
のは、ただ、彼らが受け取る映画や本、デート相手のお勧め、もしくは、航空会
社のリアルタイムでの座席配置、映画のチケットに関することとそれらの質だ。車
の衝突回避の操縦まで含まれることもある。サービスエクスペリエンスにフォーカ
スしているサービスデザイナーもまた、しばしば、ユーザーインターフェースを通
してのみ、デジタルワークフォースと関わっている。例えば、自動運転車に乗って
いる人の「運転」経験をデザインすることに集中し、そのような経験に対して、ど

のようにサービスエクスペリエンスが影響を与えるか、ということをお勧め映画についてのそれを考える時と同じように扱っている。

　しかしながら、デジタルワークフォースの誕生が投げかける問いは、人間と非人間の（アクター）の間の労働分配の変化がどのようにサービスエクスペリエンスに影響を与えるか、ということを超えている。いつ、私たちのアルゴリズムが私たち自身の代理として動く権限が与えられるのか？　そして、いつそれが匿名で行うことができるようになるのか？　これらのデジタルによって可能になるサービスのどのような側面が人々のニーズや知りたいという気持ちに対して作用するのか？さらにいつ、どのようにして人々はデジタルワークフォースによって行われる「隠れた」サービスについて見識的になるのか？これらの問いに対する答えは、人々と組織に対して作用する公共政策、規則、法律に関連している。

　デジタルによって可能になるサービスの出現に関するこのような問いは、新しいものではない。非デジタルの範疇においても常に問われていることだ。例えば、アメリカの HIPPA 規則（the Health Insurance Portability and Accountability Act of 1996）においては、患者は自らのメディカルデータがどう扱われるかを知っておくように求められている。つまり、誰がそれを見ることができるか、誰がその情報にアクセスすることができるか、データに対してなされることを認識しておく必要があると考えられているのだ。患者は、医療機関を訪問する度に、収集されたデータの使用にはさまざまな制限の中があることを理解した上でデータ収集の許諾に関する書類に署名をする。別の例を考えてみよう。マイクロソフトのワードの使用についてだ。そこではテクノロジーが（文章の）整合性をフォーマットし続け、スペルの修正もしてくれる。この意味において、人間のユーザーがシステムを無効化するための権限を維持している（たとえその能力を人間のユーザーがいつも有している訳ではないとしても）にも関わらず、それ（マイクロソフトのアシスト）は、自発的に作動している。少し違う視点ではあるが、この本の出版社は、私たちの文章に関するいくつかのフォーマットに対して権限を持っており、それは、デジタルテンプレートを通して施行されることになっている。出版物の体裁に関する責任を有する人間に権限はあるが、デジタルテンプレートは、このフォーマットルールを自主的に遂行する。これらは、私たちの代わりに、誰が、もしくは、何が動いているのか、そして、揉め事が起こった時、どのようにそれが結果に影響するかという事柄に関して整理整頓して考え、改善策を見出し、解決することができる範囲のことである。だから、比較的容易なケースである。

　最近の事例がこの点を突いている。2015 年 4 月 3 日の The Financial Times には、エアバッグが搭載された車で事故に遭った女性の話が掲載された。保険業者から電話を受け取ったのは直後のことだ。「シュールだったわ。私は物凄く揺さ

ぶられて、顔を打ったの。そして、保険業者の人間が、私に何が起こったかを一体どうして知っているのか、全く理解できなかったわ」と被害者の女性は語った（Sharman 2015）。車のドライバーが経験したサービスは、全くもって期待されたものでも、歓迎されるものでもなかったと結論づけることが妥当である。つまり、こうだ。いわゆるブラックボックスが彼女の車には設置されていた。それが、事故の強度を検出し、保険業者に事故の発生場所と衝撃の強さを自発的に知らせた。そして、その保険業者が電話をしたと言う訳だ。将来的には、保険業者が電話をするという行為なくして、自発的に救急車が呼ばれることになるかもしれない。この事例におけるドライバーは、結果的に保険業者にメッセージが送られることになる技術的な仕様を誰が定義し、この事柄に関連するアルゴリズムを誰がデザインし、誰がそれらを実行するのか、またそれらを検査し、修正する権限や職能が誰に帰属するのかに関して考えが及ぶだけの能力を持ち合わせていなかった。ドライバーエクスペリエンスのデザインに関して、どのような点を考慮すべきかを述べるのは難しい。しかし、この事例は、デジタルワークフォースのアクションがどのようにサービスエクスペリエンスに影響するかを扱うことの重要性を強調している。

　加えて、私たちがデジタルの作用をどのように理解するかということに対しては、例えば、車の運転と言ったシンプルな活動に関しても道徳的、哲学的な含みがある。人間のドライバーは、筆記や実地技能試験によって、車を運転する権限が与えられる。私たち人間は、この試験をパスすることによって、（運転免許を付与する）権限を持った機関から運転免許証を受け取る。自動運転（に関する研究）が始まったのは、そんなに前のことではない。それは、まず車のブレーキやハンドル操作の自動調整のシステムという技術から始まり、最近では、駐車のアシストを提供するようになっている。車が自発的に動くようにするアルゴリズムを車のデザインに組み込むことは、増え続けている。そして、それらは、ほとんどの部分が、それを開発、もしくはプログラムした人以外には分かりにくいものになっている。自動運転車のデザインは、人間の代理としての車がどのようなアクションをとるかを統制する政策や法律をしのぐ早さで進んでいる。自動車メーカーは、人間のドライバーが今日行っているような倫理的な決断を可能にするため、自動運転車がアルゴリズムを使うべきか、否かについて疑問を呈し始めている。理論的には、アルゴリズムは、衝突の代替案を精査し、それらをランク付けすることができる。例えば、1人が運転している車よりも、児童が乗った満員のバスへの衝突を避けるといったように。Hodder（2009: 1）は次のように述べている。

　　「アルゴリズムと情報システムに関しての道徳的な事柄は、一般的には、どの情報を使うのか、表示するのか、または隠すのかについての選択ができる

ようになっており、そのことによってとてもパワフルなものとなっている。これ
らの選択は、決して、単独で行われることはない。作成者の意識的、無意
識的な仮説を反映するものだ」

何に対して権限が与えられ、誰によってどのようにそれらがデジタルワークフォー
スの一部として自発的に動くようになるのか、という（デジタルワークフォースの）
作用の中心的なことに気がつくことは、サービスデザイナーがサービスの受領者
と幅広いサービスエコシステムにとって、何が知らされるべきなのか、そしてどの
ようにして情報をアクセス可能にするのか、ということを問い始めるきっかけになる。
さらに、サービスの受領者も、デザイナーも、エンジニアでさえも、アルゴリズム
の結果のインパクトを完全には理解することも予期することもできないかもしれない。
そういう可能性が、目に見えないデジタルワークフォースの動きによって引き起こ
され、潜在的な偶然の結果によって、前面に炙り出されるだろう。
　このことは、サービスデザインに対して、そのプロセスのどの段階にこの作
用と権限と自発性についての検討を組み込むべきか、そして、これらのデザイン
の選択には誰が参加すべきかということに関して、多くの問いを投げかける。こ
の章では、その可能性に関して検討する紙面の余裕がないが、「ステークホルダー」
がデザインの決定に関わることや、「ユーザー」その他、デザインの選択に影響を
受ける人たちを直接巻き込む戦略についての重要性は、すでに多くの文献に書か
れている（c.f. Simonsen and Robertson 2012）。アルゴリズムの作用とサービス
デリバリー（サービスの提供）への組み込みのデザインにおいて、個人的、社会的、
またはビジネス上の懸念事項がどのように処理されているのかを、プログラムに従っ
てアドバイスすることは、不可能である。その代わりに私たちが提示したいのは、
道徳であり、「隠れた」デジタルサービスの作成に関わるカスタマーエクスペリエ
ンスを、ステークホルダーが認識できるようにそして、理解できるようにするという
ことである。

15.4.2 可視性

デジタルワークフォースの働きがほとんどの場合において目に見えないことはすで
に述べてきたとおりである。このことに対してサービスデザインにはまず間違いな
く果たすべき責任がある。それは、目に見えない働きのある程度の側面をサービ
スの受領者にとって目に見えるものにすること、そして、いかにしてそれらを目に
見えるものたらしめるか、そのための代替的な何かを考える、という責任である。
例えば、金融サービスの業界においては、アルゴリズムは、顧客のクレジット使
用の可否を判定する過程で使用されるクレジットスコア（訳注：借金を期限に遅れ

ず返済することで積み上げられる信用度を数値化したもの）を自発的に垂れ流している。しかしながら、多くの人は、クレジットカードの与信審査を判定する背後に何があるのか分かっていない。この事実が、アメリカでのクレジットスコアのアルゴリズムのより精密な調査をすることにつながった。クレジットカード会社は、消費者の信用度を十分な権限や透明性を伴わないこれらの「目に見えない」分析に基づいて決定してきた。規制当局の関心事となったことで、消費者に自分たちのクレジットスコアを自由に無料で見る権利と、その内容に関する質問をする権利を与える法令が制定された。これらの新しい規制は、FINRA（Financial Industry Regulatory Authority：金融機関規制権限当局）をはじめ、その他、消費者のクレジットカードの使用の可否を判断するためにクレジットスコア情報を使用する機関の活動における可視性を高めた。この場合の「可視性」は、査定についての質問をする機会を持てるように、消費者個人が自分たちのクレジットスコアに年に一度、自由にアクセスすることが認められていることを意味している。

　インパクトを与えるシステムが生み出すレコメンデーションの事例は他にもたくさんある。例えば、誰を雇用するかを判断するのにLinkedInの投稿（Boyd et al. 2014）やTwitterのデータ（Badenes et al. 2014; Gou et al. 2014）を使うことを検討している会社もある。求人されている仕事内容と志願者の適合性を示すために、どのデータが使われ、それらがどのように分析されるのかを、採用担当のマネジャーも、応募者も正確には解読できない（分からない）。似たような事例として、保険会社の例がある。彼らは、顧客の保険費用を決めるために、現代の車に無数に取り付けられたセンサーに基づくドライビングパターン（運転傾向）を使っている。将来的には、法律の施行によって、車のセンサーのデータを基に交通事故の責任の所在が査定されるかもしれない。これらのデジタルによる手助けは、保険会社や警察の仕事を変えていっている。そして、この変化は、デザイナーに、ドライバーが、自分たちの車が保険会社や警察とコミュニケーションを取っていることを何によって認識してもらうか、それを可能にするには、どのような方法があるのか、という問いを投げかける。それは、ドライバーにその車はいつ購入したのか、その車の保険はいつ更新され、保険会社との実質的なやりとりはいつ生じるのか、というような事柄を、どのタイミングでサービスとして認識してもらうか、ということである。

　デジタル技術によって可能になる実体的なサービスの間の連結性は増しており、そのことが、私たちの見えないところ、私たちの力の及ばないところで何が起きているのかを理解することを難しくしている。自動運転車は、センサーや車載されているソフトウェアを通じて代替ルートを提案するために最新の交通情報へのアクセスを提供したり、近くの車との衝突を避けるために距離を計測したり、駐車シス

テムの調整のために交通事情を記録したりしながら、データの交換を行っている。そして、またそれらによって得られる情報に依存している。自動運転車は、自発的に止まったり、速度を決定したり、他の車を追い抜いたり、渋滞に巻き込まれた時には、代替ルートをとったり、ワイパーを作動させたり、もっと言えば、到着に備えて乗車している人を起こしたりもするようになっている。人や物品をＡ地点からＢ地点に運ぶサービスを提供している車の場合、膨大な数の事柄が、お互いに、そして世界中と結びつくことを求められるだろう。Arthur（2011: 2）は、「これらのテクノロジーによって可能になるサービスの増大が意味するのは、以前は目に見えていて人間によって執り行われていたプロセスが、今は、かつてないほどの領域において電子的に実行されるようになっている。そして、それらは、恐ろしいほど、デジタルベースで行われている」と述べている。

　　参加型デザインの実践は、デジタルワークフォースの働きをいかにしてより目に見えるようにデザインするか、その決定を下す際の助けになる。しかしながら、すでに述べてきたように、デジタルワークフォースの働きの中で可視性を獲得することは、一筋縄ではいかない。最近の事例（Romain and Griffin 2015）では、小売店事務員とストアマネジャーのためのシェルフストッキングサービスのデザインに十分に関与するため、いかにデザインリサーチャーは詳細な技術的システム（このケースでは小売店の棚における適切なレイアウトを可視化するコンピューターツール）の理解を必要としたかを実体験として報告している。技術的なことに関する詳細な知識がなければ「首尾一貫したシステム」をデザインすることに関わる能力は、限られたものになったであろう。結局のところ、サービスデザイナーは、最終的にサービスエクスペリエンスに影響を与えるデザインの選択において、（必要な）声を上げるため、デジタルワークフォースによってなされる業務についてどの程度自分たちが理解している必要があるのか、ということを考えなければならないのだ。

15.4.3 物質性

デジタルによって可能になるサービスは、実体の有無や人工物か、アルゴリズムであるか、などにかかわらず、それらサービスの要素間におけるインタラクションを通して物質的に構成される。サービスの遂行性は、サービスの成果を生み出すために、サービスのアウトカムを送り出すために、これらの要素が一緒になって作用するということを意味している（Orlikowski and Scott 2015：。Barad（1998）、Latour（2005）、Mackenzie（2006）、Suchman（2007）が指摘しているように、日々の経験の中にある物質性を認識することは新しいことではない」と指摘しているが、OrlikowskiとScott（ibid.: 205）は、「デジタルサービスに関する効率的な理解とそれによって引き起こされる必然的な結果は、サービスイノベーションの研

究において、物質性というものを真剣に扱う概念的なツールを必要とするだろう」
と主張している。

　デジタルサービスを構成するアルゴリズムが、サービスの受領者にとっては、
しばしば目に見えない一方で、巧みに操作されたデータは、自動車のブレーキに
かかる力だろうが、高速道路での自動車の流れだろうが、この章を構成するため
のキーストローク（文字入力）だろうが、とにかく、物質的に構成された人々や事
柄のアクションというものを通して生み出される。つまり、データの集約と分析の
方法は、時にデータを生成した行動からは程遠い抽象的位相を作り出す（Striphas
2010）。データのアウトカムの間で発生する変容に関する明確な視点がない状態
でランキングやレコメンデーションが表示されることにより、時として間違った客観
性が示されることがある。サービス構成要素間で起こるインタラクションの物質性は、
我々にデジタルデータの追跡記録を取ること、そしてアウトカムを生成する上で、
それらがどのように巧みに操作されているか、ということを含んだ視野の広さを持
つことを強いるのだ。

15.5 デジタルによって可能になるサービスを
　　　 デザインする

サービスデザイナーは、デジタルワークフォースと新しいサービス提供との関係を
定義する役割を担っており、それ故にいくつかのチャレンジが与えられている。サー
ビスデザイナーは、その一部が労働者を混乱させ、人間の関係性を改めて問い直
すような要素を持った、人間と新興のデジタルワークフォースの間の新しい労働の
分配を含め、サービスにおける昨今の事情というものを認識しておかねばなるまい。
サービスデザインは、新しいビジネスモデルをデザインすることに積極的に参加し
なければならない。また、そのビジネスモデルの実現を可能にするためには、そ
の会社の持つ社会的かつ物質的な事柄の集合体のデザインにも同様に関わって
いかねばならない。労働、財産、価値の再分布を形成していくことによって、サー
ビスデザインは、その存在意義を主張することができるのだ。サービスデザイン
が新しいビジネスモデルのデザインに関わる上で考えておかなければならないのは、
舞台裏で作動するアルゴリズムを含めた関係者の間での労働の新しい分配のどの
部分にテクノロジーがフィットするか、ということである。

　デジタル化されたサービスのイノベーションに対して、サービスデザインが貢
献できることはたくさんある。具体的には、例えば、データ作成作業のデザインや、
新しい情報や技術を生み出すアルゴリズムやアナリティクス（分析論）データをビジュ
アライズし、それらを使える状態にする技術や、機械間の働きを人の目に触れるよ

うにする「シンクライアント」（訳注：サーバー側でほとんどの処理を行うことにより
ユーザー端末内にはデータを保持しないシステムアーキテクチャのこと。近年セキュ
リティ対策の手段として注目を集めている）ユーザーインターフェース、さらには、サー
ビスへのユビキタスなアクセスを提供するデジタルデバイスまでをも含んでいる。
そしてまた、サービスデザインには、自らが生み出す新しい関係性を定義する機
会もまた多くある。テクノロジーによって可能になるサービスの社会的、法的、経
済的な密接な関係を把握するために、テクノロジーを理解することは、デザイナー
の能力として重要なことである（van Dijck 2010）。サービスデザインは、その焦
点を、「サービスエクスペリエンス」というものを超えて、テクノロジーによってつ
ながっていくデザイン活動というところまで拡大していかなければならない。これ
らのあまり親しまれていない分野に密接に関わるようになることで、サービスデザ
インが現在、関与し得るとされている分野を超えて、イノベーションを起こす機会
を与えることになるだろう。しかし、そのようなことを行っていく中で、サービスデ
ザイナーは、デジタルワークフォースのアクションを、いつ、どのようにして認識
できるようにし、目に見えるようにするか、ということを扱っていかねばならない。
そして、またその一方で、同時に、大抵の場合において、探索できず、目に見え
ないアルゴリズムの動きの物質性というものを認めていくこともしなければならない。
このことが投げかけるのは、どのように、そして、どの程度までサービスデザイン
がデジタルワークフォースの働きやアウトプットに対して関与すべきかという問い
である。この章を締めくくるにあたって述べておきたいことは、サービスデザインは、
素早く、そして果断にこれらの新しい領域に向かっていかなければならない、とい
うことである。さもなくば、サービスデザインは、自らが成し得るとしていることを
提供するその他のビジネスや、エンジニアリングの専門家に取って代わられ、そ
の存在感は薄められ、混乱を来すリスクに晒されることになるだろう。

References

Andreessen, M. (2011), 'Why Software is Eating the World', Wall Street Journal. Available online: http://www.wsj.com/articles/SB1000142405 31119034809045765122509156294460 (accessed 2 September 2015).

Arthur, W. B. (2011), 'The Second Economy', *McKinsey Quarterly* 4: 90–9.

Badenes, H., Bengualid, M. N., Chen, J., Gou, L., Haber, E., Mahmud, J. and Zhou, M. X. (2014), 'System U: Automatically Deriving Personality Traits from Social Media for People Recommendation', in *Proceedings of the 8th ACM Conference on Recommender Systems*, 373–4. ACM.

Barad, K. (1998), Getting Real: Technoscientific Practices and the Materialization of Reality, *Differences: A Journal of Feminist Cultural Studies* 10 (2): 88–128.

Boyd, D., Levy, K. and Marwick, A. (2014), 'The Networked Nature of Algorithmic Discrimination'. Available online: http://www.danah.org/papers/2014/DataDiscrimination.pdf (accessed 31 August 2015)

Bryson, J. R., Daniels, P. W. and Warf, B. (2004), *Service Worlds: People, Organizations, and Technologies*. London: Routledge.

Carr, N. (2013), 'All Can Be Lost: The Risk of Putting Our Knowledge in the Hands of Machines', *The Atlantic*. Available online: http://www.theatlantic.com/magazine/archive/2013/11/the-great-forgetting/309516/ (accessed 10 September 2015).

Carr, N. (2014), *The Glass Cage: Automation and Us*. New York: W. W. Norton & Co.

Dijck, J. van (2010), 'Search Engines and the Production of Academic Knowledge', *International Journal of Cultural Studies* 13 (6): 574–92.

Epstein, R. (2015), 'How Google Could Rig the 2016 Election', Politico Magazine. Available online: http://www.politico.com/magazine/story/2015/08/how-google-could-rig-the-2016-election-121548) (accessed 4 November 2015).

Gou, L., Zhou, M. X. and Yang, H. (2014), 'Knowme and Shareme: Understanding Automatically Discovered Personality Traits from Social Media and User Sharing Preferences', In *Proceedings of the SIGCHI Conference on Human Factors in Computing Systems*, 955–64. ACM,

April.

Hodder, M. (2009), 'Why Amazon Didn't Just Have a Glitch', *TechCrunch Blog*. Available online: http://techcrunch.com/2009/04/14/guest-post-why-amazon-didnt-just-have-a-glitch/ (accessed 31 August 2015).

Latour, B. (2005), *Reassembling the Social: An Introduction to Actor-Network Theory*. Oxford: Oxford University Press.

Lin, P. (2013), 'The Ethics of Saving Lives with Autonomous Cars Is Far Murkier Than You Think', *Wired Magazine*. Available online: http://www.ft.com/intl/cms/s/0/4ab2cc1e-b752-11e4-981d-00144feab7de.html#slide0 (accessed 31 August 2015).

Mackenzie, A. (2006), *Cutting Code: Software and Sociality*. New York: Peter Lang Publishing.

Orlikowski, W. and Scott, S. V. (2015), 'The Algorithm and the Crowd: Considering the Materiality of Service Innovation', *MIS Quarterly, Special Issue: Service Innovation and the Digital Age* 39 (1): 201–16.

Parasuraman, R., Sheridan, T. B. and Wickens, C. D. (2008), 'Situation Awareness, Mental workload, and Trust in Automation: Viable, Empirically Supported Cognitive Engineering Constructs', *Journal of Cognitive Engineering and Decision Making* 2 (2): 140–60.

Richtel, M. and Dougherty, C. (2015), 'Google's Driverless Cars Run into Problem: Cars with Drivers', *New York Times* (1 September 2015).

Romain, T. and Griffin, M. (2015), 'Knee Deep in the Weeds – Getting Your Hands Dirty in a Technology Organization', in *Proceedings of EPIC* (Ethnographic Praxis in Industry Conference) 2015, 36–45. Oxford: Wiley Blackwell.

Sharman, A. (2015), 'Connected Cars: Tyred and Wired', *Financial Times* (3 April).

Simonsen, J., and Robertson, T. (eds) (2012), *International Handbook of Participatory Design*. London: Routledge.

Striphas, T. (2010), 'How to Have Culture in an Algorithmic Age', *The Late Age of Print Blog*. Available online: http://www. thelateageofprint. org/2010/06/14/how-to-have-culture-in-an- algorithmic-age/ (accessed June 2014).

Suchman, L. A. (2007), *Human–Machine Reconfigurations*. Cambridge: Cambridge University Press.

Woods, D. (1996), 'Decomposing Automation: Apparent Simplicity, Real Complexity', in R. Parasuraman and M. Mouloua (eds), *Automation and Human Performance: Theory and Application*, 3–17. Mahwah, NJ: Erlbaum.

Zysman, J. (2006), 'The 4th Service Transformation: The Algorithmic Revolution', *Communications of the ACM* 49 (7).

CHAPTER
16

サービスデザインによって
データに意味を与える

Making sense of data through service design – opportunities and reflections

Alison Prendiville, Ian Gwilt and Val Mitchell

16.1 イントロダクション

この章では、スケールの大きなデジタルデータセットの利用とアクセスの増加に対して、サービスデザインが関わっていくことにどのような可能性があるかについて述べていく。まずは、「ビッグデータ」の定義から始めたい。そして「ビッグデータ」という用語の異なる解釈をいくつか紹介し、その利用を取り巻く私たち人間の目線からの挑戦についても見ていくこととする。なぜなら、私たちの日常生活の行動はデジタルサービスによって日増しにその行動がしやすくなっているからだ。社会的インタラクション、ショッピング、実務的な仕事、銀行業務、医療や交通の情報から集められたデータと、これらのデータセットを利用するための潜在的な機会は広がってきている。そして、この現象は、ローカル、ナショナル、インターナショナルのあらゆるレベルにおいて、社会的、経済的、または政治的な事柄を、形づくり始めている。その結果、ますます増え続けるサービスインタラクションを通じて広範に渡るあらゆるデータの収集が拡大していくことに対して多大な関心が寄せられている。 意思決定の一助として、政府、もしくは民間企業のために集められたデータであろうが、個人やLSDS（大規模データセット：large-scale data sets）のプロファイルを作るために、詳しく掘り下げる目的で集められたデータであろうが、それらは、現在のサービスデリバリー、サービスディベロップメント、そしてサービスイノベーションにおいて中心的なものになっている。「ビッグデータにおけるサービスデザインの役割」に関する議論は、始まったばかりで、限られたものになっており、サービスデザインが、組織でのサービスイノベーションに対してどのような機会と挑戦を与えるか、ということについては、僅かな関心しか向けられていない。ビックデータにおけるサービスデザインの役割という議論の領域を拓く最初の一歩として、この章では、サービスデザインを「解釈、可視化、説得を通して行われるセンスメイキングのアクティビティ」と位置付けて話を進めていくことにする。このサービスデザインによるセンスメイキングのアクティビティは、ビックデータが有する抽象的で、捉えどころがないという本来的な性質を、社会的、経済的な価値を伴った、人間中心のサービスに組み込んでいくという観点において機会と可能性を組織に与える。それは高度に技術的なものを、幅広い領域や立場の人々にとって理解しやすく、使いやすいものに変えていく。この章では、サービスデザインが新しいサービスモデルを形成するためのカタリスト（触媒）として、解釈、可視化、説得を通じたセンスメイキングアクティビティのプロセスを通して、公的に公開されているデータソースに対して、どのように対峙し関わっていける可能性があるか、ということについても述べていく。

16.2 データの概念

私たちが、ビックデータやLSDS（Large Scale Data Sets）、そして、それらとは、領域として反対の意味の「自己定量化：Quantified Self」（＝ライフロギング）などの昨今、日常的になってきている用語と私たちがどう関わっていくか、そして、また、一般市民として、それを生み出し、消費することを通して、またデザイナーとして、サービスデザインモデルを供給することを通して、基礎データというものにどう対峙していくのか、ということは、ますます重要なトピックになってきている。公的にアクセスできるデータベースの増加とますます当たり前のことになっている個人情報の収集が、私たちに新しい可能性や機会を与えていることには、疑いの余地がない。しかし、私たちは、この現象に紐づく文化的、倫理的、実務的な影響ということに関しても併せて、同等の意識を向けていく必要がある。

　　紛らわしいことだが、ビックデータという用語は、人によって（職業や活動領域によって）、違ったことを意味する。この用語は、技術的、経済的、社会的な観点からさまざまに定義されているのだ。このことは、イギリスのDigital Catapult（政府が出資するIoTベンチャー支援団体）や、RCUK（英国研究会議：Research Council UK）やEPSRC（物理化学研究会議：Engineering and Physical Sciences Research Council）などのリサーチ機関において示されており、また営利目的企業によってもさまざまな解釈がなされている。しかしながら、ユーザーの視点から見た場合のビックデータは、私たちが物やサービスを購入すること、コミュニケーションのプラットフォームを使うこと、日常生活の中で選択を下すことを通して、デジタルテクノロジーと関わることで生み出され、ますます大きく、複雑になっていくデータセットとしてしばしば捉えられる。

　　Barlett（2012）は、私たちが（日常で）触れるビックデータにはどのようなタイプのものがあるか区別している。この（Barlett（2012）が提示する）モデルにおいて、最初に示されるビックデータの一般的なタイプとしては、オンラインでのサブスクリプションの記録やオフラインでの行為に関連して集められる個人情報などがある。例としては、リワードカード（＝ポイントカード）や、オンラインショッピングのアカウント、銀行（口座）や電話番号、自宅の住所などから直接、個人が特定されてしまうような、（電気やガスなどの）エネルギー関連、（電話やインターネットなどの）テレコミュニケーション関連で私たちが利用するサービスなどが挙げられる。二つ目のカテゴリーは「行動データ」を生み出すための日常的なインタラクションの記録である。それらは、蓄積され、分析される際には、匿名化され、収集される。例えば、それは、インターネットのブラウジングをして過ごす時間、購買履歴、健

康関連の利用、携帯電話の位置情報を使ったサービスなどによって生み出される。Thatcher（2014: 1767）によれば、すべてのデジタルデータは、ビックデータである。なぜなら、大きなデータセットを構成するものは、技術の進歩によって常に、相対的に変化していくもの（Farmer and Pozdnoukhov 2012 in Thatcher）だからである。Horvath（2010: 15）は、技術的な視点からビックデータを見ているわけだが、それを「増え続けていく膨大なもの」という量的な視点からだけで考えてはいない。それよりも、むしろ、彼はビッグデータを「新しい方法での分析を必要とする high volume（増え続けるデータ量）、high velocity（データの入れ替え速度）、high variety（幅広いデータ源と種類）の組み合わせ」として捉えている。

　「Linked Data（リンクトデータ）」という用語もまた使われている。これは、「異なるデータセットを組み合わせる」ということを示すもので、そういった行為は、ますますありふれた日常のことになっている。それは、多面的なデータの構築を形式化するための行為で、（人々の行動を）探索し、それを「行動パターン」として成立させる際に使われる可能性がある。Kosinski、Stillwell、Graepel（2013: 5802）は、「実際に記録されたデータとそのデータから統計的に導き出される情報の間」で何が起こっているかについて述べている。彼らは、比較的ベーシックな人間の行動に関するデジタルデータが、いかにして、幅広い人間の属性（例えば、人々が通常、プライベートなことと思っているような性的指向や知能など）を自動的かつ精密に見積もるのかということ論証している。著者らにとって、このデータ推論は「もし、それが、仮に間違った予見だったとしても、個人のウェルビーイング（心身共に健やかで安心できる生活状態）や自由、もっと言えば、人生のそのものに脅威を与える」状況が生じる危険性を示している。さらに、増え続けるデジタルインタラクションから、どの属性が明かされるのか、ということについての制御の術を持たないということは、信頼とプライバシーの問題をいつの間にか深く害することに成りかねない（p: 5805）。

　同様に、ビックデータの分析結果に起因する「真実」に対するいっそう盲目的な捉え方や考え方に不安を感じ、心配する向きもある。そして、この分析における盲目的な真実と、これらのデータ構築から見い出されるであろう新しいパターンの意味に対しての疑問も投げ掛けられている。前提は、こうだ。もしも、我々が標本抽出する十分なデータと、データセット間の多面的なリンク（関連性）を作ることによって生まれる新しいパターンを構築し、解釈するツールを有しているのであれば、我々は、もはやこれらのパターンの意味を概念化する必要はない。シンプルな相互関係くらいで十分である（Mayer- Schönberger and Cukier 2013: 70-2）。例えば、地域の犯罪統計を量的に計り、マップアウトするのは簡単だろう。しかし、基本的で、何気ない事柄を扱うのはより難しいかもしれない（Graham

2012）。

　自己定量化（ライフロギング）のコンセプトは、個々人が自ら始めた、日常生活とそのルーティーンに関するデータ収集を参考にしている。一般的にそれは、ウェアラブルテクノロジーの使用を通して成される。ウェアラブルテクノロジーは、さまざまな生体認証データの収集と記録を行い、（人々の）行動や態度、日常生活における選択を理解する意味で分析を行う。しかしながら、Lupton（2015）が示すように、このような行為は、最初は、任意に非公開で行われるかもしれないが、義務化され、このデータへの既得権益を持つ他の組織や機関に共有される可能性がある。この現象が起こり、急速に発展している領域は、ヘルスケアセクターでの個人の生体データへのフィードバックの使用である。ここではケアとサービスの提供を支援するためにデータが使われる。このことについては、この章で後ほど詳しく語られるだろう。私的であれ、公的であれ、物理的な空間における個人の行動や選択をモニタリングすること、そして、コンピューターによって拡張されるプロダクトを使うことは、デジタルセンサリングテクノロジーの到来によって、大きく促進されてきている。また、この種のデータへのアクセスは、さまざまなサービス提供の具体化のためにも使われ始めている。このことについて次のセクションで述べていく。

　ビッグデータと自己定量化の中間に位置するものとして、オープンデータは、ヘルスケア統計、デモグラフィック情報、ソーシャルサービスの利用などの大規模なデータセットの共有へと向かう昨今の流れを示唆している。このことは、市民をエンパワーするために使い得るものであり、（少なくとも公共セクターでは）トップダウンのオーナーシップ、情報へのアクセスと利用に関する問題をやわらげることもまたできるのだ。オープンデータのコンセプトは、政府、もしくは、公的機関の情報を公共ドメインに開放する、という考えに基づく。Mayer-SchönbergerとCukier（2013: 116）は、次のように述べている。政府や公的機関によって収集されたデータと商業的に収集されたデータの間の主な違いは、政府系のデータが基本的には、市民のベネフィット（利益）のために集められたという点である。しかしながら、公的範疇にこのデータを落とし込みリリースすることは、公共セクターに対しても民間セクターに対しても認められており、さまざまな方法でこのデータを使用することができる。

　Shaboltら（2012）は、オープンな公共のデータソースはますますアクセスしやすくなっており、リンクトデータや、セマンティックウェブのコンセプトと結びつく可能性について触れている。これによってコンテンツと主観分析を通したデータの間に関連性が生み出されうる。例えば、NHS England は、サービスそのもの、およびサービスユーザーのエクスペリエンスを改善するための鍵となる戦略として

データの連結性と透明性に対するニーズがあることを理解し、5カ年計画の一部として 幅広いデータセットを効果的に利用し、その管理を助ける目的でナショナルインフォメーションボードを設立した（NHS England 2014）。

16.3 センスメイキング：翻訳、可視化と パーソナライゼーション

ビックデータ、パーソナルデータの両方においてサービスデザインが提供するのは、センスメイキングの方法論と実践である。「センスメイキング」という用語は、組織社会学の分野においてWeick（1985, 1993, 1995）によって提唱されたもので、「我々がどのようにして、未知の事柄を組み立て、その構築されたものの中でどのような振る舞いをするのか」ということを指している（Ancona 2011: 3）。Weick の研究を参照した Ancona にとって「センスメイキングとは、もっともらしい理解を構築することを意味する。それは、「変わり続ける世界のマップ」を作成するようなものである。このマップは、データ収集、アクション、会話を通して、他の人々にテストされ、フレームは再検討され、不要なものは削除される。マップのクオリティは、この一連の行為がどれだけ信頼できるかによって決まる。「マッピング」という行為が提供するのは、「希望であり、自信であり、不安から行動へと向かっていく手段である」（Ancona 2011: 6; Weick 2001）。協働デザインとは、パーソナルデータを取り巻く、意見の割れる多くの問題への考えを巡らせるのに役に立つセンスメイキングの行為である。ここでのパーソナルデータとは、所有権や主観性、そして真実というものに対する価値やもっと抽象的な観念を指している。データを可視化することや、個人と組織の間のデータの関連性やフロー（流れ）をマップアウトし、協働デザインを通して、真実やプライバシーの問題を探ることは、すべてWeickの提唱したフレームに当てはまるセンスメイキングの行為である。このようなサービスデザインの実践においては、人々は、Ancona（2011）が言うところのセンスメイキング活動によって未知で抽象的な事柄をナビゲートする。それは、完全に正確であるよりもむしろ、「もっともらしく」あることが必要とされている。解釈と可視化とパーソナライゼーションによって私たちは、データを理解することができる。そして、それらはますます普及しているデジタル情報の構築の可能性と機会と挑戦に関するサービスデザインモデルの役割を生み出し、発展させていくのだ。

16.3.1 翻訳（Translation）

金融および電気通信業界は、それが公的な組織であれ、私的な組織であれ、常にデータの収集と使用に熱心であることはすでに述べてきた通りだ。これらの組

織は経済政策やサービス提供の意思決定の助けにするため、データの収集と使用を行っている。しかしながら、ビッグデータにアクセスできるようになること、そして、それらのデータが公的に公開されるようになることと、人々が理解できる方法で共有されることとの間には、大きな隔たりがある。より多くの人々のデジタルデータの解読を助けるため、従来のフォーマットや統計リストのコード、スプレッドシートやグラフからデータを転換していくことの重要性は、ますます高まってきている。データを可視化するデザインは、新興の産業なのである。しかしながら、この転換は、ただ単にフォーマットを変えるということに止まらない。サービスデザイナーにとって、デジタルデータと上手く関わっていくために求められるのは、技術的、社会的、個人的な関連性を構築するという観点における特定のデータセットの価値、構造、そして関係性に対する詳細な理解である（Illinsky and Steele 2011: 16）。もし、我々が、統計的な価値だけではなく、要素間の、もしくはリンクトデータセットをまたいだ関係性について、多様なニーズを持った消費者に対して適切な方法で提供したいと思うのであれば、多面的な理解をすることが非常に重要になってくる。

　さらに、どのようにしてデータが理解され、価値を置かれるかという点において、いつ、どこで、私たちが新しいデータ構築に出くわすかということもまた重要だ。多くの人々が半信半疑で不安定な感覚を抱いている事柄がある。それは、まず、データソースにおける信頼性と真実性の認識について。そして私たちが、いつ、どこで、どのように日常生活に関する決定を下すのかを知らせるデータの関連性について。最後に私たちが持っているかもしれない、データの収集と使用に関する制御（コントロール）がどうなっているのか、ということである。これは、サービスデザインのコミュニティにとって、データ分析と、意味のあるデータの翻訳を行うスキルが急速に必要になってきていることを意味している。

　意味の通った解釈が必要なのは地理空間ビッグデータのコンセプトからも明白である。Mayer-Schönberger と Cukier の言葉を借りれば「情報を構成するのは、自然、オブジェクト、そして人々」なのだから。今日のビッグデータのマッピングは歴史的には 19 世紀の機構的な「公共」と「人口」を「枠にはめ」て空間的な観察とマッピングと管理の対象として扱う傾向と結びついている（Pickles 2004: 127）。

　　「LSDS（large-scale data sets）のマッピングや抽象性とは対照的に Ordnance Survey（OS）の Geovation Challenge は、サービスデザインのメソッドやその実践が、「場所」と「場所づくり」に焦点をおく形で、OS のオープンデータセットを利用し、「場所」を基盤とするサービスの開発と発展をどのようにサポートしているかを例として示している」（Pickles 2004: 131）。

今日生み出される膨大な量のデータは、消費傾向であろうと、「イングランドとウェールズの10代の妊娠を示すマップ」（*Guardian*, 26 March 2012）であろうと、はたまたすでに述べたように犯罪マップであろうと、分散したデータセットをつなぐのに不可欠の位置に関する情報を生み出す。しかし、これら地理空間のデータセットが「政府の（施策）プログラムの設計、特定の人々に向けた商品の市場販売、もしくは、特定の社会問題の見極め」に使われる国勢調査のデータと共に、意思決定を助けるためにデザインされている可能性があるとはいえ、データの持つ限界を認識しておくこともまた必要である（Busch 2014）。著者らにとって、公的、もしくは私的な政策立案に使われるLSDSは、統計学者のDonald Cambellのステートメントを反映したものである（in Porter 2012: 225, cited in Busch 2014）。

> 「社会的な意思決定において量的な指標が使われれば、使われるほど、（意思決定の）対象となる事柄は、さらに堕落へと向かっていき、そして、監視されることになっている社会的なプロセスは、歪められ、頽廃の一途をたどることになりがちである」

マッピングとは対象的に、LSDSの抽象性は、Ordnance Survey（OS）のGeovation Challengeは、サービスデザインのメソッドやその実践が、「場所」と「場所づくり」に焦点をおく形で、OSのオープンデータセットを利用し、場所（ロケーション）を基盤とするサービスの開発と発展をどのようにサポートしているかを例として示している。オープンデータのアーリーアダプターとして、イギリス政府のマッピング機関は、2009年のOrdnance Survey以来、地理空間の情報の応用を通して、社会的、環境的、経済的な課題を扱うための、自身のオープンデータプロダクトを用いたイノベーションチャレンジを行っている。テーマは決められている。例えば、2014年は、「イギリスの実業界における環境パフォーマンスを向上させるために我々に何ができるか?」で、2015年は「イギリスの人々がより良い場所で生活できるようにするために我々に何ができるか?」であった。Geovationのウェブサイトを通して、これらのチャレンジに対する解決策がクラウドソースされ、スタートアップや業界のスペシャリスト、そして第三セクターの団体などから解決策が寄せられた。そして、その中から与えられた課題の要件を最も正確に反映し、地理空間のデータを有効に活用した12のアイデアが選出され、週末のサービスデザインのワークショップにおいて、ベストアイデアとして発表された。このサービスデザインの協働デザインワークショップは、データを翻訳し、それらを具体化して考え、人間中心なものにすることにおける、無形成、体験、一時性、そして、もっと重要な「協働生成」（Akama, Prendiville 2013）というようなユニークな特徴を拡大して見せてくれる。

それゆえ、サービスデザインのプロセスは、初期の時点でテクノロジーによって牽引され、抽象的な地理データのアイデアを、特定の土地に即した、人間にとって使いやすいサービス提供の形に落とし込んでいく方向で動いていくことが求められる。

16.3.2 可視化

インフォメーションデザイナーは、デジタルデータをタイミングよく、包括的かつ適したフォーマットで表現することへのニーズに応えるために、専門家と共に働くデータビジュアライザー、もしくはデータの分析家という役割で加わっている。従来的なチャートとグラフから、図とイラスト、対話型のスクリーンベースの視覚化のモバイルアプリケーションとアニメ化されたインフォメーショングラフィックスまで、多くのデータ視覚化テクニックと形式が存在する。より実験的なテクニックも登場し始めている。例えば、データが音声で示されるデータの可聴化、そして、3Dプリンティングやラピッドプロトタイピングのような従来型の製作技術を使った実体のあるオブジェクトとしてのデジタルデータのリイメージングなどが挙げられる（Gwilt 2013）。これらのテクニックは、集合的に、成文化されたデジタルデータを、個人やコミュニティが使用し、理解できるような、より人間中心形式に再提示するということを試みている。この人間中心の考え方は、サービスデザインの基盤となる哲学と、人々の行動や態度、そして人間そのものを理解しようという願望を、結びつけ、一直線上に並べるものである。データへのアクセシビリティは、これらのデザインのタイポロジー（類型化・分類など）を我々がどのように展開していくかによって決まってくる。そしてその重要性は、市民にデジタルデータの知識、情報、インサイトを与えることによって、彼らに活力を与えることができるのであれば、決して過小評価されるべきではない（Ware 2004; Yau 2013）。 ビックデータの到来に先立ち、国際連合欧州経済委員会（UNECE）は「Making Data Meaningful」（データを意味のあるものにすること）というタイトルでシリーズ化した出版物を公的にリリースした（2009）。UNECE は、このシリーズの出版によって、データの世界の神秘を解き、統計に関するリテラシーを向上させるということを狙いとしていた。Kennedy（2015）は「私たちが必要とするデータの可視化における文化的多元性は、多種多様な人々に届けるためには、特定のデータというものはどうあるべきか、ということを示している。そして、それはまた、私たちがデータに対して認知的にも、感情的にも反応するということも明らかにしている」と述べている。

　ビッグデータは、技術的なものだけでなくマネジメントに関するチャレンジをも組織にもたらす。McAfee と Brynjolfsson（2012）は、意思決定におけるビッグデータの重要性を明らかにしている。特にデータが不足し、複雑であるか、も

しくは、入手が高額になる場合、それは顕著である、としている。ビッグデータを利用するには組織における課題もまた明確に示される必要がある。McAfee と Brynjolfsson は、新しいマネジメントカルチャーとして心に留めておくべきこととして、五つの鍵となるマネジメント関連のチャレンジを見出した。それは、リーダーシップ、タレントマネジメント（つまり、どのようにしてデータサイエンティストの確保を行うか、ということ）、テクノロジー、意思決定、そして会社のカルチャーである。Eppler と Platts（2009）もまた可視化について述べている。彼らは、可視化を組織内での戦略的計画のプロセスを改善する手段として示している。なぜなら、可視化することによって、多くの認知的、社会的、そして感情的なチャレンジを表出させることができるからである。このことは、組織内での効率的な意思決定のプロセスにビッグデータを取り込んでいくこととも関係している。Burgi と Roos（2003: 69）は、組織内におけるビジュアルエンゲージメントの拡大に関するアプローチを提示している。彼らのアプローチは、バーバル／ナラティブ、ビジュアル／イマジスティック、そして、キネアスティック／ハプティックのノードを一体化するマルチモーダルなイメージ戦略である。それは、自分たちの組織とその組織の戦略についての人々の理解を飛躍的に豊かにする。繰り返しになるが、ここで改めて、サービスデザイナーが企業内で働くことの可能性について述べておく。サービスデザイナーは、組織内で協働デザインの手法を通して組織の仕組みやコミュニケーション構造を視覚化し、それらに責任を持って関わっていくという役割を担うことができるだろう。ビッグデータを利用したサービスイノベーションの実現のため、組織の仕組みやコミュニケーション構造が必要とするのは、すべてのステークホルダーを一堂に会するようにすることである。

16.3.3　パーソナライゼーション

サービスデザインの観点から、データ解釈と視覚化をどのように行うのかを理解することが如何（いか）に重要なことになり得るかについて我々は議論してきた。しかし、別の視点もある。それは、人々がデータに順応でき、寄与することができ、パーソナライズ（個人のものとする）できる可能性である。それらは、デジタルによって容易になる。このことは、サービスデザインモデルにとって、興味深いチャレンジ、機会、可能性をもたらす。どのようにストーリーを伝えるか、どのようにデータを個人にとって関連のあるものにするか、人々に対して、どのように、データに関する彼らのエクスペリエンスを仕立てることを認めるか。これらは、データと意味のある関わりを生み出すには、極めて重要なことだ。

　　Smolan と Erwitt によって著された *The Human Face of Big Data*（2012）の中で、Greene（p. 44）は、セルフトラッキングや、もっと根本的には、自己定量

化のムーブメントが病気に対するより良い治療法や見つけること、そして、もっと言えば、症状が顕著になる前に病気を予見する可能性をもたらすと述べている。彼女は「セルフトラッキングの爆発的な増加は、パーソナルデータの大規模なデジタル化なくしては実現し得ない」ということを認識している。しかしながら、van Berkelらは、長期間に渡る個人データの収集に対する重要性が継続的なものとなった際の、技術的な難しさと問題点を指摘する（2015）。Greeneは、これらのアクティビティは、人々がデータが安全であると思わない限り、一般市民に広く受け入れられるようになる見込みはないということも認めている（p. 44）。Lupton（2012）は、Web2.0のプラットフォームを使った健康促進のためのモバイルワイヤレスコンピューターの技術やソーシャルメディアアプリケーションにおけるさらに重要な視点を示し、それらは、集団レベルで、健康的な生活態度というものを促進し、健康障害を防いでいくという目標を達成するために人々をサポートする、と述べている。「潜在的に常にデジタルでつながっている人」という概念は、さまざまな形態の主観性と具現化されたものを構築するにあたり、これらのテクノロジーが「どのように作動する可能性があるのか、何がそれらを使う際の倫理的及び道徳的な分岐点となり得るか」（p. 232）、という問いを投げかけてくる。加えて、彼女は次のようにも問うている。「健康推進に関心を持ってもらうためのこのようなテクノロジーを利用することが、道義的な意味に対して、またそれを理想的な主題として具現化することに対して、一体どのような影響を与えるのだろうか？」。セルフモニタリングや倫理的な思慮分別と、健康の間にあるこのつながりを示す証拠は、定期的にメディアにおいて見受けられる。また、ウエストミンスターカウンシルとLGIU（Local Government Information Unit）によって作成された「A Dose of Localism: The Role of Councils in Public Health」に例示されるように地方自治体においても議論されている（Thraves 2012）。「A Dose of Localism」では下記のようなことが記されている。人々がどのくらいの頻度で市民体育館のような類の施設に行っているかなどの情報をスマートカードの利用によって収集し、収集されたデータの活用を通して、人々の健康的な生活を促進するような「福祉行政に関連するデータの扱い方」を確立することができる可能性がある。例えば、それは住民に対して、エクササイズパッケージのようなものを勧めることかもしれない。またスマートカードのデータをもとにすれば、住宅税や住民税またそれらに関わる還付金の支払いが、住民にとって、健康的な生活を送ることに対するモチベーションにも成り得るのだ」（'A Dose of Localism' 2012: 6）。

　　共創を通してビッグデータのパーソナライゼーションを有効活用した事例は、私企業の中にも存在する。車両のナビゲーションを行う会社であるTomTomだ。TomTomは、10年以上もサービスイノベーションをサポートする目的でビッグデー

タを活用している。TomTomが1日に受け取る匿名のGPS位置データは50億に
のぼる。これは典型的な1日の受信量で、それらは、彼らが設置したルートナビゲー
ションのデバイスや世界中で利用されているアプリケーションから届く（van
Rijmenam 2013）。TomTomはまた、彼らのマップシェアコミュニティから寄せら
れるクラウドソースのデータも活用している。マップシェアコミュニティでは、ドラ
イバーが制限速度や交通方向、道路名などを変更できるようになっている。
TomTomは、ビッグデータを利用することによって、より正確に目的地までの所
要時間を算出することができるのだ。この所要時間というのは、車が、いかに早く、
特定の道路を使って移動できるか、に基づいて算出されている。TomTomは、
自らのウェブサイトを通したデータの共有と、その共有データの活用によってサー
ビスのクオリティを向上する、という明確な提案価値を顧客に届けている。彼らは、
データは匿名化され、ドライバーは、ナビゲーションデバイスを通して、データの
共有の承認、不承認を行うことができる、という明確な安心材料を提供している。
さらに、TomTomが集めたビッグデータは、会社を超えたところでもサービスの
デザインを高める目的で使われ始めている。TomTomは、自らが所有する交通
情報が地方自治体で使われたことを例として挙げている。それは、TomTomが
どのくらいの数の世帯が、希望する時間内に特定のロケーションに到達しうるか
を示す情報を地方自治体に提供し、地方自治体がその情報を元に新しい病院の
建設場所を決めた、という事例である。ビッグデータセットは将来的にインテリジェ
ントビークルからカメラの画像やレーダーデータまでをも含むものになるという期
待をTomTomは寄せている。そうなれば、例えば、他のサービスユーザーと駐
車場の空き状況や店舗の閉鎖状況をリアルタイムで共有するというようなことが可
能になるだろう（Bell 2015）。

16.3.4 サービスデザインとデータの相互作用は
いかにステークホルダーに影響を与えるか？

ビッグデータとの関わりにおけるサービスデザインの貢献を考えるにあたり、ビッ
グデータを利用したサービスを生み出すために必要とされる中心的なステークホ
ルダーを多岐に渡る分野において、確認しておくことは、役に立つだろう。

- データプロバイダー（データの供給者）：その行動によって、意識的、無意
  識的に関わらず、データを供給する個人やコミュニティのこと。
- データコレクター（データの収集者）：例として、クレジットカード会社、サー
  チエンジンのプロバイダー、自動車製造業者などのデータを生み出すサー
  ビスを供給している組織（会社）のこと。

- データスペシャリスト（データの専門家）：データを分析し、それを（その分析結果を）意味のある形に変化させることができる人のこと。技術的な意味で。
- サービスプロバイダー（サービスの供給者）：ビッグデータを活用した革新的なサービスを供給することを探し求めている者たちのこと。
- マネジャーやイノベーションプランナー：ビッグデータを理解し、その有用性と可能性に気がついている者たちのこと。
- サービスデザイナー：顧客が注目し、心を惹き付けられるような提案価値と経験を生み出すこと、そして、相関的でコンテクスチュアルな（文脈に沿った、文脈を重視した）サービスを確立することを追い求めている者たちのこと。
- データコンシューマー（データの消費者）：ニーズに合わせてデータを使ったり、それに適応したりする消費者のこと。

上記で提示された事柄は、個人によって収集されたデータと「閉ざされた」組織や政府によって生み出されたデータの違いを明らかにしている。市民にとって、後者のようなデータ、つまり「閉ざされた」組織や政府によって生み出されたデータは、制御できる範囲やデータの使用と生成における影響とアクセスという点においてかなりばらつきがある。Foulonneauら（2014）は、サービスプロバイダーがデータを利用できる方法を三つ提示している。一つ目は、データをベースとしたサービスの提供、二つ目は、データをリソースとして使うサービスの提供、そして最後は、データによって正当性が担保され、豊かなものになるが、そのデータは、サービスの中で直接的に目に見える形で使われてはいないサービスの提供である（Foulonneau and Slim 2013）。膨大な量の個人データをタッチポイントとして使うことによって、センスメイキングの行為をデザインすることは、従来のサービスデザインのパラダイムから考えても可能なことである。しかしながら、そういった行為は、ビックデータや個人データとのインタラクションを新しいタイプのサービスモデルの構築するためのカタリストとして活用することによってもまた可能になるのだ。サービスデザインの考え方は、物質とデジタルインタラクションの間、そして、人間と組織化された価値やニーズの間、という基本的な二元構造を問題視することによって、抽象化され、収益化されたデータのアプリケーションを、より人間中心の利用に再接続する機会を私たちにもたらすのだ。中でも、特に、人々と抽象化されたサービスの間を再接続することは、サービスデザインの基本教義として認識されている（Polaine et al. 2013）。そして、サービスデザインとビッグデータの間の相互作用の類型は、サービスの供給の輪の中に含まれる多くのステークホルダーにインパクトを与えることができるだろう。

16.4 結論

ここまで議論を重ねてきたわけだが、ビッグデータとデータの個人収集は、だいたいの場合において、抽象的で、文脈から切り離して考えることが難しいものである。もし、これらの情報源が個人やコミュニティに力を与え得るものとして認識されるのであれば、意味の通る形でデータを解読し、それに対応していく方法を見つけることは、やりがいのあることだ。サービスデザインは、サービスエコシステム内のすべてのステークホルダーにとって、より明確な提案価値を共に作り上げる機会を与えてくれる。そして、サービスプロバイダーとその顧客のインタラクションがビッグデータを伴って、どのように運用され、サポートされるのかをよくよく考えることも、また同じように重要である（Foulonneau et al. 2014）。

　　すでに述べてきた通り、ビッグデータは、エネルギー分野を含む多くの業界によって、価値の源泉として認識されるようになってきており、従って、サービスイノベーションの鍵を握っていると言える。例えば、ビッグデータ（を有効活用すること）によって、顧客が家庭内のエネルギーシステムにおける事実上の運営責任者としての権限を与えてもらえるような場合には、顧客にとって家庭内に再生可能エネルギーとそれを貯蓄するシステムを取り入れることの価値は高まるかもしれない。TomTomの事例における価値の共創は、単純で分かりやすい。ドライバーのナビゲーションシステムから集められたデータが他のドライバーからのデータと統合される。そしてそれらをもとにした交通情報がリアルタイムで提供される。結果的に多くのドライバーからのデータが集められれば、集められるほど、TomTomが提供するサービスは、より正確なものになるのだ。データが第三者に売られたり、より直接的でない利用をされる場合には、共有されたデータの価値の透明性は低くなる。我々のデータが、現在、そして将来的にどのように使われるべきか、ということは、複雑な契約条件の中に埋れてしまっている。そういった複雑な条件に同意し、無料のWi-Fiを契約したり、ソーシャルネットワーキングによる恩恵を享受したりするのは、よくあることだ。マスコミはプライバシーに関する事柄を頻繁に話題にするが、私たちに関するデータが将来的に有害な形で使用される危険性への懸念については、大抵の場合において、明確に語られることはない。

　　「サービスの基本的なコンセプトは、価値を共有する集団内でリソースを交換したり、統合したりして、そこに関わる人々によって、価値を共に作り上げていくということである」（Kimbell 2014）。しかしながら、ビッグデータのエコシステム内において、データに受動的に関わる個人への価値というものは、いつも明確という訳ではない。特に、データが「プロダクトによるもの」である場合や、無関係

な行動や行為で「疲弊」したりしているような場合には、その不明確さは顕著である。

　このようなセクターにおけるカスタマーオリエンテッドで魅力的なサービス提案のためには、個人のデータを共有することの価値に対する透明性を担保しなければならない。これは、共有することと、プライバシーに関わる懸念を軽減するために必要なことで、データのシェアとサービス提供の間の直接的な関係性が、すぐに分かるようなものではない場合は、それは特に重要視される。基本的なレベルの話をすれば、サービスデザインは、組織に対してデザインのためのツールを提供することができる。例えば、顧客にとって共有のデータをより透明性の高いものにするようなサービスの諸条件を与えることもできるし、顧客がデータの提供と引き換えに受け取る価値に気づかせることもできる。さらに大事なのは、サービスデザインは、組織的なステークホルダーが共に手を携えてビッグデータセットを掘り下げ、それを組織に関連するような形でセンスメイキングできるようなツールをも提供できるということである。そして、サービスデザインは、ビックデータを利用した将来的なサービスの機会や可能性を人間中心の視点からステークホルダーに想像させてあげることもできる。そのような将来的なサービスの機会や可能性といったものを考えるとき、ステークホルダーは、サービスデザインの全行程を通して、プライバシーや価値、また信頼という問題が きちんと考えられ、デザインされるか、ということを、常に心に留め、確認しながら進めていく必要がある。しかしながら、サービスデザインのコミュニティは、デザイナーがビッグデータ関連のサービスをデザインする際、どのようなことに注意を払うべきかを理解できるようなツールやメソッドを生み出し、それらを状況に応じて調整したり、進化させたりしなければならない。そして、サービスデザインのコミュニティは、サービスデザインの初心者であるステークホルダーを含むことが多く、領域横断的なメンバーで構成されるチーム内において、センスメイキングやサービスの共創のファシリテーションという面においても、デザイナーをサポートしていかなければならない。

　常にダイナミックな環境の中で進化しているビッグデータと、サービスデザインの間に有効なインターフェースを作り上げる際に考慮されるべき役割や関心事がさまざまあることは、明らかだ。

　データの大小に関わらず言えるのは、デジタルデータとサービスデザインの間の関係はまだ初期段階ではあるが、サービスデザインのモデルがどのようにして責任あるストラテジーの発展を継続的に行っていけるか、その過程における姿勢を共有し得るか、求められる役割にどう応えていけるか、そして、もっと言えば、データ生成にまで関わっていくということについてじっくりと考えていくことが大事なのだ。これらの課題に絶え間なく向き合い続けることは、サービスデザインがその将来的なアイデンティティを形作っていくのに重要な役割を果たすことになろう。

References

Akama, Y. and Prendiville, A. (2013), 'Embodying, Enacting and Entangling Design: A Phenomenological View to Co-designing Services', *Swedish Design Research Journal* 1 (13): 29–40.

Ancona, D. (2011), 'Sensemaking: Framing and Acting in the Unknown', in S. A. Snook, R. Khurana and N. Nohria (eds), *The Handbook for Teaching Leadership: Knowing, Doing, and Being*, 3–19. Thousand Oaks, CA: Sage.

Barlett, J. (2012), *The Data Dialogue*. DEMOS. Available online: www. demos.co.uk (accessed 22 March 2014).

Beckman, K. (2015), 'E.ON CEO: Future Energy World is Based on Renewables and Customer Solutions' Energy Post March 2015. Available online: http://reneweconomy.com.au/2015/e-on-ceo-future-energy-world-is-based-on-renewables-and-customer-solutions-95964 (accessed 1 July 2015).

Bell, L. (2015), 'TomTom: Big Data will fuel self-driving car innovation'. Available online: http://www.theinquirer.net/inquirer/feature/2407985/tomtom-big-data-will-fuel-self-driving-car-innovation (accessed 12 May 2015).

Berkel, N., Luo, C., Ferreira, D., Goncalves, J. and Kostakos, V. (2015), 'The Curse of Quantified-Self: An Endless Quest for Answers', *Adjunct Proceedings of the 2015 ACM International Joint Conference on Pervasive and Ubiquitous Computing* (UbiComp'15), 973–78. Available online: http://dx.doi.org/10.1145/2800835.2800946 (accessed 5 May 2016).

Bürgi, P. and Roos, J. (2003), 'Images of Strategy', *European Management Journal* 21 (1): 69–78.

Busch L (2014), 'A Dozen Ways to Get Lost in Translation: Inherent Challenges in Large-Scale Data Sets', *International Journal of Communication* 8: 1727–44.

Eppler M. and Platts K. (2009), 'Visual Strategising. The Systematic Use of Visualisation in the Strategic-Planning Process', *Long Range Planning* 42: 42–74.

Foulonneau, M. and Slim, T. (2013), 'Service innovation: The hidden value of open data'. Available online: https://www.w3.org/2013/share-psi/

workshop/krems/papers/ServiceInnovation-theHiddenValueOfOpen-Data (accessed 5 May 2016).

Foulonneau, M., Slim, T., Vidou, G. and Martin, S. (2014), 'Open Data in Service Design', *The Electronic Journal of e-Government* (EJEG) 12 (2): 95–207.

Graham, M. (2012), 'Big Data and the end of theory?' Available online: http://www.theguardian.com/news/datablog/2012/mar/09/big-data-theory (accessed 30 June 2015).

Gwilt, I. (2013), 'Data-Objects: Sharing the Attributes and Properties of Digital and Material Culture to Creatively Interpret Complex Information', in D. Harrision (ed.), *Digital Media and Technologies for Virtual Artistic Spaces*, 14–26. Pennsylvania: IGI Global.

Horvath, I. (2012), 'Beyond Advanced Meachatronics: New Design Challenges of Social-cyber Systems' (draft paper). *Proceedings of the ACM Workshop on Mechangronic Design*. Austria: Linz.

Illinsky, N. and Steele, J. (2011), *Designing Data Visualisations*. Sebastopol, CA: O'Reilly Media Inc.

Kennedy H. (2015), 'Seeing Data: Visualisation design should consider how we respond to statistics emotionally as well as rationally'. Available online: http://blogs.lse.ac.uk/impactofsocialsciences/2015/07/22/seeing-data-how-people-engage-with-data-visualisations/#author (accessed 27 July 2015)

Kimbell, L. (2014), *Service Innovation Handbook*. Amsterdam: BIS Publishers.

Kosinski M, Stillwell D. and Graepel T., (2013), 'Private Traits and Attributes are Predicted from Digital Records of Human Behaviour', *Proceedings of the National Academy of Sciences of the United States of America*. Available online: http://www.pnas.org/content/110/15/5802.full (accessed 4 May 2013).

Lupton, D. (2012), 'M-health and Health Promotion: The Digital Cyborg and Surveillance Society', *Social Theory and Health* 10 (3): 299–44.

Lupton, D. (2014), 'Self-Tracking Modes: Reflexive Self-Monitoring and Data Practices'. Available online: http://ssrn.com/abstract=2483549 or http://dx.doi.org/10.2139/ssrn.2483549 (both accessed 19 August 2014).

Mayer-Schönberger, V. and Cukier, K. (2013), *Big Data: A Revolution that will Transform How We Live, Work and Think.* London: John Murray.

Mazumdar, S., Petrelli, D., Elbedweihy, K., Lanfranchi, V. and Ciravegna, F. (2015), 'Affective Graphs: The Visual Appeal of Linked Data', *Semantic Web* 6 (3): 277–312

McAfee A. and Brynjolfsson, E. (2012), 'Big Data: The Management Revolution', *Harvard Business Review*: 59–69.

NHS England (2014), *The NHS Five Year Forward View.* Available online: http://www.england.nhs.uk/wp-content/uploads/2014/10/5yfv-web.pdf (accessed 30 June 2015).

Pelin, A., Federico, C., Leonardo, G., Omer I., Omer, F. K. and Salih, E. (2013), 'Big Data as a Source for Designing Services', in *Proceeding of International Association of Societies of Design Research (IASDR)*, 2013 conference Japan. Available online: http://design-cu.jp/iasdr2013/papers/2319-1b.pdf (accessed 30 June 2015).

Pickles J., (2004), *A History of Spaces. Catographic Reason, Mapping and the Geo-coded World.* London: Routledge.

Polaine, A., Løvlie, L. and Reason, B. (2013), *Service Design: From Sight to Implementation.* Brooklyn, NY: Resenfeld Media.

Prendiville, A. (2015), 'A Design Anthropology of Place in Service Design: A Methodological Reflection', *The Design Journal* 18 (02): 193–209.

Rogers, S. (26.03.2012), 'The Guardian Teenage Pregnancy of Map of England and Wales', *Guardian.* Available online: http://www.guardian.co.uk/news/datablog/interactive/2012/mar/26/office-for-national-statistics-health (accessed 27 March 2013).

Shadbolt, N. O'Hara, K., Berners-Lee, T., Gibbins, N., Glaser, H., Hall, W. and Schraefel, M.C. (2012), 'Linked Open Government Data: Lessons from Data.gov.uk', *Intelligent Systems*, IEEE 27 (3): 2–9.

Smolan R. and Erwitt J. (2012), *The Human Face of Big Data.* Against All Odds Productions.

Thatcher, J. (2014), 'Living on Fumes: Digital Footprints, Data Fumes and the limitations of Spatial Big Data', *International Journal of Communication* 8: 1765–83.

Thraves. L., (2012), *A Dose of Localism: The Role of Councils in Public Health*, Local Government Information Unit and Westminster Council.

UNECE (2009), *Making Data Meaningful.* Available online: http://www.

unece.org/stats/documents/writing/ (accessed 16 October 2015).

Van Rijmenam (2013), 'TomTom Takes Big Data to the Extreme', 30 January. Available online: https://datafloq.com/read/tomtom-big-data/515 (accessed 1 July 2015).

Ware, C. (2004), *Information Visualisation: Perception for Design*. San Francisco, CA: Morgan Kaufmann.

Weick, K. (1995), *Sensemaking in Organizations*. Thousand Oaks, CA: Sage.

Yau, N. (2013), *Data Points: Visualisation that Means Something*. Indianapolis, IN: John Wiley & Sons.

338 - 339

CHAPTER
17

コラボレーティブサービスを越えて：コモンズとインフラストラクチャリングの問題としてのシェアリングとコラボレーションのためのサービスデザイン

Beyond collaborative services:
Service design for sharing and collaboration as
a matter of commons and infrastructuring

Anna Seravalli and Mette Agger Eriksen

17.1 イントロダクション

コラボレーティブサービスという考え方は、2008年にJegouとManziniによって使われたのが最初である。彼らは、物的資源、知識、そして能力の共有に基づき、供給側とユーザー側がしっかりと結びついたコラボレーションベースのサービスというものが、いかにして私たちの生活様式が環境的、社会的によりサスティナブルな方向へと変遷を遂げていくことをサポートし得るか、を議論する目的でコラボレーティブサービスという言葉や概念を使った。それ以降、シェアリングやコラボレーションによって特徴づけられるサービスに向けられる興味関心は、デザインの分野においてかなり速いスピードで増大してきている。しかしながら、こういったシェアリングやコラボレーションによって特徴づけられるサービスは、どのようにそれらがデザインされるべきかということや、またデザイナーとその他のさまざまなステークホルダー間の共同作業に関する事柄など、多くの課題を必然的に伴っている。この素晴らしく豊かで複雑な世界をうまく渡っていくことを目的とし、我々は、メイカースペースのデザインの事例を参照しながら、コモンズとインフラストラクチャリングという二つの考え方を提示する。取り上げるのは、Fabrikenというシェアをベースにしたコラボレーティブサービスのメイカースペースである。

ここでは、私たちはコモンズの考え方をFabrikenのようなサービスにおける組織の形態と意思決定の仕組みを明確に把握するためのフレームワークとして使うことにする。そして、このフレームワークとしての使用は、このようなサービスが必然的に持ついくつかのチャレンジを強調することにもなるだろう。特に我々は、オープンネスと、そのオープンネスが「パートナー」の存在を通して、どのように扱われ得るか、ということに焦点を当てていく。ここで言う「パートナー」とは、シェアとコラボレーションをサポートする仲介役のことを意味している。参加者／利用者が多様な興味を持っているが、サービスへの参加やその利用にはまだ至ってないような時に「パートナー」は橋渡し役として助けになるだろう。

インフラストラクチャリングに関しては、シェアリングやコラボレーションによって特徴づけられるFabrikenのようなサービスが、どのようにしてそこに関わる人間と非人間の間のアライメントを必要とするのかということや、「利用時間」における「デザインの時間」を超えていく長期的な努力というものに着目しながら、それらのサービスがどのようにデザインされる可能性があるか、ということに関して、特定の解釈を示していく。インフラストラクチャリングは、デザイナーによってのみ牽引されるわけではないが、これらのサービスは、根元的にデザイナーによるアジェンダへの注意深い熟慮を必要とする。

17.2　シェアリングとコラボレーションに サービスデザインはいかに関与するか

シェアやコラボレーションをベースにしたサービスは増えてきている。このような現象を牽引しているのは、営利目的の会社の場合も、非営利団体の場合も、公共のセクターの場合もある。そして、このようなサービスは、当然のことだが、大なり小なり組織的なアレンジメントによって、なんらかの資源のシェアをすることを伴っている。このようなサービスは、コミュニティに対して時間やスキルのシェアを提供するタイムバンク（訳注：提供するサービスに対して対価を払うのではなく、スキルと時間を提供しあうシェアサービスの一種）のようなサービスから、直接的には見知らぬ人たちの間で余っている部屋をシェアできるようにしてくれる Airbnb に至るまで、その規模はさまざまだ。地元のご近所さん同士の間で、というものもあれば、地球規模でのものもある。これらは、知っている人同士の間、もしくは直接的には知らない人同士の間で、実体的な商品や、スペース、能力や時間シェアを可能にする。

　故に、それらのサービスにおいては、シェアの対象となるもの、そしてシェアの方法に膨大な数のバリエーションが存在する。いくつかのケースでは、これらのサービスは、ユーザーを巻き込む、いわゆるボトムアップアプローチによって開発され、発展してきた。この場合、ユーザーは、シェアがどのようにオーガナイズされ、実行されるかを決められる可能性があり、またそれを制御していくことができることになっている。別のケースでは、会社、NGO 団体、公共機関などの第三者機関が、シェアやコラボレーションの有り様に関するルールと手続きを定め、サービスの運営を行っている場合もある。結局のところ、組織の構造やモデル、そして、これらのサービスの目的と成果という観点から見た時には、シェアをベースとしたこれらのコラボレーティブサービスといっても一括りにはできず、いろいろな形がある、ということなのだ。

　サービスデザインの分野では、ソーシャルイノベーションをもたらし得るものとして、これらのサービスに多大な関心を寄せている。なぜなら、シェアとコラボレーションが社会的な関係性を生み出すのに役立ち（それ故にソーシャルサスティナビリティを育み）、そして、物質に支配される割合の少ない経済を促進する（それ故、環境的な負のインパクトを軽減する）と考えられるからだ（Jegou and Manzini 2008; Cipolla and Manzini 2009; Manzini and Staszowski 2013; Selloni 2015）。しかし、昨今のシェアやコラボレーションをベースにしたサービスの発展が明らかにするのは、そのようなサービスは、必ずしもソーシャルイノベーション

につながるものではない、ということだ（Malhotra and Van Alstyne 2014）。そして、それ故に、そういったサービスが本質的に持つ性質への理解を深め、それを正確に捉えるということが必要とされている。

17.2.1　ソーシャルイノベーションを越えた
　　　　　シェアリングとコラボレーション

Jegou と Manzini は、2008 年に出版された彼らの著書『Collaborative Services』の中で、現在では現実のものとなっているシェアをベースにしたコラボレーションサービスの多くを予見していた。例えば、近所で行われるワークショップや、自転車修理、ごく小規模な託児所、コーハウジング（家の共同利用）などである。Jegou と Manzini は、それらを「ローカルなコラボレーションと、相互の助け合いと、共同利用を通して」（ibid.: 25）、よりサスティナブルな社会へ向かっての変遷を力強く後押しすることを通して成し遂げられるであろう手堅い解決策として提示した。

　　シェアをベースにしたコラボレーションサービスの可能性に対するこのような固有の見解は、他の分野においても役立つものである。これらのサービスは、個人の所有権や金銭的な資本（ファイナンシャルキャピタル）よりもむしろ、所有権のシェアや社会的な資産（ソーシャルキャピタル）における実行可能性によって成立している（Hardt and Negri 2009）。それ故、経済的な持続可能性の理論的根拠は、社会的なそれと（Bauwens et al. 2012; Benkler 2006）、倫理的な懸念事項と横付けに据えられている（Arvidsson 2013）。このことが示すのは、シェアをベースにしたコラボレーションサービスは、価値創出の実践とみなされている、ということである。この価値創出のプラクティスでは、利益の第一義的な役割が、社会的な関係性の中心性と物質に支配される割合の少ない経済の推進によって置き換えられるのである。

　　同時に、シェアをベースにしたコラボレーションサービスの事例に見られる最近の発展は、いくつかの懸念を引き起こしてもいる[Note1]。これらを見ると、シェアをベースにしたコラボレーションサービスは、包括的なサスティナビリティに向かってはおらず、むしろ、その逆に見える。それらは、ただ単に、余っているものをマネタイズするリソースマネジメントの一環で、コラボレーションという側面は、マーケティング戦略に過ぎないように見える（Light and Miskelly 2014）。それどころか、もっとひどい場合には、人間関係や信頼というものの商品化を押し進めていることもある（Thrift 2006）。

　　それ故、どのような種類のシェアやコラボレーションが、このようなサービスにおいて効果を発揮するのか、そして、それらはどのようにデザインされるべきな

のか、ということに対して正確に把握する術を探る必要がある。この章では、Fabrikenというシェアをベースにしたコラボレーティブサービスのメイカースペースの事例を示し、これらの二つの重要な課題を論じていくものとする。

17.2.2 シェアリングをベースにした
協働サービスとしてのメイカースペース

メイカースペースという概念は、道具や知識、そしてスキルをシェアすることによって、共に何かを作るという行為や事象、そして、そのような行為や事象が起こる場所やファシリティ（設備）を説明する言葉としてここ数年の間に誕生し、使われるようになってきた（Gershenfeld 2005）。

　　メイカースペースは、名称 [Note2]、組織形態、重きを置いている点に多少の違いはあるが、どれにも共通していることは、参加者／利用者が知識をシェアし、コラボレーションすることによってお互いに学び合う可能性と「もの」の作り方に対して、幅広いアクセス方法を人々に提供している、ということである（Gershenfeld 2005; Gauntlett 2011）。

　　メイカースペースは、シェアをベースにしたコラボレーティブサービスと言えるだろう。このようなスペースシェアリングとコラボレーションにはさまざまな形態があり、それぞれに異なる役割を果たしている。例えば、実際にモノづくりを行う「場」として存在の側面が強い場合もあるし、参加者／利用者が道具をシェアしたり、何かを修理したり、組み立てたりする際にコラボレーションする機会を与える「手段」としての存在の意味合いが強い場合もある。そして、場合によっては、参加者／利用者が日々の運営に直接関わり、施設の運営を行っていることもある（Seravalli 2014）。

17.2.2.1 メイカースペース：Fabriken

この章でこれから使っていく「メイカースペース」という言葉や概念の定義をより明確で定まったものにするため、このセクションでは、スウェーデンのマルメにあるFabrikenというメイカースペースの持ついくつかの特徴を紹介していくことにする。それらの特徴は、シェアをベースとしたコラボレーティブサービスのデザインにおいて、コモンズとインフラストラクチャリングがどのような役割を担うのかについて議論するのに使われるだろう。

　　Fabriken は、STPLN という NGO（非営利団体）によって、これもまたSTPLNという名の建物の中で運営されている。この建物は、ミュージックコンサートからロボット作成、そして、ローラースケートのトレーニングからドロップインのコワーキングオフィスに至るまで、多種多様な草の根的文化活動とイニシアチブを

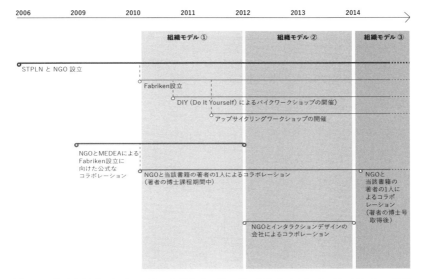

図 17.1 タイムラインとインフラストラクチャリング。このタイムラインは、Fabriken の発展における主なイベントを示している。また、それらのイベントに対して異なる組織モデルがどのように当てはまるか、ということや異なるアクター（関係者）とのコラボレーションに関しても示すものとなっている。

可能にすることを目的としたプラットフォームである。Fabriken は、空間において実現されるイニシアチブの一つで、木工製作のワークショップからテキスタイルのアトリエや電子装置を使った工作を行う数多くの作業所まで含んでいる。Fabriken との関わりの中で、STPLN は、バイクの修理を DIY（do-it-yourself）で行うワークショップや、アップサイクリング（訳注：リサイクルとは異なり、不要になったモノの新しい使い道と価値を創り出すこと）ワークショップの運営も長期的に行っている（詳細は Seravalli 2014）。

　　この NGO は 2006 年から STPLN の設立と運営を積極的に行っている。その間、長きに渡り、さまざまな地方自治体の異なる部門から資金の提供を受けてきた。近年は、文化部門の支援を受けている。2009 年には、この NGO はマルメ大学のリサーチセンターである MEDEA とのコラボレーションを率先して進め、メイカースペースとして Fabriken を生み出した。初期のプランでは、NGO がスペースに関わる日々の業務をこなし、MEDA の協働デザインを専門とするリサーチャーが多様なアクティビティを実行し、さまざまなインハウスでのプロジェクトをサポートするにあたり、スペースのセッティングに関わる、というものであった[Note3]。しか

しながら、このコラボレーションの仕方は、時間の経過と共に変化していった。な
ぜなら、新しい登場人物が現れ、場合によって、その積極性の度合いを変えながら、
違った方法で施設のコラボレーションによる施設の運営に関わるようになったためだ。

　手短に概要を述べると、Fabriken は、いろいろな種類のシェアやコラボレー
ションを、だいたい三つの異なる組織モデルを通してサポートしている。シェアや
コラボレーションの運営と実施に関するこれらのモデルについて、さらに詳しく、
丁寧に述べていくことにする。それ故、Fabriken の事例は、シェアやコラボレーショ
ンの本質と、そのための協働デザインをどのように行うか、またそのような形態の
中でどのように協働デザインを行うか、ということの両方を論じる可能性をもたら
してくれるのだ。

17.3　シェアリングとコラボレーションを
精緻化するフレームワークとしてのコモンズ

Fabriken におけるシェアとコラボレーションを明確に伝える上で、コモンズという
考え方は、とても有効であることが分かっている。コモンズは、「ジョイントのオー
ナーシップやアクセスに関するいくつかの側面を含む、組織と施設のリソースのプー
ル」を意味している（Ostrom et al. 2002: 18）。故に、コモンズは、コラボレーショ
ン型の組織形態の設立を通して、シェアされるリソースを指し示している。我々が
提案するのは、このような考え方は、デザインのアクションを伝えるセオリー（理論）
としてではなく、むしろ、シェアとコラボレーションに関する特質や課題をはっきり
と伝えるためのフレームワークとして、機能し得るのではないか、ということである。

17.3.1　フレームワークとしてのコモンズ

コモンズという用語は、リソースが本質的に持つコモンプールリソース（common-
pool resource）として定義される特性、もしくは、シェア事業体を管理運営する
特定の方法のどちらかを示している。コモンズという用語の持つ曖昧さは、その
研究の始まりと関係している。組織形態としてのコモンズの研究は、湖沼や森林、
漁場などの天然資源のコモンプールリソースを協同的な方法と作法によって管理
している事例を調べることから始まった。協同的な方法と作法での管理とは、つま
り、ステークホルダーが、共同で運営に関わっていきながら、コモンプールリソー
スへのアクセス権を有し、それらを使用することを意味している。コモンズという
考え方は、共有資源を維持し、アクセスし、生成する協業的な組織形態を参照し
ている（ibid.）。共有されるリソースは「共同利用資源」であるかもしれないし、私
的／公的な物資のような、別の種類の物資かもしれない（Hess and Ostrom

2007）。特にOstromと彼女のグループによる研究では、コモンズを目に見えるようにし、合法性を与えることを基本としている（Ostrom 1990）。そしてまた、彼女らの研究は、協同的な機関が行う「共有」の運営が、常に失敗する運命にあるという憶説が誤っているということを、矛盾のない形で明らかにしている（Hardin 1968）。コモンズに関する研究が明確に示すのは、違った種類の資源をシェアとコラボレーションによって管理する場合の可能性と限界である（Rose 1986; Ostrom 1990; Lessig 2002; Benkler 2006; Hess and Ostrom 2007）。コモンズに関する研究は「ニュー・コモンズ」（Hess 2008）という考え方を踏まえながら、シェアをベースとするコラボレーティブサービスの事例調査も行っている。

Ostromと彼女の研究チームは、コミュニティが協力しながら資源の管理を行っている事例を調査することによって、成功しているコモンズに共通するいくつかの特性を見つけだした。事例の中には、コミュニティによる共同管理が100年以上に渡るものもあった（Ostrom 1990, 1999）。Ostromと彼女の研究チームの発見には、シェアされている資源の境界線と、それに対して誰が、どのような条件下でアクセスする権利を有しているか、ということに関する明確な定義が含まれている。シェアのメカニズム（仕組み）は、資源の持つ特性を、特にそれらのメンテナンスに掛かる費用を考慮しながら、地域の状況や諸条件を鑑みて定義されるべきである。もうひとつの大切な側面は、シェアとコラボレーションの実践から生じるニーズとの関係において、メカニズムは参加者の関与次第で変容し得る、ということである。また、外部の権威がこのような可能性を制約しすぎないようにすることも重要なことである。成功しているコモンズは、参加者／利用者の態度や行動をコントロールし、ただでリソースを使う、いわゆるフリーライディングに対しての制裁も行うようなメカニズムを有している。このようなメカニズムは、そのコントロールが参加者／利用者にとって納得できるものであり、制裁が段階的に行われている場合にうまく機能するようである。そこに衝突や緊張が生じる場合には、参加者／利用者が議論の場に容易に介入できる可能性を有しているということも特に大事である。

コモンズという観点からシェアをベースとしたコラボレーティブサービスを考えるということは、「シェアすること」が、どの程度のコラボレーティブな側面を必要とするのかを考慮することを意味している。例えば、つまり、どのような方法で資源にアクセスすることが可能なのか、誰が資源のメンテナンスを行っているのか、誰がシェアのメカニズムを定義しているのか、そして、誰がそのメカニズムに影響を及ぼし得るのか、などということを考慮する必要がある、ということだ。

これらの問いによって可能になることが二つある。まず第一にイニシアチブをはっきりと区別することができるようになる。彼らが資源のマネジメントにのみフォーカスしている団体なのか、それよりもむしろ、コラボレーションの側面を必要とし

ている団体なのか、を見極めることができるのだ。そして、第二にそこで必要とされているコラボレーションの本質を明確にすることができる。この視点で考える時、コモンズに関する研究は、シェアやコラボレーションのためにどのようにデザインを行うかに関する究極の答えを与えるものではなく、それよりもむしろ、シェアとコラボレーションについて熟考し、異なるデザインの可能性や機会を議論するためのフレームワークとして捉え、理解されるべきなのである。

17.3.2　コモンズとしてのFabriken

Fabrikenの中にフレームワークとしてコモンズという考え方を適用することで、スペースにおいて見受けられるいくつかの課題を明確化することができる。そしてまた、シェアをベースとしたコラボレーティブサービスの別の組織モデルに関して、更なる問い掛けの可能性を拓いていくことも可能となる。

　　2011年にFabrikenがオープンし、かなり初期の段階で判明したことがある。それは、実際に機械や空間、能力をシェアするということを考えた時、高度なメンテナンスを必要とするそれらの「資源」は、シェアを妨げる可能性のある多くの重要な課題を孕んでいるということであった。Fabrikenの設備や機材が必要とするのは、途切れることのない経済的な支援と、機械類の修理やメンテナンスへの時間の投資であった。最初の組織モデルでは、コアな利用者（参加者）のグループが機械類を管理し、そして、新しい利用者（参加者）にそれらの正しい使い方を教えるというスタイルだった。しかしながら、この最初の組織モデルでは、間違った利用への罰則やそれを監視する仕組みが欠けていたため、重要な課題が発生した。このことが意味するのは、スペース（ここでは、Fabrikenのこと）からなくなったものや、壊れたりした設備や器具もあった、ということである。主な問題は、設備や器具自体の紛失や損壊ということではなく、最も積極的にFabrikenを利用し、関わってくれていた利用者（参加者）の信頼と関与が、この紛失と損壊という事実によって、脅かされたということである。彼らは、道具類に鍵をかけ始め、新しい仲間を受け入れることにどんどん抵抗を示すようになったのである。

　　これらの問題によって、NGOは、2012年にFabrikenの運営方法における組織モデルを変更するという決断を下した。参加者／利用者ではなく、シェアという行為や現象そのものを管理する技術者を雇うことにしたのだ。この変更は、費用をシェアし、インタラクションデザインを生業とするスタートアップ企業と協業することによって行われた。スタートアップ企業は、これと引き換えに、彼らのビジネス活動を行うのにFabrikenのスペースを利用することができるようになっていた。しかし、この二番目の組織モデルもまた同様に多くの問題をもたらした。それらは、このモデルにおいて、主要な役割を果たすことになった、二つのグループのアクター

が、異なる興味と関心を抱いていることに関連するものであった。つまり、公的な資金によって運営されているNGOは人々の参加を促し、参加者／利用者層を拡大していくことを目標としていたのに対して、スタートアップは、長期的に彼らのコストのいくらかを補填してくれるような、特定のユーザーグループへの活動を提供することの方により大きな関心を寄せていた。この差異によって、スタートアップはその収支をとんとんにすることに苦労していた。この興味関心の多様性は、多くの衝突を生んだ。しかしながら、NGOのマネジャーによっても指摘されていることではあるが、コラボレーションと2番目の組織モデルが、2013年に終わりを迎えたのは、この衝突によるものではない。それは、むしろ、そのような多様性に対処していくこと、そして、両方のグループの興味と関心を包含する組織運営の別の形を見つけようとするための対話の機会を設けることの難しさによるものであった。

　このことは、Ostrom（1999）のコモンズにおいて、参加者／利用者間の衝突に対処するための領域を持っておくことの重要性は、Ostrom（1999）のコモンズ

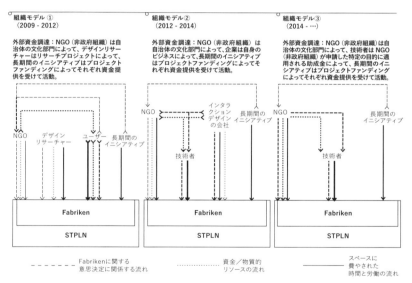

図 17.2 Fabriken の組織モデル。この図が示すのは、Fabriken における3つの組織モデルである。Fabriken に関係する異なるステークホルダーが描かれ、彼らが互いに、そしてまたスペース（空間）とどのように関わっていたかが示されている。それぞれの線は、スペースの運営や資金的、物質的な資源に対してどのような種類の投資が行われたかということ、また意思決定において、誰が、誰に対して影響を及ぼしているかということも示している。線の太さは、投資の大きさや影響のレベルを表している。

に関する調査の結果とも一致している。このような衝突に対処する知識や解決の糸口を持ち合わせていないことが原因でプロフェッショナルな関係のみならず、個人的な関係をも摩耗させるような緊張状態や敵対意識が生じてしまった。どんどんと膨らんでいく疑念や不平不満は、やがてコラボレーションを終焉へと導くのだ（図 17.2）。

17.3.3　コモンズのオープンネス、非対称性、非合意性と向き合う

このことによって、Fabriken では、現行の組織モデルが誕生した。これは、三番目の組織モデルで、スペース、設備、器具の管理とシェアに関して、NGO が完全にコントロールするというやり方だ。それ故、従来の感覚で考えるならば、Fabriken はもはやコモンズではない。参加者／利用者が依然として、スペース、資源、知識をシェアしていたとしても、彼らは、もう、シェアやコラボレーションがどのようにオーガナイズされ、管理されるかに関して関与する可能性を持っていないのだ。コモンズという視点から見た時、Fabriken が直面し続けなければならない大きな課題は、オープンネス（開放性）だ。

　　Ostrom は、成功しているコモンズが持つ二つの事柄について明確な考えを示していた。まず資源がどのようにシェアされるべきかということ、そして次に、コミュニティの参加者がどのように定義される必要があるか、ということだ。これとは対照的に、Fabriken やその他のシェアをベースとしたコラボレーティブサービスの多くは、オープンネスに向けて努力している。ここで言うオープンネスとは、新規の参加を含め、一時的な参加を可能にするモデルを持つことを指している。このことは、参加者／利用者間における信頼関係の構築とシェアのメカニズムに新規参入者をいかに迅速に巻き込むか、という問題だけでなく、コアな参加者がコモンズを去ることになった時、そのことにいかに迅速に対応するか、という問題もまた提起する。

　　一時的な参加は、参加者がすべて同じ方法で寄与する訳ではない、という点において、均整の取れない構造を必要とする（Ostrom 2011）。従来のコモンズは、明確に定義され、安定したコミュニティである。このことが暗に示すのは、コモンズに関する意思決定や、アクセス、そしてマネジメントに関して、参加者は、同等の立場を有するということである。反対にオープンコモンズは、異なるレベルでの関与を必要とするが故に意思決定やアクセス、そしてマネジメントにおける不斉性もまた求めてくるのである。

　　オープンネスもまた参加者間でのコンセンサスがいつも取れる訳ではない可能性を伴っている。Fabriken においても、オープンネスの追求は、結果として参加者のスペースの利用法、興味関心を多様化させる結果となった。

Fabrikenにおける組織モデルの進化は、オープンネスや不斉性、そして異なる興味関心というものが主要なテーマである場合には、従来のコモンズのモデルを当てはめることはできないという事実を示している。このことは、Ostrom（2011）によっても強調されている。とりわけ、Fabrikenや他のシェアをベースとしたコラボレーティブサービスは、自分たちのサービスの提供方法を通して、オープンネスに挑み続けてきた。彼らのこの継続的なチャレンジは、コンセンサスや一時的利用というものを超えて、シェアとコラボレーションを実現していこうとするパートナーの存在によってなされている。Fabrikenにおいては、NGOがその時々でシェアとコラボレーションの管理方法を変えながらこの役割を担ってきた。彼らは意思決定におけるコントロールをますます強めているものの、異なる種類のグループやコミュニティに対してFabrikenを開放していくということも同時に行っている。このことは、シェアをベースとしたコラボレーティブサービスの管理と運営の仕方、そしてパートナーの役割ということについて、熟考することの重要性を問うている。

17.4 シェアとコラボレーションにおける／ ための協働デザインを理解する 手段としてのインフラストラクチャリング

コラボレーティブサービスの誕生を支援する上でのデザイナーの役割を論じる際に、JegouとManziniは「ここで言うデザイナーの役割とは、『実現のための解決策』（2008: 38）をデザインすることによって、前途有望な、成功が期待できる事例の発展に寄与することである」と主張している。「実現のための解決策」は「プロダクトやサービス、そして、コミュニケーションのシステムとして理解されているかもしれない。さらには、それだけに止まらず、コラボレーティブサービスにおけるアクセシビリティと効率性と再現性をより良くしていくことであれば、何でも「実現のための解決策」と捉えられている可能性もある（Meroni and Sangiorgi 2011: 19–20）。

さらにMeroniとSangiorgi（2011）は、コラボレーティブなやり方での問題解決ということに重きが置かれている場合、協働デザインもまた戦略的なアプローチとして典型的な手法となっていることを認めている。彼女たちは、「この視点で捉えた時、デザイナーは多岐に渡る領域の専門家が分野横断的に関わるデザインプロセスにおいて、ファシリテーター的な役割を担うようになってきている。つまり、デザイナーは、人々と組織の間のつながりの構築に力を注ぎ、人々のデザインプロセスへの参加を可能にし、ユーザーを各プロジェクトの中心に据え、プラットフォームとツールを（人々の）プロジェクトへの参画を可能にし、さらにそれを促すべきも

のとしてプラットフォームやツールを定義し、ユーザーをそれぞれのプロジェクトの中心な存在に位置づけているのだ」と述べている（2011: 20）。同様の主張は他にもある。例えば、Selloni（2015）もまた、「プロセスファシリテーター」としてのこのようなデザイナーの役割の変化に対する明確な気づきを得ている。加えて、彼女は、デザイナーがサービスの実行の段階にどのように関わる必要があるか、ということについての指摘もしている。似たような形で、Yu と Sangiorgi は、「協働デザインの各種取り組みがなされるのは、圧倒的にデザインの段階においてである。［…］デザイナーがプロジェクトを去った後、人々は、適切な知識も、サービスを管理する能力もないままに取り残されてしまう」（Yu and Sangiorgi 2014: 201）と論じ、「この限界を超えていくには、ユーザーの知識と、当事者意識と、能力を形成するためのより開かれた、一貫したデザイン戦略が必要とされる」と提案している（ibid.: 201）。

　　結局のところ、我々の見解もこれまで言及してきたさまざまな研究者のそれと一致している。つまり、ファシリテーターやオーガナイザーの役割を果たせるかどうかというのが、シェアやコラボレーションのためのプラットフォームの管理に積極的に携わるパートナーに必要とされる中核的な能力であり、適性なのだ。「the」（サービス）デザイナーは、これまでサービスをデザインする上で責任を負う中心的な存在として認識されてきた（Cipolla and Manzini 2009; Yu and Sangiorgi 2014）が、昨今では、その捉えられ方が別の次元に入ってきている。Fabriken の事例がこれを明らかにしている。（サービス）デザイナーの持つデザインに関する意思決定能力が、多種多様なステークホルダーの中にどのように行き渡っていくべきか、そして、その能力がどのように論じられる必要があるか、ということが、主たる関心事となってきているのだ。我々が、Fabriken の事例から見出すことができる「the」（サービス）デザイナーの周辺にある中心的な議論は、デザインに関する意思決定の能力が、多種多様なステークホルダーの中でどのように行き渡っていくべきか、そして、その能力がどのように議論される必要があるか、ということである。

　　これらのことをより明確に述べていくため、我々はサービスデザインのフィールドに「インフラストラクチャリング」の実践とそのコンセプトを入念に作り上げることを提案する。

17.4.1　インフラストラクチャリングの概観

「インフラストラクチャリング」という概念がサービスデザインのフィールドに登場したのは、最近のことである（Selloni 2015）。しかしながら、いまだサービスデザインのリサーチと実践の中で十分に普及してはいない。これ以降のセクションでは、

「インフラストラクチャリング」のコンセプトに対する私たちの理解を概要的に述べると共に、シェアやコラボレーションに向けた協働デザインの実践を明確化し、さらにそれを発展させていくためにどのように「インフラストラクチャリング」というものを使うことができるのか、を議論していく。

　「インフラストラクチャリング」は、複雑でサスティナブルなシステムやコミュニティ、そして公共に関わるもの——それらはシェアをベースとしたコラボレーティブなサービスに非常に近いものである——をデザインする時に、関わり方における特定の視点や方法を捉えるため、参加型デザイン（Participately Design - PD）の分野において発展してきた概念である（e.g. summarized by Karasti 2014）。「インフォメーション・インフラストラクチャリング」という概念が科学技術関連の研究領域に登場した背景にはインフラストラクチャを「technology artifacts」に関するものと理解するのではなく、むしろ、人間と非人間の社会的、技術的な関係と継続的なアライメントを伴う複雑で、相関的で、実践的な「situated arrangements」であるという捉え方にシフトさせる目的があった、とKarasti（2014）は述べている。

　参加型デザインの文献で言われているように、インフラストラクチャリングは、特定のアクションの発生を認める、人間と非人間のアライメントに関する事柄として理解されている（Björgvinsson et al. 2010; Seravalli 2014）。インフラストラクチャリングがデザイナーによって独占的にコントロールされるのではないという事実を強調しておくことは重要なことである。それは、むしろ、インフラストラクチャリングの場面における異なるアクターたちの間でのインタラクションの中で生まれ、普及したものなのである（Hillgren et al. 2011; Seravalli 2014）。インフラストラクチャリングは、現在進行中のものでもある。つまり、どういう意味かというと、「プロジェクトが終わった」ら止まるというものではなく、むしろ、それは、使用される時間にも続いている、ということだ（Karasti and Syrjänen 2004）。

17.4.2 Fabriken におけるインフラストラクチャリング：共通の アジェンダではあるが、依然としてデザイナーの重要な役割

Fabriken におけるインフラストラクチャリングは、異なるステークホルダーの間で実践的なものとして普及し続けている。プレイヤーとして中心的な役割を果たすのはNGOであるが、参加者／利用者やリサーチャー、機材やお金、そして、異なる興味関心をアライメントすることに継続的な貢献をしてきた物理的な空間そのものさえも、重要な存在なのである。これまで記述してきたように、このことは、異なるシェアやコラボレーションの形態という結果として現れ、それが異なる組織モデルをもたらしたのだ。

　デザイン実践においては、インフラストラクチャリングは、財政的なことや資

源の流動性のみならず、異なる興味関心をとりまとめ、衝突を上手にナビゲートするなど課題に実務的に対処することが求められている。デザインを実践的に行うことにより、何年にも渡る長期のコミットメントには何が必要なのか、ということがかなり明確に示される。そしてまたインフラストラクチャリングは、デザイナーによってのみ単独でコントロールされるものではないことを心に留めておくことも重要だ。Fabrikenにおいて、何かしらの変更を行い、それを日常的かつ実践的なものとして定着させようとした時、いつも必要となってくるのは、交渉と妥協である。そして、この交渉と妥協には、異なるアジェンダが存在していることを理解する能力と、それぞれのアクターの特異性を考慮し、違いに敬意を払いながら、実現可能な配列を提案することができる能力が伴われている必要がある。この視点で捉えた時、インフラストラクチャリングは、常に変容するものであり、断続的にテストされ、再論される可能性を有した、仮の公式であり、開かれた提案であることが必要とされている。

　これまで「スマート」なデザイナーとは、プロジェクトに断続的に関わり、解決策を素早く考え、提示していくものだと考えられてきた。しかし、上記で触れたようなインフラストラクチャリングの特性は、その従来的な考え方に疑問を投げかけるものではないか？　我々は、そんな認識を持っている。なぜなら、インフラストラクチャリングが求めるのは、どのようなコモンズの形態がその地域にふさわしいかなどの地域特有の条件を深く理解することと、お互いに学び合う共創／協働デザインのプロセス（e.g. Eriksen 2012）において、他の関係者のアジェンダを認識し、それに向き合えることを含め、他者とのしっかりとした関わりが結べる能力の両方だからだ。

　「ファシリテーター」（Jegou and Mazini 2008）や「アドヴォケート（提唱者）」（Selloni 2015）という考え方は、シェアをベースとしたコラボレーティブサービスの誕生をサポートする上でのデザイナーの役割を表現する言葉や概念として使われるようになってきている。しかしながら、これらの考え方は、インフラストラクチャリングのアクションの中においては、十分な問題提起を行っていないと我々は考えている。Fabrikenにおいて採用されてきた異なる組織モデルは、多様な興味関心を持つ関係者らの統合の可能性を高めたが、それは、同時に、参加者／利用者がシェアとコラボレーションに関する決断を行う可能性を着実に減らしてきたのである。それ故、NGOが異なる関係者らと交渉をし、妥協をしなければならなかったとしても、スペースにおいてどのようなシェアとコラボレーションが用いられるかを決める上で、NGOの総合的な能力というものは、依然として重要な役割を果たしている。たとえ関係者らにアジェンダが広く行き渡り、共有されたとしても、（サービス）デザイナー自身がインフラストラクチャリングにおける自らのアジェンダとして

認識していることは、依然として大事なことである。デザイナーは、インフラストラクチャに対してどのようなコモンズをフレームワークとして示すべきか、ということについては注意深く考える必要がある。なぜなら、そのことがシェアをベースとしたコラボレーティブサービスの本質を決め、それ故に、このようなサービスの持つソーシャルイノベーションとしての可能性をも決定していくからだ。デザイナーのアジェンダをより明確化していく必要があるだろう。そして、同時に、デザイナーがインフラストラクチャリングにおいてある種の緊張状態などを完全にコントロールできるわけではない、ということもさらなるリサーチを通して、しっかりと調査され、ナビゲートされ、認識されていくことが望まれる。

17.5 結論

シェアをベースとしたコラボレーティブサービスは、広まっている。そして、サービスデザインのフィールドにおいては、そのようなサービスの本質をさらに明確化すること、また、シェアとコラボレーションにとって、またその中で、どのように協働デザインができるのかを議論すること、この両方が必要とされている。この章では、二つのことを述べてきた。一つめは、シェアをベースとしたコラボレーティブなサービスの本質をはっきりさせることを目的として語られたフレームワークとしてコモンズ。二つめは、協働デザインにおけるインフラストラクチャリングの概念についてである。この章ではこれらのコンセプトを、スウェーデンのメイカースペースであるFabrikenの事例と関連付けながら議論してきた。Fabrikenはこれらのコンセプトを説明に適していただけではなく、今後もさらなるリサーチと議論が必要な幾つかの事柄に光明を投じるという意味でも良い事例であったと言えよう。

　　コモンズのフレームワークは、シェアやコラボレーションがどのようにオーガナイズされ、誰がそのコントロールをし、それらに対する意思決定を行うのかを論じることを可能にする。それは、コンセンサスに基づかない、不均整なものであるオープンコモンズの実現可能性をさらに探る必要性を考えるきっかけにもなっている。オープンコモンズにおける長期的なサスティナビリティにとってどのような組織モデルが有効に作用し得るか？　シェアやコラボレーションを仲介し得るパートナーの役割をどのように問題提起し、論じていくのか？

　　この章では、シェアとコラボレーションを人間と非人間のアクターたちを一直線上に並べるものとして捉え、インフラストラクチャリングの概念を参照しながら、協働デザインというものについて考えてきた。このようなアライメントは、関わっている者たちの特定の興味関心に拠っているので、デザイナーには、交渉と歩み寄りを行う能力が必要とされる。インフラストラクチャリングは、デザイナーによっ

てのみコントロールされるものではないものの、デザイナーのアジェンダが、シェアをベースとしたコラボレーティブなサービスの本質を決定づけていく中心的な役割を担っているのもまた事実である。それ故、デザイナーとその他のアクターたちのアジェンダを、いかにして認識し、明確化するのか、また、これらのアジェンダがインフラストラクチャリングの中でどのような影響を与え、どのように機能するのか、といったようなことに対してさらなる研究と調査が必要とされる。

最後にまとめておきたいと思う。我々は、サービスデザイン関連のリサーチを発展させていくことを念頭に置きながら、部分的ではあったかもしれないが、Fabriken の事例を通して、コモンズとインフラストラクチャリングのコンセプトについてここまで考えてきた。この過程で我々が見出し、訴えたことは、シェアをベースとしたコラボレーティブサービスを生み出し、運営していくことに関わる（サービス）デザイナーとその他のステークホルダーのアジェンダが明確化され、デザインや実施の運営に反映されることへのニーズが確実にある、ということである。なぜなら、そういったアジェンダが、シェアをベースとしたコラボレーティブサービスがソーシャルイノベーションを体現するか否か、また体現するのであればそれはどの程度の体現なのかを決定づける、重要な役割を担うからである。

Acknowledgement

この章で示された調査結果や研究知見は、スウェーデンのマルメ大学内に設置された Collaborative Media Initiative である Malmö Living Lab Fabriken（MEDEA – Collaborative Media Initiative）の活動の一環として、2010 年から2014 年の間のSTPLN のプロジェクトに参加していた人々やイニシアチブとの緊密な協力関係の下に得られ、磨かれてきたものである。この章は、新しい管理形態であるSTPLN のようなアーバンラボの調査と研究を行うJPI Urban Europe project URB@EXP（2014–17）のフレーム中で書かれたものである。

Notes

1　例えば、Airbnb は、本来であれば、支払うべき税金を納めることなく、不動産を貸し出す機会を人々に与えている、という意味で強い批判を受けている。幾つかの都市では、不動産の所有者が地元の住民よりもむしろ、観光客に部屋を提供し始めたため、Airbnbのプラットフォームの利用を規制し、制限することを余儀なくされている。http://www.spiegel.de/international/business/berlin-to-penalize-short-term-rental-companies-like-airbnb-in-fall-a-916416.html （accessed 29 October 2016）

2　メイカースペースは、ファブラボやハッカーズスペースと呼ばれることもある。これらは、それぞれにワークショップの目的や着眼点、また組織の形態が若干異なっている。ここでいうメーカースペースとは、Smith et al （2013）によって提案された包括的なコンセプトのことを指している。

3　この章の著者の1人は、 2010年よりFabrikenに協働デザインのリサーチャーとして参加し、スペースの運営をモニターしたり、実施に関わっている。彼女は、さまざまな役割を担い、多様な活動に関わることになるだろうと考えていた。実際、協働デザインやアップサイクリングのワークショップの企画や運営、メーカースペースの立ち上げに至るまで行い、それ以外にもさまざまなイベントやアクティビティに携わった。2013年、研究資金の変更によって、彼女の役割は周辺的なものへと変化し、スペースやホストされるイニシアティブがどのように進歩したかのモニターを行うようになった。

4　コモンズの研究において、パートナーとしての国や政府がどうあるべきか、という考え方は、社会的価値の創造のため、コモンズを作り、運営することにおいて、市民をサポートする上で、公的な機関がどのような役割を担い得るか、と議論する方法として発達してきている。

References

Arvidsson, A. (2013), 'The Potential of Consumer Publics', *Ephemera: Theory & Politics in Organization* 13 (2): 367–91.

Bauwens, M., Mendoza, N. and Iacomella, F. (2012), 'Synthetic Overview of the Collaborative Economy'. Available online http://p2pfoundation.net/Synthetic_Overview_of_the_Collaborative_Economy (accessed 29 April 2016).

Benkler, Y. (2006), *The Wealth of Networks: How Social Production Transforms Markets and Freedom*, New Haven: Yale University Press.

Björgvinsson, E., Ehn, P. and Hillgren, P-A. (2010), 'Participatory Design and Democratizing Innovation' *ACM Proceedings of the 11th Biennial Participatory Design Conference* 1: 41–50.

Cipolla, C. and Manzini, E. (2009), 'Relational Services', *Knowledge, Technology & Policy* 22 (1): 45–50.

Eriksen, M. Agger (2012), *Material Matters in Co-designing – Formatting & Staging with Participating Materials in Co-design Projects, Events & Situations*, PhD dissertation. Malmö: Malmö University Press.

Gauntlett, D. (2010), *Making is Connecting*. Cambridge: Polity.

Gershenfeld, N. A. (2005), *Fab: The Coming Revolution on your Desktop– From Personal Computers to Personal Fabrication*. New York: Basic Books.

Hardt, M. and Negri, A. (2009), *Commonwealth*. Harvard: Harvard University Press.

Hess, C. (2008), 'Mapping the New Commons.' Paper presented at The Twelfth Biennial Conference of the International Association for the Study of the Commons, Cheltenham, UK, 14–18 July.

Hess, C. and Ostrom, E. (eds) (2007), *Understanding Knowledge as a Commons*. Cambridge, Ma: MIT Press.

Hillgren, P-A., Seravalli, A. and Emilson, A. (2011), 'Prototyping and Infrastructuring in Design for Social Innovation', *CoDesign* 7 (3-4): 169–83.

Lessig, L. (2002), *The Future of Ideas: The Fate of the Commons in a Connected World*. New York: Random House Digital, Inc.

Light, A. and Miskelly, C. (2014), *Design for Sharing*. Working paper. Available online: http://www.fccrnet.org/wp-content/uploads/2014/11/design-for-sharing-webversion.pdf (accessed 29 April 2016).

Jegou, F. and Manzini, E. (2008), *Collaborative Services: Social Innovation and Design for Sustainability*. Milano: Poli.design Edizioni.

Karasti, H. (2014), 'Infrastructuring in Participatory Design', *ACM Proceedings of the 13th Participatory Design Conference: Research Papers*, 1: 141–50.

Karasti, H. and Syrjänen, A. L. (2004), 'Artful Infrastructuring in Two Cases of Community PD' ACM *Proceedings of the eighth conference on Participatory Design: Artful Integration: Interweaving Media, Materials and Practices*, 1: 20–30.

Malhotra, A. and Van Alstyne, M. (2014), 'The dark side of the sharing economy ⋯ and how to lighten it', *Communications of the ACM*, 57 (11): 24–7.

Manzini, E. and Staszowski, E. (2013), *Public and Collaborative: Exploring the Intersection of Design, Social Innovation and Public Policy*, DESIS Network.

Meroni, A. and Sangiorgi, D. (2011), *Design for Services* Aldershot: Gower.

Orsi, C. (2009), 'Knowledge-based Society, Peer Production and the Common Good', *Capital & Class* 33 (1): 31–51.

Ostrom, E. (1990), *Governing the Commons: The Evolution of Institutions for Collective Action*. New York: Cambridge University Press.

Ostrom, E. (1999), 'Design Principles and Threats to Sustainable Organizations that Manage Commons'. Available online: http://www.fid-america.cl/actividades/ conferencias/oec/ostroing.html (accessed 29 April 2016).

Ostrom, E. (2011), 'Background on the Institutional Analysis and Development Framework', *Policy Studies Journal* 39 (1): 7–27.

Ostrom, E., Dietz, T., Dolšak, N., Stern, P.C., Stonich, S. and Weber, E. (eds) (2002), *The Drama of the Commons*, Committee on the Human Dimensions of Global Change Washington, DC: National Research Council, National Academy Press.

Rose, C. (1986), 'The Comedy of the Commons: Custom, Commerce, and Inherently Public Property', *The University of Chicago Law Review* 53 (3): 711–81.

Selloni, D. (2015), 'Design for Public-interest Services', PHD dissertation.

Milan: Politecnico of Milan.

Seravalli, A. (2014), *Making Commons (Attempts at Composing Prospects in the Opening of Production)*, PhD dissertation. Malmö: Malmö University Press.

Smith, A., Hielscher, S. D., Soderberg, J., and Oost, E. van (2013), *Grassroots Digital Fabrication and Makerspaces: Reconfiguring, Relocating and Recalibrating Innovation?*, SPRU Working Paper Series, University of Sussex. Available online: http://sro.sussex.ac.uk/49317/ (accessed 29 April 2016).

Thrift, N. (2006), 'Re-inventing Invention: New Tendencies in Capitalist Commodification', *Economy and Society* 35 (02): 279–306.

Yu, E. and Sangiorgi, D. (2014), 'Service Design as an Approach to New Service Development: Reflections and Futures Studies.' Paper presented at ServDes. 2014, Fourth Service Design and Innovation Conference 'Service Futures', Lancaster UK, 9–11 April 2014.

360 — 361

CHAPTER
18

結びに
Conclusions

Daniela Sangiorgi and Alison Prendiville

本書の編纂はイギリスのサービスデザイン研究の地図を作ることを目指し、新興テーマの入念な推敲から開始された。この発展途上のフィールドの新たな像を描くために、さらに成果事例を選出し、それを元に独自のトピック群を開発する必要があった。依然として本書のランドスケープが不完全なことは自覚している。東アジアもしくはアメリカのような地域で行われている研究は含まれておらず、また、サービスデザインの領域とされる境界は依然明瞭ではなく、解釈もオープンだ。本書ができあがるにつれ、もともとの意図であるサービスデザインの「Key Issues and New directions」をマッピングすることから、我々の意思はより遠くへ、サービスデザインをどのように捉えるかを試行し、再定義するために、これらのインプットを実際に使うことを必要と感じるようになった。我々の考慮する再定義の必要性、それは、領域上の言説とサービスとデザインの理解の結果、それはサービスデザインの実践を超えるものであり、もっと高次元の枠組みとして機能するものだ。それはサービスがどのように示され現代社会で共創されるかの結果であるが、全く異なった位相と文脈に触れ、デザイン実践を別の領域と関心領域に導く。イントロダクションにおいて、我々はサービスデザインを発展させる主因として四つの論旨を提起した。まずデザインとは、サービスとは何か、という概念の進化と理解の進展について。次にサービス開発と実施におけるデザインの影響と貢献を評価測定することへの社会的要請の増加について。第三にノンデザイナーによるデザイン技能とアプローチへの適用の関心の高まりについて。そして最後に、サービスのためのデザイン実践活動に影響を与える境界領域の開発についてである。これらの論旨はそれぞれの章が形作る対話の中にあらわれ「サービスのためのデザイン行為」と我々が呼ぶサービスデザインについて、異なった様相を形作る複層的な観点を織りなしている。

　MeroniとSangiorgiの前の出版（2011）においては、発展途上のサービスデザインのフィールドのデザインとリサーチのプロジェクトの事例のマッピングから始まり、四つの主要な介入区域の定義を実施し、サービスデザインの現場で取り扱うオブジェクトの複雑性の増大という課題提起、サービスインタラクションからサービス組織、サービスモデル、サービスの未来へのシフトなどについて述べた。この書籍において、著者はサービスを「前もって決定することが不可能な、複雑かつ相互関係的な存在である」として、サービスのためのデザインという言葉について詳述を行った。この時点においてすでに、サービスイノベーションにおいてデザイナーが異なった貢献をできる／できないこと、その限界について認める、という（サービスデザイン）実践への理解の進展が示されている。結論において書籍では現代社会における対話性と創造力の可能性の高まりがいかに共創の概念を前景化するかを強調し、サービスを考えるということをいっそう協働的かつ創造的な

社会を発展させる手段として提示し、そしてデザイナーの変革的な役割と変化への貢献について言及している。

　本書の内容は、そのさらに一歩先の提案だ。本書の『デザイニング・フォー・サービス』というタイトルは、さまざまな意味解釈を包含するサービスデザインに接近し考察する上で、微妙な、しかし大きな変革を言い表している。「デザイン」のかわりに「デザインする」という言葉を用いるこの選択の核心には、文脈への自覚と繊細さに対する明白な要求と必要性がある。関与している間に影響を与えられる進行中の活動に参加してデザイナーが「デザインする」時、焦点は変化できる、変化している文脈へと必然的にシフトする。それはもはやユーザー空間にとどまらず組織とバリューネットワークへと拡大する。またデザインするという行いは継続的なものだ。必然的にプロジェクトブリーフについて交渉したり、特定のアウトプットや成果物を作っている時にだけでなく、その事前と事後の存在をデザイナーとデザインチームに意識させ、言及し参照させる。この敏感な文脈への感覚はまた「デザイナー」から「デザインする」ことへのシフトの提起だ。デザイナーが個人の実践者として何をできるのか、ということを関心ごとの中央から外し、日々変化と適応に取り組む人々の共同体における成果とやり取りを前景化する。本書の全体を通して示されたコンテクストと提案にはこの「文脈的敏感」さを一様に見ることができる。例えば Sabine Junginger と Stuart Bailey は「デザイン遺産」の概念について「プレテクスト」と同様に、存在前のイノベーション実践を理解し関与することの重要性を指摘している。Jeanette Blomberg と Lucy Kimbell は異なった一時性をデザインすることの一部として認めることの必要性を「デザイナーがもはや積極的な参加者としてサービスを規定したり、成果への責任のある存在ではない時に、われわれはどのように変化のためにデザインができるだろうか」と問うている。Daniela Sangiorgi、Alison Prendiville と Jeyon Jung はデザイナーの貢献の事前に、最中に、そして後に何が起こるのかを考えること、そしてイノベーション開発に影響を与える文脈上の要因（イノベーション決定要素）の膨大さを考慮に入れることにより、サービスデザインのスペースを拡張することの必要性を提起している。Stefan Holmlid、Katarina Wetter-Edman と Bo Edvardsson は、デザイナーの活動をサービス開発のリニアな理解を捨て、組織の中のリソースをより文脈的で適正な配置のため、再設定し統合する支援の一つとして記述している。ここで「デザインはただサービス開発のプロジェクト活動や実践としてではなく、サービスにおいて進行中の活動と同様に、サービスを実行へ導くための変化と再構成プロセスの活動であると捉えるべきだ」と述べられている。Carla Cipolla と Javier Reynoso は低収入の共同体において彼らの力とリソースを構築する仕事を通して、文化的次元の理解の重要性について強調している。Anna Serravalli と Mette

結びに

Agge Eriksenはデザイナーを組織内の実行中のプロセスにおける異なったアジェンダを揃えることに貢献するものと捉え、「インフラストラクチャリング」という用語で記述している。「インフラストラクチャリング」を起こすためには「特定の地域の状態への深い理解の進展（例えばどのような一般理解が可能か）と同時に、他者を共創 - 協創デザインプロセスへの相互学習に参画させる能力が必要」だ。

　　サービスをデザインするために文脈認識アプローチを開発することは、デザインすることの隠れた、間接的な関与についての正当な評価と敏感さへも帰結する。これは例えば、第8章での（デザイナーの）参与についての倫理と力学に関しての議論で、代表性を伴う実践において一定の内省や柔軟性が伴っていない場合の形式化や操作のリスクとして記述されている。同様のことが第6章において「（デザイナーのより広範な説明責任は）ものごとを取り行う特定の方法を可能にする特定の種類のインフラに依存する見えない労働者をも含むかもしれない」として言及されている。セカンドエコノミーについての考察（第15章）においても、デザイナーが「ほとんどデザインすることに関われず、綿密な調査、批判、変化のための能力を持っていない」隠されたデジタルアルゴリズムについて盲目的に頼ることの意味を理解する難しさに着目する、という観点で論議が呈されている。同様に、第16章ではビッグデータに対するデザインの影響について探索する際に、「根本的なデジタル概念［…］がプライバシーの問題、価値と信頼が明示的に考慮されて、そして全体プロセスを通してデザインされる」ことを課題化することの重要性に触れている。

　　単数形の用語としての「サービス」はビジネスロジックとしてのサービスの記述と一致する一方で、市場の要請に応えて製品およびサービスの間の区別を越えた価値共同創造のために考え、デザインするべき方法を示すものとしても選択される。「サービス」という用語は進行中のプロセスにおけるより良い価値共創のために、いかにビジネスとビジネスに関わるリソースを連携させ、再構成させるかの着眼点（Focus）と重要性を提起する。この整理と再構成のプロセスはますます変革的なものとなり、特定のアウトプットの開発よりも継続的な変化のためのプロセスとデザインする間の学習が重要な焦点となる。同じく第2章で述べているように、この変革への関心はデザイナーとクライアント組織の間の異なった新たな関係への移行を暗示しており、それは、いっそうコラボレーティブで、新しいものとなるだろう。もしこれを、変化する進行中のプロセスにフォーカスし、デザイナーあるいは「チェンジエージェント」を変革的プロセスに携わる異なったアクターの1人と捉える「組織開発理論」と比較するならば、我々は組織における異なったリデザインサイクルのアイデア（Van Aken 2007）に言及すべきだろう。Van Aken は2007年に異なる段階を含むことに特徴づけられる「計画的変革」のプロセスについて記述している。

リデザイン（再設計）は最初一段階目は主にチェンジエージェントにより率いられ、続いて、直接のステークホルダーに彼ら自身の役目、戦略とプロセスを割り当てる一連のリデザインの二段階目へと必ず続く。このセルフデザインともいえるプロセスは三段階目の「能力発揮のための学習」といわれる段階に進む（p. 76）。この段階は、さまざまなアクターが新しい状況設定においてどのように業務を遂行するかを学ぶが、より大きい調整からだんだん小さい調節に進んでいく、比較的長いプロセスとなるかもしれない。ここに至り、元来計画されたものと異なる形であろうと思われるが、目指した変革の成果があらわれ始める。ここでもサービスをデザインすることは続き、そして若干の検討を要する。この進行プロセスの認識が、目的とした変更の「提示」から離れ、変革プロセスを強調する学習プロセスにシフトするというVan Aken（2007）の記述に同意する。そしてデザイナーは、ある1人のデザイナーから、アクティブにプロセスに参画し変化を制定する「フェローデザイナー」になる。

　このサービスデザインに関する観点の再定義は、用語と意味の再考を指向した前段の仕事を理解、統合している。Lucy Kimbell（2011）は「サービスのためのデザイン」という言葉を「社会 - 物質を形作る新しい種類の多様なアクターの間の価値関係を作ることを目指す探索のプロセス」（p. 41）として述べている彼女の記述において、デザイナーは「モノとサービスの区別が重要でない」サービス（p. 49）の設計のための構成主義的アプローチを採る。Blomberg と Darrah（2015a, 2015b）は私たちがサービス世界にどう生きているか、サービスがどのように社会生活に関わっているかということを思い起こさせる。それは、意図の限界を制限し、デザインオブジェクトとして定義するものだ。同様にデザインは社会環境に埋め込まれるものであり、デザイナーがサービス世界に介入する手段に影響を与え、この職業におけるオープンネスと謙虚さを要求するものとして記述される。最終的に、継続的な行為としてのデザイン活動 - デザインプロジェクトの始まる前、遂行中の継続、そして事後 - という考え方は「デザインの後のデザイン」や「実用におけるデザイン」という言葉と共に参加型デザインの活動後の記述として知らられる。

　我々は本書をこれらの観点をもとに構成し、この領域における実践的関与とは何かを反映する。一つの関与は、いかにサービスデザインについての調査を行うか、ということだ。我々の調査における主要な関心は、主にデザインツールやメソッドとデザイナーの実践と新奇性あるより良いサービス提供と体験を考え出すデザイナーの能力に主な関心を寄せたリサーチという観点から、「デザインすること」への調査という形式へと移行している。それは、デザイナーにだけよるものではないイノベーション実践であり、またイノベーションにアプローチする様式としてのサービスにおいて支援開発されるものであり、そして領域横断かつマルチアクター

結びに

の努力としてのサービスのためのデザインにおいて行われるものだ。サービスデザインの文脈的研究をすること、異なる領域、組織、デザインスタジオやプロジェクト、より広範なシステムの影響とその他のアクターの間の重要な相違や、それと同様にデザインすることが包含する日々の微妙な力学とインタラクションを理解することにより、異なった段階の深さのリサーチと、他の研究領域とのこれまでと違った対話を可能とする。

　　言い換えれば「サービスのためにデザインする」ことはデザイナーの仕事を進行中の変化と転換の努力への意識的な参加とコラボレーションとして、もしくは、人々の生活と社会を全体としてより良く支援することを可能とするソリューションを共創すること目的とした、既存のコミュニティにおける実践に統合、開発、実装されるイノベーションへのアプローチとして提示される。ここでの問いは、こうだ。これらの複雑なイノベーション要素を通訳し連携させ、より継続的な変革のために、どうすればデザイナーはより共感的なアプローチを開発できるのか。サービスデザインとは何で、何ができるのか、というコミュニケーションを助けるために、我々はこれ以上の言語の用法を付け加えることはもはや必要ではないことを自覚している。この「サービスのためのデザイン行為」という主題は、しかし、新たな対話のために有用でもある。我々はこの実践における観点の変化を指し示し、我々の意見では、いかに境界領域を反映するか、その開発と役割をいかに反映できるかをより成熟させる、異なったレンズ（視点）を表している。

366－367

References

Blomberg, J. and Darrah, C. (2015a), *An Anthropology of Services. Toward a practice approach to Designing Services*. San Rafael: Morgan & Claypool Publishers.

Blomberg, J. and Darrah, C. (2015b), 'Towards an Anthropology of Services,' *The Design Journal: An International Journal for All Aspects of Design* 18 (2): 171–92.

Ehn, P. (2008), 'Participation in Design Things,' *Proceedings of the 10th Anniversary Conference on Participatory Design*, 92–101. Bloomington, USA.

Kimbell, L. (2011), 'Designing for Service as One Way of Designing Services,' *International Journal of Design* 5 (2): 41–52.

Meroni, A. and Sangiorgi, D. (2011), *Design for Services*. Aldershot: Gower.

Van Aken, J. E. (2007), 'Design Science and Organization Development Interventions: Aligning Business and Humanistic Values', *The Journal of Applied Behavioral Science* 43 (1): 67–88.

索引
Index

■ 英数字

BoP ……… 222-223, 230-235
  地域固有のサービス ……… 234
  低所得者コミュニティ ……… 220-235
  地域固有のサービス ……… 225
EBCD ▶共創／体験に基づく共創デザイン
NSD ▶新規サービス開発
PAR ▶参加／参加型アクションリサーチ
PSS ▶プロダクトサービスシステム
Touchpoint ……… 247
VCS (Voluntary Community Sector)
  ……… 201, 200-212

■ あ行

医療サービス ……… 180, 182, 189
  医療の品質向上 ……… 183
インフラストラクチャリング ……… 100, 127, 180,
182, 209, 211, 341, 351, 354, 355, 356
エンパワー▶力を与える も参照
  解放とエンパワーメント ……… 90
  活力を与える ……… 328

■ か行

共創 ……… 92, 151, 333,
  価値の共創 ……… 95
  価値の共創システム ……… 132, 139, 140
協働デザイン ……… 97, 160, 161, 164, 178
  体験に基づく協働デザイン（EBCD）
  ……… 127, 184
  ファシリテーターとしてのデザイナー
  ……… 98, 351-354
コラボレーティブサービス ……… 211, 257,
342-343
  シェアをベースにしたコラボレーション
  サービス ……… 340-356
  コモンズ ……… 211, 341, 346, 355, 357

■ さ行

サービス ……… 32, 34, 59, 76, 92, 95, 137, 139,
147, 148, 155, 204, 221, 246, 248, 279, 293,
295, 296, 333, 363
サービスイノベーション ……… 55, 67, 155-156,
290, 307, 321, 329, 333, 363
サービスインタラクション ……… 32, 321, 363
  サービスインターフェース ……… 32, 57, 247
  サービスエンカウンター ……… 35, 126, 132,
  135, 136, 140, 226, 247, 251
  タッチポイント ……… 33, 57, 93, 95, 132,
  134, 136, 182, 250
サービスシステム ……… 34, 90, 92, 97, 98, 101,
102
  サービスエコシステム ……… 89, 92, 94, 95,
  98, 101, 102, 134, 309
  複雑なサービスシステム ……… 89
  サービスプラットフォーム ……… 94, 96, 98,
  102
  バリューネットワーク ……… 89, 91, 92, 95,
  97, 98, 101, 364
サービスデザインエージェンシー ……… 33, 37,
120, 121
  サービスデザインコンサルティング ………
  108-121
参加 ……… 98, 160-171, 207, 366
  一時的な参加 ……… 350
  参加型アクションリサーチ（PAR）……… 127,
  179, 180, 183, 185, 186, 188 189
  参加型デザイン ……… 32, 36, 98, 130, 135,
  161, 366
  ユーザー参加 ……… 96, 101, 102
システム理論 ……… 89, 98
社会 - 物質の構成配置 ……… 35, 126, 132, 135,
141, 286, 366
社会文化的配置というレンズ ……… 38, 136
  社会文化的な資質 ……… 228, 229, 232
新規サービス開発（NSD）……… 35, 53,
56-68,146-156
人類学 ……… 59, 162, 225
政策立案におけるサービスデザイン ……… 264-278

政策立案 ……………………………… 265, 327
セカンドエコノミー ……………………… 304-319
センスメイキング …… 220, 223-224, 233-234,
241, 247, 325-334, 334
ソーシャルイノベーション ……………… 40, 183, 204,
208, 211, 221-222, 226, 234, 241, 342,
355-356
　社会事業 ……………………………… 203, 246
　ソーシャルイノベーションジャーニー ………
　240-258
組織
　組織の創造性 …………………… 180, 188, 189
　コンテクスト ……………………… 73, 82, 85
　プレテクスト ………………… 73, 75, 79, 81, 84

■ た行
代表／表現※1 ………………………… 160-171
　ビジュアル制作 ……………………………… 62
　代表権 ………………………………… 168, 170
　代表性 ……………………………………… 167
　表現 …………………………………… 113, 162
力※2 ………………………………… 155, 205, 278
　権限 ………………………………………… 165
　権限委譲 …………………………………… 98, 182
　権力 ……………………………………… 97-98, 163
　権力構造 …………………………………… 98, 165
　力関係 ……………………………………… 126
　力学 ……………………………………… 365
力を与える※3 ……………………………… 179, 333
　人々を力づけること …………………………… 242
デザイン遺産 ……………………………………… 364
　デザイン上の通例 ……………………………… 62
デザイン思考 …… 73, 74, 109, 201, 242, 270,
272, 277
デザインすること／デザイン行為 …… 36, 68,
72-85, 78, 137, 153, 154, 179, 351
　サービスのためのデザイン …… 363, 366
デザインの後のデザイン …………………… 366
　利用状況の中のデザイン …… 100, 366

デジタル技術によって可能になったサービス
　………………………………………………… 305
　デジタルワークフォース …………… 306, 314
ドミナントロジック
　グッズドミナントロジック ………… 35, 55
　サービスドミナントロジック ……… 35, 76,
　147, 150
　サービスロジック ……… 35, 126, 147, 150,
　155

■ な行
内省 …………………………………… 162, 165, 365
人間中心デザイン ………………… 31, 266, 280
ノンデザイナー ……… 38, 77, 84, 179, 184, 191

■ は行
ビッグデータ …………………………… 92, 320-334
　オープンデータ ……………………… 324, 327
　自己定量化（ライフロギング）‥ 322, 324
ピラミッドの底辺 ▶ BoP
プロダクトサービスシステム（PSS）……… 209,
245, 288-300
　プロダクトのサービサビリティ ……… 298

■ ら行
ランダム化比較試験 …………………………… 180
リソース統合 …………… 96, 102, 150, 151
　リソース統合の構成（配置）…… 152, 153,
　155

※1 原著では representation
※2 原著では power
※3 原著では empower

これらのキーワードは、原著では同一ですが、本書内
では文脈によって単語を変えて訳出しているものです。

スタッフプロフィール
Staff profiles

赤羽 太郎
監修および、第1章、第18章翻訳を担当。
国際基督教大学人文科学科卒。株式会社コンセント サービスデザインチーム責任者。シニアサービスデザイナー。コンセントにおけるサービスデザインチームの立ち上げを行い、顧客視点での新規サービス事業開発や体験デザイン、またそれを生み出す組織やプロセスを作るデザイン活動に従事し、プロジェクトリードを務める。また、サービスデザインの普及啓蒙を目指す国際組織 Service Design Network の日本事務局運営者でもある。
UX やサービスデザイン関連セミナー登壇や国内外での Service Design Network の活動のほか、NPO法人 人間中心設計推進機構（HCD-net）の UX 関連書籍の翻訳チームに参加しており、共訳書に『サービスデザイン ユーザーエクスペリエンスから事業戦略をデザインする』『SF で学ぶインターフェースデザイン アイデアと想像力を鍛えあげるための 141 のレッスン』（ともに丸善出版）など。
HCD-net 認定 人間中心設計専門家。

五十嵐 佳奈
第1部、第2章〜5章を担当。
日本大学芸術学部文芸学科卒。学芸員資格保有。産業技術大学院大学 履修証明プログラム人間中心デザイン修了。ゼロベース株式会社所属。
事業会社と受託会社両方の立場から、Web サービスやアプリケーションのユーザーリサーチとデザインを経験。現在は新規事業の立ち上げ支援から組織開発まで携わっている。また、防災や地方創生といった社会課題、伝統文化など幅広いワークショップを設計・実施。
サービスに関わる全ての人と社会が、よりよい一歩を踏み出せるデザインを目指している。

玉田 桃子
第4部、第14章〜17章を担当。
ラフバラ大学（英国）School of the Arts & Design School 博士課程在籍。明治学院大学社会学部社会学科卒。株式会社サザビーリーグ、郵船ロジスティクス、東京ベイ舞浜ホテル等を経て渡英。ロンドン芸術大学（UAL）セントラル・セイント・

マーティンズ（CSM）にてイノベーション・マネジメントの修士号（MA Innovation Management）を取得。

サービスデザイン領域の研究においては、サービスのオペレーション現場での実務経験に基づいた問題意識と視点を織り込むことを大切にしている。日本のサービスの歴史やその他の文化圏との比較等どちらかと言えば、概念よりの研究を得意としている。

日本では、共創型サービスデザインファームである株式会社グラグリッドのサポートメンバーとして活動する他、一橋大学等さまざまな学術機関の研究者との共同プロジェクトなどに関わっている。

山崎 真湖人

第2部、第6章〜9章を担当。

慶應義塾大学大学院システムデザイン・マネジメント研究科 特任助教。東北大学文学研究科 博士前期2年課程修了（心理学）、慶應義塾大学大学院システムデザイン・マネジメント研究科 修士課程修了（SDM学）。 株式会社リコー、アドビシステムズ株式会社、株式会社ziba tokyo、株式会社NTTデータにおいて、ソフトウェア研究開発、人間中心設計の社内展開、ユーザーリサーチ、サービスデザイン、新規製品・サービスの検討などを経験。2018年10月より現職にてシステムズエンジニアリングを応用した発想・思考支援手法の研究を行う。フリーランスデザインリサーチャーとしてもさまざまな企業の新規事業開発支援（実践、教育）を行ったり、サービスデザインに関する研究プロジェクトに参加したりしている。

DESIGNING FOR SERVICE

デザイニング・フォー・サービス
"デザイン行為"を再定義する16の課題と未来への提言

2019年4月19日 第1版第1刷発行

編	ダニエラ・サンジョルジ
	アリソン・プレンディヴィル
監修	赤羽 太郎
翻訳	五十嵐 佳奈
	玉田 桃子
	山崎 真湖人
翻訳協力	的野 裕子
発行者	古賀 一孝
発行所	株式会社サウザンブックス社
	〒151-0053 東京都渋谷区代々木2丁目30-4
	http://thousandsofbooks.jp
装丁・本文デザイン	小山田 那由他(株式会社コンセント)
DTP	小山田 那由他(株式会社コンセント)、南 成美
編集	宮崎 綾子
印刷・製本	シナノ印刷株式会社

Special Thanks　株式会社コンセント サービスデザインチーム、株式会社インフォバーン、
株式会社ニューロマジック、株式会社リクルートテクノロジーズ、
株式会社インクワイア、Service Design Network(SDN)日本支部、
東郷 源(バンソウ)、NEC 安 浩子(Hiroko Yasu)、安藤昌也

The Japanese Translation ©THOUSANDS OF BOOKS, Inc. 2019, Printed in Japan
978-4-909125-07-1
落丁・乱丁本は交換いたします。
法律上の例外を除き、本書を無断で複写・複製することを禁じます。

© Introduction and editorial material, Daniela Sangiorgi and Alison Prendiville, 2017
© Individual chapters, their authors, 2017
This translation of Designing for Service: Key Issues and New Directions is published by
Thousands of Books by arrangement with Bloomsbury Publishing Plc.
Japanese translation rights arranged with BLOOMSBURY PUBLISHING PLC through Japan UNI Agency, Inc., Tokyo

374 — 375

THOUSANDS OF BOOKS
言葉や文化の壁を越え、心に響く1冊との出会い

世界では年間およそ100万点もの本が出版されており
そのうち、日本語に翻訳されるものは5千点前後といわれています。
専門的な内容の本や、
マイナー言語で書かれた本、
新刊中心のマーケットで忘れられた古い本など、
世界には価値ある本や、面白い本があふれているにも関わらず、
既存の出版業界の仕組みだけでは
翻訳出版するのが難しいタイトルが数多くある現状です。

そんな状況を少しでも変えていきたい——。

サウザンブックスは
独自に厳選したタイトルや、
みなさまから推薦いただいたタイトルを
クラウドファンディングを活用して、翻訳出版するサービスです。
タイトルごとに購読希望者を事前に募り、
実績あるチームが本の製作を担当します。
外国語の本を日本語にするだけではなく、
日本語の本を他の言語で出版することも可能です。

ほんとうに面白い本、ほんとうに必要とされている本は
言語や文化の壁を越え、きっと人の心に響きます。
サウザンブックスは
そんな特別な1冊との出会いをつくり続けていきたいと考えています。

http://thousandsofbooks.jp/